Natur – Heimat – Wandern

Naturpark
Schwäbisch-Fränkischer Wald

Naturpark
Schwäbisch-Fränkischer Wald
Öhringen
Waldenburg
Heilbronn
Löwenstein
Mainhardt
Schwäb. Hall
Beilstein
Kocher
Sulzbach/M.
Murrhardt
Gaildorf
Murr
Backnang
Gschwend
Neckar
Welzheim
Rems
Stuttgart
Schorndorf
Schwäb. Gmünd
Lorch

Naturpark Schwäbisch-Fränkischer Wald

von
Paul Strähle †
überarbeitet von Theo Müller
mit Beiträgen von
Bernhard Drixler
Gerhard Fritz
Johannes Fuchs
Rudolf Gerke
Wolfgang Grabe
Wolfgang Häberle
Siegfried Häfele
Erhardt Hasenmaier
Marianne Hasenmayer
Rolf Schweizer
Theo Simon
Reinhard Wolf

Schwäbischer Albverein e.V., Stuttgart

Herausgegeben vom Schwäbischen Albverein e.V., Stuttgart
und
Verein Naturpark Schwäbisch-Fränkischer Wald e.V., Murrhrdt
Schriftleitung: Theo Müller

Ein Titelsatz für diese Publikation ist bei der Deutschen Bibliothek erhältlich.

Umschlag: Rekonstruierter Limes bei Grab mit Wachtturm, Wall, Graben und Palisaden.
Foto: Archiv Naturpark
4., überarbeitete und ergänzte Auflage

Kommissionsverlag: Konrad Theiss Verlag GmbH, Stuttgart

Umschlag, Layout + Satz: Jürgen Rothfuß, 74382 Neckarwestheim
Druck: Medien Druck Unterland GmbH, 74189 Weinsberg
Printed in Germany
ISBN 3-8062-2033-6

Zum Geleit

Der vorliegende Band der Buchreihe „Natur – Heimat – Wandern“ des Schwäbischen Albvereins stellt Ihnen das nordöstlich vor den Toren der Landeshauptstadt Stuttgart gelegene Wandergebiet vor, das im wesentlichen den Abgrenzungen des Naturparks Schwäbisch-Fränkischer Wald folgt. Dieser wird in etwa durch die Orte Schwäbisch Hall, Waldenburg, Öhringen, Löwenstein, Beilstein, Backnang, Rudersberg, Schorndorf, Lorch, Gschwend und Gaildorf begrenzt. Die Ausführungen beschränken sich also auf den westlichen Teil der Schwäbisch-Fränkischen Waldberge. Die fünf Naturräume, der Welzheimer Wald im Süden, der Murrhardter und Mainhardter Wald im Zentrum sowie die Löwensteiner und Waldenburger Berge im Norden, bilden die grüne Lunge und das waldreiche Herz der ganzen Region. Am westlichen und nordwestlichen Rand des Naturparks prägen steile Weinberglagen am Keuperstufenrand das Landschaftsbild, im Südosten der Ausläufer der fruchtbaren Frickenhofer Höhe und im Nordosten das tief eingeschnittene Tal des Kochers. In den Beschreibungen des Wandergebietes wurden selbstverständlich auch randliche Bereiche und wichtige, außerhalb des Naturparks liegende Ausgangs- und Endpunkt berücksichtigt.
Romantische Schluchten, Klingen und Grotten, bizarre Felsgebilde, artenreiche Feuchtwiesen in idyllischen Bachtälchen oder markante Aussichtspunkte gehören zu den besonderen landschaftlichen Reizen dieses traditionell gern besuchten Wandergebietes. Im vorliegenden Band werden Wandererlebnisse und Streckenführungen auf einer Länge von über 1100 Kilometern ausführlich beschrieben. Auf 51 Rundwanderungen, 14 Streckenwanderungen, Hauptwanderwegen und thematischen Wanderungen, wie z.B. der Mühlenwanderweg oder der Geologische Pfad Welzheim, können Sehenswürdigkeiten gezielt erkundet werden.
Mit den einleitenden Kapiteln werden ein naturkundlicher und kultureller Überblick gegeben sowie einige thematische Besonderheiten des Wandergebietes erläutert. Damit ist das Wanderbuch zugleich ein handlicher heimatkundlicher Führer für den Bereich des Naturparks, durch den die örtlichen Gegebenheiten beim Wandern vertieft wahrgenommen und aufmerksam erlebt werden können.
Auch die vorliegende 4. Auflage des Wanderbuchs ist wieder in enger Zusammenarbeit des Schwäbischen Albvereins mit dem Verein Naturpark Schwäbisch-Fränkischer Wald entstanden. Diese hat sich auch

auf anderen Gebieten, wie dem Naturschutz und der Landschaftspflege und insbesondere bei der Unterhaltung und Kennzeichnung der Wanderwege, sehr bewährt. Gerade ein intaktes Wanderwegenetz ist für die wandernden und erholungsuchenden Menschen von großer Bedeutung. Der Naturpark dient aber nicht nur der Erholung und dem Tourismus, sondern vor allem auch der Pflege, der Entwicklung und dem Erhalt der über Jahrhunderte hinweg entstandenen Kulturlandschaft mit all ihren Schätzen an Natur und Kultur. Eine intakte Natur mit einer vielfältigen heimischen Flora und Fauna ist eine wesentliche Voraussetzung für jegliche Erholung. Dies ist aber nur in Zusammenarbeit mit den Bewohnern des Naturparks zu erreichen, die hier weiterhin Heimat und Lebensgrundlage haben wollen. Es sind deshalb alle gefordert, die Erholungsuchenden, die Einwohner, vor allem die Land- und Forstwirte als wichtige Landschaftspfleger, aber auch Gewerbe und kulturelle Institutionen, sich in ganzheitlicher Zusammenarbeit um die Erhaltung, Pflege und naturverträgliche Entwicklung des Naturparks zu bemühen. Allen Mitarbeitern an diesem Wanderbuch, die ihr Wissen und ihre Kenntnisse zur Verfügung gestellt haben, gilt der herzliche Dank. Leider ist der frühere Gauwanderwart im Rems-Murr-Gau des Schwäbischen Albvereins, Paul Strähle, der in drei Auflagen die Wandervorschläge bearbeitet hatte, im Jahr 2004 verstorben. An seiner Stelle haben Prof. Dr. Theo Müller, ehemaliger Vizepräsident und Schriftleiter, und Wolfgang Grabe, Wanderwart der Ortsgruppe Welzheim im Schwäbischen Albverein, in enger Zusammenarbeit mit den Ortsgruppen des Schwäbischen Albvereins im und am Naturpark es übernommen, die Wandervorschläge an Ort und Stelle zu überprüfen, zu aktualisieren und zu ergänzen. Ihnen allen gebührt ein besonderer Dank. Sehr zu danken ist schließlich dem Geschäftsführer des Naturparks Schwäbisch-Fränkischer Wald, Herrn Oberforstrat Bernhard Drixler, der die Neuauflage des Wanderführers tatkräftig unterstützt und zahlreiche Fotografien großzügig zur Verfügung gestellt hat.
Alle am Wanderbuch Beteiligten, die Autoren, der Schwäbische Albverein und der Verein Naturpark Schwäbisch-Fränkischer Wald als Herausgeber, übergeben die 4. Auflage des Wanderbuchs den Wanderern und Wanderinnen. Verbunden damit ist der Wunsch, daß Sie weiterhin bei erlebnisreichen Wanderungen sicher geführt werden. Wir möchten Sie auch aufmerksam machen auf die Fülle der heimatlichen Schätze an Natur und Kultur entlang des Weges und für die Notwendigkeit, diese überkommenen Werte auch für die Zukunft zu pflegen und zu erhalten.

Stuttgart und Welzheim, im Frühjahr des Jahres der Naturparke 2006

Dr. Hans-Ulrich Rauchfuß	Bürgermeister Hermann Holzner
Präsident des	Vorsitzender des Vereins Naturpark
Schwäbischen Albvereins	Schwäbisch-Fränkischer Wald

Inhalt

Streckenwanderungen, Hauptwanderwege, thematische Wanderungen (SW)

(SW 1 – 5 von der Naturparkverwaltung zur Verfügung gestellt)

Johannes Fuchs

Denn das Gute liegt so nahe …

Landschaften voller Leben – Der Naturpark Schwäbisch-Fränkischer Wald

Natur und Landschaft sind nur zusammen mit den Menschen zu schützen und zu erhalten! – Dieser Leitsatz gilt für die sieben Naturparke in Baden-Württemberg wie auch für alle Naturparke in der Bundesrepublik Deutschland. Unter der neuen Dachmarke Nationale Naturlandschaften werben 14 Nationalparke, 14 Biosphärenreservate und 95 Naturparke gemeinsam für die deutschen Großschutzgebiete. Der Name „Nationale Naturlandschaften" unterstreicht, dass es hier um ein wertvolles und erhaltenswertes Kultur- und Naturerbe geht.
Für immer mehr Menschen wirkt die heimische Natur anziehend und faszinierend. Den Gästen und Besuchern bietet der Naturpark Schwäbisch-Fränkischer Wald eine Fülle von naturnahen Erholungsmöglichkeiten. Er wartet mit einem reichhaltigen Kulturprogramm, mit vielen historischen und naturkundlichen Denkmalen und weiteren abwechslungsreichen Freizeitangeboten auf.
Zentrale Aufgabe des Naturparks ist es, dessen Vielfalt und Attraktivität erlebbar zu machen. Gleichzeitig soll ein nachhaltiger und sanfter Tourismus gefördert werden. Die Bewahrung von Natur und Landschaft und die Nutzung deren wirtschaftlichen Potenziale finden in ausgewogener Balance statt. Voraussetzung hierfür ist die Existenzsicherung der bäuerlich geprägten Familienbetriebe und die Unterstützung der Vermarktungsstrategien regionaler Produkte, wie z. B. mit unserer erfolgreichen Aktion „Naturparkteller".

Kurzcharakterisierung des Naturparks Schwäbisch-Fränkischer Wald

Mit einer Fläche von 900 km² liegt der Naturpark nordöstlich vor den Toren der Landeshauptstadt Stuttgart. Er beschreibt das Gebiet zwischen den Städten Backnang, Heilbronn, Öhringen, Schwäbisch Hall, Gaildorf, Lorch und Schorndorf. Fünf Naturräume werden zu einer neuen Einheit zusammengefasst, der Welzheimer Wald im Süden, der Murrhardter und Mainhardter Wald im Zentrum sowie die Löwenstei-

ner und Waldenburger Berge im Norden. Sie bilden die grüne Lunge und das waldreiche Herz der Region Stuttgart. Für rund 110.000 Menschen ist der Naturpark zugleich Heimat, Lebens- und Wohnraum.
Der innige Wechsel von Mischwäldern, landwirtschaftlich genutzten Flächen und vielen kleinen Streusiedlungen in der morphologisch sehr wechselhaften Keupergeologie mit relativ harten Sandstein- und weichen Mergelschichten, geben der Landschaft ihr charakteristisches Gesicht. Neben der überwiegend forstwirtschaftlichen Landnutzung liegen die landwirtschaftlichen Schwerpunkte in der Grünlandnutzung mit extensiver Viehhaltung sowie im Obst- und Weinbau am Keuperstufenrand.
Zu den besonders bemerkenswerten Biotopflächen zählen die orchideenreichen Feuchtwiesen in den Talauen, die Streuobstwiesen und Weiden in den Hanglagen oder die bizarren Felsgebilde in den urwüchsigen Wäldern der steilen Keuperhänge. In den vielen Seitentälern versteckt liegen wildromantische, schluchtwaldartige Tobel, Klingen

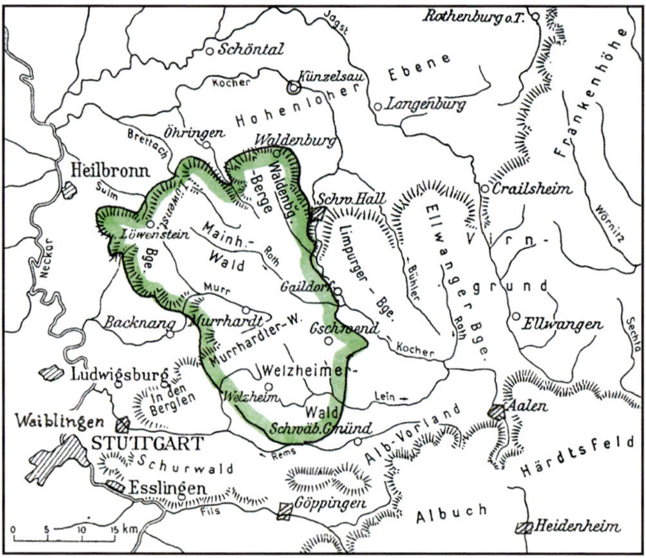

Abb. 1: Der Naturpark Schwäbisch-Fränkischer Wald mit seinen Teillandschaften Löwensteiner- und Waldenburger Berge, Mainhardter-, Murrhardter und Welzheimer Wald sowie den umgebenden Landschaften und Städten.

mit kleinen Wasserfällen, wie z. B. im Hörschbach-, Fischbach-, Götzenbach- und im Wieslauftal. Geheimnisvolle und sagenumwobene Namen, wie Hägelesklinge und Gallengrotte bei Kaisersbach, Teufelskanzel und Teufelsküche in Gschwend, Felsenmeer und Große Platte in Murrhardt stehen für geschützte Felsformationen. Gegenüber dem baden-württembergischen Landesdurchschnitt von 38 % zeichnet sich der Naturpark Schwäbisch-Fränkischer Wald durch seinen hohen Waldanteil von 53 % aus.
Zum Wandern und Radfahren ist der Naturpark mit seinen gut vernetzten Wegen auf über 3.000 km geradezu prädestiniert. Neben den Hauptwanderwegen des Schwäbischen Albvereins, Georg-Fahrbach-Weg, Main-Neckar-Rhein-Weg, Franken-Weg, Stromberg-Schwäbischer-Wald-Weg und Limeswanderweg, zählt der Mühlenwanderweg bei Alfdorf und Gschwend zu den attraktivsten Wanderrouten im Naturpark. Naturerlebnis und viele Informationen bieten die 30 Lehrpfade zu abwechslungsreichen Themen über Geologie, Vogelwelt, Waldwirtschaft, Wein und Limes. Nicht zu vergessen der Fuxi-Pfad in Mainhardt, der zum Erkunden und Spielen – ein Spaß für die ganze Familie – einlädt.
Zahlreiche Spiel- und Grillplätze, Wassertretbecken, Aussichtstürme, ein Freizeitpark und fünf Jugendzeltplätze erfüllen die Erwartungen an eine reizvolle Erholungslandschaft. Bei guter Schneelage stehen Loipen und Skilifte zur Verfügung. Zu den touristischen Attraktionen zählen im Sommer die idyllischen Badeseen: Aichstrutsee, Breitenauer See, Buchhorner See, Diebachsee, Ebnisee, Eisenbachsee, Hagerwaldsee, Leinecksee, Neumühlsee, Starkholzbacher See und Waldsee.
Für geschichtlich und kulturell Interessierte bietet sich im Naturpark eine historische Rundreise an. Die ersten bedeutenden Siedlungen entwickelten sich im Zuge der römischen Besetzung im Schutze des Limes um 150 bis 260 n. Chr. Im Naturparkgebiet wurde der Obergermanische Limes auf 50 km Länge durch Kastelle in Öhringen, Mainhardt, Murrhardt, Welzheim und Lorch sowie mit 115 Wachtürmen gesichert. Reste des Weltkulturerbes Limes aus Holzpalisade, Wall, Graben und Fundamente der steinernen Limes-Wachtürme sind heute noch entlang des Limeswanderweges im Gelände erkennbar und teils rekonstruiert zu sehen. Viele historische Kleinode, wie Klöster, Burgen, Schlösser, Kirchen oder mittelalterliche Fachwerkhäuser sind lebendige Zeugnisse einer jahrhundertealten Kulturgeschichte in diesem einstmals unwirtlichen Waldland. Weit über die Region hinaus bekannt ist die große Anzahl noch erhaltener bzw. restaurierter historischer Öl-, Säg-, Stampf- und Mahlmühlen. Ein Tipp für Mühlenfreunde: Jährlich am Pfingstmontag, dem Deutschen Mühlentag, öffnen zahlreiche Mühlen im Naturpark ihre Pforten für Besucher. Eine besondere Attraktion unter den zwei Dutzend Museen im Naturpark ist das Hohenloher Freilandmuseum Wackershofen bei Schwäbisch Hall mit über 50 histo-

rischen Gebäuden. Wer mit dem Auto oder Motorrad reist, für den führen die Touristikstraßen „Deutsche Limesstraße“ und die „Idyllische Straße“ mitten durch den Naturpark. Im Norden und Westen verlaufen die „Burgenstraße“, die „Deutsche Ferienroute Alpen-Ostsee“ und die „Württembergische Weinstraße“, im Süden die „Schwäbische Dichterstraße“ und die „Straße der Staufer“.
Der Naturparkverein Schwäbisch-Fränkischer Wald wurde 1979 gegründet. Mitglieder sind alle flächenmäßig tangierten 6 Landkreise (Rems-Murr-Kreis, Schwäbisch Hall, Heilbronn, Hohenlohekreis, Ostalbkreis, Ludwigsburg) und 37 Städte und Gemeinden sowie Verbände aus Land-, Forstwirtschaft und Naturschutz. So auch der Schwäbische Albverein. Seit der Gründung des Naturparks vor 27 Jahren wurden über 15 Millionen Euro in Naturparkprojekte investiert. Diese beachtliche Investitionssumme wurde von den Mitgliedsgemeinden und über Förderprogramme des Landes Baden-Württemberg aufgebracht. Gefördert werden landschaftsgerechte Erholungseinrichtungen, Landschaftspflege, Umweltbildung und Öffentlichkeitsarbeit sowie Maßnahmen für die Erhaltung des Kulturerbes im ländlichen Raum. Bei allen Projekten wird insbesondere auf die Naturverträglichkeit von Freizeit- und Erholungseinrichtungen und auf eine wirksame Besucherlenkung geachtet.

Die nachfolgenden Ausführungen stellen aktuelle Themen unserer Naturparkarbeit vor, wobei es sich nur um eine kleine Auswahl aus den gesamten Aktivitäten des Naturparkvereins handeln kann.

Das neue Naturparkzentrum in Murrhardt

Im Juli 2004 eröffnete der Naturparkverein, im Jubiläumsjahr des 25jährigen Bestehens, in einem historischen Gebäude am Marktplatz in Murrhardt seine neue Visitenkarte für die ganze Region, das Naturparkzentrum Schwäbisch-Fränkischer Wald. Neben der Tourist-Info und der Naturpark-Geschäftsstelle ist hier die zentrale Dauerausstellung, die „Naturpark-Erlebnisschau“, untergebracht.
Die Ausstellung zeigt einen Querschnitt durch die Zeiten, die beeindruckende Natur des Schwäbisch-Fränkischen Waldes und das Wirken der dort lebenden Menschen. Eine moderne Ausstellungskonzeption geht über das rein Informative hinaus und lässt Raum zum spielerischen Erkunden und Erfahren. Besonders Kinder kommen hier voll auf ihre Kosten, wenn es darum geht Höhlen zu entdecken, dem Waldxylophon Töne zu entlocken und Bienen beim Honigmachen zu beobachten.
In einer Mischung aus Umweltbildung, Erlebnisschau und pädagogischer Entdeckungsreise werden Naturraum, Pflanzen und Tierwelt – aber auch Geschichte und Kultur des Naturparks optisch, akustisch

Abb. 2: Naturparkzentrum in Murrhardt: Spielerisches Lernen am Bachlauf. Aufn.: Roland Ackermann

und auch haptisch interessant für Jung und Alt vermittelt. Wichtige Themen der Ausstellung sind Römer (Limes), Alemannen und Franken, Glasherstellung, Forst- und Landwirtschaft, Fließgewässer und Feuchtwiesen sowie Flößerei und Mühlen. Jeder kann auf seine Art und Weise hier Teile des Naturparks kennen lernen und entdecken. Ob durch Infotafeln, interaktiv am Geländereliefmodell und im Medienraum oder auf spielerische Art durch drehen, kurbeln, probieren, tasten, riechen oder hören. So dient das Naturparkzentrum vor allem als Sprungbrett hinaus in die Natur, denn die eigenen authentischen Erfahrungen in der Natur sind durch nichts zu ersetzen. Die dauerhafte Attraktivität für einen wiederholten Besuch des Naturparkzentrums wird durch ständig wechselnde Sonderausstellungen bewahrt. Dank eines herausragenden ehrenamtlichen Engagements ist die Betreuung an Wochenenden und Feiertagen ganzjährig gesichert.

Aktuelle Informationen für Alle: Internetauftritt und Pilotprojekt WanderWalter

Einen schnellen Überblick über alles, was der Naturpark zu bieten hat, vermittelt die gut gegliederte Internetseite des Naturparks Schwäbisch-Fränkischer Wald „www.naturpark-sfw.de“. Alle Grundinformationen

Abb. 3: Leichte Orientierung und viele Informationen vor Ort durch „WanderWalter“, ein System für GPS-unterstützte Pocket-PCs. Aufn.: Archiv Naturpark

stehen dabei dreisprachig zur Verfügung. Neben der allgemeinen Beschreibung der Landschaftsräume im Naturpark und deren Naturausstattung, werden laufend aktuelle Informationen über Ausflugsziele und Tipps zu Unternehmungen angeboten. Alles Wichtige steht auf einen Klick zur Verfügung. Von Führungen am Limes bis hin zur Auflistung von Direktvermarkter und aller Wochenmärkte in der Region. Selbst bei der Suche nach Kartoffelsalat oder Forelle werden die entsprechenden Gastronomen, die sich am Naturparkteller beteiligen, angezeigt. Auch Kurzentschlossene können sich in kürzester Zeit die wichtigsten Informationen für einen spontanen Ausflug in den Naturpark selbst zusammenstellen.

Neben der Möglichkeit ausgewählte Broschüren direkt anzufordern, steht ein viel genutzter Bereich zum Downloaden der WanderWalter Dateien – dem neuesten Projekt des Naturparks zur Verfügung. Das Pilotprojekt eines digitalen Reiseführers auf der Grundlage einer Pocket-PC Ausgabe entwickelte sich im Rahmen unserer Erhebungen im Naturpark zur Erholungsinfrastruktur. Durch eine enge Zusammenarbeit mit dem Landesvermessungsamt Baden-Württemberg bei der Fortführung der Wanderkarten erkannten wir rasch, wie vorteilhaft es ist, unsere Datensätze direkt mit den Koordinaten der TK 50 zu verknüpfen und entsprechende GPS-Werte zu erzeugen. In Kooperation mit dem

Landkreis Rems-Murr, der Fremdenverkehrsgemeinschaft Schwäbischer Wald und dem Landesvermessungsamt Baden-Württemberg entwickelte sich das Pilotprojekt WanderWalter rasant und erfolgreich. Die zügige Entwicklung der Software für die Kartenaufbereitung, für die Anwendung auf dem Pocket-PC bis hin zum kostenlosen Download aller Module (Karte, Software, Naturparkdatenbank) von unserer Internetseite, brachte uns bundesweit große Aufmerksamkeit und Anerkennung. Mit diesem Projekt wurden wir 2005 mit einer Ehrenurkunde beim Bundeswettbewerb der Deutschen Naturparke ausgezeichnet.
Bisher wurden über 2.500 Punkte in die Datenbank nach Rubriken (z. B. Natur erleben, Limes, Museen, Gastronomie, Spielplätze) eingepflegt und weit über 1.000 km an Routen (Lehrpfade, Wandervorschläge, Radtouren, Inlinertouren, Touren barrierefrei) beschrieben. Diese Daten stehen stets aktualisiert zum Download bereit. Über einfach gestaltete Suchfunktionen kann auf dem Pocket-PC draußen im Gelände jederzeit zu einem Begriff schnell der zugehörige Ort gefunden (z. B. wo gibt es Elefanten oder wo Rostbraten im Naturpark) und mit vielen Informationen (Text, Bild, Adressen) angezeigt werden. Übrigens werden auch Pocket-PC's bei Mitgliedskommunen zur Ausleihe zur Verfügung gestellt.

Weltkulturerbe Limes

Der obergermanisch-rätische Limes erstreckt sich in Deutschland auf einer Länge von insgesamt 550 km vom Rhein bis an die Donau. Er markierte bis zum Jahr 260 n. Chr. die äußere Grenze des Römischen Reiches in Mitteleuropa. Im Juli 2005 wurde der Limes in die UNESCO-Liste der bedeutendsten Kulturdenkmäler der Welt aufgenommen. Durch diese Anerkennung wird er zu einem bedeutenden Markenzeichen für den Naturpark. Der Limes ist ein historisches Erbe, auf das wir sehr stolz sein können.
Auf einer Länge von rund 50 km verläuft der obergermanische Limes von der Nordgrenze bei Öhringen am Rande der Hohenloher Ebene, den Naturpark nahezu teilend, bis zur Südgrenze des Naturparks bei Lorch im Remstal. Der südlichste Abschnitt bildet das so genannte Limesknie, der Übergang zum rätischen Limes, mit dem weiteren Verlauf über Aalen bis zur Donau bei Eining nahe Regensburg.
Einen besonders guten Eindruck vom schnurgeraden Limesverlauf erhält der Besucher bei Großerlach-Grab. Dort wurde eine mächtige Schneise in den Wald gehauen, um so den Limes für alle deutlich sichtbar zu machen und auch die vollständige Rekonstruktion des Limesturmes auf dem Heidenbuckel besser wirken zu lassen.
In Welzheim ist auf dem Gelände des Ostkastells ein archäologischer

Abb. 4: Vogelperspektive auf das Weltkulturerbe Limes. Rekonstruierter Wachturm bei Groß erlach-Grab mit Waldschneise, die den Limesverlauf visualisiert. Aufn.: Archiv Naturpark

Park entstanden, in dem viele Fundstücke aus der Region präsentiert werden.
In den nächsten Jahren werden wir der Verpflichtung, die uns die Auszeichnung des Limes als Weltkulturerbe aufgibt, nachkommen, um so den aktuellen Erhaltungszustand zusammen mit den Spezialisten zu dokumentieren und das archäologische Kulturdenkmal für die Nachwelt zu erhalten. Vorbildlich wurde bereits in einem Pilotprojekt in Zusammenarbeit mit dem Landesamt für Denkmalpflege und den Landkreisen die neue Beschilderung am Limes umgesetzt. Ebenso wurde schon vor Jahren einer der ersten Limes-Lehrpfade bei Mainhardt und Großerlach konzipiert. Übrigens bieten ausgebildete Limes-Cicerones sachkundige Limes-Exkursionen und Führungen rundum das römische Erbe an. Und schon heute kann entlang dem Limes mit dem Taschencomputer und unserem System WanderWalter satellitengestützt geradelt und gewandert werden. Hierzu können auf der Internetseite des Naturparks alle Daten, Routen und Infos zum Limesradweg, Limeswanderweg und den Sehenswürdigkeiten kostenlos herunter geladen werden.

Aktion Naturparkteller

Mit diesem Projekt unterstützen wir unsere landwirtschaftlichen Betriebe als Produzent und Direktvermarkter sowie gleichermaßen die hier ansässige Gastronomie. Der bereits zum siebten Mal in Folge erschienene Gastronomieführer mit über 80 teilnehmenden Betrieben hat sich zu einem bewährten Impulsgeber im touristischen Bereich entwickelt. Bereits im Jahr 2000 erhielten wir für diese innovative Idee eine Ehrenurkunde beim Bundeswettbewerb des Verbands Deutscher Naturparke. Die Idee des Naturparktellers hat mittlerweile bundesweit viele Nachfolger gefunden, was den Vorbildscharakter dieser Aktion bestätigt.
Die Anforderungen an den Naturparkteller basieren auf folgenden Kriterien: Die Hauptzutaten der Gerichte sowie der Wein stammen aus regionaler Produktion im Naturpark. Das Gericht soll frisch zubereitet sein und Lebensmittel der Saison berücksichtigen. Zu einem einheitlichen Preis von 11 Euro wird ein Gericht inklusive eines Getränkes, ¼ Wein oder ein anderes Getränk aus dem Naturparkgebiet, angeboten.

Abb. 5: Naturpark macht Appetit! „Aktion Naturparkteller". Aufn.: Roland Ackermann

Die aktuelle Broschüre wird jeweils auch im Internet veröffentlicht und alle Gastronomen werden mit ihren Gerichten auf unserer Datenbank für WanderWalter vorgestellt und auf der dazugehörigen Wanderkarte lokalisiert. Unterwegs auf der Wanderung, weiß man nun jederzeit wie weit die nächste Einkehr ist. Essen und Trinken hält eben Leib und Seele zusammen – dies gilt auch heute noch!

Ausblick und Fazit

Der Naturpark Schwäbisch-Fränkischer Wald will sich auch künftig als attraktives Freizeit- und Naherholungsgebiet für Touristen und Einheimische präsentieren. Weitere interessante Projekte sind geplant, welche zur Optimierung der Besucherinteressen unter Berücksichtigung einer naturnahen Landnutzung und eines nachhaltigen Tourismus beitragen. Beispielsweise wird eine qualifizierte Ausbildung zu Naturparkführern angeboten und parallel hierzu im Internet eine „Wanderführerbörse" entwickelt. So wird es möglich werden, seine persönlichen Reisebegleiter, je nach Thema und Vorlieben selbst zu engagieren.

„Naturpark für Alle" so lautet das Thema einer aktuellen Erhebung und Analyse zu barrierefreien Angeboten im Naturpark. Wir versprechen uns hiervon Hinweise zur Verbesserung der bestehenden Angebote und einen engagierten Umgang mit diesem Thema. Des Weiteren sollen die sporttouristischen Angebote verbessert werden, so wird zurzeit eine Mountainbike-Konzeption ausgearbeitet und auch die bestehenden Angebote für alle Unternehmungen mit Pferden aufbereitet.

Der Naturparkverein kann mit Recht stolz auf seine vorbildlichen und innovativen Projekte sein, welche seit 1995 bei den Bundeswettbewerben Deutscher Naturparke mit drei Ehrenurkunden ausgezeichnet wurden. Zugleich ist es auch eine Herausforderung diesen Weg weiter zu verfolgen und der Naturparkidee zu noch mehr öffentlicher Anerkennung zu verhelfen.

Den Naturpark Schwäbisch-Fränkischer Wald gilt es, als Lebensraum für eine artenreiche heimische Tier- und Pflanzenwelt zu bewahren und zu entwickeln. Er soll den Bewohnern weiterhin Heimat und Lebensgrundlage sein und seinen Gästen einen erholsamen und erlebnisreichen Aufenthalt bieten. Helfen Sie durch entsprechendes Verhalten mit, den Naturpark und seine Landschaft zu schützen und zu erhalten. Überzeugen Sie sich selbst bei einem Besuch von den vielfältigen Facetten und Angeboten mit denen der Naturpark Schwäbisch-Fränkischer Wald auf Sie wartet!

Informationen im Überblick

Nationale Naturlandschaft „Naturpark Schwäbisch-Fränkischer Wald“

- Bundesland:Baden-Württemberg
- Gründungsjahr:1979
- Flächengröße:ca. 900 km²
- GeografischeLage: 50 km nordöstlich der Landeshauptstadt Stuttgart
- Landkreise (Flächenanteil): Rems-Murr-Kreis (47 %), Schwäbisch Hall (22 %), Heilbronn (11 %), Hohenlohekreis (10 %), Ostalbkreis (9 %), Ludwigsburg (1 %)
- Mitglieder:6 Landkreise, 37 Städte und Gemeinden, Forstverwaltung und Forstkammer, Kreisbauernverbände, Schwäbischer Albverein, Schutzgemeinschaft Deutscher Wald
- Höhenlage: 200 m im Sulmtal bis 586 m in Großerlach-Hohenbrach und Gschwend-Hagberg
- Klimavariiert von: 9° C und 800 mm Niederschlag, mildes Weinbauklima am Keuperstufenrand bis 7,5° C bei 1.100 mm NS, kühlfeuchtes Reizklima in den inneren Hochlagen
- Waldanteil:53 % (Landesdurchschnitt BW 38 %)
- Naturräumliche Einheiten: Schwäbisch-Fränkische Waldberge mit randlichen Anteilen an der Hohenloher Ebene, Haller Bucht, östliches Albvorland und Backnanger Bucht
- Geologisch-morphologisch: dreigeteilt in Unterkeuper und Gipskeuper-Verebnungen, Sandsteinhochflächen des Mittelkeupers (Schilfsandstein, Kieselsandstein, Stubensandstein), höchste Verebnungen im Unterjura
- Entwässerung: Zum Rhein, über den Neckar mit seinen Zuflüssen Rems, Murr, Schozach, Sulm und Kocher
- Besonderheiten: Obergermanischer Limes, historische Mühlen, Burgen und Klöster, orchideenreiche Feuchtwiesen, Streuobstwiesen, Schluchten, Grotten, Felsgebilde
- Wander-und Radwegenetz: über 3.000 km
- Wichtige Veranstaltungen: Deutscher Mühlentag an Pfingstmontag, Tag des Schwäbischen Waldes Mitte September
- Umweltbildung:Naturparkzentrum in Murrhardt
- Dachverband:Verband Deutscher Naturparke; www.naturparke.de

Naturpark Schwäbisch-Fränkischer Wald e.V.
Marktplatz 8, 71540 Murrhardt
Naturparkzentrum und Naturpark-Geschäftsstelle
Tel.: 07192/213 888, Fax: 07192/213 880
E-Mail: info@naturpark-sfw.de, Internet: www.naturpark-sfw.de
Murrhardt-Info im Naturparkzentrum
Tel.: 07192/213 777
Das Naturparkzentrum ist geöffnet:
Mo., Di., Do. von 10 bis 12.30 und 14 bis 17 Uhr
Fr., Sa., So. und an Feiertagen durchgehend von 10 bis 16 Uhr

Theo Simon

Gesteine, Böden, Landschaft

Überblick

Der Schwäbisch-Fränkische Wald ist **„Keuperland"**. Die Keupergesteinsserie prägt mit ihren oftmaligen Gesteinswechseln die Landschaft. Diese ist allerdings nur ein Teil des süddeutschen Keuperschichtstufenlandes, das sich vom Hochrhein über Baden-Württemberg und Nordbayern bis nach Thüringen erstreckt. Der Schwäbisch-Fränkische Wald ist aber sicher einer der schönsten Abschnitte. Das liegt an seinen abwechslungsreichen Landschaftsformen, mit Verebnungen und tiefen Tälern, aber auch an seiner großen Breite in Nordwest-Südost-Richtung. Dies alles ist begründet in der Beschaffenheit und der Lagerung der Gesteine, der langen Zeit, in der die Gesteine nach ihrer Entstehung der Verwitterung ausgesetzt waren und schließlich auch der Art und Weise wie sich das Flussnetz entwickelte.

Geologisch-geomorphologisch ist der Naturpark dreigeteilt. Vor der Keuperschichtstufe im Westen, Norden und Nordosten liegen die Verebnungen in den Gipskeuper- und Unterkeuperschichten (a und b in Abb. 1), deren Sockel, der Muschelkalk, nur randlich in tieferen Tälern noch im Naturparkgebiet zu finden ist. Über oder hinter dem Keuperschichtstufenrand erstrecken sich als zweites Flächenelement meist wellige Hochflächen (f bis i in Abb. 1), teilweise durch tiefe Täler zerfurcht. Der Untergrund dieser Hochflächen wird überwiegend von Sandsteinen gebildet. Über diesen erheben sich im Mainhardter Wald einzelne Zeugenberge, die eine Kuppe von Gesteinen des Unterjura tragen. Im Welzheimer Wald kommen die Juragesteine sogar flächenhaft vor und bilden so den dritten Landschaftsteil (Teil von l und m in Abb. 1). Innerhalb des Naturparks werden die Landschaftsteile durch die Keuperschichtstufe (c bis e in Abb. 1, Abb. 2) und die Unterjuraschichtstufe

Abb. 1:Schematischer geologischer Schnitt durch das Keuperbergland im nördlichen Baden-Württemberg mit morphologischen und bodenkundlichen Angaben. Entwurf S. Müller, Zeichnug W. Hildenbrand

a	b	c	d	e	f	g	h	i	k	l	m
Wechselfeuchte einst nasse Mulden und Talsenken der Gipskeuper-landschaft	Verebnungen und flacher Hangfuß im Gipskeuper mit Fließerden	Steilhänge im Gipskeuper, durch Steinmergel-bänke in Schichtstufen gegliedert	Auslieger-berge und Gehänge-stufen des Schilf-sandsteins	Steilanstieg der Bunten Mergel (oft Rutsch-hänge)	Ebene Schichtflächen des Kiesel-sandsteins, oft überdeckt von Oberen Bunten Mergeln	Schicht-stufe und ebene Schicht-flächen des Unteren Stuben-sandsteins	Weichgeformtes Hügelland des Mittleren Stubensandsteins	Lokale Schicht-stufe des Oberen Stuben-sand-steins	Anstieg d. Knollen-mergel (mit klein-welligen Rutsch-hängen)	Lias-kante	Lias-Platte
Sapropel-Pelosol „Sumpfton"	Parabraunerde-Fahlerde	Para-rendsina-Pelosol und Pelosole	Ranker-Braunerde	Para-braunerde aus ton-gründigem sandigem Hangschutt	Pelosol-Pseudogley	Para-braunerde aus „Fleins"	Pseudogley u. pseudovergleyte podsolige Braunerden aus Sand über Ton	Podsol aus Grobsand	Parabraunerde aus Lias-Hangschutt über Knollen-mergelton „Lias-Hanglehm"	Pod-solige Braun-erde aus Angu-laten-Sand-stein	Pseudogley-Parabraun-erde aus Lias-Decklehm (Filder'lehm) u. Pelosol aus Lias-Tonmergeln

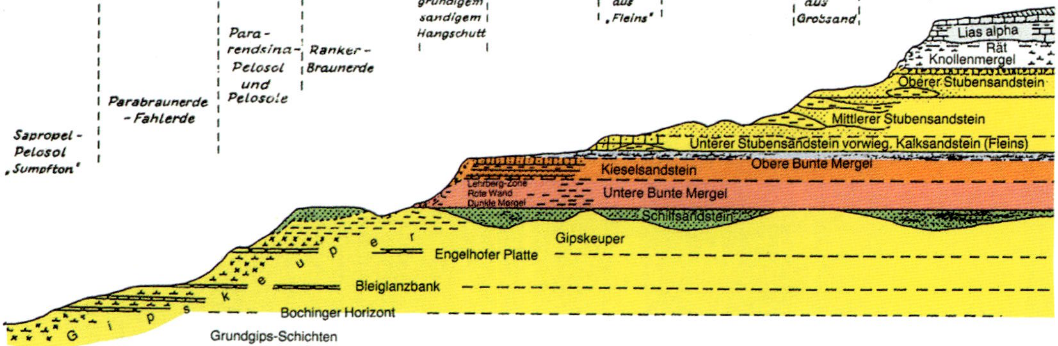

Abb. 1

Abb. 2: Keuperschichtstufen im Osten von Löwenstein. Ganz rechts bewaldete Hochfläche im Stubensandstein. Nach links Verebnung im Kieselsandstein (Gutberg bei Eichelberg, Weinberg und Wald). Am Horizont bewaldete Hochflächen im Kieselsandstein südlich von Eschenau, links die Gäufläche der Hohenloher Ebene im Unterkeuper. Aufn.: Theo Simon

(k und Teil von l in Abb. 1) getrennt. Schichtstufen sind Geländeanstiege, die auf der unterschiedlichen Widerstandsfähigkeit der Gesteinsfolge beruhen, aber auch von der Schichtlagerung abhängig sind.
Der geologische Untergrund und die davon beeinflusste Morphologie äußern sich auch in der Landnutzung und in der Besiedlung. Die meist mit Löss oder Lösslehm bedeckten Flächen vor der Keuperschichtstufe werden intensiv landwirtschaftlich genutzt. Die größten Ansiedlungen sind in Tälern zu finden. Am Keuperschichtstufenhang wird im Westen und Norden des Naturparks Wein angebaut. Im Osten ist der Schichtstufenhang überwiegend bewaldet. Auch die Sandsteinhochflächen besitzen einen hohen Waldanteil. Die entweder sandigen oder aber stark tonigen Böden lassen bei dem raueren Klima nur eine eingeschränkte Landwirtschaft zu. Die Besiedlung besteht überwiegend aus kleineren Weilern. Sowohl die starke Zertalung der Hochfläche als auch die wenig ergiebigen Böden ließen nur einige größere Ortschaften zu. Die ebenen Unterjuraflächen im Süden sind verbreitet von Lösslehm und Verwitterungslehm bedeckt, infolgedessen wird auf den Flächen Landwirtschaft betrieben.

Die Geologie einer Landschaft wird durch eine geologische Karte dargestellt. Hierzu sind Kartenwerke in Maßstäben von 1: 25 000 bis 1: 1 000 000 verfügbar (Landesvermessungsamt, Landesamt für Geologie, Rohstoffe und Bergbau). Besonders zu empfehlen ist die „Geologische Karte des Naturparks Schwäbisch-Fränkischer Wald 1: 50 000“, auch weil diese auf der Rückseite allgemeinverständliche Erläuterungen mit zahlreichen Abbildungen trägt.

Schichtenfolge

Oberer Muschelkalk

Die Gesteine des **Muschelkalks** sind im Naturpark nur in den Tälern der Murr oberhalb Backnang und der Bibers zwischen Bibersfeld und Westheim an der Erdoberfläche aufgeschlossen. Die Kalksteine und die meist dünnen Tonmergelsteinlagen des Oberen Muschelkalks sind vor etwa 235 Millionen Jahren in einem Flachmeer entstanden. Dieses Flachmeer hatte im Süden Verbindung zum Ozean, der Tethys. Da unser Gebiet damals viel weiter südlich lag als heute, – etwa auf der Breite wie heute die Sahara oder der Persische Golf, – war es sehr warm und das Meer besaß ein reiches Leben. Die Gesteine sind deshalb sehr fossilreich: Muscheln Schnecken, Brachiopoden (Armfüßer). Insbesondere die mit den Ammoniten verwandte Ceratiten oder die Seelilien sind bei Sammlern beliebte Fossilien, aber auch Wirbeltiere wie Reptilien, Amphibien und Fische kommen fossil vor.

Außerhalb der Naturparks werden die Kalksteine in großen Steinbrüchen abgebaut (z. B. Zwingelhausen, Weißlensburg, Wittighausen, Wilhelmsglück). Die Kalksteine dienen hauptsächlich als Schotter im Straßen- und Wegebau. Jedem Wanderer ist der graue Muschelkalkschotter der Wald- und Feldwege bekannt. Diese grauen Wege begleiten ihn bis in den südlichen Naturpark. Hier kann dann die Wegbefestigung auch schon aus gelblich weißem Kalkstein der Schwäbischen Alb bestehen, weil nach Süden die Wege zu den Steinbrüchen auf der Alb kürzer werden als die Wege zu den Muschelkalkbrüchen im Norden, Osten und Westen des Naturparks.

In Schichtstufenrandnähe ist der Obere Muschelkalk nur wenig verkarstet. Sein Grundwasser wird aber im Naturpark westlich von Schwäbisch Hall als Mineralwasser genutzt, das sein Einzugsgebiet unter den Tiefen des Mainhardter Waldes hat. Die bis ins frühe 20. Jh. anhaltende Salzgewinnung in und um Schwäbisch Hall hat im Muschelkalk, allerdings in dessen mittleren Teil seinen Ursprung. Das Salz des Mittleren

Muschelkalks brachte nicht nur der Stadt Hall Macht und Reichtum, sondern wirkte sich wirtschaftlich auch auf das Gebiet des Hall naheliegenden Naturparks und dessen Bewohner aus. Auch bei Murrhardt-Alm wurde um 1800 versucht in einem 228 m langen Stollen und 84,5 m tiefen Schacht an das Steinsalz des Mittleren Muschelkalks heranzukommen. Es wurde allerdings nicht erreicht.

Keuper

Das Wort **Keuper** stammt aus dem Fränkischen und bedeutet bröckelig zerfallendes Gestein. Gemeint waren damit die Tonsteine. Dann aber wurde der Name auf die gesamte Schichtenfolge zwischen Muschelkalk und Jura ausgedehnt, auch wenn diese nicht nur aus bröckelig zerfallendem Gestein besteht, sondern auch aus festem Sandsteinfels. Die Keuperzeit dauerte von 235 bis 200 Millionen Jahren. Nur mehr in seinem unteren Bereich (Unterkeuper und unterer Gipskeuper) sind Meeresablagerungen entstanden. Die höheren Schichten weisen auf ein flaches, weites Land. Manchmal war es von Flüssen durchflossen, manchmal von Seen bedeckt, manchmal aber auch von wüstenartigen Gebieten eingenommen. Entsprechend vielfältig sind die Gesteine des Keupers: Ton- und Sandsteine, Dolomit und Gips, Kalksteine und sogar Kohle kommen vor. Das Klima war wie im Muschelkalk warm und trocken. Durch die anhaltende Absenkung der Erdschichten kam es zur Ablagerung von im Süden bis zu 270 m und im Norden des Naturparks bis zu 400 m mächtigen Gesteinsschichten.
Ganz charakteristisch sind besonders im Keuper Zeiten, zu denen keine Sedimentation stattgefunden hat, sondern Bodenbildung oder gar Erosion. In den höheren Sandsteinen können solche „Schichtlücken" Zeiträume von bis zu 5 Millionen Jahren einnehmen.

Unterkeuper

Die Gesteine des **Unterkeupers**, früher auch **Lettenkeuper** oder **Lettenkohle** genannt, bilden die weiten Verebnungen der Gäuflächen, zu denen auch die Backnanger Bucht, die Haller und die Hohenloher Ebene gehören. Es sind Tonsteine mit Dolomitsteinbänken und Sandsteinen. Der untere und der obere Teil der im Süden 15 m und im Norden 30 m mächtigen Gesteinsfolge wurde in einem Flachmeer abgelagert. Der mittlere Teil mit gelegentlich sehr mächtigen Sandsteinen ist jedoch von Flüssen, die in Skandinavien ihren Ursprung hatten, abgelagert worden (Abb. 3). Diese Sandsteine waren früher ein beliebter Baustein. Ein Beispiel ist die Kirche Sankt Michael in Hall. Eines der größten Sandstein-Abbaugebiete lag beidseitig der Bibers bei Bibersfeld und Rieden. Heute wird der Sandstein nur mehr bei Neuenstein abgebaut.

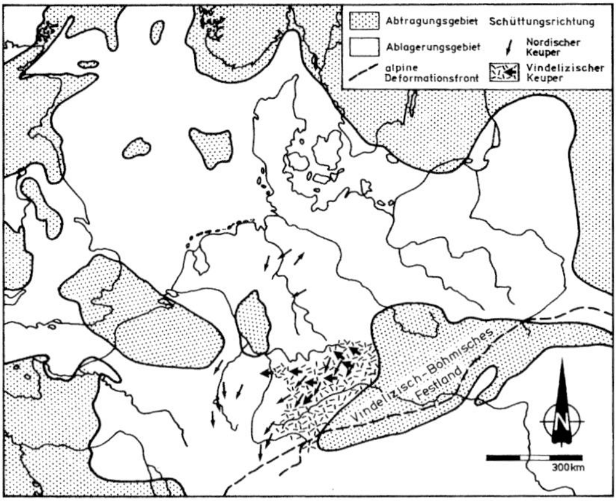

Abb. 3: Paläogeographische Karte zur Keuperzeit in Mitteleuropa (verändert nach Hagdorn & Simon 1988). Zur Orientierung wurde das heutige Flussnetz und die heutige Küstenlinie eingetragen.

Früher lieferte der Unterkeuper auch einen wichtigen Rohstoff. Die dunklen Tonsteine enthalten Pyrit (FeS_2), der mit Sauerstoff zu Eisensulfat verwittert und bei Zugabe von anderen Metallen damals wichtige chemische Verbindungen ergab, so wie das beim Färben benutzte grüne Kupfervitriol, das rote Eisenvitriol und das beim Gerben benötigte Alaun. Gaildorf war ein bedeutender Abbauort und Ottendorf ein Zentrum der Vitriol- und Alaunherstellung. Gelegentlich wurde auch Kohle abgebaut, was aber nach kurzer Zeit wegen der schlechten Qualität und mangels Masse eingestellt werden musste.

In letzter Zeit ist der Unterkeuper durch seine Reptilien- und Amphibienfunde bekannt geworden. Beim Autobahnbau wurden bei Kupferzell-Bauersbach im Jahre 1977 Mastodonsaurier, Plagiosaurier, dinosaurierähnliche Thekodontier und Fische gefunden. Einige der Fundstücke sind z. T. als Nachbildungen im Museum von Waldenburg (Rathaus) ausgestellt. Eine ähnliche Fundstelle ist bei Vellberg-Eschenau bekannt. Die ersten Mastodonsaurier wurden jedoch schon vor 175 Jahren im Vitriolbergwerk von Gaildorf geborgen. Diese Amphibien erreichten eine Länge von über sechs Meter. Sie lebten, auf ihre Beute lauernd, in Sümpfen und sind bis heute die größten Amphibien aller Zeiten geblieben.

Aufschlüsse innerhalb des Naturparks sind selten. Bei Ellenweiler ist der Grenzbereich zum Muschelkalk aufgeschlossen (s. Abb. 14). Gute Aufschlüsse befinden sich aber in den wenige Kilometer außerhalb des Naturparks liegenden Muschelkalksteinbrüchen, wo der Unterkeuper abgeräumt wird.

Die Böden des Unterkeupers sind stark tonig entwickelt und schwer zu bearbeiten (Pelosole, Pseudogleye). Wenn allerdings das Keupergestein von Löss oder Lösslehm überlagert ist, sind diese Flächen sehr fruchtbar.

Der Unterkeuper führt in den geklüfteten Dolomitstein- und Sandsteinbänken Grundwasser. Dies wird im Vorland der Keuperberge als Trinkwasser genutzt. In Bad Rietenau wird Mineralwasser gefördert.

Mittelkeuper

Gipskeuper

Der **Gipskeuper** beteht in seinen untersten 10 bis 20 m überwiegend aus Kalziumsulfat, das oberflächennah als Gips und tiefer im Berg in der wasserfreien Form als Anhydrit vorliegt. Diese Gesteine sind in einem übersalzenen, sehr warmen und flachen Meer entstanden. Über den Sulfatschichten folgen überwiegend graue und rötlich braune Tonsteine. Es sind Ablagerungen in einem heißen wüstenartigen Klima, wobei Schlamm von einem Festland in Bayern, dem Vindelizisch-Böhmischen Festland (Abb. 3), durch periodische Wasserläufe eingeschwemmt wurde. Ausgetrocknete Seen hinterließen Dolomitlagen und -bänke. Gips- und Dolomitknollen weisen auf Bodenbildung hin. Die Gipskeuperschichten sind im Süden 80 m und im Norden 130 m mächtig. Sie bilden die flach ansteigenden Hänge im unteren Bereich der Keuperschichtstufe.

Gips war und ist ein wichtiger Rohstoff für die Bauindustrie. Im Naturpark ist er entlang der nordöstlichen Keuperschichtstufe zwischen Michelbach und Michelfeld abgebaut worden. Der Gips diente um 1800 aber auch der Düngung. In Gipsmühlen fein zermahlen wurde er auf die Felder ausgebracht. Gips ist ein leicht lösliches Gestein. Erdfalleinbrüche aufgrund der Gesteinslösung im Untergrund sind vielerorts bekannt, so bei Fornsbach, bei Aspach oder bei Waldenburg. Eine besonders eindrucksvolle große wannenförmige Auslaugungsform ist das Kupfermoor. Hier hat sich nach der Eiszeit ein Moor gebildet, das ökologisch sehr wertvoll ist.

In den Eisenbahntunnels bei Fichtenberg, Gaildorf und bei Weinsberg, knapp außerhalb des Naturparks, bereitet das Sulfatgestein bis in die Gegenwart große Probleme. Der tiefer im Berg vorhandene Anhydrit beginnt mit Tonmineralien bei Wasserzutritt zu quellen. Dies führt zu

Hebungen der Tunnelsohle, die immer wieder abgetragen werden. Bis heute sind z. B. im Fichtenberger Schanztunnel Hebungen von insgesamt 4 m aufgetreten.

Fossilien sind im Gipskeuper recht selten und konzentrieren sich auf wenige Dolomitsteinbänke. Es kommen Muscheln, Schnecken und Muschelkrebse (Estherien) vor, die auf warmes Klima hinweisen, aber auch auf eingeschränkte Lebensbedingungen in stärker salzhaltigem Wasser. Haifischzähnchen sind horizontweise häufig, sonstige Wirbeltierreste aber selten.

Aufschlüsse im Gipskeuper findet man zwar in Bachrissen, an Böschungen und in Wegeinschnitten immer wieder, sie sind aber meist stark verwittert und verrutscht.

Die Böden des Gipskeupers sind in trockenen Lagen humusarm. Der hohe Tongehalt macht den Boden bei Trockenheit rissig und fest. Äcker müssen daher bei hohem Wassergehalt gepflügt werden. Nach Austrocknung und Gefrieren zefällt der an Kalzium und Kalium reiche Boden krümmelig. Meist sind auf den Gipskeuperflächen Wiesen zu finden. In wärmeren Lagen wird Obst- und Weinbau betrieben.

Die leichte Löslichkeit des Gipses führt auch dazu, dass das Grundwasser, welches diese Schichten durchfließt, reich an Mineralien ist, hauptsächlich Kalziumsulfat. Solches Wasser wird in Löwenstein und Bad Rietenau als Mineralwasser gewonnen. Die Tonsteine sind früher oft zum „Mergeln“ der Felder und Weinberge verwendet worden. Das Aufbringen der mineralreichen Tonsteine diente einmal als Dünger und zum anderen ersetzten sie abgeschwemmtes Bodenmaterial an den Hängen.

Schilfsandstein
Der olivgrüne, manchmal auch braunrote **Schilfsandstein** ist wie der Sandstein im Unterkeuper ein feinkörniger Sandstein, der seinen Ursprung auch in Skandinavien hatte. Ein großes Flusssystem transportierte von dort den Sand nach Süden quer durch Mitteleuropa bis in die Tethys, deren Rand im südlichen Frankreich lag. Zunächst tiefte sich das Flusssystem in den Gipskeuper ein und hinterließ nach Ausfüllung der Stromrinnen mit Sand eine sehr unterschiedliche Ausbildung. In den Stromrinnen selbst wurden bis 40 m mächtige Sandsteine abgelagert. Man nennt diese Ausbildung „Flut-“ oder „Rinnenfazies“. Diese Sandsteine wurden im Naturpark häufig als Bau- und Ornamentsteine abgebaut (Löwenstein, Beilstein, Unterheinriet, Untersteinbach, Fichtenberg). Eines der eindruckvollsten Bauwerke aus Schilfsandstein ist

Abb. 4: Romanische Walterichskapelle aus rötlich braunem und graugrünem Schilfsandstein. Aufn.: Theo Simon

die Walterichskapelle in Murrhardt (Abb. 4). Außerhalb der Rinnen wurde bei starker Wasserführung der Flüsse mehr toniges Sediment abgelagert. In dieser, als „Normal-“ oder „Stillwasserfazies“ bezeichneten Ausbildung erreichen die Mächtigkeiten des Schilfsandsteins nur 5 bis 20 m.

Entsprechend der unterschiedlichen Ausbildung bildet der Schilfsandstein auch unterschiedliche Landschaftsformen. Liegt er in „Flutfazies“ vor, so bildet er Verebnungen an den Hängen wie z. B. um Löwenstein. Bei „Normalfazies“ fügt er sich, allenfalls durch einen kleinen Geländeknick erkennbar, in das Hanggefälle ein.

Fossile Pflanzen sind im Schilfsandstein häufig, besonders Schachtelhalme. Schilf kommt allerdings nicht vor. Der Sandstein wurde nur deshalb danach benannt, weil die Steinbrecher die Schachtelhalme für Schilf hielten. Gelegentlich haben sich sogar dünne Kohleschichten gebildet, die früher Anlass zu Abauversuchen gaben. Die besten Aufschlüsse sind in aufgelassenen Steinbrüchen oder aber in Klingen zu finden.

Die Sandsteine sind gut wasserdurchlässig, im Gegensatz zum darunterliegenden Gipskeuper. Dies führt dazu, dass an der Basis des Schilfsandsteins Quellen austreten, die auch zur Trinkwassergewinnung verwendet werden (Waldenburg, Löwenstein). Das im Teusserbad (Löwenstein) früher genutzte Mineralwasser entstammte dem Schilfsandstein.

Bunte Mergel mit Kieselsandstein

Die Bunten Mergel bestehen im Schwäbisch-Fränkischen Wald aus drei Teilen: Untere Bunte Mergel, Kieselstein und Obere Bunte Mergel. Die Zusammenfassung der drei Schichten ist deshalb erfolgt, weil der Kieselsandstein westlich des Naturparks, etwa an der Nord-Süd-Linie Stromberg – Tübingen, auskeilt. Dort fehlt der die beiden gleichartigen Mergelschichten trennende Kieselsandstein. Die **Unteren Bunten Mergel** sind etwa 20 m mächtig und bestehen wie die Oberen Bunten Mergel überwiegend aus Tonsteinen, Mergeltonsteinen und Tonmergelsteinen. Selten übersteigt der Kalkgehalt 35 %. Erst dann darf eigentlich ein Tongestein als „Mergel" bezeichnet werden. Der Ton wurde vom Vindelizisch-Böhmischen Festland eingeschwemmt. Mitunter bestanden über längere Zeit Seen, die Dolomitschichten hinterließen, wie z.B. im oberen Teil der Unteren Bunten Mergel die

Abb. 5: Untere Bunte Mergel mit Lehrberg-Schichten (graugrüner Gesteinsabschnitt) bei Obersulm-Eichelberg. Aufn.: Archiv Naturpark

Lehrberg-Schichten (Abb. 5). In ihnen können gelegentlich Muscheln und Schnecken gefunden werden, auch kleine Zähnchen von Fischen treten auf und künden damit vom Leben in diesen Seen. Kalziumsulfat in Form von Gipsknollen, entstanden durch Verdunstungsprozesse, kommen lagenweise in den Bunten Mergeln immer wieder vor. Die Farbe der Tonsteine ist meist rot, was auf die ariden Verwitterungsbedingungen auf dem Vindelizisch-Böhmischen Festland, dem Liefergebiet der Tone, aber auch auf aride Bodenbildung im Ablagerungsgebiet selbst hinweist. Die Tonsteine wurden früher zum „Mergeln" der Felder und Weinberge benutzt.

Der **Kieselsandstein** ist im Südwesten bis zu 30 m mächtig im Nordosten des Naturparks allerdings nur noch 20 m. Der Transport erfolgte von Südosten und Osten. Da die Sandsteinsedimentation dort länger anhielt, sind auch die hangenden Oberen Bunten Mergel im Osten nur 5 m und im Westen aber über 20 m mächtig. Die Sandsteine des Kieselsandsteins sind gröber als die des Schilfsandsteins, was an der sehr viel kürzeren Transportstrecke liegt: Der Schilfsandstein stammt aus Skandinavien der Kieselsandstein vom Vindelizisch-Böhmischen Festland. Man nennt deshalb auch die Keuperschichten unter den Bunten Mergeln den „nordischen" und die ab der Basis der Bunten Mergel den „vindelizischen" Keuper. Der Kieselsandstein erhielt seinen Namen von dem

Abb. 6: Wetzsteinrohlinge aus dem Wetzsteinstollen (Kieselsandstein) bei Jux. Original T. Simon, Fichtenberg. Aufn.: Theo Simon

Bindemittel, das die Sandkörner in einzelnen Gesteinsabschnitten zu einem harten Sandstein verbindet. Es besteht mineralogisch aus Quarz, chemisch aus SiO_2, früher auch als „Kieselsäure“ bezeichnet.

Der Kieselsandstein ist fossilarm. Versteinerte Hölzer aus Chalcedon, einer Quarzart, kommen allerdings vor. Sonstige Fossilfunde, wie das Hinterhaupt eines Froschsauriers bei Fichtenberg sind sehr selten. Der Sandstein wurde im Naturpark auch als Baustein verwendet. Feinkörniger Kieselsandstein wurde im Tal der Winterlauter südlich Jux zur Herstellung von Schleif- und Wetzsteinen (Abb. 6) bis 1923 sogar unterirdisch abgebaut (**Wetzsteinstollen**). An der Basis des Kieselsandsteins wie auch des höheren Stubensandsteins haben sich **Uranmineralien** angesammelt, die in der Mitte der 70er Jahre des vergangenen Jh. zu einem umfangreichen Erkundungsprogramm Anlass gaben. Im Osten des Naturpark bildet der harte Kieselsandstein die Kante der Keuperschichtstufe und die Hochfläche (Waldenburger Berge). In Klingen bilden die Sandsteine oft Wasserfälle.
Die bunten Tonsteine der **Oberen Bunten Mergel** sind im Südosten nur gering mächtig (ca. 5 m), da dort die Sandsedimentation länger anhielt (Kieselsandstein), bzw. früher einsetzte (Stubensandstein) als im Nordwesten, wo eine Mächtigkeit von ca. 20 m erreicht wird. Nach Nordwesten nimmt der Anteil an Dolomitsteinbänken zu und Gipsknollen- und -lagen schalten sich ein. Fossilien (Muchel, Schnecken) sind selten. Die Oberen Bunten Mergel sind in flachem, übersalzenem Wasser abgelager worden. Morphologisch bilden sie den flachen Anstieg zu den Sandsteinen der Stubensandstein-Formation, von deren Hangschutt sie oft abgedeckt sind.

Die Sandsteine des Kieselsandsteins sind stark wasserdurchlässig, die Tonsteine dagegen nicht. Deshalb fließen an der Basis des Kieselsandsteins oft Quellen aus, die mancherorts auch zur Trinkwasserversorgung genutzt werden, wie z. B. bei Waldenburg. Im Ortsteil Baad von Mainhardt wird aus den gipshaltigen Oberen Bunten Mergeln Mineralwasser gefördert, dessen Einzugsgebiet sich bis auf die höher liegenden Stubensandsteinschichten erstreckt.

Die sandigen Böden im Kieselsandstein sind nährstoffarm. Auf den gering wasserdurchlässigen Böden der Tonsteine entstanden oft staunasse und schwere Tonböden. Bei landwirtschaftlicher Nutzung überwiegen Wiesen. Forstwirtschaftlich genutzte Flächen sind windwurfgefährdet.

Stubensandstein
Der **Stubensandstein** wird im Nordwesten 140 m im Südosten nur 90 m mächtig. Dies liegt daran, dass die Absenkung der Erdkruste im

Abb. 7: Dritter Stubensandstein mit Wechsellagerung von grauweißen Sandsteinen und grauvioletten und rotbraunen Tonsteinen. Sandbruch Finsterrot. Aufn.: Theo Simon

Nordosten stärker war als im Südosten. Das Material wurde durch periodische Flüsse und Schichtfluten von Osten und Südosten antransportiert. Der Stubensandstein (Abb. 7) hat im Osten und Südosten auch einen höheren Sandsteinanteil. Nach Westen schalten sich mehr und mehr Tonsteine ein bis diese Formation im Bereich des Oberrheins nur mehr aus Tonsteinen mit einzelnen Dolomitsteinbänken besteht. Auch hier sind die Dolomite Anzeichen für ehemalige Seen oder bei knolligen Lagen für Bodenbildung. Boden bildet sich nur an der Erdoberfläche und über längere Zeit. Deshalb ist Bodenbildung immer ein Zeichen für eine Sedimentationsunterbrechung. So entstandene Schichtlücken können im Stubensandstein Tausende von Jahren, ja sogar einige Millionen Jahre ausmachen. Insgesamt dauerte die Bildung des Stubensandsteins von 220 bis 205 Millionen Jahre.

Die Stubensandsteinschichten bilden die welligen Höhen der Löwensteiner Berge und große Teile des Mainhardter und des Murrhardter Waldes. Durch unterschiedlich verwitternde Sandsteinpartien haben sich besonders in den Klingen sehenswerte Hohlformen gebildet, die meist auch volkstümliche Namen erhalten haben: Gallengrotten, 2 km westlich von Kaisersbach, Kesselgrotte, 2,5 km westlich von Welzheim

Abb. 8: Schildkröte Proterochersis (Länge 37 cm). Original Carl-Schweizer-Museum, Murrhardt. Die Stubensandsteinschildkröten aus Murrhardt zählen zu den frühesten Schildkröten der Erde.
Aufn.: Theo Simon

oder die Teufelskanzel, 0,5 km östlich von Rotenhar. Die harten Sandsteine bilden in den Klingen Wasserfälle, wie in der oberen Hörschbachschlucht bei Murrhardt (s. Abb. 13). Überhaupt sind die Klingen in den Stubensandsteinschichten oft sehr schroff und fast unzugänglich.

Ist der Sandstein aus dem Stubensandstein kieselig oder kalkig gebunden, so wurde er vielfach als Baustein gebrochen. Viele der Gebäude auf der Stubensandsteinhochfläche haben zumindest Sockel aus Stubensandstein. Ist der Sandstein stärker verwittert oder besitzt er ein toniges Bindemittel, dann wird er heute noch, meist als Bausand, bei Mainhardt und Wüstenrot gewonnen. Die Sandgewinnung war früher sehr viel verbreiteter. Der helle, fast weiße Sand wurde für die Holzböden der „Stuben" als Feg- und Scheuersand verwendet. Aus dieser Verwendung leitet sich auch der Name „Stubensandstein" ab. Der hohe Quarzgehalt des Sandes war die Grundlage für eine bescheidene Glasfertigung. Ortsnamen wie Alt- und Neufürstenhütte, Hütten, Neuhütten, Althütte, Glashofen oder Spiegelberg gehen auf dieses im 19. Jh. erloschene Gewerbe zurück. Bei Wüstenrot wurde im 18. Jh. sogar nach Silber geschürft, bis man entdeckte, dass Betrug die Suche angeregt hatte. Im Tal der Winterlauter bestand auch ein Kohlebergkwerk, bei dem ebenfalls der Erfolg ausblieb.

An Fossilien finden sich wie im Kieselsandstein verkieselte Hölzer, hauptsächlich Equisetiten. Dies sind den heutigen Araukarien ähnliche Nadelhölzer. Zentimeterdicke Lagen von Kohle sind aus Pflanzenanreicherungen entstanden. In Seeablagerungen kommen auch Fische sowie Muscheln und Schnecken vor. Reptilien sind selten, ebenso wie die bis zu 40 cm langen Schildkröten (Abb. 8), die als erste Schildkröten gelten und bei Murrhardt gefunden worden sind.

Im Verbreitungsgebiet des Stubensandsteins kommen nährstoffarme, leichte Sandböden vor. Aus den zwischengelagerten Tonsteine sind besonders auf den Hochflächen staunasse Böden hervorgegangen. Gegenüber der Wald- und Wiesennutzung tritt der Ackerbau stark zurück.

Die Sandsteine des Stubensandstein sind gut wasserdurchlässig. Deshalb treten auch hier an der Basis der Sandsteine Quellen aus. Da die Einzugsgebiete solcher Quellen manchmal über einen Quadratkilometer groß sind, können auch höhere Schüttungen (bis mehrere Liter/Sek.) auftreten. Viele dieser Quellen, aber auch in die Sandsteine niedergebrachte Bohrungen, liefern Wasser für die Trinkwasserversorgung.

Knollenmergel
Der im Norden 25 m und im Süden 20 m mächtige **Knollenmergel** besteht aus rotbraunen Tonsteinen und grauen Kalk- und Dolomitknollen und -lagen. Die Tonsteine gehen auf Einschwemmungen vom Vindelizisch-Böhmischen Festland zurück, die Karbonatgesteine auf Bodenbildung und Seeablagerungen. Aus den Karbonaten konnte durch kapillar aufsteigendes Wasser im ariden Klima zur Keuperzeit auch Feuersteine entstehen, die beim Dexelhof und auf dem Flinsberg vorkommen (Abb. 9). Im oberen Teil des Knollenmergels treten auch durch Flüsse eingetiefte Rinnen auf, die wieder mit Sediment verfüllt wurden. Manchmal bestand die Verfüllung aus Pflanzenresten, so dass sich schließlich Kohle bilden konnte. Diese Kohle wurde bei Mittelbronn mit Unterbrechungen von 1 600 bis ins 20. Jh. abgebaut. Teilweise wurde sie als Brennstoff verwendet, teilweise aber wie die Tonsteine des Unterkeupers in Ottendorf zu Vitriol und Alaun verarbeitet.

Der Knollenmergel quillt bei Wasserzutritt und gerät leicht ins Rutschen. Das Wasser tritt aus den geklüfteten Bänken der hangenden Unterjura-Schichten und dem Hangschutt zu. Durch Rutschungen entstanden und entstehen die für den Ausstrichbereich des Knollenmergels typischen unruhigen Geländeformen (Abb. 10). Besonders im süd-

Abb. 9: Kubikmetergroße Feuersteinblöcke auf dem Flinsberg bei Oberrot. Die Blöcke stammen aus dem Knollenmergel. Aufn.: Theo Simon

lichen Teil des Naturparks sind durch Rutschungen an Straßen große Schäden entstanden.

Der Knollenmergel bildet den letzten Anstieg zur Verebnung in den Gesteinen des Unterjura. Die schweren Tonböden, durch Hangschutt aus dem Unterjura gelegentlich etwas aufgelockert, werden meist als Wald oder Wiesen genutzt.

Oberkeuper oder Rhät

Das **Rhät** wurde nicht überall abgelagert und erreicht im Naturparkgebiet eine maximale Mächtigkeit von 5 m. Es besteht aus grauen Tonsteinen und feinkörnigen, grauen Sandsteinen, die z.B. beim Hördthof, nördlich von Murrhardt, als Baustein abgebaut wurden. Als Fossilien sind Pflanzenreste, Muscheln und Wirbeltierreste zu finden. Letztere stammen auch von kleinen Reptilien, die als die Vorfahren der Säugetiere gelten. Der Bildungsraum des Rhät war ein flaches Meer mit kleinen Inseln. Damit ist nach etwa 30 Millionen Jahren, seit dem Unterkeuper, das Meer wieder in unser Gebiet zurückgekehrt. Deshalb wird das Rhät auch als Übergang zu den marinen Ablagerungen des Jura verstanden.

Unterjura

Von den Sedimenten des ursprünglich bis zu 700 m mächtigen Jura sind im Naturpark nur die untersten Schichten des **Unterjura** übriggeblieben. Die restlichen Schichten sind schon ab 145 Millionen Jahren, also beginnend vor Ende der Jurazeit (142 Mill. Jahre), allmählich abgetragen worden. Die im Naturpark noch vorhandenen Juraschichten sind etwa 30 m mächtig und reichen vom Psilonotenton bis in den Turneriton (Obtususton). Das Gesteinsmaterial stammt vom Vindelizisch-Böhmischen Festland und wurde in einem flachen Meer abgelagert.

Der **Psilonotenton**, nach einem Ammoniten benannt (Ammonites psilonotus, heute Psiloceras planorbis), hat eine Mächtigkeit von etwa 6 m. Er beginnt mit einer Kalkbank (Psilonotenbank), darüber folgen Tonsteine und im Süden vermehrt Sandsteine.

Der **Angulatensandstein**, bis 12 m mächtig, hat seinen Namen ebenfalls von einem Ammoniten erhalten (Schlotheimia angulata). Feinkörnige, gelbbraune Sandsteine sind charakteristisch für diese Schichten. Die Sandsteine wurden früher als Bausteine abgebaut. Zwischen den Sand-

Abb. 10: Rutschung im Knollenmergel beim Hagberg. Im Hintergrund die Unterjura-Verebnungsfläche mit Altersberg.
Aufn.: Archiv Naturpark

Abb. 11: Abdruck eines Arietites (links, Durchmesser 15 cm) mit einem Nautilus (rechts) und einer Gryphaea (Auster) aus eine Baugrube in Lindach (Arietenkalk, Sinemurium 1). Original M. Mandel, Ludwigsburg. Aufn.: Peter Burkhardt

steinen lagern dunkelgraue Tonsteine. Einzelne Bänke des Angulatensandsteins sind sehr fossilreich: Ammoniten, Muscheln, Schnecken.

Der **Arietenkalk** wird nur 3 m mächtig. Er hat seinen Namen von der Ammonitengattung Arietites (Abb. 11), die teilweise sehr großwüchsige Formen hervorgebracht hat (über 0,5 m Durchmesser). Besonders charakteristisch sind diese fossilreichen Schichten wegen des massenhaften Vorkommens der Auster Liogryphaea arcuata. Daneben kommen aber auch Ammoniten, Belemniten und Seelilien vor. Die Kalksteine des Arietenkalks wurden früher als Wegebaumaterial in kleinen Steinbrüchen gebrochen.

Der bis 13 m mächtige **Turneriton** (Obtususton) wurde ebenfalls nach einem Ammoniten benannt, der in diesen Schichten vorkommt: Ammonites turneri, heute Asteroceras obtusum. Die Schichten bestehen bis auf wenige dünne Kalksteinbänkchen aus Tonstein. Als Fossilien kommen Belemniten, Muscheln, Brachiopoden (Armfüßer) und Ammoniten vor. Zu Ton verwitterter Tonstein lieferte den Rohstoff für die seit fast 200 Jahren in Alfdorf ansässigen Töpfereien.

In Norden des Naturparks sind nur noch Relikte der Juraschichten (Psilonotenton, Angulatensandstein) auf den höchsten Erhebungen vorhanden (z.B. Horkenberg, Hermlesberg, Hohe Brach, Hohbühl). Im Welzheimer Wald bilden die Unterjuraschichten die ebenen Hochflächen zwischen den tief eingeschnittenen Tälern. Die Sandsteine des Angulatensandsteins bilden meist die obere Hangkante.

Obwohl auf den Unterjura-Höhen ein raues Klima herrscht, werden sie doch stark ackerbaulich genutzt. Ein Grund hierfür ist die Ebenheit der Landschaft, was auf die gute Schichtung der flach nach Süden einfallenden Gesteine zurückzuführen ist. Ein weiterer Grund liegt in der Güte der Böden. Sie bestehen aus fruchtbarem Lösslehm und Verwitterungslehm.

Da im Unterjura wasserführende und wasserstauende Schichten abwechseln, treten an den Hangkanten zu den Tälern zahlreiche, oft nur kleine Quellen aus. Früher waren diese Quellen für die Wasserversorgung der Ansiedlungen sehr wichtig, heute sind die Quellfassungen fast alle stillgelegt.

Landschaftsgeschichte

Eine Hebung der Erdkruste am Ende der Jurazeit vor etwa 145 Millionen Jahren bewirkte den Rückzug des Meeres aus Südwestdeutschland. Unser Land war zum Festland geworden und die wechselvolle Landschaftsentwicklung begann. Ausgehend von Tschechien breitete sich über die deutschen Mittelgebirge bis nach Belgien und Nordfrankreich ein flaches Land aus. In der Kreidezeit (142 bis 65 Millionen Jahre) wurde dieses zwar wieder teilweise von Meer überflutet, hielt sich aber in Südwestdeutschland. Von dieser Zeit wissen wir zwar wenig, können aber aus benachbarten Gebieten Rückschlüsse auf unser Gebiet ziehen. Demnach bildete sich bei uns ein Flusssystem aus, das einem Meer im heutigen Alpenraum zufloss. Am Ende der Kreidezeit waren im Odenwaldgebiet Schichten von bis zu 2000 m abgetragen. Im Norden des Naturparks dürfte die Abtragungsrate auch schon über 500 m betragen haben. Es bestand eine sehr flache nach Süden bis Südosten geneigte Landschaft. Täler waren zwar ausgebildet, aber sehr flach und breit. Die für unsere Landschaft typischen Schichtstufen dürften auch damals schon bestanden haben.

Vor etwa 50 Millionen Jahren setzte ein Vorgang ein, der bis heute anhält und der unsere Landschaft bis heute verändert: Die Absenkung des Oberrheingrabens. Damit entwickelte sich neben der Vorflut im Süden eine neue im Westen. Erst langsam, dann aber etwas rascher, entwickelte sich das rheinische Flusssystem, das zum Oberrheingraben hin entwässerte. Ab etwa 35 Millionen Jahren stellte das Sedimentbecken nördlich der Alpen, das Molassebecken, die Vorflut für die in südliche Richtung fließenden Flüsse dar. Vor etwa 15 Millionen Jahren erreichte das rheinische Flusssystem im Nordwesten das Naturparkgebiet. Da das Gefälle der rheinischen Flüsse größer war als das der nach Süden entwässernden danubischen Flüsse, konnte das rheinische System immer weiter nach Süden vordringen.

Heute entwässert das ganze Naturparkgebiet rheinisch, die Zeugen der ehemaligen danubischen Entwässerung nach Süden und Südosten sind aber leicht zu erkennen. Es sind die Bäche und Flüsse, die in die heutigen Hauptflüsse in einem dem Hauptfluss entgegengesetzten schrägen Winkel einmünden: Die Lauter in die Murr, die Bibers, die Fichtenberger Rot und die Lein in den Kocher, die Wieslauf in die Rems.

Mit dem Flusssystem bewegten sich auch die Schichtstufen nach Südosten und Süden. Dies erfolgte nicht kontinuierlich, sondern abschnittsweise. Entlang Stufenrandflüssen und in langgestreckten Schichtmulden hielten sich Schichtstufen sehr lange. So ist z.B. die Oberjura-Schichtstufe westlich von Aalen schon über mehr als 15 Millionen Jahren annähernd stabil. Die Keuperschichtstufe lag vor 20 Millionen Jahren noch nördlich von Heilbronn und ist seither abschnittsweise auf die heutige Position zurückgewichen (Abb. 12).

Die ältesten Sedimente im Naturpark, die noch die alte danubische Abflussrichtung erkennen lassen, sind sandige Kiese auf den Hochflächen entlang der Fichtenberger Rot und dem Kocher. Diese Sedimente weisen ein Gefälle nach Süden auf und sind etwa zeitgleich mit dem Goldshöfe-Sand (ca. 1 Million Jahre). Dieser Sand kommt um Aalen flächenhaft vor und ist noch zu einer Zeit abgelagert worden, als der Kocher noch über die Brenz zur Donau floss. Diese Flussablagerungen sind also schon im Quartär gebildet worden, das vor 2,6 Millionen Jahren begann und sich der Tertiärzeit anschloss. Das **Quartär** wird in das **Pleistozän** (Eiszeitalter) und in das noch andauernde, 10 000 Jahre alte **Holozän** eingeteilt.

Die Quartärzeit prägte unsere Landschaft ganz besonders. Zwei Faktoren waren hierfür verantwortlich. Einmal bewirkte eine Hebung der Erdoberfläche um einige 100 m eine Beschleunigung der Erosionskräfte und zum zweiten wurde diese Erosion durch den mehrmaligen Wechsel zwischen **Kalt- (Eiszeiten)** und **Warmzeiten** begünstigt. Der häu-

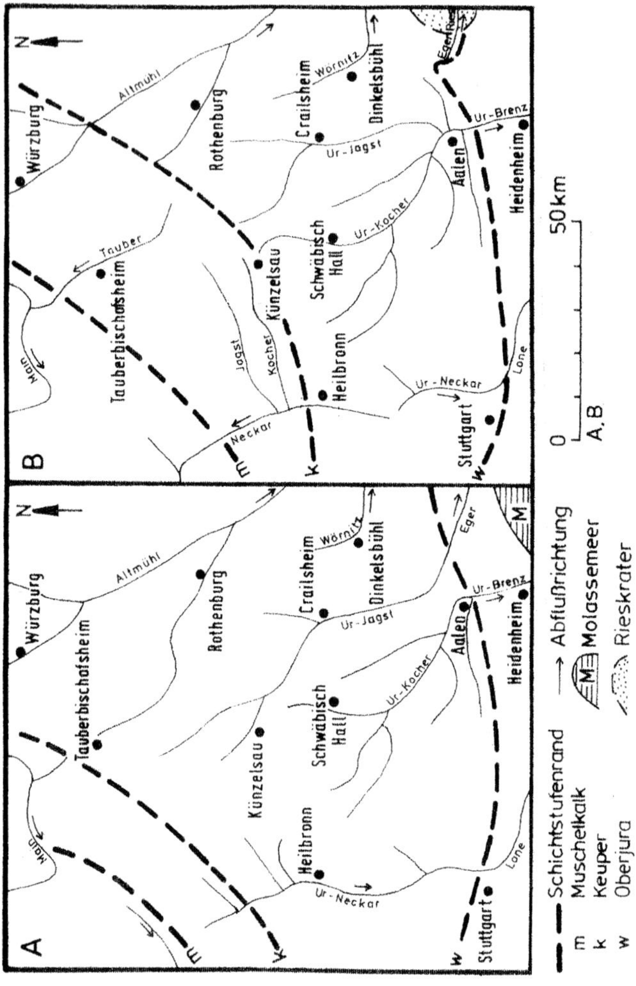
A
B
N
Würzburg
Tauberbischofsheim
Rothenburg
Altmühl
Main
Tauber
Crailsheim
Wörnitz
Dinkelsbühl
Künzelsau
Schwäbisch Hall
Heilbronn
Jagst
Kocher
Neckar
Ur-Neckar
Ur-Jagst
Ur-Kocher
Ur-Brenz
Eger
Lone
Stuttgart
Aalen
Heidenheim
m
k
w
M
0
50 km
A, B
Schichtstufenrand
m Muschelkalk
k Keuper
w Oberjura
Abflußrichtung
Molassemeer
Rieskrater

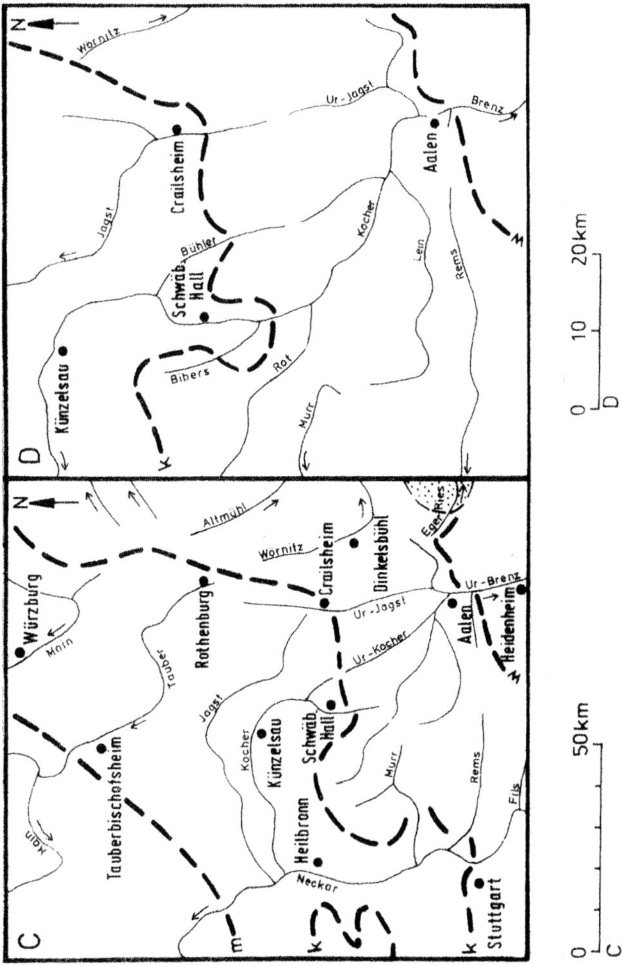

Abb. 12: Flusssystem und Lage der Schichtstufen im Tertiär und im Quartär. A: vor ca. 20 Millionen Jahren; B: vor ca. 15 Millionen Jahren; C: vor ca. 2 Millionen Jahren; D: vor ca. 0,5 Millionen Jahren. Nach T. Simon 1987

Abb. 13: Tief eingeschnittene Klinge mit unausgeglichenem Bachprofil und kleinen Wasserfällen. Solche Geländeformen sind typisch für das junge rheinische Flusssystem im Naturpark. Hörschbach bei Murrhardt. Aufn.: Archiv Naturpark

fige Frostwechsel bis in Tiefen von 10 und mehr Metern lockerte das Festgestein auf und bereitete so die Erosion vor. In den kältesten Zeiten, den sogenannten Hochglazialen, stießen Gletscher aus den Alpen bis an die Donau vor und von Skandinavien über Ost- und Nordsee bis an den Mittelgebirgsrand. Der tief gefrorene Boden taute in den kurzen Sommern oberflächennah auf und geriet an den Hängen ins Rutschen. Flüsse in den Tälern transportierten den Gesteinsschutt talab. Aus westlicher Richtung wehende Winde trugen Gesteinsstaub, den Löss, nach Osten und bewirkten so die Fruchtbarkeit der Lösslandschaften.

In den Warmzeiten herrschte teilweise ein wärmeres Klima als heute. Böden bildeten sich durch chemische Verwitterung. Der Löss entkalkte zu Lösslehm. Eine geschlossene Pflanzendecke schränkte die Erosion ein.

Durch die Hebung der Erdkruste wurden Flüsse und Bäche zu einem stärkeren Einschneiden gezwungen. Steile und tiefe Täler bildeten sich (Abb. 13). Oft kann man in den oberen Bereichen unserer Täler noch die ehemaligen flachen und breiten Talformen erkennen, in die sich die Flüsse danach tief eingeschnitten haben. Gelegentlich sind an den Talhängen noch Flussablagerungen (Terrassenablagerungen) erhalten, die von höheren Talauenlagen als heute künden und Eintiefungsstadien darstellen.

Die Tierwelt war sowohl in den Kaltzeiten (z.B. Mammut, Wollnashorn) als auch in den Warmzeiten (z.B. Waldelefant, Wasserbüffel, Nashorn) sehr vielfältig. Auch der Mensch entwickelte sich in dieser Zeit. Einer der bekanntesten Urmenschenfunde stammt von Steinheim an der Murr, nur wenige Kilometer außerhalb des Naturparks. Der Steinheimer Schädel ist eine Viertelmillion Jahre alt.

Das Holozän ist als eine Warmzeit zu verstehen. Kühlere und feuchtere Zeiten wechselten mit wärmeren, trockeneren ab. Im Holozän entstanden die meisten unserer Böden. Erosion fand hauptsächlich an den Hängen statt, begünstigt durch große Rutschungen wie z.B. bei Murrhardt. In den Tälern wurde der Auenkies sedimentiert, in Karstsenken bildeten sich Moore (Kupfermoor bei Beltersrot) und an kalkreichen Quellen wurde Kalksinter ausgeschieden.

Seit etwa 7000 Jahren, ab der Jungsteinzeit, wurde der Mensch zum „geologischen“ Faktor, d. h., die Tätigkeit des Menschen veränderte die Oberfläche der Erde dauerhaft. Die Rodung der Wälder, insbesondere im Mittelalter, führte zu starker flächiger Erosion. Der abgeschwemmte Boden wurde in den Tälern als Auenlehm abgelagert. Fluss- und Bachregulierungen beeinflussten Erosions- und Sedimentationsvorgänge, Verkehrsbauten lösten Rutschungen an den Hängen aus, Abtragungen und Aufschüttungen veränderten infolge der regen Bautätigkeit das Landschaftsbild. Dennoch sind diese Veränderungen gering im Vergleich zu der natürlichen Erosion seit der Jurazeit, deren vorläufiges „Endprodukt“ die heutige Landschaft ist.

Tektonik

Als Tektonik wird die Lehre vom Bau der Erdkruste sowie von den Kräften, die diesen Bau erzeugt haben, bezeichnet. Unter den Begriff der Tektonik fällt aber auch die reine Beschreibung der Formen, die die Gesteinskörper aufgrund der auf sie wirkenden Kräfte eingenommen haben. Bedenkt man z. B., dass die Schichten des Muschelkalks in einem Flachmeer entstanden sind, die um mehr als 1000 m höher liegenden Schichten des Oberjura aber auch, so ergibt sich daraus, dass die Muschelkalkschichten zur Zeit der Ablagerung der Oberjuraschichten 1000 m unter dem Meeresspiegel gelegen haben müssen. Heute liegen die Muschelkalkschichten im Naturpark aber mehr als 200 m über dem Meer. Daraus folgt zuerst eine Absenkung der Muschelkalkschichten

Abb. 14: „Muschelkalkaufbruch" von Ellenweiler (Naturdenkmal). Die Schichten fallen schräg nach Südosten ein. Zu sehen ist der Grenzbereich Muschelkalk (links unten)/Unterkeuper (rechts oben). Man nennt den Aufschluss deshalb „Aufbruch", weil hier eine Muschelkalkscholle ca. 50 m tektonisch nach oben in den Gipskeuper geschoben worden ist („aufgebrochen" ist). Aufn.: Theo Simon

um 1000 m und anschließend wieder eine Hebung um 1200 m. Solche Bewegungen haben natürlich Ursachen und auch Folgen. Die heutige Landschaft wäre ohne solche Bewegungen nicht entstanden.

Zwei stark prägende tektonische Großereignisse können für den tektonischen Bau von Südwestdeutschland verantwortlich gemacht werden. Da ist einmal die Entstehung der Alpen, die auf das Aufeinanderzudriften und den Zusammenstoß der Kontinente Afrika und Europa zurückzuführen ist. Dadurch ist die Kippung der Schichten nach Südosten zu den Alpen hin entstanden. Diese Kippung wird auch im Naturpark deutlich, während die Grenze Muschelkalk/Keuper nördlich Schwäbisch Hall bei 400 m ü. NN liegt, befindet sie sich bei Aalen unter 200 m ü. NN. Diese Hebung im Norden und Absenkung im Süden hat schon in der Oberjurazeit begonnen und ist auch heute noch nicht ganz zur Ruhe gekommen. Das zweite tektonische Großereignis war die Absenkung des Oberrheingrabens, die vor etwa 50 Millionen Jahre begann und die ebenfalls heute noch nicht aufgehört hat. Das bedeutet aber auch, dass wir noch innerhalb dieser Prozesse leben. Allerdings gehen diese Bewegungen so langsam vor sich, dass wir erst heute in der Lage sind, die Absenkungen im Oberrheingraben messtechnisch zu erfassen. Sie betragen im Durchschnitt gerade einmal 0,1 mm/Jahr. Die Hebungen und Senkungen weiter außerhalb des Oberrheingrabens können wir nicht erfassen, wir können sie nur indirekt ermitteln. Ein Hinweis auf Hebungen im Norden Baden-Württembergs in der Quartärzeit ist z. B. das tiefe Einschneiden der Täler, das nur aufgrund der Hebung der Landoberfläche eine plausible Erklärung findet. An den gelegentlich auftretenden Erdbeben allerdings merken wir, dass auch bei uns die Erde nicht völlig ruhig ist.

Das generelle Schichtenfallen in Südwestdeutschland von Nordwesten nach Südosten ist immer wieder unterbrochen von Schichtmulden: Löwensteiner mit Heilbronner Mulde, Fränkische Furche, Neckar-Jagst Furche, Schwäbisches Lineament. Bei den Furchen und Lineamenten handelt es sich um lange und schmale Mulden, die sich etwa von Südwesten nach Nordosten durch ganz Nordwürttemberg ziehen. Innerhalb dieser Formen können die Schichten gegenüber der Umgebung bis zu 100 m abgesunken sein. Das wird auf Strukturen im Untergrund zurückgeführt, die schon vor etwa 300 Millionen Jahren im 1000 bis 1500 m unter dem Deckgebirge liegenden Grundgebirge angelegt worden sind. Auch sehr alte Strukturen können also die tektonischen Erscheinungen im Deckgebirge bestimmen.

Neben den erwähnten Schichtverbiegungen sind auch Verwerfungen und Horizontalverschiebungen eine Folge der auf die Erdkruste im Naturpark wirkenden tektonischen Kräfte. Bei Verwerfungen bewegen sich zwei aneinandergrenzende Erdschollen in bevorzugt vertikaler, bei Horizontalverschiebungen in bevorzugt horizontaler Richtung aneinander vorbei. Ein Gebiet, wo beide Erscheinungen gemeinsam auftreten sind die nördlich des Murrtals zwischen Oppenweiler und Sulzbach/Murr liegenden Hänge. Hier treten im Kreuzungsbreich der Neckar-Jagst-Furche mit einer von Nordwesten nach Südosten gerichteten Verwerfungszone vertikale Versetzungsbeträge am sogenannten „Muschelkalkaufbruch“ von Ellenweiler (Abb. 14) von über 50 m und horizontale Verschiebungen von bis zu 1 km auf. Diese Bewegungsbeträge ereigneten sich nicht mit einem „Schlag“, sondern verteilten sich auf viele Teilbewegungen. Jede dieser Bewegungen dürfte sich ehemals als Erdbeben bemerkbar gemacht haben. Die Beben waren teitweise stark, wenn man bedenkt, dass das letzte starke Beben im Bereich des Hohenzollerngrabens (3.9.1978) durch eine Erdkrustenbewegung von nur 0,1 m hervorgerufen wurde. Die starke Erdbebentätigkeit im Bereich des Naturparks liegt allerdings schon mehrere Millionen Jahre zurück.

THEO MÜLLER

Pflanzenwelt

In dem hier gesteckten Rahmen ist es kaum möglich, die gesamte Pflanzenwelt im Naturpark Schwäbisch-Fränkischer Wald darzustellen, es kann vielmehr nur eine Übersicht skizziert werden. Die Vielfalt der Pflanzenwelt spiegelt deutlich die unterschiedlichen geologischen Schichten und Böden, die verschiedenen Höhenlagen und Klimate wider. Wirken sich die Böden mit ihrem im Keupergebiet so charakteristischen kleinflächigen Wechsel mehr oder weniger lokal aus, so beeinflussen Klimaunterschiede meist einen größeren Bereich. Dies hat vor allem einen entscheidenden Einfluß auf die natürliche Baumartenzusammensetzung der Wälder. Wir können demgemäß für das Gebiet des Naturparks Schwäbisch-Fränkischer Wald drei klimatische Bereiche mit den für sie bezeichnenden natürlichen Baumartenkombinationen (von der forstlichen Standortkunde als Regionalgesellschaften bezeichnet) unterscheiden:

1. Am West- und Nordwestrand reicht das Gebiet des Naturparks gerade noch bis an das Neckarbecken heran, **Hügelgebiete** mit unter 350 m, meist sogar unter 300 m Meereshöhe umfassend. In diesem wärmebegünstigten Gebiet (mittlere Jahrestemperaturen über 9° C) wird weithin Wein angebaut. Dazu kommen mäßige Niederschläge (mittlere Jahresniederschläge 700 – 800 mm). In diesem kollinen Gebiet finden wir vorwiegend eichenreiche Laubmischwälder.
2. In den höher gelegenen Gebieten der **unteren Bergstufe** (submontan), die im Bereich der Löwensteiner und Waldenburger Berge, der Berglen und des westlichen Teils des Vorderen Welzheimer Waldes Meereshöhen von 300 (350) m bis knapp unter 500 m aufweisen, ist das Klima deutlich kühler (mittlere Jahrestemperaturen 8 – 9° C) und niederschlagsreicher (mittlere Jahresniederschläge 800 – 950 mm). Hier stellen sich rotbuchenreiche Laubwälder ein, denen die Eichen nicht restlos fehlen, aber als etwas wärmebedürftige Arten doch mehr und mehr zurücktreten.
3. Dadurch, dass die Kraichgausenke zwischen Odenwald und Schwarzwald die regenbringenden westlichen Winde ungehindert durchziehen lässt, erhält der innere Schwäbisch-Fränkische Wald (Mainhardter,

Murrhardter und Welzheimer Wald), obwohl seine Höhen unter 600 m NN bleiben, bis über 1 000 mm Niederschlag im Jahr (mittlere Jahresniederschläge 950 – 1 100 mm), das ist etwa so viel wie auch die höhere Schwäbische Alb an ihrem Nordwestrand erhält. Die mittleren Jahrestemperaturen sinken auf 7 – 8° C. Dieses noch kühlere und vor allem ziemlich niederschlagsreiche Klima entspricht schon fast dem der Bergstufe (montan), weshalb von Schlenker, dem Begründer der forstlichen Standortkunde in Baden-Württemberg, für diesen Bereich der Begriff „paenemontan" (= fast montan) eingeführt wurde. In dieser **paenemontanen Stufe** verschwinden die Eichen fast ganz, und es tritt dafür als neue Baumart die Tanne hinzu, Tannen-Buchen-Wälder und Tannenwälder bildend.
Schließlich ist zu bemerken, dass die Grenzen zwischen den einzelnen Bereichen nicht glatt, sondern vielfach verzahnt verlaufen, indem z. B. eichenreiche Wälder sich auch an trocken-warmen Südhängen noch im submontanen Buchenbereich oder in feucht-kühlen Klingen paenemontane Tannen-Buchen-Wälder sich auch schon im submontanen Buchenbereich einstellen können.

Der Bereich der kollinen eichenreichen Laubmischwälder

Auf den nährstoffreichen, mehr oder weniger schweren Tonböden des Keupers mit ihrem unausgeglichenen Wasser- und Lufthaushalt stehen **Eichen-Hainbuchen-Wälder**, in denen Eichen vorherrschen, Hainbuchen, aber auch Feldahorn, Winterlinde, Kirsche, Esche, gelegentlich auch die Rotbuche eingestreut sind. In der meist reich entwickelten Krautschicht sind Kriechende Rose, Waldknäuelgras, Erdbeerfingerkraut, Schattensegge und Große Sternmiere regelmäßig vertreten. Auf den mehr trockenen Tonböden wächst der **Waldlabkraut-Eichen-Hainbuchen-Wald**, in dem trockenheitsverträgliche Arten wie Elsbeere, Waldlabkraut, Bergsegge, Maiglöckchen, Nickendes Perlgras und Verschiedenblättriger Schwingel auftreten und meist die Traubeneiche vorherrscht. Dagegen besiedelt der **Sternmieren-Eichen-Hainbuchen-Wald** die mehr frischen, bis teilweise sogar nassen Tonböden. Neben dem Vorherrschen der Stieleiche ist er meist durch das Vorkommen von Frische- und Feuchtezeigern ausgezeichnet wie Rasenschmiele, Schachtelhalme, Gewöhnliches Hexenkraut, Wald-Frauenfarn, Große Schlüsselblume und andere.
An steilen südexponierten Hängen würde ein **Eichen-Trocken-Wald** (Steppenheide-Eichen-Wald) stehen, der allerdings nahezu vollständig dem Weinbau weichen musste, so dass wir ihn nur noch in allerkleinsten, meist fragmentarisch ausgebildeten Resten finden können. Der Raum zwischen Weinberg und Wald, einst Wuchsort einer artenreichen

Submontaner Buchenw-ld bei Löwenstein. Aufn.: Archiv Naturpark

Steppenheide, ist im Zuge der Weinbergumlegungen entweder ganz verschwunden oder auf einen äußerst schmalen Streifen zusammengedrängt, in dem die Steppenheide kaum mehr existenzfähig ist, zumal hier oft Mist abgelagert wird und sich deshalb eine stickstoffliebende Flora (Brennesseln, Gemeiner Beifuß, Gänsefußarten usw.) auf Kosten der Steppenheide ausbreitet.

Auf Kuppen, Hangrippen und -kanten der Keupersandsteine (in erster Linie Schilf- und Kieselsandstein, seltener Stubensandstein), die nährstoffarme, mehr oder weniger trockene Böden abgeben, stockt der **Hainsimsen-Eichen-Wald**, in dem meist die Traubeneiche den Bestand aufbaut; auf wechselfeuchten Standorten in mehr ebenen Lagen kann aber auch die Stieleiche hinzu- oder sogar allein vorkommen. Es ist eine ziemlich artenarme Waldgesellschaft, die durch Weiße Hainsimse, Bergplatterbse, Wiesenwachtelweizen, Drahtschmiele, mehrere hochwüchsige Habichtskräuter, Schafschwingel, Ruchgras sowie verschiedene Moose und Flechten gekennzeichnet ist. Sie kommt meist nur verhältnismäßig kleinflächig vor und ist oft durch Kiefernforste ersetzt.

In den submontanen Rotbuchwäldern kommt nicht selten der Hasenlattich (1) vor. Die Zwiebeltragende Zahnwurz (2) tritt dagegen nur in dem submontanen Waldmeister-Buchen-Wald auf, während die Wald-Hainsimse (3) in luftfeuchter Lage im Hainsimsen-Buchen-Wald zu finden ist. Zeichnung: Theo Müller

Es gibt gelegentlich an Nordhängen oder auf Löß auch Rotbuchen-Wälder als Waldmeister- und als Hainsimsen-Buchenwald (s. nächster Abschnitt), meist mit einer stärkeren Beimischung von Eichen, doch spielen diese Wälder im vorliegenden Bereich keine wesentliche Rolle.

Neben Weinbau wird vor allem Ackerbau, teilweise mit Sonderkulturen betrieben. Das Grünland ist meist auf die Talauen der Bäche beschränkt, in denen Eschen-Schwarzerlen-Bachauenwälder meist galerieartig den Bachlauf säumen.

Die Rotbuche (1) ist die bestandsbildende Baumart der Rotbuchenwälder. Pflanzen des Waldmeister-Buchen-Waldes: 2 Waldmeister, 3 Goldnessel, 4 Vielblütige Weißwurz, 5 Ährige Teufelskralle, 6 Waldhirse. Pflanzen des Hainsimsen-Buchen-Waldes: 7 Weiße Hainsimse, 8 Bergplatterbse, 9 Schönes Haarmützenmoss, 10 Besen-Gabelzahnmoos. Zeichnung: Theo Müller

Der Bereich der submontanen Rotbuchenwälder

Dieser Bereich, der sich am Nord-, West- und Südwestrand des Gebiets wie ein Gürtel um den Inneren Schwäbisch-Fränkischen Wald legt, ist dadurch ausgezeichnet, dass der Wald den größten Teil der Fläche einnimmt, auf den Verebnungsflächen zwischen ihm Rodungsinseln vorhanden sind, die bei schweren, zu Staunässe neigenden Böden als

Lichte Birkenhaine mit Pfeifengrasunterwuchs im Naturschutzgebiet „Viehweide" bei Michelbach (Gemeinde Stadt Öhringen). Solche eindrucksvolle Landschaftsbilder sind durch frühere Viehbeweidung entstanden, heute müssen sie seitens des Naturschutzes gepflegt werden, um eine Sukzession zum geschlossenen Wald zu verhindern. Aufn.: Archiv Naturpark

Grünland, sonst als Acker genutzt werden. Da hier weithin der Kiesel- und der Stubensandstein den geologischen Untergrund bilden, die meist verhältnismäßig nährstoffarme, saure Böden ergeben, tritt hier der **Hainsimsen-Buchen-Wald** besonders verbreitet auf. Es handelt sich um einen ausgesprochen artenarmen Wald, der den Pflanzenfreund meist wenig anzieht, findet er in ihm doch kaum schönblühende Blumen. Bestandbildend ist die Rotbuche, der gelegentlich einzelne Eichen beigemischt sein können, auf etwas mehr trockenen Standorten die Traubeneiche, auf mehr feuchten bzw. staufeuchten die Stieleiche. In der Krautschicht tritt nicht selten der für Rotbuchen-Wälder der Berglagen so bezeichnende Hasenlattich auf. Anspruchsvolle Krautarten fehlen, dafür sind anspruchslose, Bodensäure ertragende Arten vorhanden wie Weiße Hainsimse, Drahtschmiele, Schönes Haarmützenmoos, Besen-Gabelzahnmoos. Auf wechselfeuchten, versauerten Böden kommen Rasenschmiele und Pfeifengras, in luftfeuchten Lagen, z. B. in Klingen, Wald-Hainsimse und Farne hinzu. Mehr oder weniger trockene, ziemlich basenarme, saure, oft gebleichte Keupersandböden in Südexposition tragen einen Hainsimsen-Buchen-Wald mit Heidelbeere

und Weißmoos, gelegentlich auch mit Heidekraut und Boden-Becherflechten. Oft sind diese Flächen mit Kiefern aufgeforstet. In den Waldenburger Bergen, aber auch an anderen Stellen, wurden diese Wälder und deren Böden durch Waldweide und teilweise auch durch Streunutzungen gestört. Die Rotbuche verschwand aus derartig genutzten Beständen, übrig geblieben sind einzelne Eichen, die teilweise als Solitärbäume imposante Baumgestalten bilden. Dazu gekommen sind in diesen lichten Beständen Birken. Die Krautschicht bildet meist einen dichten Grasteppich, der oft vom Pfeifengras bestimmt wird. Insgesamt ergeben sich sehr eindrucksvolle Landschaftsbilder, die in den Naturschutzgebieten „**Obere Weide**" (22 ha), „**Entlesboden**" (7,2 ha) und „**Viehweide**" (18,2 ha) erhalten werden sollen. Dabei muss man sich im klaren sein, dass der größte Teil dieser lichten Eichen-Birken-Bestände nicht ursprünglich ist (auf nass-sauren Standorten, auf denen die Rotbuche nicht zu gedeihen vermag, kann es auch von Natur aus mehr oder weniger lichte Eichen-Birken-Bestände geben, die aber meist nur ziemlich kleinflächig auftreten), sondern ihre Existenz dem Menschen bzw. seinem Vieh verdanken. Ohne Pflegeeingriffe seitens des Naturschutzes würden sie sich früher oder später wieder dicht bewalden und in die ursprüngliche Waldgesellschaft übergehen.
Auf nährstoffreicheren Standorten, meist frischen, basenreichen, aber mehr oder weniger kalkarmen oder -freien, lehmigen Böden, die z. B. an Hängen mit Mergelunterlage ebenfalls nicht selten sind, stockt der **Waldmeister-Buchen-Wald**, für den Hasenlattich, Waldmeister, Goldnessel, Vielblütige Weißwurz, Ährige Teufelskralle, Waldhirse, Waldsegge, Waldzwenke, Waldveilchen, Buschwindröschen, gelegentlich auch die Zwiebeltragende Zahnwurz und andere Arten bezeichnend sind. An grund- und hangfeuchten Stellen gesellen sich Große Schlüsselblume, Aaronstab, Springkraut, Gewöhnliches Hexenkraut und Scharbockskraut, gelegentlich auch Herden des Bärenlauchs hinzu. In luftfeuchter Lage der Klingen oder auch an absonnigen Hängen stellt sich der Waldschwingel ein, der dann im paenemontanen Bereich weitverbreitet auftritt; gelegentlich können hier bei Annäherung an diesen Bereich auch schon einzelne Tannen aufkommen. Nimmt die Luftfeuchtigkeit z. B. in Klingen weiter zu – vielfach ist hier auch ohne Regen alles triefnass –, dann finden wir hier eine farnreiche Ausbildung des Waldmeister-Buchen-Waldes, in der der Männliche Wurmfarn, der Spreuschuppige Wurmfarn (häufiger wohl der Bastard zwischen diesen beiden Wurmfarn-Arten), der Wald-Frauenfarn, der Eichen- und Buchenfarn sowie eine Reihe von Moosen besonders üppig gedeihen. Das gelegentliche Vorkommen von Seidelbast, Haselwurz, Frühlings-Platterbse und Waldvögelein-Arten charakterisiert eine Ausbildung, die zu den Kalk-Buchenwäldern vermittelt, wie sie von der Schwäbischen Alb her bekannt sind. Auf buchenungünstigen

Standorten gibt es auch hier Eichen-Hainbuchen-Wälder (s. Abschnitt „kolliner Bereich").
Auf schweren, mehr oder weniger wasserundurchlässigen Tonböden – seien sie aus Keupermergeln oder aus in den Stubensandstein eingelagerten Tonlinsen hervorgegangen –, bei denen es zu Staunässe und im Wechsel damit zu Austrocknung mit Schwundrissbildung kommt, tritt

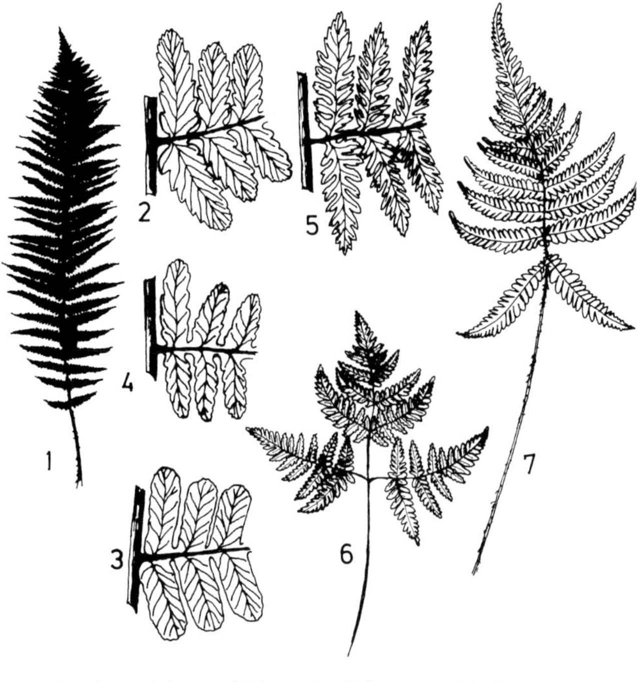

Farne der farnreichen Ausbildung des Waldmeister-Buchen-Waldes. 1 Farnwedel (zu 2–5; das Quadrat am 5. rechten Fieder kennzeichnet die in 2–5 dargestellten Ausschnitte der verschiedenen Farne), 2 Männlicher Wurmfarn, 3 Spreuschuppiger Wurmfarn, 4 Bastard zwischen Männlichem und Spreuschuppigem Wurmfarn, 5 Wald-Frauenfarn, 6 Eichenfarn, 7 Buchenfarn. Zeichnung: Theo Müller

eine sehr eigenartige, vermutlich durch einstige Waldweide begünstigte Vegetation auf: viel Pfeifengras, dazu Teufelsabbiss, Geflecktes Knabenkraut, Mücken-Handwurz, auch Sumpf-Stendelwurz, Niedrige Schwarzwurzel, Großer Wiesenknopf, Färberscharte, Golddistel, Fransen-Enzian und sonst noch manche Art. Durchsetzt sind diese Bestände von einzelnen Faulbaum- und Öhrchenweidensträuchern, gelegentlich auch einem Wacholder (Weidezeiger), über denen sich krüppelige Kiefern, auch einmal eine nicht besonders frohwüchsige Stieleiche, Aspe und Birken erheben. Nach unseren heutigen Kenntnissen dürfte an die-

Arten des Winkelseggen-Bachauenwaldes: 1 Winkelsegge, 2 Hängesegge, 3 Berg-Ehrenpreis, 4 Alpen-Hexenkraut, 5 Waldschachtelhalm, 6 Gegenblättriges Milzkraut, 7 Riesenschachtelhalm, und 8 Wechselblättriges Milzkraut. Bezeichnende Art des Waldsternmieren-Auenwaldes: 9 Waldsternmiere. Zeichnung:Theo Müller

sen Stellen die Kiefer nicht ursprünglich sein, sondern die Stieleiche im Verein mit Aspe und Birke dürfte einen schütteren Bestand gebildet haben, der durch Waldweide – wie auch der Boden – gestört worden ist. Um derartige, pflanzenreiche Gebiete wirksam zu sichern und zur Erhaltung auch pflegen zu können, wurden einige als Naturschutzgebiete ausgewiesen („**Roter Burren**“ mit 4,7 ha, „**Jägerhölzle**“ mit 2,7 ha, „**Pflanzenstandorte am Sommerrain**“ mit 2,0 ha).

Bezeichnend für den Bereich sind auch die **Winkelseggen-Bachauenwälder** auf den durchsickerten Talsohlen der Klingen. Aufgebaut werden sie meist von der Schwarzerle, der an weniger nassen Stellen die Esche beigemengt sein kann. Charakteristisch für diese „Sicker-Auenwälder“ sind die Winkelsegge und die Hängesegge, ferner der Berg-Ehrenpreis, das Mittlere und das Alpen-Hexenkraut, auf mehr oder weniger kalkfreiem Untergrund auch das Gegenblättrige Milzkraut und der Waldschachtelhalm, auf mehr basenreichem oder sogar kalkreichem Untergrund dafür das Wechselblättrige Milzkraut und der Riesenschachtelhalm.

Die Ufer der größeren Bäche werden begleitet vom **Waldsternmieren-Auenwald,** der in Wiesentälern oft nur noch als mehr oder weniger schmaler Galeriewald auftritt. Dieser Auenwald wird ebenfalls überwiegend von Schwarzerle, aber auch von einzelnen Bruchweiden, Traubenkirschen, Eschen und Bergahornen aufgebaut. In seiner Strauchschicht sind Gewöhnlicher Schneeball, Wilder Hopfen, Hasel und Pfaffenhütchen nicht selten. In der Krautschicht tritt neben einer Reihe Feuchtigkeitszeigern wie Springkraut, Mädesüß, Berg-Kälberkropf, Rohrglanzgras, Wald-Frauenfarn, Waldziest, Wald-Engelwurz u. a. als bezeichnende Art die Waldsternmiere auf. Im Gegensatz zum Winkelseggen-Auenwald werden die Standorte des Waldsternmieren-Auenwaldes nicht durchsickert, sondern mehr oder weniger oft überflutet und mit sandigem Bodenmaterial überdeckt. In unmittelbarem Kontakt mit dem Waldsternmieren-Auenwald gedeihen auf Uferbänken oftmals üppige **Pestwurz-Fluren** oder am Ufer **Rohrglanzgras-Röhrichte**.

Bei den regelmäßig gemähten und gedüngten **Fettwiesen** auf mäßig feuchten bis mäßig trockenen Standorten handelt es sich um **Berg-Glatthafer-Wiesen,** in denen neben den bekannten Wiesenpflanzen als „Berg-Arten“ meist Wiesen-Frauenmantel und Kümmel vorkommen. Allerdings tritt hier gegenüber den Tal-Glatthafer-Wiesen in weniger gedüngten Wiesen oder bei zunehmender Feuchtigkeit der Glatthafer deutlich zurück, während sich dafür das Gemeine und das Wiesen-Rispengras bzw. der Wiesen-Fuchsschwanz stärker ausbreiten. Nicht selten sind Wiesen mit Streuobst überstellt. Leider werden manche Wiesen, so vor allem in steileren Lagen, heute immer seltener gemäht, verbrachen und verbuschen dann. Um dies aus landespflegerischen Gründen zu verhindern, werden solche Flächen beweidet, teils mit Rindern, teils

Kohldistel-Wiesen mit reichem Trollblumen-Bestand im Tal der Schwarzen Rot bei der Menzlesmühle (Naturschutzgebiet Wiesentäler bei der Menzlesmühle). Aufn.: Archiv Naturpark

mit Schafen. In solchen Weiden verschwinden gewöhnlich die hohen Wiesengräser und -kräuter. Dagegen breiten sich bei guter Düngung das Weidelgras und der Weißklee stark aus und machen sich infolge der Trittwirkung Trittpflanzen wie Breitwegerich und Einjähriges Rispengras breit. Bei mangelnder Düngung treten Rotes Straußgras, Ruchgras, gelegentlich auch Schafschwingel, Borstgras und Blutwurz auf und vermitteln damit zu Magerrasen.
Bei den gemähten und mehr oder weniger regelmäßig gedüngten **Nasswiesen**, die z. B. in manchen Wiesentälern oder auf Staunässeböden nicht selten sind, handelt es sich um **Kohldistel-Wiesen**, die eine ganze Reihe von „Feuchtpflanzen“ wie Kohldistel, Wald-Engelwurz, Kuckucks-Lichtnelke, Wiesen-Knöterich, Rasenschmiele, Sumpfvergißmeinnicht, Sumpf-Dotterblume, in weniger gedüngten, mehr extensiv bewirtschafteten Wiesen auch Binsen sowie manche weitere Art besitzen, darunter auch als Besonderheit – gelegentlich sogar noch in reichen Beständen – die mehr und mehr zurückgehende Trollblume. Allerdings werden heute die Kohldistel-Wiesen mehr und mehr unregelmäßig oder gar nicht mehr gemäht, weshalb sie ebenfalls verbrachen und verbuschen.
Eine Besonderheit auf Nassstandorten waren die **Pfeifengras-Wiesen**, die früher als ungedüngte Nasswiesen der Streugewinnung dienten.

Da die Streunutzung kaum mehr gefragt ist, sind die Pfeifengras-Wiesen weitestgehend verschwunden, da sie entweder aufgedüngt und in Kohldistel-Wiesen überführt oder aufgeforstet worden sind oder, sich selbst überlassen, verbuschten. Schöne Beispiele von Kohldistel- und Pfeifengras-Wiesen, aber auch von Kleinseggen-Sümpfen (s. unten) sind in den Naturschutzgebieten „Wiesen im Rot- und Dachsbergtal bei Finsterrot“ (12,8 ha) und „Wiesentäler bei der Menzlesmühle“ (125,6 ha) anzutreffen. Zu ihrer Erhaltung müssen diese Wiesen immer wieder gemäht werden. In den nur extensiv genutzten Streuwiesen ist das Pfeifengras die häufigste Art; eingestreut sind meist Wiesensilge, Breitblättriges Knabenkraut, Teufelsabbiss, Trollblume und so manche weitere Art.

Das ähnliche Schicksal haben auch die **Kleinseggen-Sümpfe**, ausgebildet teils als Braunseggen-Sümpfe auf basenarmen Böden mit Braun-, Grau- und Sternsegge, Flammendem Hahnenfuß und Schmalblättrigem Wollgras, teils als Torfseggen-Sümpfe auf basen- oder sogar kalkreichen Böden mit Torf- und Flohsegge, Sumpfherzblatt, Sumpf-Stendelwurz, Fettkraut und Breitblättrigem Wollgras.

Pfeifengras-Wiesen mit Trollblumen und Breitblättrigem Knabenkraut im Naturschutzgebiet „Wiesen im Rot- und Dachsbergtal bei Finsterrot“. Aufn.: Archiv Naturpark

Auf den kalkarmen, mehr oder weniger sauren Lehm-, Sandlehm- oder reinen Sandböden findet man als Ackerwildkräuter selten: 1 Kormblume, 2 Sandmohn, 3 Saatmohn, 4 Dreiblättrigen Ehrenpreis und 5 Ackerkrummhals; etwas häufiger sind dagegen: 6 Hederich, 7 Acker-Frauenmantel, 8 Acker-Knäuelkraut, 9 Acker-Spörgel, 10 Windhalm, 11 Vielsamiger Gänsefuß, 12 Kleiner Sauerampfer, 13 Knäuel-Hornkraut, 14 Acker-Hundskamille und 15 Aufrechter Sauerklee. Zeichnung: Theo Müller

Sie wachsen auf grund-, stau- oder sickernassen, mageren Standorten und sind entweder durch Mahd aus **Eschen-Erlen-Wäldern** hervorgegangen und würden ohne Mähen auch wieder in diese übergehen, oder es handelt sich bei einzelnen Vorkommen auch um mehr oder weniger kleinflächige, ursprüngliche, waldfreie Sümpfe, die wegen

Noch gibt es im Schwäbisch-Fränkischen Wald „Kornblumenäcker" wie hier in einem Roggenacker auf Stubensandstein bei Köchersberg (Gemeinde Stadt Murrhardt). Aufn.: Theo Müller (19.7.1998)

ihrer kleinen Flächen von der Umgebung her immer bedroht sind. Ein Beispiel eines solchen Torfseggen-Sumpfes ist im Naturschutzgebiet „Harbacher-Quellsumpf" (0,57 ha), einem Hangquellmoor im Gipskeuper mit Tuffbildung und kleinen flachen Tümpeln, geschützt worden.

Der Ackerbau tritt hier gegenüber dem „Unterland" deutlich zurück. Aber vielleicht gerade deshalb und weil er aus klimatischen Gründen weniger intensiv betrieben wird als dort, kann man hier immer wieder Äcker antreffen, die manche der heute so selten gewordenen **Acker-Wildkräuter** beherbergen. Hier gibt es gelegentlich noch „Kornblumenäcker" oder kann man hin und wieder dem Ackerkrummhals, dem Sand- sowie dem Saatmohn, dem Dreiblättrigen Ehrenpreis begegnen. Allgemeiner verbreitet als diese heute schon fast als floristische Kostbarkeiten einzustufende Arten sind Hederich, Acker-Frauenmantel, Acker-Spörgel, Acker-Knäuelkraut, Kleiner Sauerampfer, Windhalm, Acker-Hundskamille, Aufrechter Sauerklee, Knäuel-Hornkraut, Vielsamiger Gänsefuß, die alle bezeichnend sind für die kalkarmen, mehr oder weniger sauren Lehm-, Sandlehm- oder reinen Sandböden. Fast überall sind dann noch als „Arten der Berglagen" der Gewöhnliche Hohlzahn und der Rainkohl vorhanden.

Blick von der Hohen Brach in Richtung Mainhardt über die wellige Stubensandstein-Hochfläche mit ausgedehnten Tannen-Buchen- und Tannenwäldern. Aufn.: Archiv Naturpark

Der Bereich der paenemontanen Tannen-Buchen-Wälder und Tannen-Wälder

Um Wiederholungen zu vermeiden, sei zunächst darauf hingewiesen, dass ein großer Teil der Pflanzen und Pflanzengesellschaften, die schon im letzten Abschnitt (Bereich der submontanen Buchen-Wälder) behandelt worden sind, in diesem Bereich genauso vorkommen. Dies gilt für die Auenwälder (Winkelseggen-Bachauenwald, Waldsternmieren-Auenwald), für die Wiesen (Berg-Glatthafer-Wiese, Kohldistel-Wiese, Pfeifengras-Wiese) und Weiden, für die Kleinseggen-Sümpfe und schließlich auch für die Acker-Wildkräuter.
Verschieden sind dagegen die Buchen-Wälder, denen hier, bedingt durch die ziemlich hohen Niederschläge und das kühlere Klima die Tanne beigemengt ist, die auf buchenungünstigen Standorten (schwere oder vernässende sowie stärker saure und nährstoffärmere Böden, Kaltluftlagen mit Spätfrösten) die Rotbuche sogar verdrängen bzw. ersetzen kann. Wir finden deshalb hier sowohl **Tannen-Buchen-Wälder** als auch **Tannen-Wälder**. Die natürlichen Baumarten sind hier die Rotbuche – soweit sie vom Standort aus wachsen kann – und die Tanne, die allerdings heute durch die Luftverschmutzung vielseitig bedroht ist.

Auf den geschwächten Tannen breitet sich die Tannen-Mistel verstärkt aus, so dass wir sie überall beobachten können. Die Fichte, ebenfalls bedroht, ersetzt heute in vielen Waldungen die Tanne. Sie ist nachweislich erst seit dem 15. Jh. in den Bereich eingeführt worden. Sie wurde dann allerdings sehr stark gefördert, vielfach auch zur Aufforstung von durch Waldweide und Streunutzung, durch Köhlerei, Glashüttenbetrieb und Pottasche-Siederei sowie sonstigen Holzraubbau heruntergewirtschafteten Wäldern verwendet. Heute muss sie im Gebiet als eingebürgert angesehen werden, zumal sie sich teilweise auch recht gut natürlich vermehrt. Die Kiefer dürfte ursprünglich auf trocken-sauren Sandböden in Südlage einzeln beigemengt gewesen sein und wurde ebenfalls stark begünstigt, so dass sie heute teilweise reichlich vorkommt, wenn auch nicht so häufig wie die Fichte. Auf den gleichen Standorten, auf denen die Kiefer ursprünglich sein dürfte, würden auch einzelne Traubeneichen vorkommen. Auf schweren Tonböden und nass-sauren Standorten wären von Natur aus auch einzelne Stieleichen eingestreut, sonst spielen die Eichen in diesem Bereich keine Rolle.

Dem Hainsimsen-Buchen-Wald entspricht hier auf mehr oder weniger gebleichten, teilweise auch etwas vernäßten Braunerden und Bleicherdeböden der Keupersandsteine, gelegentlich auch auf verarmten

Obwohl die Fichte ursprünglich im Naturparkgebiet fehlte, muß sie heute als eingebürgert angesehen werden. Dafür spricht auch die vielfach recht gute Naturverjüngung. Aufn.: Theo Müller

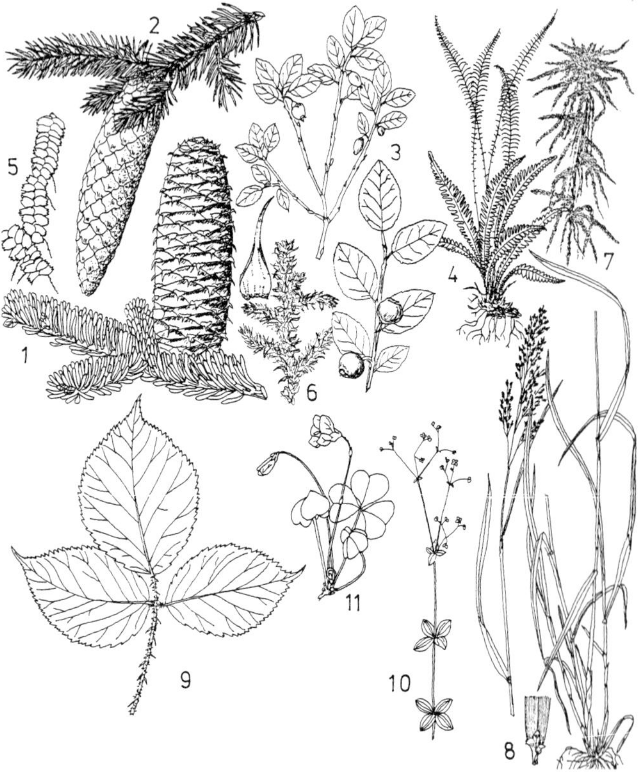

Tanne (1) und die praktisch eingebürgerte Fichte (2) sind wichtige Baumarten des Heidelbeer-Tannenwalds und des Waldschwingel-Tannen-Buchen-Walds.
Für den Heidelbeer-Tannenwald sind bezeichnend: 3 Heidelbeere, 4 Rippenfarn, 5 Peitschenmoos, 6 Riemenstengel-Kranzmoos und 7 Wald-Torfmoose. Arten des Waldschwingel-Tannen-Buchen-Walds sind: 8 Waldschwingel, 9 Drüsige Brombeere, 10 Rundblättriges Labkraut und 11 Wald-Sauerklee.
Zeichnung: Theo Müller

Liaslehmen der **Hainsimsen-Tannen-Buchen-Wald**. Rotbuche und Tanne bauen in wechselnden Mengenverhältnissen den Bestand auf. In der Krautschicht kommen neben den schon beim Hainsimsen-Buchen-Wald genannten Arten (Weiße Hainsimse, Drahtschmiele, Schönes Haarmützenmoos, Besen-Gabelzahnmoos) – bedingt durch die höhere Feuchtigkeit – sehr regelmäßig die Wald-Hainsimse und auch die Heidelbeere vor.

Viel häufiger ist dagegen der artenarme **Heidelbeer-Tannen-Wald**, in dem gegenüber dem Hainsimsen-Tannen-Buchen-Wald die Rotbuche und die Weiße Hainsimse nahezu fehlen, dafür aber die Tanne bestandsbildend ist und die Heidelbeere sowie verschiedene Moose (Peitschenmoos, Riemenstengel-Kranzmoos, Wald-Torfmoose) stärker hervortreten, und gelegentlich auch der Sprossende Bärlapp vorkommt. Er besiedelt die verhältnismäßig basenarmen, sauren, vorwiegend sandigen oder sandig-tonigen Böden des Kiesel-, Stuben- und Angulatensandsteins sowie die dazugehörigen Hangschuttböden, insbesondere in kaltluftgefährdeten Tal- und Muldenlagen. Häufig ist eine Rohhumusauflage vorhanden, so dass sich mehr oder weniger gebleichte Braunerdeböden, ja sogar Bleicherdeböden bilden konnten. Nicht selten sind auch vernässende Böden.

Bezeichnend für den Heidelbeer-Tannen-Wald ist auch der gelegentlich in größeren Herden auftretende Sprossende Bärlapp. Aufn.: Archiv Naturpark

Auf mäßig trockenen bis frischen Sandböden stockt der reine Heidelbeer-Tannen-Wald. Auf trockenen, armen Sandböden der Oberhänge, Hangkanten oder Kuppen findet man den Heidelbeer-Tannen-Wald mit Weißmoos, in dem das Weißmoos mit seinen charakteristischen Polstern, das Rotstengelmoos und verschiedene Boden-Becherflechten, gelegentlich auch das Heidekraut auftreten. Von Natur aus wären hier vereinzelt Traubeneiche und Kiefer eingestreut, heute ist infolge ihrer Begünstigung und dem nur mäßigen Wachstum der Tanne die Kiefer vielfach herrschend. In schattseitigen Lagen und in Klingen des Stubensandsteins wächst bei genügender Bodenfrische und Luftfeuchtigkeit auf den armen Sandböden der Heidelbeer-Tannen-Wald mit Peitschenmoos, in dem neben bezeichnenden Arten wie Hasenlattich, Wald-Hainsimse und Rippenfarn das Peitschenmoos, das ja auch sonst im Heidelbeer-Tannen-Wald vorhanden ist, zur Dominanz gelangt. Auf staunassen Böden in flachen Lagen oder Mulden breiten sich die Wald-Torfmoose und das Gemeine Haarmützenmoos stark aus, und wir haben den Heidelbeer-Tannen-Wald mit Torfmoosen vor uns, in dem gelegentlich auch einmal eine einzelne Stieleiche zu finden ist. Feuchte bis nasse oder von basenarmem Wasser durchsickerte Böden besiedelt der Heidelbeer-Tannen-Wald mit Waldschachtelhalm, in dem außer diesem Öhrchenweide, Faulbaum, Flatterbinse, Hain-Gilbweiderich und Winkelsegge sowie ebenfalls wieder Wald-Torfmoose und das Gemeine Haarmützenmoos auftreten und gelegentlich eimal eine Stieleiche und Schwarzerle eingestreut sind. Schließlich gibt es auch noch zum Waldschwingel-Tannen-Buchen-Wald überleitende Ausbildungen.

Auf den nährstoffreicheren Standorten mit höherem Basengehalt entspricht dem Waldmeister-Buchen-Wald des submontanen Buchenwaldgebiets hier der **Waldschwingel-Tannen-Buchen-Wald**, in dem in wechselnden Mengenverhältnissen Rotbuche und Tanne den Bestand aufbauen. Bezeichnend für diesen sind der Waldschwingel, das Rundblättrige Labkraut und die Drüsige Brombeere. Sehr regelmäßig sind vorhanden Wald-Sauerklee, Wald-Veilchen, Wald-Frauenfarn, Männlicher Wurmfarn, Goldnessel, Waldmeister, Waldsegge, Waldzwenke und das Gemeine Schnabelmoos, während Hasenlattich, Vielblütige Weißwurz, Ährige Teufelskralle und Buschwindröschen zurücktreten und die Zwiebeltragende Zahnwurz nur gelegentlich auftritt. Der Waldschwingel-Tannen-Buchen-Wald als ebenfalls häufige Waldgesellschaft zeigt je nach Standortverhältnissen eine Reihe von Ausbildungen. Neben einer an Hängen der Bunten Mergel und des Gipskeupers verbreiteten, aber auch sonst auf basenreichen Standorten häufigen reinen Ausbildung des Waldschwingel-Tannen-Buchen-Waldes findet man auf nur schwach bis mäßig basenhaltigen, meist sandigen und etwas gebleichten Braunerdeböden eine zum Hainsimsen-Tannen-Buchen-Wald bzw. Heidelbeer-Tannen-Wald überleitende Ausbildung mit

Heidelbeere, Schönem Haarmützenmoos und Besen-Gabelzahnmoos, zu denen auf mehr trockenen Hängen noch die Weiße Hainsimse und an frischen Schatthängen die Wald-Hainsimse hinzukommen. Recht vielgestaltig ist die farnreiche Ausbildung des Waldschwingel-Tannen-Buchen-Waldes in den Klingen. Durch die hohe Luftfeuchtigkeit begünstigt kommen hier neben der Wald-Hainsimse eine Reihe von nicht allzu häufigen Farnen wie Spreuschuppiger Wurmfarn und sein Bastard mit dem Männlichen Wurmfarn, der Eichen- und Buchenfarn sowie der Gelappte Schildfarn vor, oder entwickeln sich hier besonders üppig wie der Wald-Frauenfarn, der Männliche Wurmfarn und der Breitblättrige Dornfarn, die auch sonst im Waldschwingel-Tannen-Buchen-Wald vertreten sind. Diese farnreiche Ausbildung kann auf wenig basenreichen, sandigen Böden des Stubensandsteins mit Heidelbeere, Rippenfarn, mit dem Peitschenmoos und dem Schönen Haarmützenmoos sowie seltener mit dem Keulen- und Tannen-Bärlapp auftreten und vermittelt damit zum Heidelbeer-Tannen-Wald mit Peitschenmoos, der öfters auch in unmittelbarer Nähe stockt. Auf basenreichen Böden stellt sich die reine farnreiche Ausbildung des Waldschwingel-Tannen-Buchen-Walds, auf hang- und sickerfrischen Standorten auch mit Wald-Geißbart ein. Auf betont basenreichen Böden der Klingen tritt die farnreiche Ausbildung des Waldschwingel-Tannen-Buchen-Waldes mit Silberblatt (Mondviole) oder mit Bingelkraut auf, die unmittelbar zu Schluchtwäldern überleitet. Schließlich gibt es noch eine Ausbildung mit Seidelbast, Bingelkraut, Frühlings-Platterbse, Haselwurz und Christophskraut, die zu den Kalk-Tannen-Buchen-Wäldern vermittelt.

Schluchtwälder, in denen Rotbuche und Tanne zurücktreten oder ganz fehlen, dafür aber die Esche, begleitet von Berg-Ahorn, Sommer-Linde und Berg-Ulme, hervortritt, kommen im Gebiet verstreut vor, sind aber meist nicht so gut ausgebildet wie die der Schwäbischen Alb.

Dem verständnisvollen Wanderer braucht zum Schluss dieser gedrängten Übersicht über die Pflanzenwelt des Gebietes wohl kaum ans Herz gelegt zu werden, dass er, der die Natur wandernd genießt, auch besonders verpflichtet ist, alles zu tun, damit sie möglichst reichhaltig und schön erhalten bleibt. Dazu gehört, dass er nicht nur die besonders geschützten Arten und ihren Schutz beachtet, sondern darüber hinaus alles unterlässt, z. B. mißbräuchliche Nutzung (Sammeln) von Arten, Niederschlagen oder Verwüstung von Pflanzenvorkommen, Beunruhigung, Störung, Fang und Töten von Tieren, was zur Verarmung der Pflanzen- und Tierwelt beiträgt. Dazu gehört auch, dass in Naturschutzgebieten die Wege nicht verlassen, überhaupt keine Pflanzen, also nicht nur die besonders geschützten, beschädigt und gepflückt, keine wildlebenden Tiere gefangen, verletzt oder getötet werden dürfen.

Bernhard Drixler

Der Wald im Wandel der Zeiten

Der heutige Wald

Das Erscheinungsbild unserer Landschaft ist nicht nur durch geologische und klimatische Bedingungen bestimmt. Es ist auch das Ergebnis Jahrhunderte langer menschlicher Eingriffe durch Siedlungsentwicklung, Straßenbau, Land- und Forstwirtschaft. In weiten Teilen des Naturparks finden sich heute trotzdem noch naturnahe und standorttypische Mischwälder aus Tanne, Fichte, Kiefer, Buche und Eiche. Der Schwäbisch-Fränkische Wald hat mit 53 % einen sehr hohen Waldanteil im Vergleich zum Landesdurchschnitt in Baden-Württemberg mit 38 %. Zum Beispiel wachsen auf dieser Waldfläche von 480 km^2 täglich rund 800 Festmeter Holz mit positiver Ökobilanz zu!
Aber die Leistungen des Waldes gehen weit über die reine Holzproduktion hinaus. Das heutige Landeswaldgesetz verpflichtet alle Waldbesitzer zur nachhaltigen und pfleglichen Nutzung der Wälder. Der Nutzfunktion werden die Schutz- und Erholungsfunktion des Waldes gleichberechtigt zur Seite gestellt. Mit einer flächendeckenden Kartierung der Waldfunktionen und der Standorteignung der Baumarten hat die Forstverwaltung die besonderen Funktionsansprüche bzw. Risikopotentiale der Wälder erfasst. Im Naturpark ist über die Hälfte der Waldfläche als Bodenschutzwald von Bedeutung. Die intensive Durchwurzelung der Bäume verhindert Rutschungen in Hanglagen und schützt so Straßen und Siedlungen. Zur Sicherung der lokalen Wasserversorgung tragen rund 20-% der Waldflächen als Wasserschutzwald bei. In der Umgebung von Weinbergen und Obstanlagen erfüllt der Wald wichtige Klimaschutzfunktionen. Stark besuchte Waldgebiete mit besonderem Erholungswert sind auf 15-% der Waldfläche als spezieller Erholungswald eingestuft. Die ausgewiesenen Bannwälder, Schonwälder, Biotopschutzwälder und viele kleinflächige Waldbiotope würdigen die wissenschaftliche und ökologische Bedeutung der vorkommenden Waldgesellschaften.
Von der Gesamtwaldfläche im Naturpark sind 49 % in meist bäuerlichem Privatbesitz, 36-% sind Staatswald und 15-% Körperschaftswald.

Waldlandschaft des Mainhardter und Murrhardter Waldes mit Rodungsinseln. Aufn.: Archiv Naturpark

Die Hauptbaumart im öffentlichen Wald ist mit ca. 45-% Flächenanteil die Fichte. Es folgen Buche (18-%), Eiche und sonstige Laubbäume (15-%), Tanne (12-%), Kiefer, Douglasie und Lärche zusammen mit 10-% Flächenanteil.
Bedingt durch verschiedene Klimabereiche unterscheidet man im Naturpark zwischen drei Waldregionen, die sich durch unterschiedliche natürliche Zusammensetzung der Hauptbaumarten, den sogenannten Regionalgesellschaften, ausweisen (vgl. Beitrag „Pflanzenwelt"). Am West- und Nordwestrand des Naturparks, dort, wo auch Wein angebaut wird, finden wir bei warmem Klima eichenreiche Laubwälder, welche die kolline Hügelstufe bis zu einer Höhenlage um 300 m.ü.NN bilden. Darüber stellen sich am unteren oder submontanen Keuperstufenrand bei etwas kühlerem und niederschlagsreicherem Klima Wälder mit dominierender Rotbuche ein, in denen die wärmebedürftigen Eichen zurückgedrängt werden. Der größte Teil des Naturparks, die Höhenlagen des Mainhardter, Murrhardter und Welzheimer Waldes, wird bei noch kühlerem und feuchterem Klima und bei schon fast als montan (paenemontan) anzusprechenden Höhenlagen (450 bis 586 m ü.NN) durch Wälder mit naturnaher Tanne und Rotbuche sowie der wirtschaftlich bedeutsamen Fichte bestimmt. Hier verschwindet die Eiche fast völlig,

Am Westrand des Naturparks finden wir bei warmem Weinbauklima eichenreiche Laubwälder wie bei der Burg Wildeck.
Aufn.: Archiv Naturpark

während die Tanne optimale Niederschlags- und Temperaturverhältnisse vorfindet.
Vor dem Hintergrund der globalen Probleme einer großflächigen Waldvernichtung, der Klimaveränderung und wachsenden Müllbergen, ist die nachhaltige Bereitstellung des umweltverträglichen Rohstoffes Holz eine zentrale Herausforderung der mitteleuropäischen Forstwirtschaft. Zum Beispiel stammt nur die Hälfte des in der Bundesrepublik verbrauchten Holzes aus heimischen Wäldern. Gleichzeitig werden aber nur 2/3 des nachhaltigen Holzzuwachses in Deutschland genutzt. Das heutige Konzept einer naturnahen und multifunktionalen Waldwirtschaft sichert die volkswirtschaftlich notwendige Versorgung mit dem Rohstoff Holz sowie den Lebensraum für Menschen, Fauna und Flora auch für künftige Generationen. Das war in der Vergangenheit nicht immer so.

Waldgeschichte

Rund 200 Mio. Jahre reicht die Geschichte des Waldes im Naturparkgebiet zurück. Versteinertes Holz wie es im Stubensandstein öfters gefunden wird, zeugt von Baumriesen, einer längst nicht mehr existierenden Nadelbaumgattung „Voltzia“. Dennoch ist es nicht möglich, einen durchgehenden Bogen der Waldgeschichte von damals bis heute zu schlagen, zu wechselvoll war die Erdgeschichte mit ihren Hebungen, Senkungen, Überflutungen und Eiszeiten. Die Geschichte unserer heutigen Wälder beginnt mit dem Ende der letzten Eiszeit vor ca. 20.000 Jahren, als sich die Kältesteppen mit ihren Dauerfrostböden wieder zu bewalden begannen. Birken, Aspen und Kiefern waren wegen ihrer Robustheit und Anspruchslosigkeit die Pioniere des neu entstehenden Waldes. Mit zunehmender Erwärmung kamen andere Laubbäume, vor allem die Hasel, hinzu. Etwa ab 4.500 v.Chr. dominiert die Eiche mit ihren Begleitern Ulme, Linde, Esche und Ahorn. Als die Temperaturen wieder leicht zurückgingen, bildeten sich etwa in der Zeit zwischen 1.000 vor und 1.000 nach Chr. die Naturwaldgesellschaften für den mitteleuropäischen Raum heraus. Die im Gegensatz zur Eiche eher das kühl-feuchte Klima liebende Buche gewann zunehmend an Bedeutung. In der submontanen und montanen Stufe kann sich ebenfalls die schatten- und feuchtigkeitsliebende Tanne durchsetzen. Diese ursprünglichen und ungestörten Waldgesellschaften können heute anhand von Pollenanalysen aus Moorgebieten (z.B. Kupfermoor) gut rekonstruiert werden. Die damaligen Waldgesellschaften würden noch heute unser Landschaftsbild prägen, hätte nicht der Mensch die Zusammensetzung der Baumarten seit den Siedlungsperioden ganz erheblich beeinflusst.

Der Einfluss des Menschen

Die Spuren menschlicher Besiedlung lassen sich bis 300 000 Jahre zurückverfolgen, als der „Steinheimer Mensch“ an der Murr lebte. Während der Steinzeit waren vor allem die Hochlagen unserer Waldberge, besonders im Bereich von Quellaustritten, Orte prähistorischer Rastplätze und später der ersten Siedlungen. Bedeutsame Siedlungen entwickelten sich erst im Zuge der römischen Besetzung im Schutze des Limes um 150 bis 260 n.Chr. Von Nord nach Süd durchzieht das heutige Weltkulturerbe „Obergermanischer Limes“ den Naturpark auf 50 km Länge, vorbei an den Kastellen in Öhringen, Mainhardt, Murrhardt, Welzheim und Lorch. Reste des obergermanischen Limes bestehend aus Holzpalisade, Wall, Graben und Wachtturm sind entlang des Limeswanderweges, besonders innerhalb des Waldes, erkennbar oder teils rekonstruiert zu sehen. Die um 500 n.Chr. entstandene Stammesgrenze zwischen Schwaben (Alamannen) und Franken verlief auf dem südlichen Höhenrücken parallel des Murrtals. Die heute noch vorherrschenden Mundarten „schwäbisch“ im Süden und „fränkisch“ im Norden spiegeln diese Grenze wider. Bis zu Beginn des 9. Jh. blieb der Schwäbisch-Fränkische Wald ein geschlossenes Waldgebiet. Die

Naturnahe Laubmischwälder bei Lichtenstern.
Aufn.: Archiv Naturpark

entscheidende Rodungsperiode und Entstehung der heutigen Orte begann in der Karolingerzeit mit der Gründung der Klöster Murrhardt (816) und später Lorch (1100), Gnadental (1243), Lichtenstern (1243) und Goldbach (1382). Die Besiedlung des Raumes folgte zunächst den fruchtbaren und ebenen Lagen des Unterjura alpha sowie den Verebnungen des Stubensandsteins. Gerade im Bereich der ebenen Hochlagen entstand die noch heute sichtbare typische Weiler-Siedlungsstruktur. Durch starken Siedlungsdruck wurden alle in irgendeiner Weise nutzbaren Lagen bewirtschaftet. Der Wald wurde rigoros zurückgedrängt. Auf dem Höhepunkt der Rodungsbewegung im 12./13. Jh. nahm er nur rund die Hälfte seiner heutigen Ausdehnung ein. Alle übrigen Flächen dienten dem Ackerbau und der Weide.
Bereits zu Beginn des 14. Jh. wurden viele Siedlungen wieder aufgegeben. Das raue Klima und die schlechten Böden im Innern des Schwäbisch-Fränkischen Waldes sowie verschiedene Seuchenzüge (Pest) und zahlreiche kriegerische Auseinandersetzungen, wie der Bauernkrieg und 30jährige Krieg, waren die Ursache dafür. Um die Mitte des 17. Jh. hatte der Wald seinen heutigen Flächenanteil von etwa 50 Prozent zurückerobert. Übrig blieben nur die Dörfer und Städte auf der Unterjura-alpha-Hochfläche sowie die zahlreichen kleinen Weiler auf den Verebnungen des Stubensandsteins und in den Tallagen.

Der damalige Wald kann allerdings nicht mit dem heutigen verglichen werden. Waldweide, Streunutzung und vor allem Holzkohle- und Pottaschegewinnung für die vorhandenen Glashütten und der Salzsiedereien in Schwäbisch Hall hatten ihm übel zugesetzt. So lassen sich auf dem Höhepunkt der Glasherstellung in der Mitte des 16. Jh. mindesten 21 Hütten allein im Gebiet von Welzheim, Kaisersbach und Gschwend nachweisen (siehe auch Beitrag „Glashütten im Mainhardter Wald"). Noch heute lassen sich die ehemaligen Kohlplatten und Glashüttenstandorte für Fachleute im Wald erkennen. Holz war in der damaligen Zeit praktisch der einzige zur Verfügung stehende Brennstoff und aus dem Wald musste ein ungeheurer Brennholzbedarf gedeckt werden. Das Ergebnis dieses Raubbaus war auf großen Flächen ein lichter Buschwald, überragt von einzelnen Buchen und Eichen, die der Schweinemast dienten sowie örtlich auch von Tannen, die Bauholz lieferten. Aufbau und Mischung der Baumarten hatten mit dem ursprünglichen Urwald nicht mehr viel gemein. Weichlaubhölzer wie Birke, Aspe oder Weiden hatten vor allem im Unterstand die edleren Baumarten wie Buche und Eiche weitgehend verdrängt. Die Holznot wurde immer drastischer, Abhilfe musste geschaffen werden.

Immer wieder entstehen durch Stürme und lokale Gewitterböen wie im Sommer 2005 Kahlflächen im Wald. Aufn.: Archiv Naturpark

Die Geburtsstunde der modernen Forstwirtschaft

In dieser Situation, etwa ab der Mitte des 18. Jh., besann man sich auf das Nadelholz, besonders auf die Fichte und die Kiefer. Diese boten den Vorteil, dass mit ihnen relativ problemlos die riesigen, völlig devastierten Waldflächen wieder in reguläre Bestockung gebracht werden konnten. Auch das raschere Wachstum dieser Nadelholzarten, das einen teilweisen Ausweg aus der herrschenden Holznot wies, sprach für deren großflächigen Anbau. Diese Umwandlungen, zunächst durch Saat und später durch Pflanzung, wurden erst vor ca. 100 Jahren abgeschlossen. Als man im Laufe des 19. Jh. zur Stallhaltung des Viehs überging wurde das Übel Waldweide durch das noch größere Übel der Streunutzung ersetzt. Jahrzehntelang wurde die Waldstreu (Laub, Nadeln), Gras und Moos zur Einstreu für das Vieh gerecht, aber auch als Futter verwendet und anschließend als Dünger auf die Felder ausgebracht. Der Waldboden wurde damit lange Zeit seines Humus- und Stickstoffvorrates beraubt und so die natürliche Bodenfruchtbarkeit zerstört.

Orkanschäden des Sturms „Lothar“ am 26.12.1999 im Wald bei Großerlach. Aufn.: Archiv Naturpark

Für die Erholung spielt der Wald eine wichtige Rolle.
Aufn.: Archiv Naturpark

Dass bei diesen großflächigen Umstrukturierungen des Waldes im 18. Jh. und 19. Jh. sowie später, vor allem unter dem Einfluss der Lehre des höchsten „Bodenreinertrags" um 1900, oft ökologisch nachteilige und waldbaulich labile Reinbestände entstanden, soll hier nicht verschwiegen werden. Dennoch muss unseren forstlichen Vorgängern die hervorragende Leistung bescheinigt werden, völlig heruntergewirtschaftete Flächen wieder in ertragreiche Wälder umgewandelt zu haben. Baden-Württemberg besitzt heute mit durchschnittlich 360 Festmetern stehenden Holzvorrates je Hektar Wald die holzreichsten Wälder in Deutschland. Dies entspricht rund dem Dreifachen an Holzvorrat wie in der Zeit um 1800, zu Beginn des Neuaufbaus unserer Wälder.
In der heutigen Forstwirtschaft hat ein tiefgreifender Umdenkungsprozess stattgefunden. Die Waldbewirtschaftung orientiert sich in verstärktem Maße an den naturräumlichen Voraussetzungen. Im inneren Schwäbisch-Fränkischen Wald, wo das Nadelholz seit jeher vertreten war, steht die Begründung ökologisch wertvoller, stabiler Mischbestände im Vordergrund. Dennoch ist unser heutiger Wald nicht vor Katastrophen gefeit. 1990 verursachten die Orkane „Vivian" und „Wiebke" einnen millionenschweren Kahlschlag in den Wäldern. Zuletzt wütete der Orkan Lothar am 26. Dezember 1999 in nicht vorstellbarem Maße. Innerhalb von zwei Stunden lagen rund 1 Mio. Festmeter Schadholz

im Naturpark am Boden. Dies entspricht mehr als dem dreifachen „normalen“ und nachhaltigen Jahreseinschlag. Infolge der extremen Witterungssituation während des Jahrhundertsommers 2003 fielen erhebliche Schadmengen an Dürr- und Käferholz an. Diese, vor allem wirtschaftlichen Katastrophen, bergen aber auch Entwicklungschancen für eine naturnahe Waldbewirtschaftung auf der gesamten Waldfläche. Der 1713 in der deutschen forstlichen Literatur formulierte Begriff „Nachhaltigkeit“ wird auch zukünftig die zentrale Schlüsselstellung hierbei einnehmen. Die moderne europäische Definition (Helsinki 1993) von nachhaltiger Waldwirtschaft lässt sich beschreiben als Betreuung und Nutzung von Waldflächen in einer Art und Weise, die die biologische Vielfalt, die Produktivität, die Verjüngungsfähigkeit und die Vitalität der Wälder erhält. Die Wälder müssen jetzt und in Zukunft fähig sein, wichtige ökologische, wirtschaftliche und soziale Funktionen zu erfüllen.

Leider weisen die aktuellen Waldzustandsberichte auf einen schlechter werdenden Vitalitätszustand der Wälder in Baden-Württemberg hin. Neben den Witterungseinflüssen stellen weiterhin die atmosphärischen Stoffeinträge eine chronische Belastung der Wälder dar. Unsere Gesellschaft ist aufgefordert, diese Signale ernst zu nehmen, und die Politik ist aufgefordert, zu handeln.

Reinhard Wolf

Naturschutz und Landschaftspflege

Die Schwäbisch-Fränkischen Waldberge sind keine für sich stehende, gegenüber dem Umland losgelöste Landschaft wie beispielsweise das inselartige Mittelgebirge des Harz, vielmehr verzahnen sich die Keuperhöhen mit der Umgebung durch zahlreiche Taleinschnitte und Bergvorsprünge. Die Grenzen des Naturparks sind nur stellenweise identisch mit naturräumlichen Grenzen. Besonders deutlich wird dies in den Löwensteiner Bergen im Nordwesten des Naturparks, in den Berglen im Südwesten, auf der Frickenhofer Höhe im Südosten und schließlich in den Limpurger Bergen im Osten östlich des Kochertales. Nur stellenweise sind die Grenzen des Naturparks im Landschaftsbild klar nachvollziehbar, so beispielsweise im Bereich der Waldenburger Berge, wo der Steilabfall gegen die Hohenloher Ebene und die Haller Bucht eine ganz markante, weithin sichtbare Landschaftszäsur darstellt.

Zahlreiche Bäche haben ihren Ursprung im Naturpark und fließen in alle Himmelsrichtungen nach außen ab: Die Murr entwässert mit ihren Nebenbächen den zentralen Bereich des Naturparks nach Westen zum Neckar, im Nordwesten ist es das ebenfalls direkt dem Neckar zufließende Gewässerregime der Sulm, im Nordosten und Osten die Bibers und die Rot, die dem Kocher zustreben. Der südliche Teil des Naturparks entwässert über die Wieslauf und andere Bäche zur Rems; dazwischen schiebt sich zwischen Welzheim und Gschwend die Lein mit zahlreichen Nebenbächen, welche ostwärts dem Kocher zueilen. Alle diese Täler sind wichtige Bestandteile des Naturparks und gliedern die höher gelegenen Landschaftsteile.

Dem Kenner des Naturparks fällt auf, dass einerseits durchgängige Charakterzüge, z.B. der hohe Bewaldungsgrad, den Naturpark prägen, dass aber die einzelnen Gegenden durchaus auch verschiedene Charakterzüge tragen: Die Löwensteiner Berge im Nordwesten sind gekennzeichnet von einem kuppigen Relief und einer sehr kleingliedrigen Zertalung. Der Burgfrieden nördlich von Wüstenrot leitet mit

Im Welzheimer Wald sind in die Hochflächen urtümliche Täler eingegraben wie im Naturschutzgebiet Strümpfelbachtal.
Aufn.: Ulrike Kreh

seinen flachwelligen Hochflächen über zu den Waldenburger Bergen im Nordosten, die von weiten, fast durchweg bewaldeten Ebenen gekennzeichnet sind. Im Mainhardter Wald überwiegt wieder das kuppige Relief, dort sind allerdings die Täler nicht so scharf ausgeprägt wie in den Löwensteiner Bergen, dafür aber eher tiefer eingeschnitten. Das „Herzstück" des Naturparks, der Murrhardter Wald, ist tief zerfurcht von den zahlreichen Nebenbächen der Murr. Hier ist der Abwechslungsreichtum an Landschaftsformen und das Kleinmosaik an von Wald umgebenen Rodungsinseln am größten. Ganz anderen Charakter hat der Welzheimer Wald: Hier sind in landwirtschaftlich genutzte Verebnungen, die vom höheren Keuper und unteren Jura eingenommen werden, fächerförmige Talnetze eingegraben, welche die Hochflächen zerfurchen und bewaldet sind. Dies gilt für das Einzugsgebiet der Lein ebenso wie für die Frickenhofer Höhe, die mit ihren Verebnungen in das Vorland der Schwäbischen Alb überleitet.

So reich gegliedert wie die Landschaftsformen ist auch das Mosaik der Landnutzungen: Auch wenn der Bewaldungsgrad des Naturparks insgesamt sehr hoch ist, so prägt ein Mosaik landwirtschaftlicher Nutzungen die offenen Gegenden und trägt zur Vielfalt der Landschaft charakteristisch bei. Neben der Forstwirtschaft ist es zweifelsohne die traditionelle, eher kleinbäuerliche Landwirtschaft, die weite Teile des Naturparks geprägt hat und die heute zur Erhaltung der gewohnten Landschaftsbilder und der Lebensräume für Pflanzen und Tiere nach wie vor unerlässlich ist.

Die geschilderten Wesenszüge weisen vielfältige Übergänge auf, genau dies aber macht den Reiz und den Charakter des Naturparks aus: Von aussichtsreichen Höhen und Türmen wie auf dem Jux oder dem Hagberg hat man zwar einen weiten Blick ins Land, jedoch nur den Überblick über den Nahraum. Es gibt keinen Punkt, von dem man aus eine Gesamtschau über den ganzen Naturpark hätte und einem fremden Gast seine verschiedenartigen Wesenszüge erläutern könnte. Diese „Unübersichtlichkeit" ist keineswegs ein Nachteil, erfährt der Besucher dadurch doch immer und überall Überraschungen: Kein Tal gleicht dem anderen, keine Höhe sieht so aus wie die andere – den Naturpark Schwäbisch-Fränkischer Wald prägen Vielfalt und unterschiedlichste Eigenart der Landschaftsformen und der Nutzungen wie kaum ein zweites Gebiet im Land! Man muss sich diese Landschaft zu Fuß, mit dem Fahrrad oder, wenn's nicht anders geht, mit dem Auto in zahl-

Die Reize der Landschaften im Naturpark kann man nur zu Fuß oder mit dem Fahrrad erleben, wie z. B. das Naturschutzgebiet Leintal zwischen Leinecksee und Leinhäusle. Aufn.: Ulrike Kreh

reichen Ausflügen „erobern“ – so ganz geschwind auf der Durchreise kann man die Reize und Besonderheiten nicht erleben.

Wie gesagt: Die Landwirtschaft prägt die offenen Gebiete des Naturparks. In weiten Teilen funktioniert die Landwirtschaft noch recht gut, es gibt jedoch auch andere Gebiete, in denen die Aufrechterhaltung landwirtschaftlicher Nutzungen Sorge bereitet. Dies sind insbesondere die feuchten Talniederungen, aber auch – weit verbreitet – stark hängige Lagen, die wegen der Rutsch- und Erosionsgefahr, wegen der Bodenqualitäten oder einfach wegen des Gefälles nicht zur Wiesennutzung und zum Ackerbau schon gar nicht taugen. Grünlandnutzung ist aber bekanntlich in den letzten Jahrzehnten im System der Landwirtschaft immer unattraktiver geworden – dies schlägt sich auch im Landschaftsbild des Naturparks nieder: Auch wenn die Tendenz zur Auffors-tung unwirtschaftlicher Lagen, wie sie in den 1960er und 1970er Jahren überall zu beobachten war, in den letzten Jahren deutlich nachgelassen hat, so schwindet mehr und mehr das Interesse an Grünland. Die Folgen: Feuchte Talniederungen werden nicht mehr gemäht, Ufergehölze breiten sich immer weiter aus und drohen die früher durchgehend offenen Talzüge zu schließen. Die Beweidung von Steilhängen anstelle einer Mahd hat zwar zugenommen, es ist dennoch unverkennbar –, wenngleich nur dem aufmerksamen Beobachter über längere Zeiträume hinweg offenkundig – dass sich der Waldanteil im Naturpark zu Lasten offener Bereiche erhöht. Damit schwindet in einem schleichenden Prozess die Vielfalt und das Kleinmosaik der Nutzungen, auch wenn keineswegs zu befürchten ist, dass aus dem Naturpark ein vollbewaldetes Gebiet wird.

Unverkennbar ist, dass die Kulturlandschaft des Schwäbisch-Fränkischen Waldes in einem Umbruch begriffen ist, der vom europa- ja weltweiten Strukturwandel der Landwirtschaft abhängt. Es sind dies schleichende Veränderungen, die dem „Normal-Touristen“ kaum auffallen werden. Erst der Vergleich von Bildern aus vergangenen Jahrzehnten mit dem heutigen Zustand der Landschaft zeigt vielfache Veränderungen: Die Kulturlandschaft wandelt sich vor unseren Augen, nur nehmen wir die langsam vor sich gehenden Prozesse kaum wahr! Die Idylle des Schwäbisch-Fränkischen Waldes trügt: Auch hier muss nach wirtschaftlichen Gesichtspunkten gewirtschaftet werden, was bei der Kleinflächigkeit immer schwieriger wird.

Das gewohnte Bild der Landschaft und die Schönheiten des Schwäbisch-Fränkischen Waldes sind keineswegs eine naturgegebene Selbstverständlichkeit, sondern das Abbild der Tätigkeit des wirtschaftenden Menschen. Zunehmender Fremdenverkehr vermag zwar die Gesamt-

Die Schönheit der Wiesentäler ist nicht naturgegeben, sondern das Abbild der menschlichen Tätigkeit, wie im Naturschutzgebiet Wiesentäler bei der Menzlesmühle. Aufn.: Ulrike Kreh

Wirtschaftskraft des Raumes zu erhalten bzw. zu stärken, zur Erhaltung und Sicherung charakteristischer Landschaftsbilder trägt der Tourismus allerdings kaum etwas bei, sieht man einmal davon ab, dass der in einer Gaststätte verzehrte Rostbraten – wenn man Glück hat – von einem Tier stammt, das an den Hängen eines Naturparktales geweidet hat. Es ist absehbar, dass „Ersatznutzungen“ die nachlassende landwirtschaftliche Nutzung ersetzen müssen, wo diese nicht durch entsprechende Zuschüsse, z.B. MEKA (Marktentlastungs- und Kulturlandschaftsausgleich), aufrecht erhalten werden kann. „Schutz durch Nutzung“ – dieses Grundprinzip spielt zwar auch im Naturpark Schwäbisch-Fränkischer Wald eine zentrale Rolle, wird allerdings seit vielen Jahren durch Landschaftspflegemaßnahmen der Naturparkverwaltung, der Naturschutzverwaltung und der Gemeinden ergänzt. So werden mit Mähgerät, Motorsäge und anderen Gerätschaften nicht mehr nutzbare Tallagen offen gehalten, Hanglagen vor Verbuschung und Verwaldung bewahrt und Lebensräume seltener Tiere und Standorte seltener Pflanzen (vorwiegend Naturschutzgebiete) gemäht. Öffentliche Verwaltung, Land- und Forstwirte sowie ehrenamtlich Tätige – Albvereinler dabei in vorderster Front! – arbeiten seit vielen Jahren Hand in Hand, und das Erreichte kann sich durchaus sehen lassen!

Setzt die Nutzung aus, dann verwalden die Flächen. Um diese offen zu halten, muss Nutzung durch Landschaftspflegemaßnahmen ersetzt werden, wie z.B. im Gewann Kohlkammer bei Prevorst.
Aufn.: Reinhard Wolf

War der Schwäbisch-Fränkische Wald bis etwa 1970 ein „Geheimtipp" für Freunde der stillen Erholung, ist mit zunehmender Erschließung und Werbung ein erhöhter Besucherdruck entstanden. In weiten Teilen des Naturparks ist dies für die Tier- und Pflanzenwelt ohne Belang, an manchen „Brennpunkten" allerdings kann es durchaus zu Interessenkonflikten kommen. Es ist allerdings in den vergangenen Jahrzehnten immer gelungen, durch entsprechende Besucherlenkung für einen Interessensausgleich zu sorgen.

Dem Schutz von Natur und Landschaft dient ein Netz von Schutzgebieten unterschiedlicher Auswirkungen: Großflächige Landschaftsschutzgebiete umfassen nahezu sämtliche Tal- und Hanglagen, zum Beispiel das gesamte Leineinzugsgebiet, Naturschutzgebiete mit strengen Auflagen sind auf die besonders bedeutsamen Gebiete beschränkt, und als Naturdenkmale sind kleine Biotope (maximale Größe 5 Hektar), Felsbildungen und andere Besonderheiten der Natur, auch besonders schöne Baumgestalten, geschützt. Etliche dieser Schutzgebiete sind in das Schutzgebietsnetz „NATURA 2000" nach der EU-Fauna-Flora-Habitat-Richtlinie einbezogen und erhalten damit eine Aufwertung.

Im Bereich des Naturparks Schwäbisch-Fränkischer Wald liegen ca. 20 Naturschutzgebiete ganz unterschiedlicher Prägung und Ausdehnung. In Naturschutzgebieten sind – vereinfacht gesagt – jegliche Veränderungen untersagt bzw. genehmigungspflichtig. Auch Wanderern sind in der Regel Beschränkungen auferlegt, so dürfen in den meisten Gebieten Wege nicht verlassen werden. Dies gilt auch für Pflanzenliebhaber und Fotografen, so schwer dies manchmal auch fallen mag. Die grünumrandeten dreieckigen Tafeln „Naturschutzgebiet" und die auf den Zusatztafeln angebrachten Verbote sind zu beachten. In den meisten Fällen gibt es aber Wege am Rand der Naturschutzgebiete oder aber auch mitten durch, die ohne Einschränkung begangen werden dürfen und von denen man aus die Schönheiten genießen kann.

Nachfolgend soll nun eine Auswahl der Naturschutzgebiete kurz beschrieben werden:

Nur 13 Hektar groß sind die **Wiesen im Rot- und Dachsbachtal bei Finsterrot** (Gemeinde Wüstenrot) im Talgrund der jungen (Fichtenberger) Rot südlich von Finsterrot, die vor allem als Trollblumen- und Orchideenstandorte geschützt sind. Jahrelang war dieser Talabschnitt von Aufforstungen bedroht, einige bereits eingepflanzte Grundstücke

Lichte Birkenhaine als Zeugnis früherer Waldweide charakterisieren das Naturschutzgebiet Entlesboden. Aufn.: Manfred Steinmetz

wurden erworben und wieder frei gemacht. Die Nasswiesen müssen Jahr für Jahr gemäht werden, wobei örtliche Landwirte und Albvereinsmitglieder Hand in Hand arbeiten. – Zwei Wege, darunter der Albvereinsweg von Wüstenrot nach Finsterrot, queren das Tal; einen längs des Tales führenden Weg gibt es hier in diesem stillen Winkel nicht. Vom Albvereinsweg aus hat man aber einen schönen Überblick über das Schutzgebiet.

Die **Viehweide auf Markung Michelbach** (zur Stadt Öhringen gehörend, 16 ha), der **Entlesboden** (Waldenburg, 7 ha) und die **Obere Weide** (Waldenburg-Obersteinbach, 22 ha) sind drei bekannte Naturschutzgebiete der Waldenburger Berge, die auf Wegen gut erwandert werden können. Allen dreien gemeinsam ist, dass es sich um lichte Birkenwälder handelt, um ein Überbleibsel aus früherer Zeit, als die Wälder der Kieselsandsteinebene mit Großvieh beweidet und stark aufgelichtet, ja geradezu verwüstet worden sind. Inmitten der weiten Nutzwälder fallen die drei Schutzgebiete heute jedem Vorbeikommenden auf. Auch wenn die Arnika in den letzten Jahren aus nicht genau bekannten Gründen rar geworden ist, handelt es sich um wertvolle Pflanzenstandorte. Das Gras ist bis in die 1950er Jahre als Stalleinstreu gemäht und abgeräumt worden; heute muss die Mähmaschine der Naturschutzverwaltung die

Die in den Naturschutzgebieten Entlesboden, Obere Weide und Viehweide einst reichlich vorkommende, besonders geschützte Arnika ist aus bis jetzt nicht bekannten Gründen rar geworden . Aufn.: Reinhard Wolf

Das Naturschutzgebiet Rößlesmahdsee ist eine Idylle in der schöne Beobachtungen der Vogelwelt möglich sind. Aufn.: Reinhard Wolf

frühere Beweidung und Streugewinnung ersetzen. Die Viehweide liegt am Hauptwanderweg 8, die beiden anderen Schutzgebiete am asphaltierten Sträßchen von Obersteinbach in Richtung Tommelhardt.

Der **Rößlesmahdsee** mit der angrenzenden **Pfaffenklinge** (zur Stadt Waldenburg und Gemeinde Kupferzell gehörend, 16 ha) sind in erster Linie aus geologischen Gründen unter Schutz gestellt worden, genauer gesagt: Hier kann man Erdgeschichte erleben. Der See liegt in einem alten Talboden; die Bibers, die heute hier entspringt, war einst ein Flüsschen, das der Donau zufloss. Die Gefälleverhältnisse haben sich aber im Lauf von Millionen Jahren verändert. Das frühere Einzugsgebiet der Ur-Bibers im Bereich der heutigen Haller Ebene ist längst abgetragen. Und wir können erleben, wie dem Rößlesmahdsee das Wasser abgegraben wird: Eine scharfe, tiefe Klinge im Waldtrauf östlich des Sees mit Rutschhängen, die auf aktive Erosion schließen lassen, nagt sich zusehends an den See heran und wird ihn in „absehbarer Zeit" – man schätzt etwa 5000 Jahre – „anzapfen". Erdgeschichte life! Daneben soll nicht unerwähnt bleiben, dass der Rößlesmahdsee eine Idylle ist und, dass eine Ruhepause auf der Sitzbank am Damm schöne Beobachtungen der Vogelwelt erlaubt.

Die **Hörschbachschlucht** (Stadt Murrhardt, oberer Teil Gemeinde Althütte, 46 ha) ist eines der bekanntesten Naturschutzgebiete des Naturparks und besitzt auf gesamter Länge einen durchgehenden, markierten Wanderweg. Aber Vorsicht: Der Weg ist bei feuchter oder nasser Witterung (und auch noch etliche Tage danach) nur von Wanderern mit gutem Schuhwerk begehbar, denen lehmige und schlammige Partien nichts ausmachen! Zwei Wasserfälle sind die Attraktion der Schlucht: Der „Untere Wasserfall" nahe dem Wanderparkplatz stürzt fünf Meter über eine nur 50 bis 60 cm starke Steinmergelbank, die so genannte Engelhofer Platte. Diese widerstandsfähige Gesteinsschicht inmitten der weicheren Mergelpakete bietet dem Bach derartigen Widerstand, dass dieses schöne Naturwunder entstanden ist. Der „Obere Wasserfall", erreichbar von unten nach etwa halbstündiger Wanderung, stürzt über eine harte Bank des Stubensandsteins. Bilder dieses Wasserfalles vermitteln dem Unkundigen dem Eindruck, es handle sich um etwas Gewaltiges – dies ist es auch, aber nur mit Hilfe eines „Tricks": Oberhalb des Wasserfalls befindet sich ein kleiner Stauweiher an einem

Die bizarren Felsschluchten des Naturschutzgebiets Hägeles- und Brunnenklinge sind durch gekennzeichnete Pfade erschlossen. Aufn.: Erich Klotz

viel besuchten Platz. Und wer den Schieber öffnet und sich dann ganz schnell zum nahen Aussichtspunkt begibt, kann tatsächlich ein gewaltiges Wasserrauschen erleben!

Drei Waldschluchten im Welzheimer Wald sind wegen ihrer Urtümlichkeit unter Schutz gestellt worden: Die **Wieslaufschlucht** mit der **Edenbachschlucht** (Gemeinden Welzheim, Rudersberg und Kaisersbach, 42 ha) und das **Strümpfelbachtal** (Gemeinden Althütte, Kaisersbach und Rudersberg, 40 ha). Alle drei Schutzgebiete sind durch markierte Wanderwege erschlossen. Die durchweg bewaldeten Täler weisen recht naturnahe Waldgesellschaften auf, die je nach Untergrund und Besonnung ganz verschieden ausgeprägt sind; stellenweise sind regelrechte Schluchtwälder vorhanden. Die Pfade entlang der gefällreichen Bäche bieten Einblick in unterschiedlichste Erosionsformen; selten kann man Prall- und Gleithang so schön erleben wie hier. Wasserfälle verschiedenster Gestalt – allen voran der durch die (ehemalige) Bahnlinie und den großen Parkplatz etwas beeinträchtigte Wieslauffall bei der Laufenmühle – sieht man, aber nicht nur die größeren Fälle, sondern auch die unterschiedlichsten Strudel, Engstellen und Weitungen mit Sandbänken in den Bächen sind sehenswert. Die romantische Klingenmühle (Privatbesitz) wurde um 1980 vor dem Verfall gerettet; Justinus Kerners „Dort drunten in der Mühle …“ sei hier 1830 entstanden. Die Wieslauf- und die Edenbachschlucht kann man am besten vom großen Wanderparkplatz Laufenmühle durchwandern; von hier aus geht es auch in die Kesselgrotte. Eine Wanderung durch das nicht minder besuchenswerte Strümpfelbachtal auf markiertem Weg beginnt man am Wanderparkplatz beim Bahnhof Klaffenbach. Überall gilt: Gutes Schuhwerk ist Pflicht, denn die Pfade sind schmal und teilweise schlüpfrig!

Das Naturschutzgebiet **Hägeles- und Brunnenklinge** (Gemeinde Kaisersbach, 6 ha) westlich des Weilers Ebersberg ist auf gekennzeichneten Pfaden erschlossen. Die bizarren Felsenschluchten werden vom so genannten „Höhlensandstein“, einer Schichtlage des Stubensandsteins, gebildet. Verwitterung und Abtragung, Wasser und Frost haben Grotten und Felskanzeln urtümlicher Prägung geschaffen. Während die Brunnenklinge eine domartige Grotte ist, in der ein zweistöckiges Haus Platz finden würde, handelt es sich bei der Hägelesklinge – genannt nach einem Deserteur namens Johannes Hägele, der sich dort 1806 verborgen haben soll – um ein Gewirr riesiger Felsblöcke, die sich vom Felsverband abgelöst und am Grund der Schlucht ein Labyrinth gebildet haben. Ein romantischeres Fleckchen findet sich im gesamten Naturpark nicht so schnelle wieder! Überall rinnt Wasser, es bilden sich Algenteppiche und Moospolster. Farne besiedeln die Felsblöcke, und mächtige Weißtannen ragen zwischen den Felsblöcken auf – eine

Im Naturschutzgebiet Roter Burren beim abseits gelegenen Plüderwiesenhof wird eine bemerkenswerte Pflanzenwelt geschützt.
Aufn.: Wolf-Dieter Riexinger

Szenerie, die sich geradezu für Freilichtspiele und Webers Freischütz eignen würde. Doch dieses viel besuchte geologische Naturschutzgebiet bedarf des Schutzes, und man wird nicht umhin kommen, die Zahl der Pfade etwas einzugrenzen, um nicht die gesamten Schluchten zum Spiel- und Rummelplatz werden zu lassen.

Ganz anders geartet sind die **Wiesentäler bei der Menzlesmühle** (Gemeinden Alfdorf, Kaisersbach und Gschwend, 63 ha): keine Schluchten, sondern sanfte, gestreckte Wiesentäler, eingebettet in weite Wälder. Wanderwege erschließen das Gauchshauser und Moosbachtal bestens; zum Schutz einiger Feuchtwiesen wurde der Wanderweg streckenweise aus der Talsohle auf die nahe gelegene Höhe verlegt. Das Mosaik der Lebensraumtypen ist unglaublich vielfältig und reicht von tropfnassen quelligen Wiesen über Hochstaudenfluren bis hin zu sandig-trockenen Wiesenrainen mit ganz charakteristischer Flora. Die frei mäandrierenden Bachläufe mit schön ausgeprägten Ufergehölzen gliedern die Talräume, romantische Mühlenanwesen werden von nahezu jedem Vorbeikommenden fotografiert. Mehrere Bäche fließen bei der Menzlesmühle zusammen; Moosbach, Gauchshauser Bach und Hagbach vereinigen sich zur (Schwarzen) Rot. Die feuchten, stellenweise regelrecht nassen Wiesen sind bei den Landwirten heute kaum mehr gefragt; die Nutzung kann nur noch über vertragliche Zuschüsse gesichert werden. Mehrere floristisch besonders bedeutsame Wiesengrundstücke, die eine spezielle Pflege erfordern, werden regelmäßig von der Naturschutzverwaltung gemäht.

Zwei relativ große Naturschutzgebiete wurden im Jahr 2003 im **Rottal zwischen Hüttenbühl und Buchengehren** (Gemeinde Alfdorf, 78 ha) und im **Leintal zwischen Leinecksee und Leinhäusle** (Gemeinden Alfdorf, Durlangen und Spraitbach, 203 ha) geschaffen. Hier im Mittel- bzw. Unterlauf von Lein und Rot sind die Täler breiter als in den Oberläufen; mehr Sonne gelangt in die Talgründe und ermöglicht bessere Wiesennutzung. Hier werden die Wiesen (noch) überall gemäht, auch wenn dies wegen des unregelmäßigen Zuschnitts und überhängender Bäume entlang der Bachufer manchmal mühsam ist. Auch hier werden die Bäche durchgehend von Ufergehölzen begleitet; stellenweise finden sich Altwasser in den Wiesen und auch im Wald. Im Rottal befinden sich in der Nähe der Klarahütte floristisch besonders reiche Feuchtwiesen mit schöner Orchideenblüte, die vom Weg aus bestens zu sehen ist. Das Rottal eignet sich auch für Radfahrten, während im Leintal kein durchgehender Weg dazu einlädt und stellenweise zu – keineswegs unzumutbaren – Umwegen zwingt. Beide Täler weisen eine landschaftliche Vielfalt auf, die auf Dauer erhalten werden soll. Es zeichnet sich ab, dass die Sicherstellung einer durchgehenden Nutzung zur Vermeidung von Brachland und Aufforstungen eine wichtige Aufgabe sein wird.

Mit dem **Roten Burren** (Gemeinde Plüderhausen, Nähe Plüderwiesenhof; 5 ha), einem Gebiet wiederum ganz anderer Prägung, soll die Vorstellung der Naturschutzgebiete abgeschlossen werden. In der landwirtschaftlich genutzten Rodungsinsel des reichlich abseits gelegenen Plüderwiesenhofes fällt eine bewaldete Kuppe auf, die eine für das Keuperbergland bemerkenswerte Pflanzenwelt aufweist. Die Böden sind teils sandig, teils tonig; wasserstauende Partien wechseln mit trockenen. Im bewaldeten Teil fällt die wärmeliebende Elsbeere auf; die benachbarten Wiesen sind stellenweise feucht, im Südteil hingegen reichblühende Salbeiwiesen. In den lichten, pfeifengrasreichen Kiefernbeständen gedeihen mehrere Orchideenarten und die Ästige Graslilie. Wacholder, Enziane und Golddistel lassen auf frühere Beweidung schließen. Ein kleines, aber reichhaltiges Schutzgebiet, das vom Weg aus gut einsehbar ist.

Rolf Schweizer

Vor- und Frühgeschichte

Vor 15 000 Jahren wies die eiszeitliche Landschaft im Gebiet des heutigen Schwäbisch-Fränkischen Naturparks eine tundraartige Vegetation auf, sie war noch frei von Wald. Je nach Jahreszeiten wanderten die Tiere in großen Herden durch dieses Land. Da und dort zeugen Knochenfunde in Schottergruben, Baugruben und Baggerseen von den Mammuts, Nashörnern, Rentieren, Riesenhirschen, Bären, Wölfen und Wildpferden, den Elchen und Wisenten und vielen anderen, kleineren Kreaturen, die dem Menschen auch als Jagdbeute dienten.

Die Jäger und Sammler der Mittelsteinzeit

Nach der Eiszeit begann der Wald, unseren Landstrich in Besitz zu nehmen. Über Jahrtausende erstreckte sich diese Veränderung der Flora. Noch in der **Mittelsteinzeit**, vor 7 000 bis 10 000 Jahren, war das hiesige Land schütter bewaldet.
Seinerzeit zogen kleine Gruppen **steinzeitlicher Nomaden** als Sammler, Jäger und Fischer durch unser Gebiet. An besonders günstigen Punkten, möglichst in der Nähe einer Quelle mit weiter Aussicht, legten sie ihre Rastplätze an, wo Gehäuse aus Zweigen gefertigt oder auch echte Zelte aus Tierfellen als Unterkunft dienten. Mancher Platz wurde während einer Generation mehrfach, andere pro Jahrhundert nur einige Male aufgesucht. Immer jedoch blieben nach einem solchen Aufenthalt gebrauchte Werkzeuge und allerlei Abfall zurück, der, soweit er aus Holz, Knochen, Horn oder anderem organischen Stoff bestand, der Vergänglichkeit anheimfiel, soweit er jedoch aus Stein gefertigt war, die Zeiten überdauerte. Unzählige solcher Gerätschaften, auf kleinem Raum verstreut, Spitzen, Klingen, Trapeze, Dreiecke – Mikrolithe genannt – sind an solchen Rastplätzen der Vorzeit im Waldland schon aufgesammelt worden.

Die ersten Bauern vor 7000 Jahren

Gleichzeitig mit dem Wandel der Wirtschaftsform vom Sammeln zum Anbauen, vom Jäger zum Viehzüchter, vom Nomaden zum seßhaften Bauern, änderte sich auch das Landschaftsbild. Jetzt herrschte im Bereich des Naturparks der Wald vor. Draußen, im Bereich der Lössflächen, in der Backnanger Bucht, im Raum um Heilbronn, im hohenloheschen Lettenkeuper-Gebiet und im Unterjura-Vorland der Alb entstanden die Siedlungen der **Jungsteinzeit**, der **ersten Bauern** Mitteleuropas, welche die ertragreichen Böden für ihre Lebensweise nutzten. Diese Gebiete liegen jedoch alle außerhalb unseres Naturparks. Allerdings führten Verbindungswege, Trampelpfade, möglichst auf den Höhenzügen angelegt und die sumpfigen Talauen meidend, weit durchs Waldland. Solche jahrtausendealten „Hochstraßen" sind z. T. noch bis in unsere Tage gängige Verkehrswege, wie uns wiederum Flur- und Ortsnamen anzeigen, z. B. Hohenstraßen bei Mainhardt, Hoher Weg bei Sulzbach, Hochstraße bei Alfdorf.
Im Bereich dieser Überlandwege finden sich ab und zu vorgeschichtliche Gerätschaften, Gegenstände und Münzen, welche dort verlorengegangen oder auch absichtlich versteckt worden waren.

Die Zeit der Kelten

Die Ackerbauern der **Bronze- und Hallstattzeit,** die **Kelten,** haben das Gebiet unseres Naturparks als Siedlungsfeld gemieden. Da und dort bezeugen jedoch Befestigungsanlagen, Wälle und Gräben, z. B. am Streiflesberg bei Michelfeld (Kreis Schwäbisch Hall), daher sein Name, oder auch kleinere und größere Grabhügel, so im Bereich des Hardwaldes (am Billsberg) oder bei Alfdorf, das Wirken dieser Menschen. Als besondere Hinterlassenschaft dieser schon vor 2 500 Jahren hier lebenden Kelten benutzen wir noch immer jene Namen, die sie den Flüssen, und z. T. auch den Bergen gegeben haben. Die Worte Rems und Murr sind ebenso keltisch wie Kocher und Jagst, Neckar, Donau und Rhein. Die Namen Bilz oder Bills(berg) gehen wohl auch auf jene Zeit zurück.

Das römische Vermächtnis

Richtig greifbar in unserem Waldland wird die Vorgeschichte jedoch mit dem Einrücken **römischer Truppen** vor über 1850 Jahren (um 150 n. Chr.), mit dem Bau der **Kastelle** in Welzheim, Murrhardt und Mainhardt, und mit der Anlage jener schnurgeraden Grenzlinie, welche wohl primär als fernmeldetechnische Einrichtung gedacht war und Jahrzehnte später, defensiver Verteidigungsstrategie zufolge, zu der uns geläufigen **Limes**front wurde.
Das unter römische Verwaltung genommene Land wurde erschlossen und kolonisiert. Straßen entstanden als wichtige Nachschub- und militärische Verbindungslinien, und nach und nach wurde eine große Zahl kleinerer und auch größerer Höfe zur Bewirtschaftung des Landes angelegt. Viel fremdes Volk verschiedener Herkunft kam gemeinsam mit dem ebenso fremden Militär in unser Land. Bis zum Jahr 260 n. Chr. dauerte die Zeit der römischen Besiedlung. Vom Mainhardter Wald über die Löwensteiner Berge und den Murrhardter Wald zieht die Limeslinie zum Welzheimer Wald und ins Remstal bei Lorch und Schwäbisch Gmünd. Kilometerlang ist noch heute, da und dort gut erkennbar, dieses größte vorgeschichtliche Bodendenkmal im Naturpark zu finden. Wachturmruinen und Kastellreste entlang dieser Strecke, welche durch den Limeswanderweg erschlossen ist, sind die heute noch sichtbaren Grenzen des Römerreichs. Auch auf den Resten der römischen Straßen und Wege kann der Wanderer die Landschaft erleben. Die Hinweise auf diese römische Erbschaft, mittels Steinstelen oder Schrifttafeln, sind noch zu verbessern. Nur Flurnamen wie „Steinlesfeld", „Heidenbuckel", „Heidenbühl", „Alter Weg" oder „Heerstraße" erinnern an sie.
Die **Deutsche Limesstraße** führt die interessierten Gäste an die wichtigsten Stätten römischer Vergangenheit. Seit 2005 ist der Limes von der UNESCO als Welt-Kulturerbe ausgewiesen und der Limes-Wanderweg (s. SW 10) auf der Strecke von Öhringen nach Grab als Limes-Lehrpfad ausgebaut worden.
In ***Mainhardt*** war außer einem Kohortenkastell – im Bereich von Festhalle, Sportplatz und Schulzentrum sind Mauerreste sichtbar restauriert – auch noch direkt am Grenzwall ein Kleinkastell vorhanden. Eine nicht geringe Anzahl interessanter Fundobjekte, auch vom dazugehörigen Lagerdorf, ist im dortigen Heimatmuseum untergebracht und erzählt dem Besucher von der Asturergarnison. Asturer, das waren Hilfstruppen aus Spanien, welche hier am Limes Dienst taten. Sicher reichte die Zuständigkeit dieser Truppe südwärts bis ins Rottal, wo an der Hankertsmühle ein Kleinkastell die Talsohle sperrte, vielleicht sogar bis nach Grab, wo wohl im westlichen Ortsbereich außer den üblichen Wachtürmen ein kleines Feldlager gestanden haben könnte, was aus dem uralten Flurnamen „Haus" ablesbar wäre.

Das private Carl-Schweizer-Museum in Murrhardt, ein Haus für Natur und Geschichte, bietet neben einer zoologischen Sammlung von Tieren Mitteleuropas und einer stadtgeschichtlichen auch eine beachtliche römische Sammlung. Diese enthält eine Anzahl von Gedenksteinen und Altären. In der Mitte des Ausstellungsraumes steht die imposante Rekonstruktion der Sockelpartie einer Jupitersäule. Aus den bei Ausgrabungen 1963 gefundenen originalen Teilstücken konnte diese Rekonstruktion erstellt werden. Die darauf gezeigte Darstellung der kapitolinischen Wölfin, sowie Romulus und Remus ist in Deutschland einmalig. Weitere Funde aus dem „Vicus Murrensis", dem Limes, den beiden Kastellen und den Tempelanlagen, Zinnfigurendioramen, sowie Pläne und Karten vermitteln dem Besucher einen umfangreichen Eindruck vom römischen Murrhardt (s. S. 315). Aufn.: Rolf Schweizer

In ***Murrhardt*** stand ebenfalls ein Kastell für 500 Soldaten, eine Kohorte. Hier lagen sogenannte „freiwillige römische Bürger", den überlieferten Namen nach waren es Kelten, bei den Römern Gallier genannt. Von einer weiteren Truppeneinheit, einer Kundschafterabteilung mit ca. 100 Soldaten, berichtet die Grabinschrift eines Centurio, des Hauptmannes. Diese Truppe war sicher in einem kleineren Lager untergebracht und bestand aus romanisierten Bojern (Kelten) und Tribokern (Germanen).
Alle diese Einheiten und vielleicht noch ein ganzes Stück der Grenzlinie bis hinauf nach Mainhardt mitsamt der dortigen Garnison standen

Sockelpartie einer Jupitersäule mit Castor und Pollux (oben) und die kapitolinische Wölfin mit Romulus und Remus (unten) im Carl-Schweizer-Museum. Aufn.: Rolf Schweizer

wohl unter der Befehlsgewalt eines Tribuns – eines Obersten –, der in Murrhardt zugleich Kastellkommandant gewesen war.
Unter dem Stadtkern von Murrhardt liegen die Reste des römischen Lagerdorfes, und was gefunden, ergraben und geborgen werden konnte, ist im Carl-Schweizer-Museum ausgestellt (s. S. 315).
Außer dem Schwert einer Kaiserstatue und anderen Bronzestücken ist besonders der Stein mit dem Wahrzeichen Roms – der Wölfin mit Romulus und Remus – bemerkenswert. Er gehörte zu einem annähernd 10 m hohen Jupiter-Denkmal, dessen Sockel mit den Götterdarstellungen von Merkur, Herkules und Silvanus im Museum als Rekonstruktion aufgestellt ist. Dort, wo zur Römerzeit Tempel für den Sonnengott Mithras und vielleicht für die Göttin Diana standen, sind die beiden alten Kirchen in Murrhardt errichtet worden. Leider – trotz intensiver Bemühungen – ist es in Murrhardt bisher nicht gelungen, Reste des Kastells zu restaurieren. Nur Hinweistafeln an der Straße nach Vorderwestermurr und der alte dortige Flurname „Bürg“, lassen an das Römerkastell denken, welches letztlich als Urzelle dieser Stadt anzusehen ist.

Dagegen kann ***Welzheim*** mit einem wiederaufgebauten Kastelltor und mit einem Freilichtmuseum im ehem. „Ostkastell" aufwarten. Dort konnten auch in den letzten Jahren spektakuläre Funde in verschiedenen Brunnen gemacht werden: Eine große Zahl römischer Schuhe und eine Menge pflanzlicher Überreste, die Aufschluss geben über den Zustand von Land, Wald und Feld zur Römerzeit. Alle diese Funde aus Welzheims römischer Vergangenheit sind, zusammen mit erdgeschichtlichen, vorgeschichtlichen und volkskundlichen Exponaten, im dortigen Städtischen Museum zu finden (s. S. 317).
Aber Welzheim hatte noch ein zweites, ein Großkastell für eine Reitereinheit, welches im Bereich der Innenstadt und des Bahnhofs liegt. Auch dort wurden durch Ausgrabungen wichtige Erkenntnisse über die Bauweise und die Baugeschichte der Limeskastelle gewonnen.
Über die Besatzungen der beiden Kastelle jedoch besteht noch keine endgültige Klarheit, sicher war eine Britanniereinheit zeitweise dort.
Nicht weit nördlich von Welzheim wurde ein Kleinkastell bei der Flurbereinigung ausgegraben und konserviert (Kastell Rötelsee). Ein wohl gleichartiges Kleinkastell ist bei der Kreuzstraße am Ebnisee/Spatzenhof nachgewiesen.
Südlich von Welzheim, beim „Haghof", findet die von Walldürn ab schnurgerade angelegte Limeslinie ihr Ende. Der Limes verläuft dann,

Rekonstruierter Limesturm und römischer Meilenstein beim Kloster Lorch. Aufn.: Archiv Naturpark

einer alten Hochstraße folgend, nach Pfahlbronn und von dort zur Götzenmühle nach Lorch. An mehreren Stellen im Gebiet des Naturparks waren kleinere „Gutshöfe“ angelegt, die wahrscheinlich weniger der Feldbewirtschaftung, eher der Viehzucht als eine Art Weidegehöft dienten. Wie in einer Alm wurde dort Milch- und Käseerzeugung betrieben und nebenbei etwas Federvieh gehalten. Die Rinder und Schweine konnten in den Wald zur Weide getrieben werden.
Die Germanen kommen – zuerst die Alamannen

Schon ab 210 n. Chr. gab es am Limes Probleme mit den Neubürgern der östlich anschließenden Landstriche: Die ***Alamannen*** drängten nach Westen und Süden. Im Jahr 233 sind größere kriegerische Auseinandersetzungen am Limes bekannt, und die Kastelle und das Hinterland zeigen dies anhand archäologischer Befunde deutlich. Um 260 n. Chr. fiel der Grenzwall, die Kastelle waren nun ohne Besatzung. Die ackerbauenden Germanen drängten ins ertragreichere Land, und die keltisch-römische Mischbevölkerung fristete ihr Leben in den halbverwüsteten Kastellorten.
Aber auch an Neckar und Main wich die Urbevölkerung vielerorts nicht. Sie gab den Neubürgern die Fluss- und Bergnamen weiter, sie sprachen eine römisch-keltische Dialektsprache – romanisch – und sie wurden von den Alamannen als Walen oder Welsche bezeichnet, was sich dann in den Ortsnamen wie Walheim / Neckar, Walenhusen / Main (Kastell Miltenberg) und Walensin – Welschheim – Welzheim bis in heutige Zeit nachvollziehen läßt.
Man arrangierte sich, man lernte voneinander, man pflegte Überkommenes, was wohl besonders für den Weinbau im Neckarland galt. 200 Jahre Alamannenzeit (von 260–500), trotz vielerlei Forschungsfortschritten noch immer eine Zeit, die in unserer Landesgeschichte nach den 200 Jahren Römerzeit (westlich des Neckars und südlich der Alb), großteils im Dunkeln liegt.

Die Zeit der Frankenherrschaft

Um das Jahr 500 n. Chr. siedelten die siegreichen **Franken** im Land. Eine Grenze zwischen dem alamannischen Herzogtum und dem fränkischen Königreich wurde festgelegt. Diese neue Grenze zog von Ost nach West mitten durch den Naturpark, geradezu im rechten Winkel zum Limes. Der Schnittpunkt lag bei der Kreuzstraße am Ebnisee.
Die neue Grenze orientierte sich an der Landschaft, sie bediente sich topographischer wie geographischer Fixpunkte. Hohe Berge und Bergkämme, Wasserscheiden und Wasserläufe sind gut erkennbare Marken

im Gelände. Der Grenzverlauf wurde vielfach weithin mit einer Hecke, einem „Hag“ markiert und läßt sich anhand treffend bezeichneter Flurnamen wie z. B. „Hagberg“, leicht nachvollziehen. Die Grenze verlief, von Osten kommend, an Ellwangen vorbei über die Limpurger Berge, das Kochertal bei Untergröningen – Laufen querend, auf die Frickenhofer Höhe aufsteigend, über den höchsten Punkt, den „Hagberg“ bei Gschwend – Kirchenkirnberg, dann der Wasserscheide zwischen Rems und Murr folgend, bei Nellmersbach ins freie Land absteigend, hinüber an Marbach vorbei über den Lemberg zum Asperg bei Ludwigsburg und weiter westwärts zur Hornisgrinde.

Die alten römischen Kastellorte nördlich dieser Grenze wurden nun zu königlichen Verwaltungsmittelpunkten. Neusiedler kamen ins Land, Friedhöfe mit sog. Reihengräbern belegen die Aufsiedlung. Von den zentralen Orten wurden Aussiedlergehöfte angelegt, welche anfänglich gar keine Namen hatten, man sagte ganz einfach „bei den Hausen“, woraus dann später der Ortsname Hausen entstanden ist (Hausen a. d. Murr, Hausen a. d. Rot). Diese Hausen-Orte verweisen auf einen viel älteren Stammort, also Murrhardt bzw. Oberrot. Später nannte man neue Hofstellen einfach „Neuhaus“ oder „Neustetten“. Etwa 200 Jahre dauerte diese fränkische Kolonisation, in dieser Zeit dürften auch Gehöfte wie Frankenberg, Frankenweiler, Mannenberg und Mannenweiler angelegt worden sein.

Am Anfang des 8. Jh. begann die **christliche Kirche** sich in unserem Land zu etablieren. In Murrhardt soll der hl. Pirmin – der Gründer der Reichenauklöster – die erste Kirche, der Mutter Gottes geweiht, errichtet haben. Oberrots Bonifatius-Kirche wird nicht viel später, um die Mitte des 8. Jh., entstanden sein, auch die Welzheimer Gallus-Kirche dürfte solch ehrwürdiges Alter haben.

In den Jahren 787/788 werden Murrhardt und Oberrot schriftlich erwähnt und 816 die Kirchorte Sulzbach/Murr und Fichtenberg.

Rudolf Gerke / Siegfried Häfele

Bergbau im Schwäbisch-Fränkischen Wald

Der Wald als bestimmender Faktor

Wald ist der natürliche Reichtum des Schwäbisch-Fränkischen Waldes. In früheren Zeiten waren der Nutzung dieser Rohstoffquelle infolge unzureichender und schwieriger Transportverhältnisse sehr enge Grenzen gesetzt. So lebte die Bevölkerung der entlegenen Waldgebiete meist in bitterer Armut und suchte nach Wegen, das Holz doch nutzbar zu machen. Dazu zählen die handwerkliche Weiterverarbeitung wie Schnitzereien und Schindelherstellung ebenso wie der Einschnitt zu Sägeholz, die Scheiterholzflößerei und die Köhlerei. Den weitaus größten örtlichen Bedarf an Holz brachten allerdings die Glashütten, denn für ein Kilo Glas wurden etwa zwei Raummeter Holz benötigt – davon ca. 95 Prozent allein zur Herstellung der Pottasche. Kein Wunder also, dass über kurz oder lang auch die vorratsreichsten Wälder erschöpft waren. Auf eine „Alte Hütte" folgt so eine „Neue Hütte" – Namen, die in dieser oder ähnlicher Form häufig bis zum heutigen Tag erhalten blieben.

Hoffnung durch den Bergbau

Die Vorstellung, daß außer dem Holz noch andere, und womöglich wertvollere Reichtümer in den Wäldern nur auf ihre Nutzung warteten, übte unter den früheren Verhältnissen stets einen großen Reiz aus. Bereits 1425 wird von einem **Bergwerk** auf schwarzem **Agat** (auch **Augstein** oder **Gagat**) bei Böhringsweiler auf dem Mainhardter Wald berichtet. Augstein ist eine Glanzkohle, die nicht rußt und deshalb vor allem zur Schmuckherstellung verwendet wurde (Gmünder Augsteindreher). 1597 wurden bei Grasgehren bei Kaisersbach und 1599 beim Heiligenhöltzlein bei Welzheim **Steinkohlenbergwerke** eröffnet. 1655 schürfte ein Erzknappe aus Königsbronn auf herzoglichen und gräflichen Befehl in der Nähe von Löwenstein nach Eisenerz, hatte aber wenig Erfolg, denn die aufgefundenen Knollen Roteisenstein lohnten keine Ausbeute. Als 1755 dem Amtmann Hummel von der herzoglichen Spiegelfabrik in Spiegelberg aus Jux und vom Heßberg bei Neulautern Steinkohlenstücke gebracht wurden, die bis zu zwei Fuß lang und vier Zoll dick waren, frohlockte er: „Es wird noch herauskommen, dass wir mitten zwischen Steinkohlen liegen; endlich können wir auch noch Silber finden, ich warte alle Stunde, dass mir solches Erz gebracht wird."

Silberrausch

Kaum 20 Jahre später wurde tatsächlich Silber gefunden! Es war wie eine Sensation, als 1772 aus der Pfaffenklinge zwischen Wüstenrot und Stangenbach Silberfunde gemeldet wurden. Als man dem berühmten Prälaten Öttinger in Murrhardt, der sich auch gerne mit Naturwissenschaften befasste, diese Erze zur Begutachtung vorlegte, hielt sich bei ihm der beschäftigungslose **Bergrat Riedel** aus Sachsen auf.
Riedel erklärte die Sache für aussichtsreich und verstand es, innerhalb kurzer Zeit eine **„Gewerkschaft"** (Aktiengesellschaft) zur Anlegung

Der Silberstollen „Unverhofftes Glück" in der Pfaffenklinge bei Wüstenrot. Aufn.: Thomas Pfündel

eines Bergwerks zu gründen. Der Stollen erhielt den Namen „Unverhofftes Glück“ und hatte Teilhaber aus den Ämtern Weinsberg, Murrhardt, Backnang, Winnenden, Stuttgart, Lauffen, Brackenheim, Marbach und Heilbronn: ein wahrer Silberrausch!
Dichtung und Wahrheit sind nur schwer zu trennen, denn der obere Stubensandstein ist stark mit silberglänzenden Glimmerblättchen durchsetzt. Erst in den schweren, tiefer gelegenen Erzen konnte man deshalb hoffen, Eisen oder gar Edelmetalle zu finden.
In rascher Folge wurden weitere **Stollen** angelegt. So auch auf löwensteinischem Grund bei Erlach und bei Neulautern in der Hanßenklinge am Aschenberg. Um Namen für die Stollen war man nicht verlegen; Haus Löwenstein, Gottes Segen, Treue Freundschaft und andere sind überliefert. In unmittelbarer Nähe des ersten Stollens in der Pfaffenklinge folgte ein weiterer. Riedel hatte eine Anzahl Ludwigsburger Offiziere, insbesondere einen Hauptmann Schiller (den Vater des Dichters) für seine Pläne gewonnen, der Name dieses Stollens wurde so „Soldatenglück“. Es ging sehr viel Geld ein, doch die Sache zog sich immer mehr in die Länge. Riedel verstand es allerdings, die Leute immer wieder zu vertrösten. Von einer der zahlreichen Proben wird berichtet: „Man verdarb die Schmelzhäfen, verbrannte unnütz Kohlen und wartete vergeblich auf den Silberblick.“
Mit hohen Kosten waren bei Neulautern und Weihenbronn ein **Pochwerk** und bei Liemersbach ein **Schmelzofen** erbaut worden, um die längst gewünschte „Probe im Großen“ zu ermöglichen. Die Schulden waren jedoch erdrückend, und der Vogt klagte: „Der Anlauf von der Riedel’schen Creditorschaft bei hiesigem Vogtamt ist so groß, dass sich dafür nicht mehr ruhig zu Mittag essen lässt.“
Als sich weiterhin keine greifbaren Erfolge zeigten, schlug die allzuhoch gehaltene Hoffnung um, so dass keiner mehr Riedel decken wollte. Aus Wertheim kam ein **Haftbefehl**, Riedel wurde im Februar 1774 in Löwenstein festgenommen und verurteilt, konnte aber entfliehen. Viele tausend Gulden waren verlorengegangen.

Ernüchterung

Auch die zahlreichen Versuche, in lohnendem Umfang Steinkohle abzubauen, schlugen fehl. Lediglich die „Löwengrube“, unterhalb von Löwenstein, warf für wenige Jahre einen Gewinn ab. Mit der Kohle selbst wäre das jedoch auch dort kaum zu erreichen gewesen, ihre Qualität war zu schlecht, und der Schwefelanteil zu hoch. Ausschlaggebend war die Weiterverarbeitung in einer **Vitriol-** und **Alaunsiederei**, deren

Einen besonderen Bodenschatz des Schwäbisch-Fränkischen Waldes stellte der Stubensand dar, der teilweise bergmännisch in Stollen und Höhlen abgebaut wurde wie in der Jux-Höhle (Naturdenkmal) bei Rudersberg. Aufn.: Archiv Naturpark

Ausgangsstoff eben jene schwefelhaltigen Bestandteile waren. Beide Stoffe, Vitriol und Alaun sind heute durch andere chemische Verbindungen weitgehend abgelöst, waren jedoch früher für verschiedene Zwecke sehr begehrt. So etwa zum Aufbereiten von Farben, Beizen und zum Gerben und Aufbewahren von Fellen. Daneben diente es zum Härten von Gips, zum Klären von Wasser sowie in der Medizin als adstringierendes Mittel.
Der Betreiber der Löwensteiner Grube, J. G. Schmidgall, musste schließlich in weiser Selbsterkenntnis zugeben:
„Wer setzt auf Bergwerk und Lotterie,
der kommt ums Geld, er weiß nicht wie!"
Und in einem Bericht des Rentamtes heißt es 1883: „Die vielfältigen, missglückten Versuche nach Steinkohle haben die Theorie bestätigt, dass in unserer Gebirgsart sich diese nur nesterweise vorfinden."
Heute bestätigt das Lehrbuch, dass im Stubensandstein zwar immer wieder Kohlenschmitzen eingelagert sind, der Abbau jedoch nie gelohnt hat. Derart nüchterne und gesicherte Erkenntnisse standen unseren Vorfahren noch nicht zur Verfügung, und um so ungehinderter konnten sie sich der – nur letztendlich trügerischen – Hoffnung hin-

geben, im Schwäbischen Wald zu Glück und Reichtum zu gelangen. Selbst heute müssen Fachleute noch Wissenslücken einräumen. So sei die Lagerstättenkunde eine sehr komplizierte Wissenschaft, und die geophysikalischen und geochemischen Vorgänge bei der Entstehung von Erzen gelten als meist sehr verwickelt ...

Stubensandsteinabbau

Als bodenständiger ist da ein anderes Bergwerksgewerbe des Schwäbischen Waldes anzuführen, das seinen Betreibern über Jahrhunderte ein zwar kärgliches, aber immerhin ausreichendes Einkommen sicherte. Es ist die Gewinnung von **Stubensand**, der eimer- oder sackweise bis in die großen Städte verkauft wurde. Damit scheuerten die Hausfrauen ihre hölzernen Dielen.
Überall, wo es hellen, ja weißen Sand gab, wurde abgebaut, teils von Wegrändern und Böschungen aus, teils aber auch in regelrechten Stollen und Höhlen, denn dort war der Sand besonders rein.
In neuester Zeit blieb auch der Schwäbische Wald nicht von der Suche nach einem Erz verschont, welches die Welt verändert hat: **Uran**. So wurden um 1970 Erkundungsbohrungen nach Uranerz vorgenommen, die aber nicht weiter verfolgt wurden.

Die Herstellung von Wetzsteinen in Jux (von Siegfried Häfele)

Von 1836 bis ca. 1900 fanden viele Männer Arbeit zunächst über Tage im Juxer Wetzsteinbruch, später beim bergmännisch betriebenen Juxer Wetzsteinsstollen. Abgebaut wurde ein feinkörniger, harter Sandstein (Kieselsandstein km3s).
Das Gelände des Steinbruchs und Stollens hatte die Gemeinde Jux von der Württembergischen Forstverwaltung gepachtet. Die Gemeinde verpachtete alle Aufgaben der Verwaltung und des Wetzsteinabbaus weiter. Große Platten wurden gebrochen, zerkleinert und zu Wetzsteinen geschliffen. Jährlich wurden etwa 100 000 Juxer Wetzsteine weithin ins Land verschickt. Die erzielten Überschüsse aus dem Wetzsteinverkauf kamen in die Gemeindekasse. Aber das Angebot der Mailänder Wetzsteine machte die Juxer Wetzsteine bald konkurrenzunfähig. 1911 musste der Wetzsteindstollen aus Sicherheitsgründen geschlossen werden. Die Auflagen der Behörden hätten hohe Investitionen erfordert, die nicht finanziert werden konnten. Außerdem war die Arbeit im Wetzsteinstollen wegen der Staubentwicklung gesundheitsschädigend; die Arbeiter wurden lungenkrank. Der Stolleneingang musste vorschrifts-

mäßig verschüttet werden. Die Gmeinde verlor eine Einnahme- und Beschäftigungsmöglichkeit und hoffte, dass eine Gesellschaft gebildet werden könnte, die den Betrieb weiterführen würde.
Im Jahr 1920 lebte die Juxer Wetzsteinindustrie nochmals kurz auf. Der Fabrikant Weinmann aus Spiegelberg ließ den verschütteten Stollen ausgraben und erzielte bald einen güstigen Absatz. Nachdem aber seit 1924 die Einfuhr von Wetzsteinen aus Italien wieder möglich war, lohnte sich die Herstellung der Juxer Wetzsteine nicht mehr, denn sie kamen teurer als die bedeutend feiner geschliffenen italienischen Wetzsteine. 1925 wurde deshalb die Wetzsteinfabrikation aufgegeben und der Stollen wieder verschüttet.
Der Wetzsteinstollen wird derzeit wieder hergerichtet. Der Stolleneingang ist aus Sicherheitsgründen verschlossen. Besichtigungen sind aber auf Anfrage beim Bürgermeisteramt Spiegelberg möglich (Telefon: 07194/9501-0). Dort ist ein Faltblatt über den Bergbaulehrpfad Spiegelberg erhältlich, in dem auch der Wetzsteinabbau in Jux beschrieben wird.
Der Stollen wird erreicht: Von der L 1066 Sulzbach–Spiegelberg in Bernhalden in das Winterlautertal (L 1117) einbiegen und nach ca. 2 km rechts auf die K 1821 in Richtung Jux abbiegen, nach 100 m liegt der Stolleneingang direkt rechts neben der Straße. Da keine Parkmöglichkeit besteht, ist es ratsam, den Wanderparkplatz (ca. ¾ km vor der Abzweigung nach Jux) zu benützen und den Stollen anzuwandern.

Die Salzstollen in Murrhardt im Gewann „Fehl" und „Toter Mann" (von Siegfried Häfele)

In Murrhardt traren immer wieder gering salzhaltige Quellen mit einem Salzgehalt unter 1 % zu Tage. Dies und die Nähe der Salzgewinnung in der freien Reichsstadt Schwäbisch Hall weckte die Begehrlichkeit von Murrhardt aber auch von Württenberg an diesem Reichtum des „Weißen Goldes" teilzuhaben.
Im Murrhardt sind von 1530 bis 1805 zehn Versuche Sole zu fördern bekannt. An fünf verschiedenen Orten wurden „Salzbrunnen" (3 Stellen) oder Stollen (2 Stellen) angelegt. Bei dem rekonstruierten Stollen handelt es sich um die Stellle des neunten Versuches von 1776 bis 1178 und des zehnten und letzten Versuchs von 1790 bis 1805 in Murrhardt Salz zu gewinnen.
Zehnter Versuch 1790 bis 1805 (nach Simon 1995): „Im Jahre 1790 erhielt der Murrhardter Bürgermeister Philipp Friedrich Keller das Recht, im gesamten Oberamt Murrhardt nach Sole zu suchen. Es schlossen sich die umfangreichsten Arbeiten in der Geschichte der Murrhardter

Solesuche an. Die alten Pläne von Hedeler und Frey vom 29. Juli 1727 wurden wieder aufgegriffen (<Sekrete Beshreibung der gefundenen mächtigen Salzquellen im Ampt Closter Murrhardt>).
Am 29. April 1790 begann Keller mit dem Auffahren eines Stollens nordöstlich der heutigen Murrhardter Siedlung Alm im Gewann Fehl. Keller war zunächst offenbar alleiniger Träger des Unternehmens, denn in seinen Berichten spricht er nur von meinem Salzwerkversuch. Noch im Jahr 1790 stieß er 76 m in den Berg vor, im Jahr 1791 erreichte er 223 m vom Stolleneingang entfernt. In 9,9 m Tiefe wurden geringe Spuren salzigen Schwitzwassers angetroffen. Bei 16,6 m Tiefe hatten dich die Wildwasserzutritte stark erhöht, so dass Keller die Arbeiten einstellen mußte, um eine Kunstmaschine zur Sümpfung einzurichten. Da Keller keine weiteren Berichte mehr fertigte, hat er wohl das Unternehmen wegen Geldmangel aufgegeben.
Eine Saliniengesellschaft wurde wohl 1793 gegründet, die den Salinenrat Georg Glenk aus Weißach als Berater beizog. Glenk gab das 16,6 m tiefe Gesenk Kellers bei 228 m Stollentiefe auf und verlängerte den Stollen bis auf 365 m. Dort teufte er ein neues Gesenk ab, das schließlich 84,4 m unter die Stollensohle reichte.

Folgendes Profil wurde durchgegraben:
1. Wechsellagerung Gips-Mergel-Ton sowie Feuerstein, in letzterem wenig Kupferkies und Bleiglanz (0-68,2 m)
2. Schiefer mit Lettenkohle, viel Schwefelkies enthaltend; das Kohleflöz ist 2 Fuß 8 Zoll (=0,80 m) dick (bei 68,2 m)
3. Kalkstein von Friedrichshall (ab 72,8 m)
4. Im Kalkstein bei 84,5 m Solezutritt

An der Sohle des Gesenksin 84,5 m Tiefe stellte man einen Solezutritt von 0,3 l/s fest, die einen Salzgehalt von 1,5% aufwies. Diese Sole konnte aber aus <Mangel an Bewegungskräften> nicht gefördert werden. Eine ausreichende Wasserkraft stand durch die zu geringe Schüttung des am Stolleneingang vorbeiführenden Bächleins nicht zur Verfügung. Das Unternehmen wurde nach dem Tod von Glenk eingestellt. Die Nutzung des Stollens und des Gesenks zur Gewinnung von Schwefelkies (Pyrit FeS2, Katzengold) versuchte man, um damit ein Alaun-Vitriol-Werk zu betreiben, gab sie aber schließlich auf.

Hätten damals die technischen Möglichkeiten zur Sümpfung des Schachts und Hebung der Sole bestanden und hätte man darüberhinaus den Mut aufgebracht bis in die Steinsalzregion des Mittleren Muschelkalks vorzustoßen (Vertiefung des Gesenks um ca.100 m auf 180 m), so wäre hier eine Saline entstanden, vielleicht sogar das erste Sazbergwerk in Mitteleuropa.

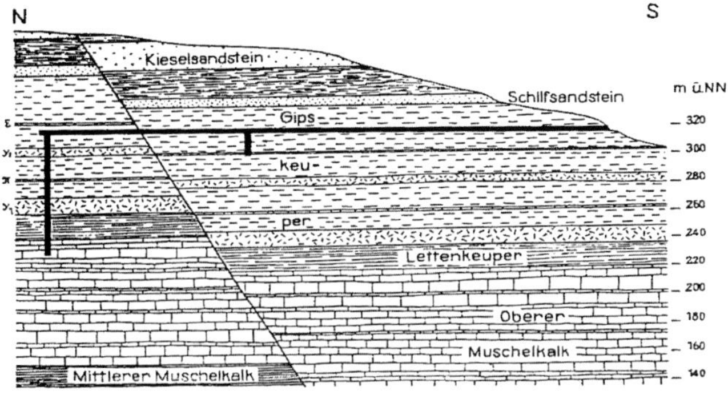

Profil des Salinenstollens von 1790 mit dem Glenk'schen Gesenke, eigezeichnet in die geologischen Schichten nach heutiger Kenntnis. ε = Engelhofer Platte, γ_2 = mittleres Gipsflöz, π = Bleiglanzbank, γ_1 = Grundgipsflöz. Maximale Stollenlänge 365 m, maximale Schachttiefe 84,5 m. Aus Carlé 1960

Nach Ende dieses letzten erfolglosen Versuchs wollten die Geldgeber ihre Einlagen zurück. Außerdem stand noch die Bezahlung von Löhnen aus. 1812 wurde der gesamte Besitz der ehemaligen Gesellschaft für 1352 Gulden versteigert. Der Erlös diente der Befriedigung der Gläubiger."

An verschiedenen Stellen in der Umgebung von Murrhardt finden sich durch Flurnamen Hinweise auf den versuchten Salzabbau:

- Die Parzelle südlich der Stollenrekonstruktion „Fehl" trägt die Flurbezeichnung „Salzwiese". Bei dem westlich davon fließenden Fehlbach handelt es sich um das früher erwähnte „Salinentälchen".
- Die Flurbezeichnung „Salzrain" nördlich von Wahlenlamm bei Fornsbach markiert in etwa den Standort eines Schachtes zur Solesuche.
- Die Flurbezeichnung „Hallenberg" bezeichnet ungefähr den Standort des zweiten Stollens an der „Schwarzen Lache".
- Die Flurbezeichnung „Toter Mann" gilt in der Bergmannssprache für einen aufgegebenen Stollen.

Marianne Hasenmayer

Die Glashütten im Mainhardter Wald und in den Löwensteiner Bergen

Kein Material überwindet so sehr die Materie wie das Glas.
Von allen Stoffen, die wir haben, wirkt es am elementarsten.
Es spiegelt den Himmel und die Sonne, es ist wie lichtes Wasser und es hat einen Reichtum der Möglichkeiten in Farbe, Form und Charakter, der wirklich nicht zu erschöpfen ist und der keinen Menschen gleichgültig lassen kann.

Paul Scheerbarth

Glas in der Geschichte

Kein Werkstoff war zu allen Zeiten mit der Geschichte einzelner Reiche und Kulturkreise so verknüpft wie das Glas.
Es reflektiert mystische und religiöse Kulte ebenso wie rüde Trinksitten, bodenständiges Bürgertum oder den Glanz der Fürstenhöfe. Glas findet Anwendung in der Kultur, im Alltag, in Technik und Wissenschaft, es finden sich Formen vom Messkelch über den Trinkbecher bis zum Alchimistengerät.
In früherer Zeit war Glas ein gesuchtes Luxusgut, das sich nur Adelsgeschlechter, Kaiser, Könige und Kirchenfürsten leisten konnten. Glas wurde hauptsächlich in zwei Arten hergestellt: als **Flachglas** (Tafeln, Butzenscheiben, Mondglas) und als **Hohlglas** (Gebrauchsglasgefäße). Der einfache Bürger verschloss seine Fenster mit Tüchern, Schweinsblasen oder ähnlichem. Die Trink- und Essgefäße waren aus Hafnersware oder aus Holz. Mit dem Aufblühen der Städte im 15. Jahrhundert und der damit verbundenen Ablösung der ritterlichen durch die bürgerliche Kultur wandelte sich das Glasgefäß zunehmend vom Luxusgut zum Gebrauchsgerät.

Die Waldglashütten

Das Holz der Wälder war es, das den Menschen den entscheidenden Grund lieferte, sich auf den unfruchtbaren und kühleren Höhenlagen des Schwäbisch- Fränkischen Waldes anzusiedeln. Die Glasmacher fanden hier neben dem Rohstoff Quarz Holz in Hülle und Fülle zur Pottaschegewinnung und zum Beheizen ihrer Öfen. Es war der Holzreichtum, der das unwegsame Gebiet für die Herrschenden wirtschaftlich interessant machte. Das Herzogtum Württemberg, die Grafen von Löwenstein, von Hohenlohe und die Schenken von Limpurg dürften es vor allem gewesen sein, die den Aufbau von Glashütten förderten.

Die einfachen **Waldglashütten** waren auf Abbruch errichtet. Hatte man die genehmigte Holzmenge verbraucht, waren meistens auch die gemauerten Öfen und Schmelzhäfen von der Hitze zerstört. Die Glasmacherfamilien zogen weiter und gründeten neue Hütten. Vielerorts blieben die Hütten standorttreu, da es große Holzvorkommen gab. Um die Hütten entstanden Ortschaften und entwickelten sich zu bäuerlichen Siedlungen. Viele heute noch erhaltene Ortschafts- und Flurnamen deuten auf die ehemalige Glasindustrie hin.

Leben und Arbeiten in den Waldglashütten

Der Glashüttenmeister **(Hüttmeister)** als Besitzer der Hütte verhandelte mit der Herrschaft um die Nutzungsrechte im Wald und erhielt einen Lehensvertrag, dessen Bedingungen in einem Bestandsbrief festgehalten wurden. Gegen ein jährlich zu zahlendes Pachtgeld durfte er eine bestimmte Menge Holz schlagen, das Glas schmelzen, verarbeiten und vertreiben. Auch einige Privilegien wurde den Glasern gewährt. Sie waren frei vom Frondienst, mussten dafür aber eine jährliche Steuer bezahlen. Neu eingestellte Arbeiter musste der Hüttmeister der Herrschaft vorstellen. Aus dem Jahre 1597 ist von Neulautern ein Beleg der Grafschaft Löwenstein überliefert, in dem es heißt:

„Alle Einwohner in der Newen Lautter gehören mit aller hohen und niederen Ober- und Herrlichkeiten, Gebottes und Verbottes, Freuden, Strafen und Bußen der Grafschaft Löwenstein zu und unter dem Gerichtszwang und Stab gegen Löwenstein."

Die Hütten beschäftigten eine Menge Arbeiter und Handlanger. Es gab Walzenmacher, Strecker, Aufbläser, Trinkglasmacher, Römermacher,

1597
(1592)
Newenlautter.
Ober vnnd Herrligkaitt.
Alle Innwohner Inn der Newen Lautter gehören mit aller hohen vnd Nidern Ober: vnnd Herrligkheiten, Gebotten, Verbotten, Freuel Straffen, vnnd Bueßen, der Graffschafft Lewenstein Zue vnnd vnder den Gerichtszwang vnd stab gehn Lewenstein.

Beleg der Grafschaft Löawenstein von 1597.
Aufn.: Marianne Hasenmayer

Scheibenmacher, Fensterglasmacher, daneben Scheithauer, Scheitdörrer, Schürer, Ofenmaurer, Aschenknechte, Glasschneider, Glasträger – um nur einige zu nennen. Es bestand also auch in dieser Zeit schon eine starke Arbeitsteilung. Je nach ausgeübter Tätigkeit war der Verdienst gut, oder reichte kaum zum Überleben. Gute Glasmacher, waren geschätzte Arbeitskräfte. Anders sah es z. B. mit den Scheitdörrern oder Aschenknechten aus. Sie gehörten zu den Ärmsten und konnten jederzeit entlassen werden. Die Glasmacher stammten aus einem kleinen Kreis von Familien, die ihre Glasmacherkunst sorgsam pflegten.

In Württemberg wird die Familie **Greiner** als Glasmacher Anfang des 16. Jahrhunderts im Mainhardter und Welzheimer Wald sesshaft. Das zweite bedeutende Glasmachergeschlecht im Mainhardter Wald waren die **Wenzel**, die zu Beginn des 17. Jh. in diesem Raum erschienen.

Meist konnten nur Glasmachersöhne das väterliche Handwerk erlernen. Anders sah es bei den Handlangern aus. Sie kamen aus allen Gegenden, hatten meist keinen festen Wohnsitz und zogen weiter, wenn sie nicht mehr gebraucht wurden. Bei der Arbeit wurde wegen der mörderischen Hitze viel getrunken. Dabei kam es dann immer wieder zu Übergriffen. Eine Niederschrift beklagt sich über das „liederliche Gesindel," über das sich die ganze Nachbarschaft beschwere, weil auf den Gütern vor ihnen nichts mehr sicher sei. Es wurden neue Hüttordnungen erlassen, die sich gegen die Arbeiter wandte, die durch übermäßiges Trinken und unordentliches Leben beim heißen Ofen ihren ganzen Lohn durch die Gurgel jagen, ganze Tage in mutwilliger Weise verfeiern und ihre Arbeit nicht so verrichten, wie sie sollten.

Die Technik der Glasherstellung

Zusammensetzung
Zur Glasherstellung werden drei Grundstoffe benötigt. Die glasbildende Substanz ist Siliziumdioxid **(Quarz)**. Da der Schmelzpunkt des Quarzsandes sehr hoch liegt, muß als sogenanntes Flußmittel ein Alkali (**Pottasche**) hinzugefügt werden, das den Schmelzpunkt stark herabsetzt. Pottasche wird durch Auslaugen (Auflösen in Wasser und anschließendes Verdampfen) aus Pflanzen- bzw. Holzasche gewonnen. Die Hütte Spiegelberg benötigte jährlich bis zu 800 Zentner dieser Pottasche. Ein Festmeter Holz (entspricht ca. 750 kg) ergab 1 kg Pottasche). Somit hatte die Hütte Spiegelberg einen jährlichen Bedarf von 40 000 Festmetern Holz nur für die Pottascheherstellung. Die Auswirkung auf die Waldwirtschaft war verheerend.
Damit die geschmolzene Masse nach dem Erkalten die nötige Festigkeit erlangt, ist der Zusatz von **Kalk** notwendig. Um den Schmelzprozess zu erleichtern, wurde den Rohstoffen in der Regel noch Glasscherben hinzugefügt. Das Gemenge für die Glasschmelze erstellte der Hüttmeister selbst. Die genaue Zusammensetzung der Bestandteile war ein gut gehütetes Geheimnis.

Schmelze
Das Gemenge wurde in **Schmelzhäfen** in den Ofen eingebracht. Die Häfen mußten aus bestem feuerfestem Ton hergestellt werden. In den Hütten des Mainhardter Waldes wurde vorwiegend Ton aus der Heilbronner Gegend verwendet. Bei vielen ehemaligen Hüttenstandorten lassen sich unzählige Fragmente nachweisen, was auf die geringe Lebensdauer der Schmelzhäfen hinweist.
Die **Schmelzöfen** mussten mit feuerfesten Steinen gemauert werden. Sie wurden Tag und Nacht in Gang gehalten. Die benötigte Hitze von ca. 1 200° war so hoch, dass ein Schmelzofen meist nicht länger als 16–18 Wochen hielt und dann neu aufgebaut werden musste. Da die Rauhschmelze noch voller Verunreinigungen und Gasbläschen ist, muss die zähflüssige Glasmasse stark in Wallung gebracht werden, damit die Bläschen an die Oberfläche treiben. Man stößt hierzu ein wasserdurch-

Glasherstellung im Mittelalter. Aufn.: The British Museum London

tränktes Stück Holz tief in die Schmelze. Nach diesem Läuterungsvorgang muss die Schmelze abstehen; die Verunreinigungen setzen sich dabei am Boden des Hafens ab.

Färbung

Typisch für **Waldglas** ist die grüne Farbe, die durch Eisenoxid zustande kommt, da Sand aus Naturvorkommen fast immer Eisenoxid enthält. Sie variiert von dunkel- bis hellgrün, aber auch von blaugrün bis bräunlich.

Um dem Farbstich entgegenzuwirken, wurden sogenannte Glasmacherseifen – meist Braunstein (Manganoxid) – als Entfärbungsmittel dem Gemenge zugesetzt.

Doch auch die gezielte Färbung der Glasmasse ist seit den Anfängen der Glasherstellung bekannt. Es werden Metalloxide und -salze verwendet, die bei unterschiedlicher Dosierung und wechselnder Temperatur verschiedene Färbungen ermöglichen, z.B.:

Eisen	Grün, Blau, Gelb	Selen	Rosa, Gelbrot
Kupfer	Rot, Grün, Blau, Türkis	Antimon	Braun, Gelb
Kobalt	Hell- und Dunkelblau	Mangan	Violett, Purpur, Braun
Chrom	Gelb, Grün	Silber	Gelb
Nickel	Violett, Braun	Gold	Rosé, Rot, Goldrubin

Verarbeitung
War die Glasmasse geschmolzen und einige Stunden abgestanden, gingen die Glasmacher mit ihren meterlangen Pfeifen oft tage- und nächtelang an die Arbeit, bis die gesamte Schmelze verarbeitet war. Der Walzenmacher musste die weiche, aber zähe Masse zu einem großen freischwebenden Zylinder, der Walze, aufblasen. Diese wurde im noch warmen Zustand aufgeschnitten und vom Strecker mit einem Holz gestreckt, d.h. zu einer Tafel ausgebügelt. Auf diese Weise wurde Flachglas hergestellt.
Hohlgläser wurden frei oder in Formen aus Ton und Holz geblasen. Die Einträger brachten die Glaswaren zum langsamen Abkühlen in den Kühlofen, um innere Spannungen abzubauen.

Römer aus Neulautern. (18. Jh.). Aufn.: Marianne Hasenmayer

Obwohl die **Waldgläser** meist Gebrauchsgläser waren, zeichnen sie sich durch eine Vielfalt von Verzierungen aus. Diese wurden aus Glasfäden oder Glastropfen entwickelt. Die Glasfäden waren glatt oder wurden mit einer Zange gekniffen. Aus Glastropfen formte der Glasmacher verschiedene Nuppen, die auf die Gläser aufgesetzt wurden. Da sich die Glasbläser bei der Herstellung durch die Tier- und Pflanzenwelt inspirieren ließen, wurden auch Tierköpfe in Form von Bären, Vögeln oder Stieren gefertigt.

Das Spektrum der in den Glashütten im Mainhardter Wald und in den Löwensteiner Bergen hergestellten Glaswaren reichte von einfachen Formen bis zum kunstvoll geschliffenen, gravierten und bemalten Glas.

Viele Hütten belieferten ihre Herrschaft mit Glaswaren, denn es herrschte an den fürstlichen Höfen immer ein großer Bedarf an Trinkgläsern und Fensterscheiben. Spiegelberg lieferte 1764 die Spiegel für das neue Opernhaus in Ludwigsburg.

Im Jahr 1588 wurden die Hütten in Neulautern und Fischbach mit der Fertigung des Fensterglases für das Neue Lusthaus in Stuttgart beauftragt.

Inventuren und Kundenverzeichnisse geben auch einen Einblick über den Absatz der Glaswaren. Stangenbach lieferte 1657 an die benach-

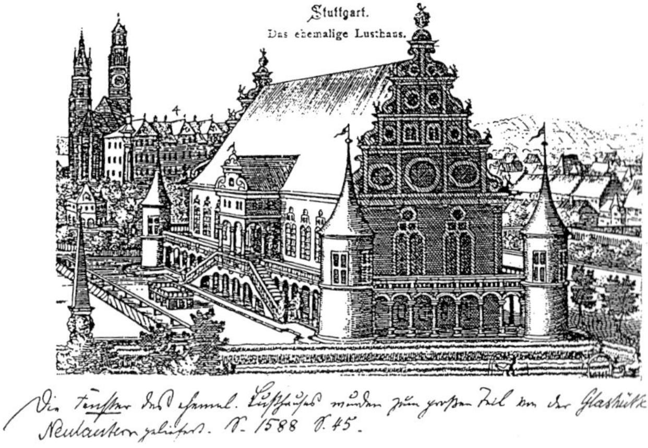

Das Lusthaus in Stuttgart, 1584–1593 von Beer erbaut.
Aufn.: Marianne Hasenmayer

barten Bezirke Weinsberg und Bietigheim, nach Mainz, Bingen und Worms. Neulautern lieferte ins Badische nach Ettlingen, Durlach, Mannheim und Speyer.
Eine Pflichtaufgabe der Hüttmeister war auch der jährliche Besuch der Frankfurter Messe. Die Kisten wurden auf Fuhrwerken bis Heilbronn oder Neckarsulm und von da an auf dem Wasser nach Frankfurt befördert. Das „Heilbronner Glas" war dort längst zu einem Begriff geworden. 1693 war der Hüttmeister von Neulautern mit 1600 Römern auf der Messe.
Diese Messe war der größte Umschlagplatz für Glaswaren und der Ausgangspunkt eines regen Glashandels in viele Länder, überwiegend nach Frankreich, Holland und der Schweiz.

Ein Streifzug durch die Geschichte der Glashütten

Die reich bewaldeten Keuperberge der Löwensteiner Berge und des Mainhardter Waldes boten alles, was zum Betrieb der Waldglashütten nötig war. Es gab Holz für die Feuerung der Schmelzöfen und zur Pottascheherstellung, Quarz in Form von Sandstein und Wasser für den Betrieb der Stampfmühlen, in denen Rohstoffe zerkleinert wurden.

Weihenbronn 1430/1521 – Finsterrot 1556
Im Mainhardter Wald haben wir schon aus dem 15. Jahrhundert eine sichere Nachricht über Glashütten, Widmanns Chronik von Schwäbisch Hall berichtet: „Es entstand auch ungefähr zwanzig Jahre vor dem Städtekrieg eine Wallfahrt zu einem Bronnen bei einer Glashütte im Wald auf dem Weg von Schwäbisch Hall gen Heilbronn, da noch solcher Ort von solchem Bronnen Weyhenbronnen genannt."
Wir kommen damit etwa in das Jahr 1430. Rund 100 Jahre später, 1521, wird dort im Zusammenhang mit Straßenarbeiten wieder eine Glashütte erwähnt: „doch müsse der Weg bis vor Wendel Schreibers Glashütte herauf gemacht werden." Gemeint ist damit der aus dem Bauernkrieg bekannte hohenlohesche „Kanzler" Wendel Hipler, nach dem damaligen Sprachgebrauch „Schreiber" genannt, der um diese Zeit mit dem Ort Finsterrot belehnt worden ist. Bei der hier erwähnten Hütte kann es sich um die Weihenbronner oder um eine neue in Finsterrot handeln. In einem jahrelangen Prozess gegen Hipler fiel Finsterrot dem Hüttmeister Ulrich Greiner von Stangenbach zu. In diesem Prozess standen die Grafen von Hohenlohe hinter Ulrich Greiner, die Grafen von Löwenstein hinter Hipler, der sich mit den Hohenlohern verfeindet hatte. Greiner musste während des Prozesses vorübergehend nach Thüringen flüch-

ten. Er war überzeugt, diese Vertreibung sei nur wegen des Handels der Glashütten Hiplers (Finsterrot) und der Grafen von Löwenstein (Neulautern) erfolgt; Hipler habe sich geäußert, „so er Greiner vertriebe, dass alsdann seine Glashütte und Handel besser werde." In Finsterrot hatte auch Greiner eine Glashütte. Als ihm später Hiplers ganzer Besitz zugesprochen wurde, hatte er also dort zwei Hütten. Ein Forstlagerbuch von 1556 berichtet: „Ulrich Greiner hat vier Seelein bei beiden Glashütten gelegen." In einer Karte von 1471 ist dort eine „Glasklinge" eingezeichnet; die Flurnamen Glasbuckel, Glaswald und Aschenbühl haben sich bis heute erhalten.

Altlautern 1488–1691 und Neulautern 1530–1822

Von den Glashütten in den Löwensteiner Bergen hat die Löwensteinische in Lautern die längste Bestandszeit. Als erste wird Altlautern im Jahr 1488 urkundlich erwähnt, in einer Beschreibung der Grafschaft Löwenstein, welche Graf Ludwig in diesem Jahr als Alterslehen von Kurfürst Philipp von der Pfalz erhält. Dort heißt es „Schloss und Stadt Löwenstein mit nachgenannten Weilern, Höfen und Gütern, nämlich der Hof, der Stocksberg, die Glashütt uff der Lauter."

Bis 1530 wurde die Hütte in Altlautern betrieben. Ab 1530 wurde sie dann in der Newen Lautter, ab 1738 Glaslautern genannt (dem heutigen Neulautern), betrieben. Nach einem Bestandsbrief von 1681 wurde auch in Altlautern auf herrschaftliche Kosten wieder eine Hütte erbaut. 1574 war Thomas Greiner in Altlautern Hüttmeister. 1588 wurde dem Hüttmeister Jakob Greiner wegen seiner Wiedertäuferei die Hütte abgenommen (Wiedertäufer: Ablehnung der Kindstaufe). Es folgten nun Hüttmeister aus den Familien Fritz, Greiner, Gentner, Stenger, Englert und Nübel.

Die gräfliche Herrschaft hatte mancherlei Sorgen mit der Hütte. Von 1643 an wird über Holzmangel geklagt. Als 1653 die Hüttmeisterin Stenger „altershalber der Hütte nicht mehr abwarten" konnte und ein neuer Hüttmeister nicht zu finden war, musste die Hütte durch löwensteinische Beamte verwaltet werden, was ihr nicht zum Vorteil gereichte. Die gesamten Glaser neben der Gemeinde klagten 1661 „über den verderblichen Zustand, in den die Hütte geraten sei" und 1665 „das Geld sei wegen des Krieges knapp, das Glas aber wohlfeil oder ganz ohnwertig." 1691 brannte die Hütte in Altlautern ab.

Ab dem Jahr 1545 wird die Newe Lautter in alten Lager- und Forstbüchern und ab 1586 auch in den Kirchenbüchern genannt. Hüttmeister waren Paulin und Caspar Greiner. 1588 verfiel die Hütte, es bestand Einsturzgefahr, so dass man in der Hütte nicht mehr glasen konnte. 1612 wird Michael Greiner Hüttmeister. 1617 meldet er Konkurs an. 1635 bricht die Pest in Löwenstein und Umgebung aus. Sie wurde vermutlich durch fremde Glashändler eingeschleppt. In Neulautern starben in kurzer Zeit 40 Personen, jung und alt.

Krautstrunk aus Finsterrot, der um das Jahr 1520 entstanden sein dürfte. Als Symbol für die Glasherstellung wurde er in das Gemeindewappen von Wüstenrot aufgenommen. Aufn.: Marianne Hasenmayer

Es folgen nun Hüttmeister aus verschiedenen Familien: Caspar Göntner, Adam Steng, Hans-Peter Stenger, Hans Maier, Conrad Zellinger, 1682 Friedrich Stübel, Hans Bergmann. Ab 1742 finden wir nun die Familie Wenzel als Hüttmeister. 1756 wurde die Hütte von einem heftigen Sturm über den Haufen gerissen. 1764 wurde sie von Israel und Johann Tobias Wenzel wieder aufgebaut, aber 1789 erneut von einem Sturm eingerissen. Nach Israel Wenzels Tod (1803) sollte sie aufgehoben werden. Da aber das Fabrikanwesen für das Amt Löwenstein immer noch etwas Rühmliches war, wurde sie noch bis 1822 weitergeführt, dann aber zum Abbruch bestimmt (Lageplan s. S. 119).

Stangenbach 1505–1695
Nicht weit entfernt von Neulautern wurde auf württembergischem Boden die Glashütte Stangenbach betrieben. Sie wird erstmals 1505 in dem für Melchior Greiner ausgestellten Bestandsbrief erwähnt, der im Glas- und Heimatmuseum Wüstenrot zu sehen ist.

1529 wurde sie zunächst auf 16 Jahre an Hans Greiner, wohl Melchiors Sohn, verliehen, der sie 1550 an seinen Bruder Ulrich von Finsterrot verkaufte. Dieser trieb sie energisch um, wurde dabei aber in erbitterte Holzstreitigkeiten mit dem Forstpersonal und den umliegenden Gemeinden verwickelt. 1559 verkaufte er sein ganzes Besitztum und zog weg. Ein Lagerbuch von 1595 berichtet: „als ermelte (= verarmte) Glashütte vor Jahren abgegangen." Im 17. Jahrhundert ist aber ein Hüttmeister Englert dort. 1695 wurde der Betrieb endgültig eingestellt.

Fischbach 1566–1702
Eine sehr erfolgreiche Hütte wurde 1566 in Fischbach (bei Sulzbach an der Murr) von Hans Greiner, einem Sohn des Neulauterner Hüttmeisters, gegründet. Hans Greiner kaufte einen verwahrlosten Hof, zu dem aber ein großes Waldgebiet gehörte. Schon bald hieß es, es habe sich schon viel gebessert. Er habe alles fein gerichtet und liefere auch Glaswaren für den herzoglichen Hof. Als Hans Greiner 1610 sein Besitztum in die Hände seiner Nachkommen legte, konnte er auf ein gelungenes Lebenswerk zurückblicken. Die Glashütte übergab er dem Mann seiner Enkelin, dem Hüttmeister Jeremias Greiner von Westerbach. 1611 starb Hans Greiner. Mit ihm hatte der Betrieb den führenden Kopf verloren. Unter seinen Nachfolgern, die durch die Abfindung der Miterben stark belastet waren und dazu durch einen Brand schwer geschädigt wurden, ging es rasch abwärts. Dann kamen kriegerische Zeiten mit Plünderungen und Einquartierungen. Dadurch kamen die Glasmacher so sehr ins Verderben, dass sie „gegen ihren Willen mit Weib und Kindern Haus und Hof verlassen und die Glashütt gänzlich zugrunde gehen lassen müssen." 1641 versuchte der Hüttmeister seinen verbliebenen Besitz zum Wiederaufbau an den Herzog zu verkaufen, doch konnte man sich in Stuttgart nach eingehenden Ermittlungen über die Erfolgsaussichten nicht zum Kauf entschließen. Die Hütte „stand nun ganz öd, wüst und herrenlos." 1702 begann Franz Wenzel von Horlachen nochmals mit dem Bau einer neuen Hütte. Aus Geldmangel ließ er aber den Fischbach stehen und nahm die Hütte in Glaslautern von den Grafen von Löwenstein für drei Jahre in Pacht. Damit hatte die Glasfabrikation in Fischbach endgültig aufgehört.

Neuhütten 1523–1761 und Bernbachtal 1629–1659
Im Jahre 1523 hat Ulrich Greiner als Rechtsnachfolger Wendel Hiplers dessen Forderungen aus der Glashütte bei Maienfels eingezogen. Diese Glashütte ist unter dem Namen Neuhütten bekannt. 1568 wird dort Anna, des Hüttmeisters Frau, 1604 Hüttmeister Adam Greiner erwähnt. Als das Holz in weitem Umkreis verbraucht war, wurde eine Tochterhütte im benachbarten Bernbachtal angelegt. Dort – in der Hüttmeistersklinge und im Glaserrain – gab es keine Wege und deshalb billiges Holz. 1629 waren für das adelige Haus, Schloss und Burg Maienfels 2000 Fensterscheiben und 200 Trinkgläser zu liefern. Wahrscheinlich

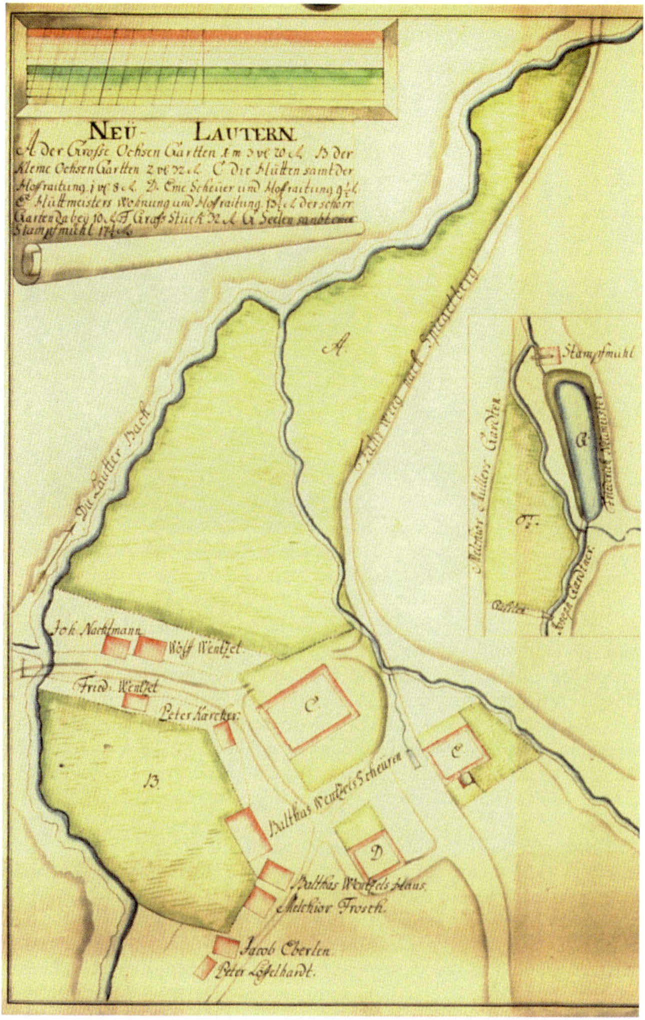

Lageplan von Neulautern aus dem 18. Jh.
Aufn.: Marianne Hasenmayer

Daumenglas aus Neulautern (17. Jh.). Aufn.: Marianne Hasenmayer

ging die Hütte unmittelbar nach der Schlacht bei Nördlingen 1634 ein. In den Maienfelser Kirchenbüchern verschwindet um das Jahr 1635 die Bevölkerung der Hüttmeister, Uffbläser, Glasmaler, Scheithauer, Strecker und Schürer. Etwa 20 Familien werden nicht mehr genannt. 1747 strebt ein Hüttmeister Wenzel einen Pachtakkord an; die Angelegenheit zog sich aber hinaus, und 1761 schrieb ein Mitbesitzer von Maienfels: „Dass aus der Glashütte nichts werden sollte, ist mir ganz lieb.“

Altfürstenhütte 1605–1690 und Neufürstenhütte 1695–1771

Im Jahre 1605 wurde bei Böhringsweiler eine Hütte angelegt, die nach Herzog Friedrich I. Fürstenhütte und später zur Unterscheidung von einer neuen Hütte Altfürstenhütte genannt wurde. Ihr erster Hüttmeister war Franz Wenzel. Damit tritt anstelle der Familie Greiner die Familie Wenzel führend in die Geschichte der württembergischen Glashütten ein. 1617 ist Wenzels Hütte abgebrannt, wurde aber wieder aufgebaut. 1690 ist sie eingegangen.

In ihrer Nähe wurde 1695 die Neufürstenhütte erbaut und dem Hüttmeister Hans Andreas Wenzel übertragen. Ihm folgten weitere Hüttmeister aus dieser Familie. 1727 wurde die Hütte durch einen Sturm ziemlich ruiniert. Da das Werk auch wegen Holzmangels ins Stocken geraten war, hätte es der Hüttmeister Franz Wenzel gerne verkauft. 1771 meldete Hüttmeister Melchior Wenzel Konkurs an. Damit hörte die Hütte auf.

Liemannsklinge 1734–1809 und Erlach 1735–1865

Als Zweigunternehmen gründeten die Wenzel die Erlacher und die Liemannsklinger Glashütte, diese auf württembergischen, jene eine Viertelstunde davon entfernt auf löwensteinischem Gebiet.

Die Liemannsklinger Hütte wurde 1734 von Jakob und Franz Wenzel erbaut. Sie blieb im Familienbesitz, bis sie 1809 stillgelegt wurde.

Die 1736 von Konrad Wenzel erbaute Erlacher Glashütte wurde nach dem benachbarten Liemersbach meist die Lämmersbacher Hütte genannt. Zunächst wurde hauptsächlich grünes Glas hergestellt. Mit Hilfe des aus einer Schwarzwälder Hütte zugegangenen Glasmachers Öchslin sollte aber die Herstellung von „Meisterglas“ und von allerhand Farben „dergleichen bisher in dieser Gegend nicht zu haben geweßen“, versucht werden. Die Hütte wurde mit 12 Werkstätten (= Arbeitsplätze am Ofen) betrieben, war aber 1781 recht baufällig und wurde 1789 von einem Sturm eingerissen. Von einem Wiederaufbau wurde zunächst abgesehen, weil „der einreißende Holzmangel ohnehin keine längere Existenz dieser Glashütte gestattet hätte.“ Trotzdem wurde sie 1804 neu aufgebaut und hat sich dann von allen Hütten unseres Gebietes am längsten gehalten. 1865 erwarb Kaufmann Rominger die Hütte und verlegte sie nach Zuffenhausen. Die Zuffenhausener Fabrik war bis 1910 in Betrieb.

Jux 1699–1705 und Spiegelberg 1705–1822

Von besonderer Bedeutung für die Waldwirtschaft im Mainhardter Wald wurde die 1699 gegründete Hütte in Jux, aus der sich die Spiegelhütte und der Ort Spiegelberg entwickelten.

In Württemberg wurde nach der Reformation das Kirchenvermögen zu einem besonderen Kirchengut zusammengefasst, das nicht von der weltlichen Rentkammer, sondern von einem herzoglichen Kirchenrat verwaltet wurde. Zu diesem Kirchengut gehörte auch das frühere Dominikanerinnenkloster Steinheim an der Murr. 1699 berichtete der Klosterhofmeister, dass auf dem Jux ein über 1000 Morgen großer Wald mit mannsdicken Buchen stehe, der nicht genützt werden könne, weil das Holz schwer wegzubringen sei. Am besten solle dort eine Glashütte eingerichtet werden. Der Kirchenrat griff den Gedanken auf und die Glashütte wurde auf dem Berg errichtet und im Jahr 1701 an den Hüttmeister Hans Jakob Greiner von Walkersbach verpachtet, der sie durch seinen Sohn Martin verwalten lassen wollte. Die unruhigen

Spiegel (Anfang 18. Jh.) aus der Spielgelberger Manufaktur. Aufn.: Marianne Hasenmayer

Kriegszeiten waren für das Unternehmen ungünstig; Greiner konnte seinen Verpflichtungen nicht nachkommen, musste vielmehr das viel zu hoch angesetzte Pachtgeld mit Glas bezahlen und gab die Hütte bald auf.

Als nun der landgräflich hessische und hanauische Spiegelmeister Johann Georg Gundelach sich anbot, anstelle der Glashütte eine Spiegelhütte einzurichten, war dieser Vorschlag recht willkommen. 1705 wurde unten im Tal die neue Spiegelhütte erstellt und Gundelach auf 10 Jahre pachtweise übertragen. Gundelachs Wunsch, das Werk nach ihm Georgenberg zu nennen, wurde nicht entsprochen; nachdem aber „dieser Ort mit einem so übelständigen Namen Jux versehen, welchen beizubehalten Gundelach sich geweigert hatte, wird eingewilligt, solchen Juxdistrikt künftig den Spiegelberg zu nennen."

Gundelach versprach mehr, als er halten konnte; weder war er in der Lage, gutes und konkurrenzfähiges Spiegelglas herzustellen, noch hatte er die kaufmännischen Fähigkeiten.

Schon das erste Glas konnte nicht fristgerecht geliefert werden. Als Gundelach immer neue Vorschüsse benötigte, hielt es der Kirchenrat für angebracht, dass sich ein Kaufmann mit Gundelach engagiere. Ein solcher fand sich in dem Handelsmann Götz, der in Bayern eine Spiegelmanufaktur hatte. Eine Auskunft über ihn aus Nürnberg besagte nichts gutes: „Es wird nicht geraten, ihm Geld zu leihen. Das Werk versteht er gar wohl.“ Trotz dieser schlechten Auskunft wurde für ihn in Cannstatt mit staatlichen Geldern 1706 ein Schleif- und Polierwerk errichtet. Das Cannstatter Werk belieferte den Hof mit Spiegeln, Kredenzschalen, Bechern, Kelchen, Karaffen und Eisflaschen.

1709 wurde mit dem Kammerrat Schmid und den Kaufleuten Andreas und Franz Müller ein Pachtvertrag über 10 Jahre für Spiegelberg abgeschlossen. Gundelach behielt die technische Leitung. Die Zusammenarbeit zwischen der kaufmännischen und technischen Leitung und zwischen Spiegelberg und Cannstatt wurden immer schwieriger und kostspieliger. 1712 entschloss sich der Kirchenrat, Gundelach zu entlassen. Als Götz in Cannstatt immer höhere Ansprüche stellte, wurde der Cannstatter Betrieb 1713 eingestellt. Der Spiegelvorrat, die Instrumente und das Handwerkszeug wurden dem Kammerrat Joachim Schmid um 1500 Gulden überlassen.

Die neuen Spiegelberger Pächter hielten sich überwiegend in Stuttgart auf und setzten das Cannstatter Werk und die Belieferung des Hofes fort. Es dauerte lange, bis man nach Gundelachs Abgang in dem Spiegelmeister St. Marie aus Wiesbaden wieder einen Spiegelmeister fand. Dieser fertigte wohl schönes, weißes, aber mit viel Schmutzflecken behaftetes Glas. Man entließ ihn und übertrug das Spiegelgeschäft dem Kelchmacher Mann und dem Bundglaser Müller, die beide keine Kenntnisse über die Spiegelfabrikation hatten. Wieder musste viel Geld in das Werk gesteckt werden. In Holland, dem Hauptabsatzgebiet, lagen für 30000 Gulden unverkäufliche Spiegel. Die Arbeiter klagten über große Lohnrückstände und traten in den Streik. 1725 ließen sich Schmid und Müller den Bestand nochmals um drei Jahre verlängern, aber schon 1727 ging das Werk mit einer Schuldenlast von 70000 Gulden in Konkurs. Der Cannstatter Filialbetrieb hörte 1730 auf.

Der Kirchenrat hatte an der Weiterführung des Betriebes das gleiche Interesse wie die übrigen Gläubiger. Pächter und Bewerber traten nach kurzer Zeit wieder zurück, nachdem sie sich Einblick in die Verhältnisse verschafft hatten. So blieb nichts übrig, als das Werk in eigener Regie weiterzuführen. Mit der Leitung wurde Subadministrator Kogler beauftragt, der seit 5 Jahren in der Fabrik war. Kogler machte sich aber durch seine Strenge und durch sein Bestreben, Ordnung in den verlotterten Betrieb zu bringen, bald so verhasst, dass er keine Lust mehr hatte, in Spiegelberg zu bleiben. Nach mancherlei missglückten Versuchen schien endlich 1743 mit Amtmann Hummel ein Fabrikdirektor gefunden zu sein, der die Voraussetzungen hatte, einen geordneten Betrieb zu führen. Aber man stellte ihm Müller, der den Betrieb zum Konkurs geführt hatte, als zweiten Mann zur Seite, was bald zu neuen Schwierigkeiten führte. Hummel bemühte sich ernstlich um technische Kenntnisse, was aber wieder mit kostspieligen Versuchen verbunden war. 1754, nach elfjähriger Tätigkeit, reichte er eine Denkschrift mit der Schilderung grober Mißstände ein. Jetzt endlich wurde Müller altershalber zur Ruhe gesetzt. Hummel waltete noch lange seines Amtes, ohne aber einen Gewinn herauswirtschaften zu können. Nach Hummels Tod wurde 1781 Expeditionsrat Clemens Fabrikdirektor. Er bemühte sich um die technische Modernisierung. 1785 erstattete der Kirchenrats-Vizedirektor Hochstetter einen ganz eingehenden Bericht, in dem er für die Jahre 1701 bis 1783 einen Verlust von rund 725 000 Gulden errechnete. Stadt und Amt Weinsberg wurden vorstellig wegen der durch die Fabrik verursachten Holzknappheit und -teuerung. Man dachte zunächst daran, die Fabrik in den Schwarzwald zu verlegen. Als dann 1792 auch noch der Landtag vorstellig wurde und es als unverantwortlich und lächerlich bezeichnete, auf Kosten des geistlichen Gutes wohlfeile Spiegel zu machen, gab endlich auch der Herzog, auf dessen ausdrücklichen Wunsch die Glashütte über Jahrzehnte hinweg subventioniert wurde, seine Einwilligung zur Einstellung der Fabrik. Der Verkauf des Vorrats schleppte sich über Jahre hin; erst 1819 wurde der ganze Restbestand veräußert und 1820 die Fabrik aufgehoben.

Neuhütte im Joachimstal 1720–1736

Im Laufe der Jahre wurden noch zwei Filialen von Spiegelberg eingerichtet. 1720 wurde lautertalaufwärts die Neue Hütte im Joachimstal (nach dem Spiegelberger Kammerrat Joachim Schmid auch Joachimstaler Hütte genannt) für gewöhnliches Gebrauchsglas gegründet, da ein Mangel an Bauglas bestand. Nach dem Spiegelberger Konkurs hatte diese Hütte auch keine Zukunft mehr. In den verlassenen Gebäuden siedelte sich vagabundierendes Volk an, das den Ort in einen üblen Ruf brachte und schließlich mit Gewalt fortgeschafft werden musste. Auf den Grundmauern der Hütte wurde später ein Wohngebäude errichtet, das lange Jahre als Forsthaus genutzt wurde. 1999 wurde das Haus abgetragen und im Freilandmuseum Schwäbisch Hall – Wackershofen wiederaufgebaut.

Schöntaler Hütte 1740–1768

Als im Jahr 1753 der Absatz der Spiegel erheblich stockte, glaubte man, mit der Herstellung von sogenannten Flammischen Scheiben (Mondglas) mehr Gewinn erzielen zu können. Da in den Juxer Wäldern das Holz knapp geworden war, sollte südlich von Mainhardt im Walde Schöntal, wo schon gegen 1740 Philipp Friedrich Wenzel eine Glashütte erbaut hatte, eine Flammglashütte eingerichtet werden. Nach ein paar Jahren gab man die Flammglasherstellung wieder auf und verlegte das

Die ehemalige Neuhütte in Joachimstal, ein typisches Bauernahus aus dem 18. Jh. Aufn.: Archiv Naturpark

Spiegelberger Schmelzwerk in die erloschene Schöntaler Hütte. 1768 war der Holzvorrat aufgebraucht. Das Schmelzwerk wurde nach Spiegelberg zurückverlegt und die Hütte aufgegeben.

Untergang der Glashütten

Unter normalen Verhältnissen waren die Glashütten für die Hüttmeister eine Quelle des Wohlstandes und Reichtums. Die Hüttmeister gehörten zu den angesehenen Familien. Auch ihre Heiraten und die ihrer Töchter ließen auf eine gehobene soziale Stellung schließen.
Dann aber brachte der Dreißigjährige Krieg große Schäden. Nach der Schlacht bei Nördlingen 1634 drangen erst die geschlagenen Schweden, dann die Kaiserlichen bis in die entlegensten Täler vor. Neuhütten und Fischbach wurden von „wilden Kriegshorden" heimgesucht. In Fischbach war nach dem Krieg „alles eingefallen". Die Leute waren verhungert oder waren weggezogen. Nach Kriegsende machte man sich gleich an den Wiederaufbau der Hütten. Die Glasmacher kehrten zurück und nahmen ihre gewohnte Arbeit wieder auf. Aber die Kriegsfa-

ckel war noch nicht erloschen. Die 1699 gegründete Glashütte im Jux war nicht lebensfähig, weil durch die Unruhen des Spanischen Erbfolgekrieges „dem Glaswerk ein harter Stoß zugewachsen und das machende Glas unverkauft liegen geblieben oder in ganz geringen Preis gebracht worden war.“ Selbst der Polnische Erbfolgekrieg brachte 1734 so viel Kriegsgeschrei in die Gegend, dass Spiegelberg seine Akten nach Schwäbisch Hall verlagerte.

Nicht so plötzlich wie die Kriegsschäden wirkte sich der Holzmangel aus. Noch im 16. und 17. Jahrhundert konnte man ihm leicht durch eine Verlegung in einen holzreicheren Bezirk abhelfen. Als aber die Holzpreise allgemein schnell in die Höhe gingen, war den Glashütten eine ihrer wichtigsten Grundlagen, das billige Holz, entzogen. In England und einigen Glashütten im Schwarzwald trat Kohle an die Stelle des teuren Holzes.

1755 glaubt man, auch im Mainhardter Wald auf Kohlenlager gestoßen zu sein. Amtmann Hummel von Spiegelberg berichtete: „Es wird noch herauskommen, daß wir mitten zwischen Steinkohlen liegen.“ In Löwenstein wurde mit Fachleuten ein Kohlebergwerk eröffnet. Bei den in Spie-

Glasbläserbrunnen in Mainhardt. Aufn.: Archiv Naturpark

Tonmodel und Glasfragmente (16. – 18. Jh.)
Aufn. Marianne Hasenmayer

gelberg angestellten Proben erwies sich aber die Kohle als unbrauchbar. Ohne Eisenbahnen war es nicht möglich, Kohle von weither zu beziehen. Die Glashütten waren auch schon so verarmt, daß sie die Mittel für größere technische Umstellungen nicht aufbringen konnten.

Eine große Rolle spielten auch die Glasträger. In Baden und Böhmen schlossen sich diese zu Großorganisationen zusammen, die die Absatzgebiete unter sich aufteilten. Für den Glashandel in Württemberg war dies eine unerwünschte Konkurrenz. Um dieses Geschäft stritten sich die einheimischen Glasträger, die das Glas den Hütten abnahmen, um es von Haus zu Haus oder auf den Märkten zu verkaufen, die örtlichen Hüttenmeister, die den Glashandel für sich allein in Anspruch nehmen wollten und schließlich die Kaufleute, die in den Städten mit Glas handelten.

Auch wurde immer wieder über die Konkurrenz der ausländischen Hütten geklagt.

Wiederholt werden Verbote für ausländische Waren verlangt. Gläser der Nürnberger und Solnhofer Fabriken würden durch Hausierer zu geringen Preisen vertrieben.

Den größten Absatz in Württemberg hatte Böhmen. Die böhmischen Glashändler durchzogen mit geschliffenem Glas das Land. 1751 richtete die böhmische Gesellschaft Kerner und Companie eine Niederlassung in Stuttgart ein.

Nach einem Bericht von 1825 wurden jährlich für ca. 150000 Gulden Glas eingeführt.
Somit war den Glashütten ihre Existenzgrundlage entzogen.
Als letzte Hütte beendete Erlach 1865 die Produktion.

Weitere Informationen zum Thema Waldglas

Glasausstellung „Spielgel, Glanz und Feuerschein“ im Rathaus Spiegelberg, Sulzbacher Str. 7, 71579 Spiegelberg (auch Kontaktadresse). Öffnungszeiten: täglich während der Öffnungszeiten des Rathauses, jeden 1. Sonntag im Monat von 14.00 bis 17.00 Uhr, sonst nach Vereinbarung, Sonderführungen für Gruppen nach Vereinbarung möglich. Telefon 07194/95010, Fax 07194/9501-25, e-mail: info@gemeinde-spiegelberg.de, Internet: www.gemeinde-spiegelberg.de

Glas- und Heimatmuseum im Alten Rathaus, Hauptstraße 11, 71543 Wüstenrot, Öffnungszeiten: nach Vereinbarung.
Kontaktadresse: Bürgermeisteramt Wüstenrot, Eichwaldstraße 19, 71543 Wüstenrot, Telefon: 07945/919921, Fax: 07945/919960, e-mail: kontak@gemeinde-wuestenrot.de,

Glashaus Spiegelberg
Marianne Hasenmayer, Gerstenberg 15, 71579 Spiegelberg. Öffnungszeiten: nach Vereinbarung. Telefon 07194/559, e-mail: glashaus-spielgelberg@t-online.de, Internet: www.glashaus-spielgeberg.de

Glaswanderweg der Gemeinde Spiegelberg
beschrieben im Tourenführer der Gemeinde Spielgelberg „Sonnenhänge und Räuberwege“ 2005. Der Tourenführer ist über die Gemeinde Spiegelberg erhältlich. (Anschrift s. oben bei Glasausstellung).

Quellen:
Karl Greiner Die Glashütten in Württemberg 1961 Steiner Verlag, Wiesbaden
Richard Lauxmann Chronik von Neulautern (unveröffentlicht)
Wüstenroter Ortschronik 1999 Hrsg. Gemeinde Wüste

Erhardt Hasenmaier / Siegfried Häfele

Flößerei im Schwäbisch-Fränkischen Wald

Nicht der Holzreichtum der Wälder, auch nicht die Qualität des schlagbaren Holzes entschieden in den vergangenen Jahrhunderten über den wirtschaftlichen Wert des Waldes. Die entscheidende Frage war, obes gelang das Holz zu den Stätten des Verbrauchs zu transportieren. Deshalb spielte in den Waldgebieten die Frage des Holztransportes eine entscheidende Rolle. Die Flößerei war über Jahrhunderte die einzige Möglichkeit in kurzer Zeit große Holzmengen zu transportieren. Im Schwäbisch-Fränkischen Wald wurde die Flößerei in einem heute unvorstellbaren Ausmaß betrieben, um das Holz an die Stätten des Verbrauches zu bringen. Sehr viele Bäche, die uns völlig ursprünglich und natürlich erscheinen, waren für die Flößerei ausgebaut. Die Flößerei verschwand mit dem Bau der Eisenbahnen, da ein preiswerter Massentransport von Holz möglich war. Die Natur hat diese Veränderungen weitgehend zurückgeholt. Einige Relikte aus der Zeit der Flößerei kann man aber noch in der Natur finden, es sind erhaltene Floßseen, alte durchstochene Dämme von Floßseen und Namen, die auf die Flößerei hinweisen.
Die Flößerei ist uralt, schon im Buch der Könige berichtet die Bibel, dass König Salomo mit Hilfe von Flößen Tannen- und Zedernholz aus dem Libanon zum Tempelbau herbeischaffen ließ.
Im Schwäbisch-Fränkischen Wald ist die Flößerei auf der Rems, dem Kocher und der Murr jeweils mit den verschiedenen Nebenflüssen und Bächen betrieben worden.

Die Denkmale der Scheiterholzflößerei auf Rems und Lein (von Erhardt Hasenmaier)

Aus dem Schwarzwald ist schon im 14. Jh. Holz auf Enz, Nagold und Würm in den unteren Neckar geflößt worden. Im 16. Jahrhundert begann die herzogliche Verwaltung in Württemberg auch den oberen Neckar und seine Nebenflüsse für die herrschaftliche Flößerei nutzbar zu machen.

Im Gebiet des Naturparks Schwäbisch-Fränkischer Wald ist zuerst (um 1400) auf dem Kocher Holz für die Salzgewinnung in Schwäbisch Hall geflößt worden, dann auf der Murr. Rems und Lein wurden erst spät zum Holztransport benützt. Der erste Hinweis findet sich 1627 in der Württembergischen Müllerordnung.
Als im 18. Jh. der Brennholzbedarf der Landeshauptstadt und ihrer engeren Umgebung anstieg, nahm die **Flößerei** auf der Rems einen raschen Aufschwung; Baumeister und Flößer aus dem Schwarzwald übernahmen den Bau der notwendigen floßtechnischen Einrichtungen und den Betrieb der Flößerei. Mehr als 100 Jahre lang war die Flößerei auf der Rems und ihren nördlichen Nebenbächen wesentlicher Teil des wirtschaftlichen Lebens im südwestlichen Teil des Schwäbisch-Fränkischen Waldes. Nur wenige Jahrzehnte und mit nur geringem Erfolg wurde auf der Lein geflößt.
Die aus dieser Zeit heute noch sichtbaren Denkmale der Rems- und Leinflößerei sind es wohl wert, als Beispiele in den Naturparkführer aufgenommen zu werden. Heute noch am eindrucksvollsten sind die **Schwellseen**, die etwa ab 1740 als letzte floßbautechnische Einrichtung geschaffen wurden, nachdem sich die einfacheren technischen Anlagen (kanalartiger Ausbau der Bäche, Einbau von Pfählen und Flechtwerk, Floßgassen, Beseitigung der Ufergehölze) nicht als ausreichend erwie-

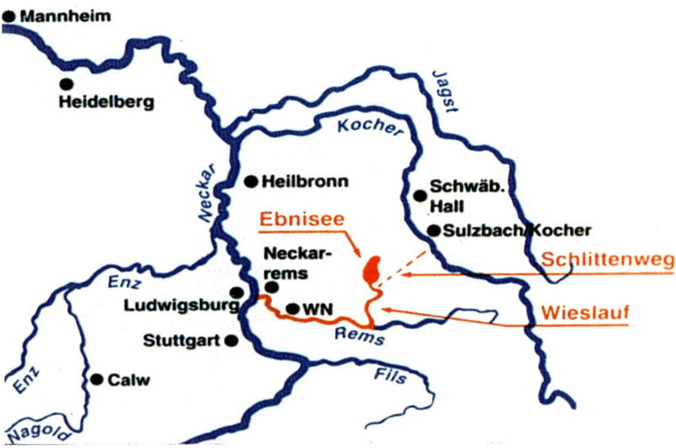

Floßstraße Ebnisee-Wieslauf-Rems-Neckar und der Schlittenweg Gschwend-Ebnisee. Archiv Naturpark

sen hatten, weil die natürliche Wasserführung der Floßwege einfach zu gering war.
Zwei dieser Schwellseen, der Ebnisee und der Bärenbacher Floßsee, sind heute noch fast in ihrer ursprünglichen Form erhalten. Denn als Dämme und Auslasskanäle noch in gutem Zustand waren, wurden Straßen und Wege über sie hinweggeführt, die dann Anlass waren, Dämme und Durchlässe zu erhalten. Dagegen sind die Dämme des Walkersbacher Floßsees und der Steinbacher Floßklause dort durchgerissen, wo ursprünglich schon der Bach floss und wo sich später der Ablasskanal befand.
Von den vier Schwellseen im Schweizertal östlich von Lorch ist nur noch ein Damm übrig, und zwar der südlichste, auch er ist vom Bachlauf durchgerissen worden. Der nördlichste, unmittelbar bei Haselbach, ist erst vor drei Jahrzehnten bei Bauarbeiten beseitigt worden.
Die Lage der beiden mittleren Schwellseen im Haselbachtal ist bisher unbekannt.
Im mittleren Bärenbachtal und im Aimersbachtal liegt je ein weiterer, ebenfalls durchgebrochener Damm. Beide sind bisher urkundlich nicht belegt, so dass keine Aussage über ihren ursprünglichen Zweck

Der Ebnisee ist der bekannteste und größte Floßsee (Schwellsee) im Schwäbisch-Fränkischen Wald.
Aufn.: Archiv Naturpark

gemacht werden kann. Zu jedem Schwellsee gehörte, gewissermaßen als Zubehör, der **Holzlagerplatz**, gelegentlich auch Holzeinwurfplatz genannt, ein **Schlittenweg** oder gar ein ganzes System von Schlittenwegen und gelegentlich eine **Holzriese** (wenn die Hangneigung für einen Schlittenweg zu groß war).
Holzlegplätze und Schlittenwege sind noch erkennbar am Ebnisee, am Bärenbacher und am Walkersbacher Floßsee; eine Holzriese ist bisher nur am Ebnisee nachweisbar.
Der Schlittenweg zum Ebnisee, der 1789 von Pfarrer Prescher (Gschwend) erstmals erwähnt wird, ging von Nestelberg bei Sulzbach/Kocher aus und war 26 km lang.
Der **Ebnisee** ist der bekannteste, der größte und auch heute noch der bedeutendste unter den Schwellseen. Er mußte einst so groß angelegt werden, weil die Wieslauf mit 22 km floßbarer Länge und dem größten bewaldeten Einzugsgebiet den höchsten Wasserbedarf hatte.
Der älteste Plan vom Ebnisee bei den forstamtlichen Akten stammt aus dem Jahre 1791. In ihm sind der See und der Holzlegplatz sehr anschaulich dargestellt, leider aber nicht das untere Ende der Holzriese. Sie hat damals aber schon bestanden, denn sie wird in der Grenzbeschreibung des Ebnisees von 1791 erwähnt: „Und nächst am solichen See befindet sich auch durch die Gauspachsweiler Waldungen den Berg herunter ein Herrschaftliche Holz Rieß."
Der Damm des Ebnisees war nach den Plänen von 1742 115 m lang, maximal 8,6 m hoch und 20 m breit (am Fuß). Die Seefläche betrug damals 1,324 ha. Das aufgestaute Wasser reichte für fünf bis sechs Tage zur Flößerei.
Der **Walkersbacher Floßsee** ist wahrscheinlich der älteste der Schwellseen. Er ist 1742 durch den Forstmeister von Grassenberg aus Schorndorf aus einem älteren Teich unter Beihilfe des Oberschiffers Vollmar aus Pforzheim durch vollständigen Umbau größer erstellt worden.
Zum Walkersbacher Floßsee führte ein ganzes System von Schlittenwegen, die heute zum größten Teil noch als Erdwege oder sogar als befestigte forstliche Wirtschaftswege benützt werden.
Leider ist der Hauptabfuhrweg aus den westlich des Sees liegenden Waldungen später nicht über den Seedamm geführt worden, weshalb dieser und der Auslaßkanal nicht ständig erhalten worden sind. Heute sind nur noch Reste des alten gemauerten Kanals sichtbar.
Versteckt im Wald liegt der **Bärenbacher Floßsee** hinter seinem vollständig erhaltenen Damm und über seinem handwerklich einwandfrei gemauerten Ablasskanal. Er ist wahrscheinlich als letzter in dem schwer zugänglichen Waldgebiet unterhalb des Eibenhofes 1761/62 erbaut worden. Er wurde auch früher als der Ebnisee und der Walkersbacher Floßsee nicht mehr zum Flößen benutzt (1830). Auch zu diesem See führen zahlreiche Schlittenwege aus den umlie-

genden Waldungen hin. Der Holzeinwurfplatz ist für ein geschultes Auge erkennbar.

Im Schweizertal, östlich von Lorch gibt es heute noch einen Waldteil, der den Namen **Schweizersee** führt. Unmittelbar westlich dieses Waldteils quert der nur noch undeutlich sichtbare Damm des südlichsten Floßsees das Wiesental rechtwinklig zum Schweizerbach. Der Schweizersee muss ein sehr flacher, aber großer See gewesen sein. Schon 1826 wurde er nicht mehr zum Flößen benutzt. Vom Holzeinwurfplatz ist hier nichts mehr zu sehen.

Ebensowenig bekannt wie der Schweizersee ist die kleine **Schwellklause** im Steinbach- oder Strümpfelbachtal nördlich vom Strümpfelhof. Der Damm mit gemauertem Mittelteil (ähnlich wie beim Walkersbacher Floßsee) ist vom Bach durchbrochen, sonst aber noch gut erhalten. Er liegt an malerischer Stelle am Anfang des Naturschutzgebietes.

Dieser Damm wurde gleichzeitig mit dem Ebniseedamm gebaut. Der Beschreibung in einem am 29. Februar 1744 von einem Baumeister Weyhing signierten Plan nach, muss aber vorher schon ein Damm dort bestanden haben.

Der durchstochene Damm des Walkersbacher Floßsees mit Resten der Staueinrichtung. Aufn.: Siegfried Häfele

Schließlich sei noch auf den **Treibsee** unterhalb der Ziegelhütte bei Kaisersbach verwiesen, der für die Flößerei auf der Lein erbaut worden ist. Von ihm gibt es keinen alten Plan, doch lag er wohl im Tal des Ortsbaches, des nördlichen Quellbaches der Blinden Rot östlich von Kaisersbach unterhalb des „Seehäusle“. Dort ist sein Damm heute noch deutlich zu sehen.
Ein besonders schönes Denkmal der Remsflößerei, das kaum jemand als solches erkennen kann, ist die vom Floßholz ausgeschliffene Rinne in der Sandsteinbank bei der Klingenmühle.

Die Flößerei auf dem Kocher (von Siegfried Häfele)

Die Flößerei auf dem Kocher zur Stadt Schwäbisch Hall wurde auch als „Haalfloß“ bezeichnet. Das „Haal“ war der Name der hällischen Salzproduktionsanlagen. Der hohe Holzbedarf von Schwäbisch Hall war durch die Salzsiederei verursacht. Der Holzbedarf der Salzsieder war so groß, da aus der Sole, die etwa eine Konzentration von 40 g Salz je Liter besitzt, durch das „Sieden“ Salz entstehen sollte. Für jedes Kilo Salz mussten etwa 24 Liter Wasser mittels eines Holzfeuers verdampft werden.
Im Jahre 1399 schlossen Schenk Friedrich von Limpurg und die Stadt Hall einen Vertrag über die Flößerei auf dem Kocher. Die Flößerei wird schon 1399 „als von altem Herkommen“ bezeichnet.
Auf dem Kocher wurde das Holz nicht mit gebundenen Flößen betrieben. Das frei im Wasser treibende Holz war 11 Schuh (ca. 3,15 m) lang und 4 bis 17 Zoll (ca. 11 bis 49 cm) dick, das Holz wurde als Treibholz und Flößerei als Treiberei bezeichnet.
Die Holzmengen müssen ganz enorm gewesen sein. Jährlich um die 600 000 Blöcke mit einem Volumen zwischen 50 000 und 100 000 Kubikmeter werden in der Literatur beschrieben. Diese enormen Holzmengen werden erst verständlich, wenn man das große Einzugsgebiet der Flößerei auf dem Kocher betrachtet.
Der Kocher war floßbar gemacht bis zur Einmündung der Lein bei Abtsgmünd. Von den Nebengewässern des Kochers wurden Lein, Blinde Rot, Rötenbach, Wimbach, Nägelesbach, Eisbach, Steigersbach und Rot für die Flößerei genutzt.
Eine Besonderheit der Flößerei auf dem Kocher war, dass jeder Einwerfer von Holz, also jeder Holzlieferant ein Floßmal hatte. Ein Floßmal bestand aus mehreren besonders geformten Kerben, die in jeden Holzblock mit einem Beil eingehauen wurden. Beim Ausziehen des Holzes in Schwäbisch Hall wurde durch den „Kocherschreiber“ jeder Holz-

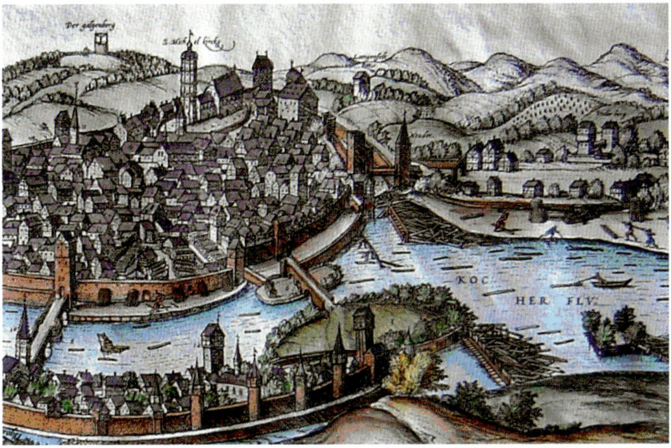

Holzplatz und Ausziehen des Floßholzes aus dem Kocherjin Schwäbisch Hall. Ausschnitt aus dem Stich Braun und Hogenberg

block auf das Holzmal geprüft und dem Einwerfer für die Abrechnung gutgeschrieben.
Zeugnis der Flößerei auf dem Kocher ist der Bergsee bei Gschwend am Oberlauf des Steigerbaches, ein Schwellweiher für die Flößerei. Schwellweiher, Treibsee das sind Namen von Seen, die auch in den kleinen Bächen einen Schwall von Wasser erzeugen, mit dem das Holz talabwärts „getrieben" wurde.
In der Gemeinde Großerlach im Ortsteil Böhringsweiler sind die Reste eines sehr großen Dammes zu sehen, der das Wasser des oberen Rottales für die Flößerei aufgestaut hat.

Die Flößerei auf der Murr (von Siegfried Häfele)

Die Flößerei auf der Murr wird 1469 in einem Vertrag zwischen Württemberg und der Pfalz unter Hinzuziehung von Heilbronn erstmals erwähnt.
Das Recht auf der Murr die Flößerei zu betreiben gehörte dem Herzogtum Württemberg. Im Jahr 1517 wird der Vogt in Großbottwar Traut-

wein Wehinger mit den Floßrechten beliehen. Der Herzog behält sich folgende Rechte vor, die oft Anlass zu Streit gaben:

- Herzogliche Holz ohne Beteiligung an den Unterhaltskosten zu flößen,
- Pacht, soviel wie der Schenk von Limpurg von Hall erhält
- Bei merklichem Schaden für das Herzogtum der Flößerei Einhalt zu gebieten.

Sofort begann auch der sich durch die Jahrhunderte ziehende Streit mit den Anliegern, Graf von Löwenstein, Freiherr von Sturmfeder, Stadt Backnang. Wehinger geht Pleite, danach verleiht Herzog Ullrich die Floßrechte ab 1549 an Schertlein, den Schwiegersohn von Wehinger, einem Bürger von Marbach. Im Jahr 1555 und 1562 kauft die Stadt Marbach mit Zustimmung des Herzogs die Floßrechte.

Mit dem Bau von Ludwigsburg wird das Interesse von Württemberg an der Flößerei auf der Murr und der Holzversorgung sehr stark. Nun streiten sich Marbach und der Herzog. So wird 1699 in einem Vergleich mit Marbach die Holzversorgung für Ludwigsburg, die fürstliche Wohnung in Winnenden und für den Hohenasperg geregelt.

Der Streit schwelte immer weiter und eskalierte beispielhaft im Jahr 1720. Ein Leutnant musste mit 30 Mann zur „Bedeckung des Murrflosses“ an das Wehr der Rüfflensmühle in Oppenweiler ausrücken, um den Freiherr von Sturmfeder zu zwingen, das Holz passsieren zu lassen.

Auch die Stadt Murrhardt hatte Floßrechte am Oberlauf der Murr oberhalb Murrhardt. Ab Mitte des 19. Jh. nahm das Interesse an der Flößerei auf der Murr ab, da andere Transportsysteme günstiger waren. Der letzte Floßpächter von 1864 bis 1872 war Friedrich Knorpp aus Murr. Mit ihm endet dann 1872 die Flößerei auf der Murr nach 403 Jahren, und ein ebenso langer Streit zwischen den jeweils Beteiligten und Betroffenen der Flößerei. Der Holzgarten von Marbach, wo das Holz ausgezogen wurde, war unterhalb der Brücke gelegen, die heute noch die Straße Rielingshausen nach Marbach über die Murr führt.

Die Murr war auf einer Länge von 48 km für die Flößerei hergerichtet, die Nebengewässer Lauter, Fischbach, Haselbach, Harbach, Dentelbach, Fornsbach, Otterbach und Göckelbach waren insgesamt auf einer Länge von 35 km für die Flößerei nutzbar gemacht. An den Oberläufen finden sich Relikte von Schwellweihern und Treibseen.

Schön und idyllisch ist der erhaltene Treibsee in Murrhardt, südlich von Unterneustetten. In der Gemeinde Sulzbach an der Murr am Ortsverbindungsweg von der B 14 nach Liemannsklinge im Haselbachtal, etwa 300 m oberhalm und 600 m unterhalb der Querung des Haselbachs findet der Wanderer gut erhaltene durchstochene Dämme von Schwellweihern.

Gerhard Fritz

Mühlen im Naturpark Schwäbisch-Fränkischer Wald

Mühlen waren bis weit ins 20. Jh. hinein eine so alltägliche Erscheinung, dass sie kaum eine ausführliche Würdigung in der landeskundlichen Literatur erfahren haben. Aber die „klappernde Mühle am rauschenden Bach“ aus dem Volkslied ist heute nur mehr ein Klischee. Denn man muss jetzt schon lange suchen, bis man überhaupt eine Mühle findet, und noch länger, bis man einer arbeitenden „klappernden Mühle“ begegnet. Was früher so typisch war, die einsamen Waldtäler, die vom Stampfen und Klappern der Mühlen erfüllt waren, gibt es heute kaum noch. Die Täler sind nur noch in den seltensten Fällen einsam, der Wald droht infolge Luftverunreinigung und saurem Regen zu verschwinden. Modernere Großmühlen, die in der Regel durch Elektrizität aus irgendeinem fernen Kraftwerk betrieben werden und die gar nicht mehr an Wasserläufen liegen müssen, mahlen unser Getreide, elektrisch betriebene Sägewerke haben die Aufgaben der alten Sägemühlen übernommen und sägen unser Holz. Nachdem die Zahl der Mühlen um 1860 ihren Höchststand erreicht hatte, verschwanden spätestens seit dem Ersten Weltkrieg die kleineren Mühlen nach und nach, seit dem Zweiten Weltkrieg hat das Mühlensterben ein derart rasantes Tempo angenommen, dass die klassische, arbeitende Wassermühle, die ihre Müllersfamilie ernährt, heute zur großen Ausnahme geworden ist.
Was wir also im folgenden über die Mühlen im Naturpark Schwäbisch-Fränkischer Wald schreiben können, ist im wesentlichen nur die Geschichte einer vergangenen Mühlenkultur.

Verschiedene Mühlentypen

Mühlen dienten den verschiedensten Zwecken. Die bekannteste und gewiss auch wichtigste Art der Mühle war die **Mahlmühle**, in ihr wurde Getreide gemahlen. Das entstandene Endprodukt war in der Regel Mehl, aus dem Brot gebacken wurde. Fast völlig vergessen ist heute, dass viele Mühlen auch Mehl herstellten, das als Grundlage für Mus

Das Innere einer Mahlmühle (Mehlkasten). Die voll funktionstüchtige Meuschenmühle bei Alfdorf ist außer Betrieb. Aufn.: Archiv Naturpark

und Brei diente. Dazu wurde allerdings nicht das Brotgetreide (Weizen, Dinkel und Roggen) verwendet, sondern Hafer. Haferbrei und Hafermus sind allerdings Gerichte, die schon im 18. und 19. Jh. allmählich verschwanden. Daneben stellten manche Mühlen aus Gerste noch Graupen her.

Ursprünglich belieferten die Mahlmühlen die Bauern der Umgebung. Sie brachten ihr Getreide und nahmen das ausgemahlene Mehl wieder mit. Solche Mühlen bezeichnete man als **Kundenmühlen**. Bereits im 19. Jh. wurde jedoch eine andere Wirtschaftsform in den Mühlen immer häufiger: Einzelne bedeutendere Müller gingen dazu über, den Getreideankauf selbst in die Hand zu nehmen. Wichtige Getreideumschlagplätze mit weiter wirtschaftlicher Ausstrahlung waren die Schrannen von Winnenden und Schwäbisch Hall. Hier wurde das Getreide von den **Handelsmüllern** aufgekauft, in ihre jeweiligen Mühlen transportiert, dort gemahlen und anschließend an die Bäcker der Umgebung weiterverkauft. Diese Handelsmüller waren also nicht nur Mühlenbetreiber, sondern gleichzeitig auch Getreide- und Mehlhändler. In der Regel hatten sie eine größere Gewinnspanne als die Kundenmüller. Allerdings

gab es Übergangsformen zwischen beiden. In Murrhardt war es im 18. und 19. Jh. beispielsweise üblich, dass die Müller den Bauern den Transport des Getreides in die Mühlen abnahmen. Nur weiter entfernt wohnende Bauern hatten für diesen Kundendienst eine Transportkostenbeteiligung zu zahlen.
Die normalen Mahlmühlen arbeiteten rein handwerklich, d. h. der Müller schleppte das Getreide auf seinem Rücken in den Schütt-Trichter über den Mahlgängen. Aber seit den 1830er Jahren entstanden nach und nach industrialisiere neue Mühlen mit dem Vielfachen der Leistungsfähigkeit de alten Mühlen. Diese Mühlen neuen Typs bezeichnete man als „amerikanische" Mühlen, oft auch als „**Kunstmühlen**". Um 1840 gab es solche Mühlen neuer Art bereits in Backnang-Neuschöntal, Geradstetten, Schorndorf, in Spiegelberg, d. h. dass sie im eigentlichen Waldgebiet noch kaum vertreten waren.
Neben den Getreidemühlen spielten die **Sägmühlen** im waldreichen Gebiet des heutigen Naturparks eine wichtige Rolle. Ursprünglich dürften reine Sägmühlen relativ selten gewesen sein. Wir wissen noch aus dem 16. Jh., dass sie meist mit Mahlmühlen in Verbindung standen.

Die Rösers-Sägemühle in Rottal bei Mainhardt. Der auf einem Rollwagen befestigte Baumstamm wird mit Hilfe des Schiebzeugs zum sich senkrecht auf und ab bewegenden Sägegatter geschoben, das ihn in Bretter zersägt.
Aufn.: Archiv Naturpark

Die ehemalige Michelauer Ölmühle in Rudersberg-Michelau wurde 1754 in Betrieb genommen und ist die älteste Ölmühle Baden-Württembergs. Heute ist sie Museum und gibt mit ihrer noch vorhandenen Ausrüstung (Kollergang und Stempelpresse) Aufschluss über die Speiseölgewinnung in der Vergangenheit. Aufn.: Archiv Naturpark

Selbständige Sägmühlen entstanden dann aber in großer Zahl im 17., 18. und sogar noch im 19. Jh. Das waren in der Regel wesentlich bescheidenere Anlagen als die großen Getreidemühlen.
Die übrigen Mühlentypen sind bei weitem nicht so geläufig und bekannt wie Mahl- und Sägmühlen. In einem Waldgebiet, in dem außer geschlagenem Holz auch die Weidewirtschaft und somit die Produktion von Leder und gegerbten Tierhäuten eine erhebliche Rolle spielte, war es beinahe selbstverständlich, dass es auch Mühlen gab, die mit der Lederherstellung zu tun hatten. **Lohmühlen** verarbeiteten Baumrinde zu dem Gerbmittel Lohe. Die Existenz von Lohmühlen ist im Naturpark in Einzelfällen schon aus dem 14. Jh. überliefert. Bis zum 18. Jh.scheint ihre Zahl ständig gewachsen zu sein.
Eine weitere Variante war die **Ölmühle**. In ihr wurden verschiedene Früchte – Raps, Bucheckern, Leinsamen und viele andere – zu Öl geschlagen, das in mannigfaltiger Weise in der Küche und im Haushalt Verwendung fand.
Jüngeren Datums als die genannten Mühlentypen waren **Schleifmühlen**. Reine Schleifmühlen waren relativ selten – in Murrhardt war nahe

der heutigen Rümelinsmühle eine Schleifmühle noch bis zum Zweiten Weltkrieg in Betrieb –, gelegentlich wurde die Schleiferei in anderen Mühlen nebenher betrieben. Geschliffen wurde hier alles, was in Landwirtschaft und Haushalt scharf gemacht werden konnte: Messer, Scheren, Sicheln, Sensen. Schleifmühlen konnten auch als Glasschleifmühlen betrieben werden.
Von besonderer Bedeutung waren die **Eisenschmiedemühlen** oder **Hammerschmieden**. Sie bildeten in der vorindustriellen Zeit in unserem Land fast die einzigen Einrichtungen, die die Funktion schwerindustrieller Produktionsstätten erfüllten. Angefangen vom bäuerlichen Einzel-Eisenbedarf wie Schaufeln, Hacken, Beschlägen bis hin zum schweren Vorschlaghammer wurde in den Eisenschmiedemühlen praktisch alles hergestellt. Zumindest bis zum 18. Jh., vielleicht auch länger, waren manche Eisenschmiedemühlen mit Schmelzhütten verbunden. Man stellte also nicht nur Fertigprodukte in Form von Werkzeugen her, gelegentlich schmolz man die als Ausgangsmaterial hierfür benötigten Eisenrohlinge sogar selbst aus angeliefertem Eisenschrott. Eisenerz dürfte dagegen in den Schmelzöfen kaum verhüttet worden sein: Der Antransport aus den fernen Erzlagerstätten in die weltabgeschiedenen Eisenschmiedemühlen wäre zu kompliziert und zu teuer gewesen.
Andere Mühlen als die genannten dürften in der Gegend des heutigen Naturparks keine Rolle gespielt haben.

Mühlentechnik

Die entscheidende Antriebskraft war in der wasserreichen Gegend des Schwäbisch-Fränkischen Waldes selbstverständlich das Wasser, und zwar das Wasser, das in den üblichen, ortsfesten Mühlen genutzt wurde. Mühlen im Gebiet des Naturparks waren allesamt Gebäude mit Wasserrädern: unterschlächtig, wenn genügend Wasser vorhanden war, oberschlächtig bei knappem Wasser und viel Gefälle, mittelschlächtig, bei Bedingungen, die dazwischen lagen. **Unterschlächtige Räder** waren – und sind immer noch – recht häufig: An der Hammerschmiede an der Rot zwischen Oberrot und Wielandsweiler ist beispielsweise eines zu sehen. Sie nutzten die vorhandene Wasserenergie allerdings nur zu etwa 60 Prozent. **Oberschlächtige Räder** brachten es dagegen auf einen Wirkungsgrad von bis zu 80 Prozent. Als Beispiel für ein oberschlächtiges Rad sei hier die Menzlesmühle auf Kaisersbacher Gebiet genannt. **Mittelschlächtig** ist im Naturpark beispielsweise die Hundsberger Sägmühle (Gde. Gschwend).
Vereinzelt seit 1850 und vermehrt seit 1900 begann man da und dort, die Wasserräder durch **Turbinen** zu ersetzen. Ganz verdrängt wurden die Wasserräder aber nie, obwohl ihre Schwachpunkte gegenüber den

Turbinen eindeutig sind. Die Wasserräder, die nicht ganz vom Wasser bedeckt sind, können im Winter einfrieren, während die Turbinen ganz unter der Wasseroberfläche rotieren. Auch für die Tourenzahlen – ein Wasserrad bringt es je nach Größe und Wassermenge auf fünf bis acht Umdrehungen pro Minute, eine Turbine auf etwa 150 – bietet die Turbine die günstigere Umsetztechnik.
Ein ständiges Problem bei Mühlen ist die zur Verfügung stehende Wassermenge. Nur bei größeren Wasserläufen ergeben sich praktisch keine Schwierigkeiten. Da aber im Schwäbisch-Fränkischen Wald auch kleine Bäche Mühlen trieben, war es für die Müller immer eine entscheidende Aufgabe, für ausreichenden Wasserzufluss zu sorgen. Man staute, baute **Wehre**, konstruierte **Wasserrinnen** und hölzerne Zubringer für die Mühlräder, kanalisierte und hatte eine ständigen Kampf gegen das Verlanden der Gräben und Kanäle zu bestehen. Die Erhaltung der **Mühlkanäle**, die sich nicht selten über Kilometer erstreckten, war für viele Müller eine mühsamere Angelegenheit als die Erhaltung der eigentlichen Mühle. Nicht wenige Mühlen sind daran zugrunde gegangen, dass die Müller den Arbeitsaufwand für die Kanäle und Wehre angesichts einer immer schärferen Konkurrenz nicht mehr erbringen konnten.
Sobald ein Müller ein Wehr errichtete, um das knappe Wasser zu stauen und es an wenigen Stunden des Tages zu nutzen, konnte der bachaufwärts liegende Nachbar in Schwierigkeiten geraten, weil sich so viel rückgestautes Wasser unter seinem Wasserrad ansammelte, dass das Rad sich nicht mehr drehen konnte. Dagegen musste der bachabwärts gelegene Nachbar das in größeren Mengen durchlaufende Wasser verwenden, wann immer es bei ihm ankam – auch mitten in der Nacht. Mit obrigkeitlich verordneten Markierungen, wie hoch das Wasser gestaut werden durfte, versuchte man, derartige Probleme so klein wie möglich zu halten.
Am geläufigsten waren Mühlen mit einem einzigen Mühlrad, oft kamen aber auch Mühlen mit zwei, drei oder gar vier Rädern vor; theoretisch war der Zahl der Räder ja keine Grenze gesetzt. Meist waren die Räder gleich groß, es gab aber auch Räder für Sonderzwecke, die allein schon wegen ihrer Größe oder Kleinheit aus dem Rahmen fielen. Wasserräder besonders eindrucksvoller Größe sind auf der Gemarkung der Gemeinde Alfdorf auf dem Mühlenwanderweg zu bewundern, nämlich die oberschlächtigen Räder der Meuschenmühle und der Heinlesmühle. Besonders kleine Räder waren die sog. **Pfluderräder**, die in der Regel weniger als einen Meter Durchmesser hatten. Sie rotierten mit hoher Drehzahl und trieben ohne Umsetzung über eine Kurbel die Sägegatter mancher Sägmühlen. Pfluderräder, die einen sehr schlechten Wirkungsgrad haben und deshalb nur wenig von der vorhandenen Wasserenergie nutzen, sind heute sehr selten. Es wäre schön, ein solches Wasserrädchen einmal wieder in Gang zu setzen. Man berichtet, dass

Das Unterschlächtige Rad an der Hammerschmiede im Rottal bei Oberrot. Derartige Räder wurden angetrieben vom strömenden Wasser, dessen Energie sie allerdings nur bis zu 60 Prozent nutzen können. Solche Räder wurden vor allem an Bächen mit reichlichem Angebot an schnell fließendem Wasser eingesetzt. Aufn.: Archiv Naturpark

ein bis zu zehn Meter hoher Wasserstrahl „emporpfluderte“, wenn sich ein solches Rad mit voller Geschwindigkeit drehte.

Das Wasserrad war gewiss der markanteste Teil der Mühlen. Die übrige Mühlentechnik ist im Innern des Mühlgebäudes verborgen und deshalb weniger bekannt. In den Mahlmühlen trieben die Mühlräder früher die Mühlsteine an. Ein rotierender **Mühlstein** bewegte sich auf einem feststehenden. Mittels eines Trichters wurde von oben das gereinigte Getreide durch die zentrale Öffnung des oberen Mühlsteins gegeben, unten erhielt man das Mehl. Der Mahlvorgang ist allerdings kompliziert. Bei der ersten Passage des Getreides durch die Mühlsteine stehen diese noch relativ weit auseinander, die Getreidekörner werden also noch nicht völlig zerrieben. Insgesamt werden die Körner bis zu achtmal zwischen die Mühlsteine gegeben, jedesmal bei enger gestellten Steinen. Mehl fällt bei jeder der acht Passagen an, es ist jedoch bei den ersten und letzten Passagen noch mit Kleie vermengt. Die mittleren Passagen liefern das beste Mehl. Mit Hilfe von Sieben, früher Beuteln, gelingt es aber, auch das Mehl der weniger günstigen Mahlpassagen auf eine hohe Qualität zu bringen. Ursprünglich trieb ein Wasserrad einen **Gang**, d. h. einen Mühl-

stein. Schon relativ früh gelang es aber, die Energie der Wasserräder auf zwei oder mehr Gänge umzusetzen.
Seit der zweiten Hälfte des 19. Jh. begann eine neue Technik, die alten Mühlsteine zu verdrängen. Die Mühlsteine wurden durch geriffelte Hartgußwalzen ersetzt, die in einem Metallgehäuse rotierten. Zwar waren diese sog. **Walzenstühle** schon 1588 erfunden worden, sie konnten sich in Deutschland aber erst nach 1850 durchsetzen, als man sie vielfältigen technischen Verfeinerungen unterzogen hatte. Von den noch arbeitenden Mahlmühlen im heutigen Naturpark besitzt keine mehr Mühlsteine, alle haben Walzenstühle. Lediglich in museal genutzten Mühlen – etwa der Meuschenmühle – drehen sich noch die alten Mühlsteine.
Weniger bekannt als die Mühlsteine sind die **Stampfen**. Sie wurden in unserer Gegend insbesondere in Loh- und Ölmühlen verwendet. Es handelt sich bei Stampfen – einfach ausgedrückt – um eine Reihe

Das Oberschlächtige Rad an der Menzlesmühle bei Kaisersbach. Das antreibende Wasser wird bei diesem Radtyp über eine Rinne von oben auf die beckenförmig gestalteten Schaufeln geleitet. Das Gewicht des Wassers setzt das Rad in Bewegung, wobei ein Wirkungsgrad von bis zu 80 Prozent erreicht werden kann. Derartige Räder wurden dort verwendet, wo verhältnismäßig wenig Wasser zur Verfügung steht. Man braucht ja nur so viel Wasser, daß die Schaufelbecken gefüllt werden. Die Energie liefert also nicht das fließende Wasser sondern die Schwerkraft. Aufn.: Archiv Naturpark

von Balken, die senkrecht aufgehängt sind und durch Nocken in der Antriebswelle bei jeder Umdrehung hochgehoben werden. In einer bestimmten Höhe fallen die Balken dann von den Nocken herab und zertrümmern mit ihrer Spitze das Mahlgut. Dieses befindet sich in den Vertiefungen eines weiteren, waagrecht liegenden Balkens. Der Müller muss immer, wenn das Mahlgut entsprechend vermahlen ist, die Stampfbalken anhalten und das Mahlgut entfernen. Das Anhalten geschieht, indem man die Stampfbalken hochhebt und so von den Nocken aushängt. Ein eindrucksvolles Beispiel einer Stampfe ist die Brandhöfer Öl- und Sägmühle (Gde. Gschwend).

Mühlenrecht

Mühlen waren nicht nur in wirtschaftlicher und technischer Hinsicht auffällige Einrichtungen. Beinahe noch mehr überrascht den heutigen Betrachter, dass Mühlen auch in rechtlicher Sicht eine bemerkenswerte Sonderstellung besaßen.
Die erste größere Welle des Mühlenbaus im Schwäbisch-Fränkischen Wald erfolgte im 11. und 12. Jh. Damals entstanden die bedeutenden Mühlen an den Flüssen und an den größeren Bächen. Erst in den folgenden Jahrhunderten schoben sich die Mühlen allmählich ins Innere des Waldes vor und reihten sich auch an den kleineren Bächen auf. Mühlen bauen durfte aber beileibe nicht jeder.
In einer Umwelt, in der ansonsten allein menschliche und tierische Muskelkraft als Energielieferanten dienten, ließ sich die Obrigkeit den Einfluss auf die Mühlen natürlich nicht nehmen; der gesamte bäuerliche Wirtschaftskreislauf war ja auf die Mühlen hin ausgerichtet. Mühlenbau war, ebenso wie der Mühlenbetrieb, keine Privatsache, sondern eine öffentliche, hoheitliche Angelegenheit, die bis etwa zum Jahr 1800 geistliche und weltliche Herren, d. h. Klöster und Adelige, ausübten. Im Gebiet des Naturparks gehörten zu den geistlichen Herren die Klöster oder Stifte Lorch, Murrhardt, Komburg, Backnang, Adelberg, Gnadental, Lichtenstern oder Öhringen. Diese lagen zwar teilweise außerhalb des heutigen Naturparks, hatten aber ausgedehnte Besitzungen innerhalb desselben. Von den Adelsgeschlechtern seien stellvertretend für viele die Herzöge von Württemberg, die Fürsten von Hohenlohe und Grafen von Limpurg genannt. Sie alle bestimmten über eine größere oder kleinere Anzahl von Mühlen. Zwar ist das alte Mühlenrecht erst in wenigen Einzelfällen wissenschaftlich erforscht, so dass noch vieles zu klären bleibt, aber unser Wissen ist immerhin umfangreich genug, um folgendes Bild zu skizzieren:
Die verschiedenen Obrigkeiten hatten eine Oberhoheit an allen Mühlen inne, die sie aber selten betrieben. Man gab deshalb die Mühlen

Das Mittelschlächtige Rad an der Hundsberger Sägmühle bei Gschwend. Dieser Radtyp stellt eine Kombination von Unterschlächtigem und Oberschlächtigem Rad dar. Es wird sowohl die Energie des fließenden Wassers als auch die Schwerkraft genutzt. Aufn.: Archiv Naturpark

als Lehen an Müller aus, die dabei weitgehende Nutzungsrechte hatten, allerdings verpflichtet waren, dem jeweiligen Lehensherrn gewisse Abgaben zu entrichten. Diese Abgaben bestanden bis zur Revolution 1848/49 und wurden häufig erst 1850 letztmals bezahlt. Sie setzten sich aus einer Kombination von Bargeldzahlungen, Naturalzahlungen und Arbeitsleistungen zusammen. In den Murrhardter Mühlen war es beispielsweise üblich, dass die Müller jährlich mehrere Pfund Heller Geld bezahlten, außerdem mehrere Hühner oder Gänse, Dutzende von Eiern und einen Arbeiter, der in der Ernte Frondienste leistete. Die Zahlungen waren so bemessen, dass die Müller nicht über Gebühr belastet waren. Im Laufe der Jahrhunderte wurden die Zahlungen infolge der Geldentwertung faktisch sogar sehr klein. Wir wissen, dass die Zahlungen manchmal nominell von 1300 bis 1850 gleich hoch waren: drei Pfund Heller anno 1300 waren ein nicht geringer Betrag, anno 1850 waren sie jedoch beinahe nichts. Die Modalitäten, nach denen die Mühlen verliehen wurden, waren sehr unterschiedlich geregelt. In und um Murrhardt waren die Mühlen als sog. Erblehen ausgegeben, d. h. sie wurden in der Familie des jeweiligen Müllers weitervererbt. Nur wenn die Müllersfa-

milie ausstarb, hatte der Lehensherr das Recht, die Mühle einzuziehen und an einen beliebigen anderen Müller zu verleihen. In der Backnanger Gegend bis weit murraufwärts waren Erblehen nicht üblich. Hier wurden die Mühlen nur auf wenige Jahre ausgegeben. Die Müller waren hier also viel abhängiger von ihren Herren als in Murrhardt.
Üblicherweise konnte der jeweilige Müller seine Mühle verkaufen – allerdings nur gegen Zahlung einer Verkaufssteuer an den Lehensherrn. Der nachfolgende Müller hatte eine Erwerbssteuer zu entrichten. Jedoch waren das nicht die einzigen Abhängigkeiten zwischen Lehensherrn und Müller. Die Müller verdienten ihren Lebensunterhalt im wesentlichen dadurch, dass sie einen Teil des zum Mahlen angelieferten Getreides – das Mühlteil – als Gegenleistung fürs Mahlen einbehielten. Der Umfang des Mühlteils schwankte von Ort zu Ort und betrug teils ein Achtel, teils ein Zehntel, teils auch nur ein Sechzehntel der angelieferten Frucht. Naturgemäß gab es zwischen den Müllern und den Kunden erhebliche Differenzen über die Größe des einbehaltenen Mühlteils.
Wegen der ständigen Streitigkeiten behielten sich die jeweiligen Lehensherren die Rechtsprechung in den Mühlen vor. Lag ein Lehensherr in Konkurrenz zu einem Nachbar, dessen Mühle er die Kunden neidete,

Um für ausreichenden Wasserzufluss in der Arbeitszeit zu sorgen, wurden kleinere Bäche auch mit Wehren aufgestaut wie der Hagbach am Brandhöfer Teich bei Gschwend. Aufn.: Archiv Naturpark

dann war es nicht selten üblich, dass eine Mühle als Bannmühle ausgewiesen wurde, der ein bestimmter Bezirk oder eine bestimmte Anzahl von Bauern zugewiesen wurden, die ihr Getreide nur hier mahlen lassen durften.

Diese abenteuerliche bunte Rechtsvielfalt ging wie gesagt spätestens 1850 zu Ende. Von da an wurden die Mühlen weitervererbt, wie wir das auch heute kennen. Trotzdem genossen die Mühlen im Ersten und Zweiten Weltkrieg noch die erhöhte Aufmerksamkeit der staatlichen Obrigkeit. Mit einem komplizierten System von Mahlerlaubnisscheinen war reglementiert, wer wieviel mahlen durfte. Man wollte auf diese Art vermeiden, dass schwarz gemahlen wurde und Mehl unkontrolliert auf den Markt gelangte. Viel Erfolg hatte man zumindest im Ersten Weltkrieg damit nicht, die Mühlen waren im Endeffekt nicht zu kontrollieren: es gab zu viele, sie waren zu dezentral gelegen. Die örtliche Bevölkerung profitierte von der Wirtschaftsstruktur, und auf dem Lande fehlte es nie an Getreide und Mehl.

Die Mühlen im Naturpark zeigen uns, wie es früher einmal anders war. Es ist nicht nur Mühlenromantik, die mit den Mühlen zugrunde geht, es ist ein Stück wirtschaftlicher Unabhängigkeit, das wir mit jeder Mühle einbüßen, die von der Wasserenergie auf elektrischen Strom umstellt oder gar ganz den Betrieb aufgibt.

Paul Strähle †
neu bearbeitet und ergänzt von Theo Müller und Wolfgang Grabe mit Unterstützung durch Ortsgruppen des Schwäbischen Albvereins im und am Naturpark.

Wanderungen

Hinweise

Um dem Besucher des Naturparks Schwäbisch-Fränkischer Wald ein gewinnbringendes Wandern zu ermöglichen, wird bei den einzelnen Wanderungen auf die landschaftlichen, kulturellen und geschichtlichen Besonderheiten hingewiesen.
Die Rundwanderungen enthalten Hinweise für weiterführende Strecken, ebenso für abgekürzte Varianten. Ganz nach Belieben können die Wanderungen kombiniert werden, was aus Platzgründen nicht dargestellt werden konnte. Die Ausgangspunkte, in der beiliegenden Karte mit rotem Punkt markiert, wurden nach Möglichkeit so gewählt, dass sie mit öffentlichen Verkehrsmitteln erreichbar sind, wobei es sich empfiehlt, die jeweiligen Fahrpläne vor Beginn der Wanderung zu überprüfen (im Internet unter www.bahn.de bzw. www.rbs-bus.de). Wo das nicht möglich ist, wurden Parkplätze nach den günstigsten Anfahrtswegen ausgewählt; dabei wurden Parkplätze mit Orientierungstafeln bevorzugt. Die Wanderungen können aber auch von anderen Ausgangspunkten erwandert werden, auch das Abwandern in umgekehrter Richtung ist möglich. Auf Rast- und Einkehrmöglichkeiten wurde hingewiesen. Bei der Auswahl der Wanderziele wurden wanderfreundliche Wege bevorzugt und asphaltierte Wege möglichst vermieden. Trotzdem ließ es sich nicht umgehen, dass, bei den vielen mit Asphaltwegen erschlossenen Weilern und Höfen sowie der beachtlichen Zahl von asphaltierten Feldwegen, bei manchen Wanderungen Teilstrecken auf asphaltierten Wegen verlaufen. Die angegebenen Gehzeiten sind reichlich bemessen und aufgerundet, beziehen sich jedoch nur auf die Wanderstrecken, umfassen also keine Rastpausen.
Diesem Wanderführer liegt eine Karte 1:100 000 bei, auf der die beschriebenen Wanderungen mit Nummernangaben eingezeichnet sind. Sie vermittelt einen Überblick, kann jedoch die Wanderkarten im Maß-

stab 1:50 000 mit den Wegbezeichnungen des Schwäbischen Albvereins, herausgegeben vom Landesvermessungsamt Baden-Württemberg, nicht ersetzen. Mit Ausnahme der beiden Streckenwanderungen 13 und 14, bei denen noch eine kurze Wanderstrecke bei Winnenden auf der Karte F 520 Stuttgart dargestellt ist, genügt für alle übrigen beschriebenen Wanderungen die Karte F 518 Schwäbisch Hall/Naturpark Schwäbisch-Fränkischer Wald. Diese Karten können bei der Verkaufsstelle des Landesvermessungsamts, Büchsenstraße 54, 70174 Stuttgart, Telefon 0711 / 123 - 2831, Fax 0711 / 123 - 2980, bei der Geschäftsstelle des Schwäbischen Albvereins, Hospitalstraße 21B, 70174 Stuttgart, Telefon 0711 / 2 25 85 - 22, Fax 0711 / 2 25 85 - 93, oder im Buchhandel erworben werden. Daneben gibt es noch verschiedene örtliche Rundwegkarten, die bei den betreffenden Gemeinden erhältlich sind. Dem Wanderer wird empfohlen, immer die neuesten Ausgaben der Karten für seine Wanderungen zu benutzen, da immer wieder Wanderwege verlegt und Wanderwegbezeichnungen geändert werden müssen.

Soweit die Wanderungen auf markierten Wanderwegen des Schwäbischen Albvereins verlaufen, werden in den Wanderbeschreibungen die farbigen Wegzeichen angegeben. Daneben gibt es auch örtliche Wegmarkierungen mit Zahlen und Symbolen, die, soweit sie für den Wegverlauf der Wanderungen von Bedeutung sind, ebenfalls in den Wanderbeschreibungen aufgeführt werden.

Um Missverständnissen vorzubeugen, sei darauf hingewiesen, daß die in der Übersichtskarte und bei den einzelnen Wanderungen angegebenen Ziffern nicht mit im Gelände vorkommenden Nummern identisch sind, sondern nur die Reihenfolge der Wanderungen in diesem Buch kennzeichnen. Bei Wanderungen im Gelände anzutreffende Ziffern sind Nummern der örtlichen Rundwanderwege.

Trotz gewissenhafter Wegerkundung kann nicht ausgeschlossen werden, dass infolge von Straßen und Wegebau, Flurbereinigung, Baulandumlegung, Sturmschäden u.a. Markierungen vorübergehend fehlen oder Wegführungen geändert wurden und deshalb nicht mehr mit den Karten und Wegbeschreibungen übereinstimmen. Ebenso können Änderungen im Bestand von Grill- und Spielplätzen oder Hütten auftreten. In dieser Hinsicht können weder die Autoren noch der Herausgeber eine Gewähr übernehmen. Ausdrücklich muss darauf hingewiesen werden, dass das Wandern auf den vorgeschlagenen Wanderwegen auf eigenes Risiko erfolgt. Der Schwäbische Albverein übernimmt keine Haftung für etwaige Schäden.

Durch den Naturpark Schwäbisch-Fränkischer Wald verlaufen folgende Hauptwanderwege des Schwäbischen Albvereins:

HW 3	Wanderweg Baden-Württemberg Main–Neckar–Rhein: Zeichen roter Strich und grünes Baumsymbol
HW 6	Limeswanderweg: Zeichen roter Strich und schwarzes Turmsymbol
HW 8	Frankenweg: Zeichen roter Strich
HW 10	Wanderweg Stromberg – Schwäbischer Wald: Zeichen roter Strich
GFW	Georg-Fahrbach-Weg: Zeichen roter Strich, darunter schwarz GFW

Freundlicherweise wurden die Beschreibungen der Streckenwanderungen SW 1–5 von der Naturparkverwaltung zur Verfügung gestellt. Der Mühlenwanderweg (SW 11) wurde in gekürzter Form aus der Zeitschrift „An Rems und Murr" übernommen, der Geologische Pfad Welzheim von Wolfgang Häberle beschrieben und aktualisiert. Die übrigen Wanderbeschreibungen stammen ursprünglich von dem im Jahr 2004 verstorbenen Gauwanderwart Paul Strähle, der sie für drei Auflagen des Wanderbuchs bearbeitet hat. Für die vorliegende vierte Auflage wurden sie von Theo Müller und Wolfgang Grabe mit dankenswerter Unterstützung durch Ortsgruppen des Schwäbischen Albvereins in und am Naturpark überprüft, überarbeitet und ergänzt.

Abkürzungen im Text

B	Bundesstraße
Bf	Bahnhof
ge	geradeaus
HW	Hauptwanderweg des Schwäbischen Albvereins
K	Kreisstraße
L	Landstraße
li	links
ND	Naturdenkmal
NSG	Naturschutzgebiet
ÖZ	Öffnungszeit(en)
P	Parkplatz
re	rechts
SW	Streckenwanderung, Hauptwanderweg im Naturpark, thematische Wanderung
W	Rundwanderung/Rundwanderweg
WP	Wanderparkplatz

Abkürzungen der Besonderheiten

A	mit Aussichtspunkt(en)
B	Badegelegenheit
F	reiche Pflanzen- und/oder Tierwelt
G	geologisch interessant
K	geschichtlich und kunstgeschichtlich besonders bemerkenswert
P	Parkplatz
R	Rastplatz, z.T. mit genehmigter Feuerstelle
S	Spielplatz
T	Wegstrecken teilweise mit Asphalt
U	größere Strecken unbewaldet
W	längere Strecken im Wald

Tafel am Waldlehrpfad „Krugeiche" bei Oberstenfeld, der bei Wanderung W 24 berührt wird. Aufn. Archiv Naturpark

Hinweise auf Lehrpfade

Folgende Wanderungen berühren Lehrpfade der Staatlichen Forstverwaltung und der Gemeinden:

W 2/SW 9	Urbach	Wald-Erlebnis-Lehr-Pfad Bärenbach
W 13	Gschwend-Rotenhar	Waldlehrpfad Rotwaldweg
W 14	Murrhardt	Waldlehrpfad Römersee-Riesberg
W 22	Sulzbach-Berwinkel	Waldlehrpfad Hasenweg
W 23	Aspach-Kleinaspach	Weinlehrpfad Föhrenberg
W 24	Oberstenfeld	Waldlehrpfad Krugeiche
W 25	Beilstein	Weinlehrpfad Burg Hohenbeilstein
W 26	Aspach-Rietenau	Keuperlehrpfad
W 27	Spiegelberg-Jux	Vogellehrpfad Juxkopf (NABU-Ortsgruppe)

W 28	Löwenstein	Weinbaulehrpfad
W 28/29	Löwenstein	Burg-Waldlehrpfad mit Fühlbäumen
W 32	Wüstenrot	Pflanzenlehrpfad am Wellingtonienplatz
W 36	Waldenburg	Waldlehrpfad Theresienberg
SW 6	Spiegelberg-Jux	Bergbaulehrpfad
SW 9	Rudersberg-Schlechtbach	Heimatkundlicher Lehrpfad
SW 10	Öhringen-Grab	Limeslehrpfad
SW 12	Welzheim	Geologischer Lehrpfad

Broschüren über Lehrpfade sowie weitere Informationen über den Naturpark sind kostenlos erhältlich beim:
Naturpark-Zentrum
Marktplatz 8
71540 Murrhardt
Telefon 0 71 92/213-888
www.naturpark-sfw.de

Rundwanderungen

W 1 Eselshalden – Lettenstich – Kesselgrotte – Laufenmühle – Edelmannshof – Forellensprung – Eselshalden

Strecke: 12 km; Gehzeit: 4 Stunden
Wanderkarte: L 7122 Backnang
A, G, P, T, W
Ausgangspunkt: P über Eselshalden bei der Stebingerhütte

Nördlich über die aussichtsreiche Hochfläche auf asphaltierter Straße, Zeichen blaues Kreuz, bis zur Abbiegung nach Vorderhundsberg. Hier zweigt der Wanderweg li ab, führt am Waldrand entlang an der oberhalb des Pfades liegenden neuen Sternwarte (Außenstelle des Planetariums Stuttgart) vorbei, zum Weiler Lettenstich und im rechten Bogen im Wald hinunter zur nahen Kesselgrotte.

*Am Abschluß einer Klinge im **Stubensandstein** entstand unter dem überhängenden härteren Gesteinsdach eine durch Verwitterung rückschreitende kesselartige Ausspülung.*

Bachabwärts auf fester Waldstraße, Zeichen blaues Kreuz, kommt nach ca. 1 km der P Laufenmühle (406 m NN).

*Mit 8 Bögen, 25 m hoch, überspannt die imposante **Bahnbrücke** auf einer Länge von 160 m das Wieslauftal in Richtung Welzheim.*

Li der Wieslauf führt der Wanderweg, Zeichen rotes Kreuz, am Steilhang über der Klingenmühle, danach entlang dem Bannwald, zur Verbindungsstraße Waldenstein – Edelmannshof. Re ab mit Zeichen rotes Kreuz ist ein Abstecher zur Burg Waldenstein möglich (Aussicht), auf gleichem Weg wieder zurück. 3 km

***Burg Waldenstein** liegt auf einer Kieselsandsteinterrasse. Um 1200 wurde die Burg durch die 1251 erstmals genannten Herren von Waldenstein erbaut. Die spätstaufische Burg mit ihrer mächtigen Buckelquadermauer an der Südseite wurde im 16. Jh. zu einem Schloss umgebaut. In der Folgezeit wechselte das württembergische Lehen mehrmals seine Herrschaft. Unter einem „Gering von Emershoven, das edel Blut, das wenig hat und viel Verthut" verwahrloste das Lehen und kam 1792 an das Amt Rudersberg, das die „Güter stückweise wieder an Privatos samt Burgschloss mit Maierhaus und Kelter samt Kelterbaum" verkaufte. Heute beherbergt das Burgschloss über dem Wieslauftal ein Restaurant.*

Ehemalige Burg Waldenstein bei Rudersberg. Aufn.: Theo Müller

Vom Ausgangspunkt des Abstechers zur Burg Waldenstein weiter mit Zeichen blauer Punkt über den Edelmannshof auf asphaltierter Straße zur aussichtsreichen Hochfläche von Langenberg (539 m NN ein schmucker Weiler mit Angebot „Ferien auf dem Bauernhof"). Wenige m vor dem Ortseingang geht es mit Zeichen blauer Punkt re abwärts zum Forellensprung.

*Der **Burgsteigklingenbach** springt hier im harten Fleinsgestein über einen kleinen Wasserfall.*

Den Bach nicht überqueren, ca. 200 m bachaufwärts ist eine Straßengabelung mit Hinweisschildern. Ge, ca. 180 m, danach re den Waldhang hoch, weisen die blauen Schilder des Welzheimer Waldvereins Richtung Eselshalden. Etwas bequemer führt der Renzenbühlweg zuerst Richtung Steinbruck, auf halber Berghöhe dann li ab, gut beschildert zum Ausgangspunkt Eselshalden.

W 2 Urbach – Bärenbach – Steinbruck – Gutenauer Täle – Urbach

Strecke: 14 km; Gehzeit: 4 Stunden
Wanderkarte: F 518 Schwäbisch Hall
F, G, P, W
Ausgangspunkt: WP im Wald oberhalb des Schwimmbads (WP Hagsteige)

Urbach. *275 m NN, 7800 Ew. Erstmals 1181 urkundlich erwähnt, hat eine reichbewegte Vergangenheit. Die Herren von Urbach waren im 12. Jh. ein angesehenes Rittergeschlecht, wurden später jedoch zu gefürchteten Raubrittern, weshalb Graf Eberhard im Bart die Burg der Herren von Urbach im Jahre 1493 zerstören ließ. Die letzten Reste der Burg stürzten 1920 bei einem Erdrutsch in die Tiefe.*
Nach 150jähriger Trennung schlossen sich Unterurbach und Oberurbach zum 1. Januar 1970 wieder zu einer Gemeinde zusammen. Der Grundstein für die spätgotische Afrakirche wurde schon 1509 gelegt. Die schräg gegenüber dem Pfarrhaus liegende Widumscheuer mit ihrem „alamannischen" Fachwerkbau stammt aus dem frühen 16. Jh.

Vom WP zunächst ein kurzes Stück dem Blau-Kreuz-Weg nach, dann li zum Geotop Bergrutsch Kirchsteig.

Bergrutsch Kirchsteig. *Am 7. April 2001 gegen Abend setzten sich auf 200 m Länge über durchnässten Gipskeuperschichten gute 70 000 m^3 Erdmassen in Bewegung und rutschten ungefähr 15 m ab. Am Abriss entstand eine rund 15 m hohe Schilfsandsteinwand. Der Bergrutsch wurde als Geotop ausgewiesen (ND als Zeugnis eines geologischen Vorgangs).*

Wieder zurück zum WP, nicht HW 10 mit Zeichen roter Strich nehmen, sondern das Forststräßchen hinab zum WP im Bärenbachtal (WP Bux). Beim WP mit Orientierungstafel beginnt der „Wald-Erlebnis-Lehr-Pfad Bärenbach" (der ca. 3 km lange, ideen- und erlebnisreiche Pfad stellt ein lobenswertes Engagement der Gemeinde Urbach dar und ist besonders Wanderern mit Kindern oder Kinderwagen zu empfehlen). Nun geht man bachaufwärts mit dem „Bärenbachweg". Vorbei an der re abzweigenden Straße zum Plüderwiesenhof, dann wechselt man nach einer Bachfurt über einen Holzsteg den Bachverlauf von li nach re. Leicht ansteigend verläuft der W immer in Bachnähe durch das reizvolle Tal. Re über dem Tal auf einer Bergterrasse erscheint der Köshof. Genau so fanden sich Bäume, Geschirrhütten und Erschließungswege rund 15 m tiefer wieder.

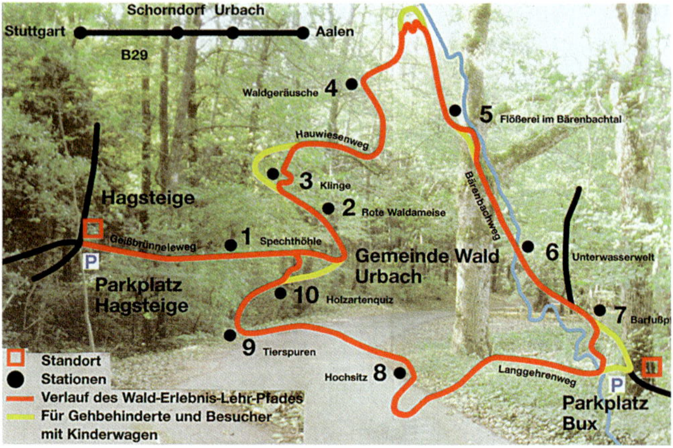

Wald-Erlebnis-Lehr-Pfad der Gemeinde Urbach. Dieser wird bei der Wanderung W 2 berührt. Parkplatz Hagsteige, Wegstrecke ca. 3 550 m, Parkplatz Bux Wegstrecke ca. 3 050 m, Zeitbedarf ca. 2 – 2 ½ Stunden, Höhendifferenz ca. 75 m. Aufn.: Gemeinde Urbach

***Köshof**, früher Kesingerhof, eine Rodungsinsel aus dem 14. Jh. Ehemals freie Bauern haben sich hier, wie auch auf dem Plüderwiesen- und Eibenhof angesiedelt. Alle drei Höfe gehören zu Plüderhausen (s. W 3).*

Über dem Damm (s. S. 132) wechselt die Straße nach re vom Bachlauf des bald in wilden Klingen endenden Bärenbachs. Beim Wegdreieck, Gewann untere Rappenklinge, geht es nun li eben auf fester Waldstraße bis zur Wegespinne Eselshalden. Halbre weist ein Wegschild zu dem 1 km entfernten Ort Steinbruck.
An dessen Ortsende in Richtung Steinenberg, führt li ab der W ohne Zeichen ins Gutenauer Täle. In dem wenig bekannten, aber um so reizvolleren stillen Wiesental läßt es sich mit dem li talwärts fließenden Urbach genußvoll dahinwandern.
Am Beginn des Waldes mündet der W in den HW 10 (s. SW9). Mit dem Zeichen roter Strich wandert man im offenen Wiesental nun Urbach entgegen, biegt li ab zum Schwimmbad und steigt ge hoch zum Ausgangspunkt WP.

W 3 Plüderhausen – Walkersbach – Haghof – Pfahlbronn – Rienharz – Breitenfürst – Geiststein – WP Bärenbach

Strecke: 20 km; Gehzeit: 6 Stunden
Wanderkarten: L 7122 Backnang, L 7124 Schwäbisch Gmünd
B, F, K, P, T, W
Ausgangspunkt: Von der K 1880 Urbach in Richtung Plüderhausen nordöstlich abzweigen in Richtung Bärenbach zum WP Bux

Plüderhausen. *274 m NN, 9 500 Ew. Urkundlich 1142 als Bliderhusen erwähnt. Der Ort kam nach dem Untergang der Staufer an die Grafen von Württemberg. In den folgenden Jahrhunderten wurde Plüderhausen immer wieder von schweren Schicksalsschlägen heimgesucht. Das Remstal, seit Menschengedenken ein Verbindungsweg zwischen Donauraum – Ries und Neckarraum, war in den häufigen Kriegszeiten des Mittelalters Aufmarschgebiet und Fluchtweg. Erst recht im 30jährigen Krieg, als die Einwohnerzahl von 1800 auf 57 zurückging.*
Die Inbetriebnahme der Eisenbahn 1861 führte zu einer wachsenden industriellen Tätigkeit.
Der Ursprung der Kirche St. Margarethen geht ins 12. Jh. zurück.

Vom WP führt die Forststraße nach wenigen m mit dem Lützelbach re weg und mit Zeichen blauer Strich in Richtung Walkersbach. Li auf der Höhe liegt die Rodungsfläche des Plüderwiesenhofs. Nach der Schutzhütte weist ein Schild zum Geiststein (Näheres beim Rückweg). Die Straße biegt nach ca. 200 m li nach Norden ab, und ca. 200 m weiter verläßt der W die breite Forststraße nach re. Der alte Kirchweg führt nach Walkersbach.

Walkersbach. *Ortsteil von Plüderhausen. Bis 1826 hatte der Ort keine Kirche; die Gemeinde gehörte früher zur Pfarrei Urbach, jetzt zu Plüderhausen. Walkersbach kam 1262 aus staufischem Besitz an Württemberg und erhielt um 1500 eine herzogliche Glashütte, die Anfang des 18. Jh. wieder eingestellt wurde.*

Den idyllisch im Tal angesiedelten Ort verläßt man über den Walkersbach in Richtung Haselhof – Haldenhof-Haghof.

Hag. *Ein alamannischer Name für Grenzzaun deutet auf den Limesverlauf, der hier seine gerade Richtung, aus Walldürn kommend, fast rechtwinkelig in östlicher Richtung ändert.*

Ab Haghof auf dem Limes-Wanderweg parallel zur L 1155 Richtung Pfahlbronn bis zur Abzweigung zum Petershaldenhof. Hier li zum

Waldrand re halten und den kleinen Fußweg li hinunter bis zur Forststraße. Dort re bis zur K 1887 und weiter mit Zeichen roter Strich zum Eisenbachsee und nach Rienharz.

***Rienharz**. Gehört zum Teilort Pfahlbronn der Gemeinde Alfdorf. Etwas abseits steht die Kirche. Dem eternitverkleideten Turm sieht man sein Geheimnis nicht an. Die ehem. mittelalterliche Kapelle, der hl. Barbara geweiht, trägt am Südportal die Jahreszahl 1476. Die Berühmtheit der alten Kapelle ist das im Turm hängende Wetterglöckchen aus dem Jahre 1476. Es trägt die Umschrift „ohjesvs maria hilf vns vnd das helig krvcz". Solche Wetterglocken sollten durch ihren Klang die Wetterwolken vertreiben. Auf Klage der Gschwender, die der Meinung waren, die durch das Glockenläuten vertriebenen Gewitter zögen auf ihre Markung, wurde das Läuten von Amts wegen eingestellt.*

Westlich der Kirche hat man den Weg mit rotem Strich verlassen und wandert auf dem Mühlenwanderweg (Zeichen Mühlensymbol) zur Hagmühle. Unterhalb der Mühle geht es über die Lein, und nach ca. 200 m überschreitet man die Limeslinie beim Wachturm 9/136. Mit dem Mühlenwanderweg geht es auf der Höhe durch den Birkachhof und nördlich hinunter zum Ropbachsee.

***Ropbachsee.** Früher diente er wohl als Treibsee, heute ist er ein geschützter Lebensraum (= Feuchtbiotop) für bestimmte Pflanzen und Tiere.*

Der W, seit dem Ropbachsee mit Zeichen blauer Punkt, führt westlich der Ortsmitte durch Breitenfürst in Richtung Eibenhof aus dem Ort. Über die freie Fläche der Dornäcker zieht der W zur Grabbenlinde (ND), 510 m NN. Ein herrlicher Ausblick bietet sich hier, ehe der Weg im Wald zum Geiststein führt.

***Geiststein**. Das Felsengebilde aus grobkörnigem Stubensandstein hat sich zwischen 2 Klingen durch Erosion gebildet; der sesselartigen Nischenbildung wurde etwas nachgeholfen, und sie sieht einer Kirchenkanzel ähnlich. Eine Tafel weist auf eine heidnische Kultstätte hin. Später, um 1575, haben sich hier die Wiedertäufer zu Gottesdiensten getroffen.*

Am Hang führt der Pfad nun zur Forststraße, die beim Hinweg beschrieben wurde. Talwärts den Lützelbach entlang, kommt nach ca. 2,5 km der WP und Ausgangspunkt.

W 4 Lorch – Bruck – Alfdorf – Haselbach – Kolomanuslinde – Brucker Sägemühle – Kloster Lorch

Strecke: 23 km; Gehzeit: 7 Stunden
(Abkürzung: Waldauer Tal 20 km; Gehzeit 6 Stunden)
Wanderkarte: F 518 Schwäbisch Hall
A, G, K, P, T, W
Ausgangspunkt: P Limesturm, an der L 1154 Lorch – Alfdorf beim Kloster Lorch. Mit der Bahn: Hinfahrt bis Lorch, Rückfahrt auch ab Schwäbisch Gmünd möglich.

Lorch. *288 m NN, 11 100 Ew. Um 150 n. Chr. erbauten die Römer nahe der ev. Stadtkirche das südlichste Kastell am obergermanischen Limes, von dem heute nur noch die Fundamente des westlichen Lagertores hinter dem Gemeindehaus zu sehen sind. Obwohl der Limes hier einen Knick macht, liegt die Grenze zwischen obergermanischem und rätischen Limes und damit auch die Grenze zwischen den römischen Provinzen Germania superior und Raetia etwas weiter östlich im Rotenbachtal bei Schwäbisch Gmünd-Kleindeinbach. Zur Erinnerung an die Römerzeit steht auf dem Klosterberg eine hölzerne Rekonstruktion eines Limeswachturms.*

Blick auf die Stadt und Kloster Lorch. Aufn.: Archiv Naturpark

***Kloster Lorch**. Um 1100 gründeten Herzog Friedrich I. von Schwaben und seine Gemahlin Agnes, Tochter Kaiser Heinrichs IV. das Kloster, das als neue Grablege der Staufer gedacht war. In der Folgezeit wurde jedoch keiner der staufischen Herrscher hier beigesetzt. Nur Königin Irene fand 1208 in der Klosterkirche ihre letzte Ruhestätte. Ein Steinsarkophag aus dem Jahre 1475 erinnert an die Stauferzeit. Im Bauernkrieg 1525 erlitt das Kloster großen Schaden. Nach der Reformation 1534 wurde das Kloster aufgehoben. Es bestand als Wirtschafts- und Verwaltungseinheit jedoch weiter. Bemerkenswert ist ein imposantes, neu geschaffenes Rundbild.*

Mit dem HW 3 (Wanderweg Baden-Württemberg) mit Zeichen roter Strich und grünes Baumsymbol (s. SW 7) geht es nordwestlich ins Götzenbachtal. Dort 150 m auf dem Forstweg im Talgrund nördlich. Schon nach 200 m zweigt der W re ab in die Schelmenklinge. Über Stufen führt der W im felsigen Abschluss aus der Klinge und zur Fahrstraße L 1154, die li ab durch den Ortsteil Bruck führt. Wer die Wanderung wesentlich abkürzen möchte, trennt sich an der L 1155 vom HW 3 und findet re weg, jenseits der Straße, den Wanderweg mit Zeichen blauer Punkt. Dieser führt abwärts nach 2 km zur Brucker Sägemühle und weiter talwärts, nach 200 m vom Fahrsträßchen re abzweigend, mit dem Limesweg, Zeichen Turmsymbol mit rotem Strich, zurück zum Kloster und Ausgangspunkt. Nach ca. 600 m re ab von der Fahrstraße über die Wiesen und im Wald steil hinunter zur oberen und unteren Schillergrotte, die sich im Abschluß der Klinge im Stubensandstein gebildet haben (nach re zweigt der Weg mit dem blauen Punkt ab zum Jakobsbrunnen im „herrschaftlichen Jakobswäldle“ – Forstbezeichnung), ins Mühlbachtal und zum Moltenwaldbrunnen (beide Brunnen wurden vom Schwäbischen Albverein Alfdorf neu gestaltet). Talwärts nach der Brücke geht es mit der Forststraße li, nach ca. 100 m dann re steil am Berghang hoch zum Hohlen Stein.

Die beachtliche Ausbildung der Grotte im haushohen Stubensandstein ist durch Frostsprengung und Ausspülung entstanden.

Zum Waldrand an der Fahrstraße Richtung Schöllishof sind es knapp zehn Minuten. Ein schöner Ausblick zum Rosenstein belohnt den Aufstieg. Nach Alfdorf 2 km geht es li über die Hochfläche. Beim Wegeschild bietet sich rückblickend nochmals ein herrlicher Albblick zu den drei Kaiserbergen.

***Alfdorf.** 500 m NN, 6 900 Ew. Erstmals urkundlich 1143 als Alechtorf erwähnt, war es 1327 im Besitz des Klosters Lorch und kam 1554 an Württemberg. 1640 erwarb Georg Friedrich vom Holtz, dessen Nach-*

Das Obere Neue Schloss wurde 1602 als Steinhaus mit 2 Ecktürmen erbaut und dient heute der Gemeinde Alfdorf als Rathaus.
Aufn.: Siegfried Häfele

kommen bis heute in Alfdorf ansässig sind, das Rittergut vom Hause Württemberg. Die Stefanuskirche, eine der schönsten Dorfkirchen im Umkreis, wurde 1776 in spätbarockem Stil erbaut. Neben der kunstvollen Stuckdecke besitzt die Kirche ein wertvolles Altarkreuz aus Muschelkalk, von Bildhauer Grünewald aus Stuttgart 1688 geschaffen. Auf die große Vergangenheit von Alfdorf weisen gleich zwei Renaissanceschlösser hin. Beide Schlösser stammen von den Herren von Neuhausen, die zwischenzeitlich Herren auf Alfdorf waren.

Von der Ortsmitte durch das Barockportal führt der HW 3 zum Oberen Schloss, in dem heute die Gemeindeverwaltung untergebracht ist.

Eine Schrifttafel über dem Eingangsportal besagt:
Nach der Geburt Christi Jar
Diß new Adelich Haus Erbaut War
In Gottes Namen durch den Edlen
Philips Von Und ZU Neuhausen.

Zurück zur Kirche und vorbei am Friedhof mit den Grabmälern des Rittergeschlechtes geht es zum Unteren Schloss am südöstlichen Ortsausgang.

Unteres Schloss. *1550 erbaut, gehört es noch heute dem Rittergeschlecht des Freiherrn Georg Friedrich vom Holtz. Über dem Torbau zum Schloss die Wappen des Geschlechts mit der Jahreszahl 1642. Im Durchgang berichten 2 Wappen des Amtsvogts Johann Georg Bellon und seiner Frau vom Neubau des Torbaues 1720. Neben dem Tor steht gleich li die 1000jährige Linde im Schlosspark. Das im Wirtschaftshof stehende Schloss ist dreigeschossig mit steil aufragendem Satteldach und gestaffeltem Giebel. Das Schloss kann nicht besichtigt werden.*

Richtung Haselbach geht es mit Zeichen rotes Kreuz zum Aussiedlerhof. Der kleine Hohlweg führt im Wald hinunter zur Forststraße, die li weg durch das Haselbachtal nach gut 2 km zum Ort Haselbach führt. (Wer abkürzen möchte, nimmt die asphaltierte Straße im Tal des Waldauer Baches bis zur Brücke vor der Brucker Sägemühle, wo von li mit Zeichen blauer Punkt der W kommt.)
Der W verläuft über dem Bach li ca. 200 m entlang am Wald und zweigt re ab zum Schlossberg hoch nach Waldau. Von der ehem. Burg ist nichts mehr zu erkennen. Die kleine Kapelle gehört zum Hofgut Friedel, sie wurde 1870 erbaut. Re geht es zur Straße Richtung Wetzgau und zur aussichtsreichen Höhe bei der Kolomanus-Linde (der Wanderweg blauer Punkt führt nicht mehr über die markante Höhe, sondern ge westlich zum Ortsrand von Großdeinbach). Bei guter Sicht ist der kleine Umweg (ca. 300 m) zu empfehlen.

Das prächtige Panorama der Schwäbischen Alb vom Rosenstein über die 3 Kaiserberge, die Kuppen von Wasserberg und Boßler, bis hin zum spitzen Kegel der Teck liegt im Blickfeld. Im Vordergrund die klotzigen Hochhäuser von Großdeinbach und Wetzgau, li die Mutlanger Heide.

(Der Weg mit Zeichen rotes Kreuz führt zum Bahnhof Schwäbisch Gmünd, ca. 3 km.) Der W geht westlich von Großdeinbach, am Wiesenhang unterhalb vom Wasserturm mit Zeichen blauer Punkt am Waldhang Viehweide zur Brücke im Waldauer Tal nahe der Brucker Sägemühle (Einkehrmöglichkeit). Nach dem Weiler ca. 500 m ohne Zeichen, vor dem WP zweigt re der Hermann-Löns-Weg von der Straße ab (= Limeswanderweg). Er führt um die Waldhalde zum WP über dem Kloster Lorch und zum Ausgangspunkt.

W 5 Spraitbach – Reichenbachsee – (Buchengehrener Sägemühle) – Mittelweiler – Hintersteinenberg – Hafental – P Reichenbachsee

Strecke: 15 km; Gehzeit: 4,5 Stunden
Wanderkarte: F 518 Schwäbisch Hall
B, P, T, U, W
Ausgangspunkt: P Reichenbachsee südwestlich der Ortsmitte, über die Beutenhofener Straße am südlichen Ortsende zu erreichen

Spraitbach*. 439 m NN, 3 600 Ew. Erstmals urkundlich erwähnt als „Spraippach“ 1296. Es waren freie Bauern, die in der Stauferzeit die schwach besiedelten Wälder zwischen Rems und Kocher rodeten. Ihre Freiheit gegenüber den „Leibeigenen“ bestand darin, dass sie u. a. an der Rechtsprechung teilhatten und frei über ihr Vermögen verfügen konnten. Sie verarmten jedoch nach und nach und kamen unter die Herrschaft verschiedener Lehensherren. So waren 1537 alle 50 Spraitbacher Familien Lehensleute. Im 30jährigen Krieg vollständig zerstört, wurde der Ort westlich an der jetzigen Stelle neu aufgebaut. 1802 wird Spraitbach württembergisch. Die ev. Michaelskirche wurde 1490, die kath. St.-Blasius-Kirche 1871 gebaut. Im 19. Jh. von Unwetter und Mißernten heimgesucht, wurden die meisten Bauern „vergantet“ (Überschuldung). Durch Industrieansiedlung besitzt Spraitbach heute eine gute Infrastruktur.*

Reichenbachsee. *Der See wurde 1958/60 als Rückhaltebecken gebaut und ist in den Sommermonaten ein gern besuchter Badesee.*

Westlich vorbei an der Feriensiedlung geht der W mit Nr. 10 ins Leintal bis Tennhöfle. Beim letzten Hof Richtung Kapf zieht ein Wiesenweg zum Eichenhain (ND). Ab hier führt ein Pfad durch die Leinwiesen zu dem nahen Gehöft auf der Anhöhe ohne Zeichen. Die Häuser gehören zum Ortsteil Kapf, durch das der W nun auf fester Straße führt. Im Ort li abzweigen und Richtung Pfahlenhof die Verbindungsstraße Alfdorf – Steinenberg überqueren. Die Nr. 11 begleitet nun ein Stück den W, bis sie nach dem Pfahlenhof re ins obere Gellbachtal abzweigt. Die Nr. 11 führt mit der Forststraße gut 4 km talaufwärts im Wald bis Hintersteinenberg. Für diejenigen, die es einsamer und bequemer mögen, ist diese Abkürzung zu empfehlen.
Unterhaltsamer führt der W zur Buchengehrener Sägemühle und mit Zeichen roter Strich entlang dem baumbewachsenen Bachbett der Rot zur Voggenbergmühle. Ein Hinweisschild des Mühlenwanderweges weist auf die Herkunft des nordfriesischen Namens der Mühle.Stellenweise, vom Berghang her, wird der Weg nass. Bald kommen wir zum Klarabrunnen und zur Klarahütte.

Gegenüber der Klarahütte befindet sich auf der anderen Seite der Rot ein Schuppen. Um dorthin zu gelangen, wandern wir ca. 400 m weiter, überqueren die Rot und gehen ohne Zeichen am Ufer zurück in Richtung zum Schuppen und gelangen so zu dem sichtbaren asphaltierten Sträßchen, das nach Mittelweiler hochführt. Im Ort ge über die Straße, dann durch das Gehöft hinunter ins obere Gellbachtal.
Zum Gellbachtalweg geht man wenige m talwärts über die Brücke. Nun auf der Abkürzungsvariante li bachaufwärts sind wir nach gut 2 km in Hintersteinenberg, 560 m NN (Einkehrmöglichkeit).
Am südlichen Ortsrand zweigt der W östlich ins Hafental ab (zu Beginn mit Nr. 11). Immer ge mündet das Sträßchen im Reichenbachtal in den Wanderweg mit Zeichen blauer Strich, der, vom Hagberg über Nardenheim kommend, re ab im Tal nach ca. 2 km zum Reichenbachsee und zum Ausgangspunkt führt.

W 6 WP Laufenmühle – (Klingenmühle) – Strümpfelbachtal – Ebni – Schmalenberg – Laufenmühle

Strecke: 16 km; Gehzeit: 5 Stunden
Wanderkarte: F 518 Schwäbisch Hall
A, B, G, P, R, T, W
Ausgangspunkt: WP Laufenmühle, an der Straße Rudersberg – Welzheim

Wieslaufbahn *s. W 7*

Bei der Orientierungstafel befindet sich eine Aussichtskanzel. Sie bietet Einblick in die geologische Beschaffenheit im unteren Stubensandstein und Oberen Bunten Mergel. Über den harten Fleinsandstein stürzt hier die ***Wieslauf*** *und der Edenbach in je einem Wasserfall über 10 m in die Tiefe. Hier beginnt auch der Geologische Pfad (s. SW 12).*

Da der Weg über die Klingenmühle bis auf Weiteres gesperrt ist, nehmen wir vom WP die mit rotem Kreuz bezeichnete Forststraße in Richtung Waldenstein (zugleich Wieslauftal-Radweg).

Den Dichter und Arzt ***Justinus Kerner*** *(1786–1862) inspirierte die* ***Klingenmühle*** *zu dem Gedicht: „Der Wanderer in der Sägmühle" (Dort unten in der Mühle), das später zu einem Volkslied wurde.*

Nach etwas mehr als 1 km verlassen wir den li hoch führenden Rotkreuz-Weg und bleiben weitere 500 m auf dem Wieslauftal-Radweg und gehen

Der Ebnisee bei Kaisersbach ist ein beliebtes Ausflugsziel. Aufn.: Archiv Naturpark

dann ohne Zeichen re ab hinunter zum Sauerhöfle im Wieslauftal. Wir überqueren hier die L 1080 in Richtung Steinbach-Eisenbahnviadukt. In Steinbach halten wir uns li in Richtung Strümpfelbachtal (NSG) und stoßen auf den W mit Zeichen blauer Punkt, dem wir nach re folgen.

NSG Strümpfelbachtal *s. S. 88*

Li vom Bach führt der W nun mit Zeichen blauer Punkt zur Nonnenmühle (Gaststätte). Von hier mit Zeichen rotes Kreuz am Waldrand hoch und über den Wiesenpfad zum Voggenhof.
Auf der Fahrstraße nun einige m li, danach re durch die Talsenke. Der Waldweg führt am Hang nach Ebni. Mit Zeichen rotes Kreuz weiter über die Fahrstraße auf dem Waldhang hinunter zum Ebnisee.
Li herum befinden sich am oberen nördlichen Teil zwei Feuerstellen mit Sitzgelegenheit (Kiosk).

Der ***Ebnisee*** *ist ein beliebtes Ausflugsziel. An schönen Sommertagen sind die P überfüllt, und Tausende tummeln sich um den See. Er wurde 1745 als Schwellsee für die Flößerei angelegt. Seine Fläche beträgt*

13 ha. Nach der Schneeschmelze wurde der Damm geöffnet und das über die Schlittenwege aus den Holzrevieren Welzheim, Kaisersbach und Gschwend herbeigeschaffte Brennholz über die Wieslauf und Rems zum königlichen Holzwasen bei Waiblingen geflößt. Erst nach dem Bau der Remstalbahn wurde die Flößerei 1865 eingestellt.

Beim Staudamm geht es re an der abfließenden Wieslauf entlang und nach ca. 300 m re weg von der Forststraße, die mit der Wieslauf zur Laufenmühle führt. Der W geht mit Zeichen blaues Kreuz den Waldweg hoch zur Fahrstraße bei Heppichgehren. In südlicher Richtung nun li auf dem aussichtsreichen Höhensträßchen ge bis Schmalenberg. Bei dem verlassenen Hof li ab, vorbei an der Aspengehrener Schutzhütte, fällt der Waldpfad bald steil ab in die **Geldmachersklinge**, in deren Abschluss sich eine große Grotte mit Wasserfall gebildet hat. Am westlichen Rand der Grotte befindet sich der höhlenartige Unterschlupf, der wohl einem Falschmünzer als Versteck diente. Am Hang geht der W hinunter und führt wieder zur Wieslaufstraße, die re ab nach ca. 2 km zum Ausgangspunkt Laufenmühle führt.
Da es auf der Wanderstrecke rutschige Feuchtstellen gibt, so vor allem im Strümpfelbachtal, wird ganzjährig festes Schuhwerk empfohlen.

W 7 Laufenmühle – Weidenbach – Ostkastell – Welzheim – Laufenmühle

Strecke: 10 km; Gehzeit: 3 Stunden
Wanderkarte: F 518 Schwäbisch Hall
G, K, P, R, T, W
Ausgangspunkt: Der WP Laufenmühle ist ein zentral gelegener Ausgangspunkt für die verschiedenartigsten Wanderungen im Welzheimer Wald.

*Die **Wieslaufbahn,** die ab Oberndorf mit einer gleichbleibenden Steigung von 2,5 % (Geislinger Steige 2,3 %) bis Breitenfürst das Wieslauftal mit einer imposanten 160 m langen Brücke mit 8 Bogen überspannt, hat nur noch kulturhistorische Bedeutung. Seit Jahren gibt es Bemühungen, diese Strecke wieder als Museumsbahn zu betreiben.*

***Wieslauf-Wasserfall** s. W 6.*

Das Wanderziel ist der Luftkurort Welzheim auf der Liashochfläche (Städt. Museum Welzheim s. S. 317). Vom WP geht es zu Beginn auf dem historischen Wanderweg, der mit einer Länge von 32 km die ehemaligen Mühlen im Welzheimer Wald verbindet. Am Hang, zwischen Bahnführung und dem schlingenreichen Verlauf des Edenbaches zieht der Mühlenwanderweg (Zeichen Mühlen-Symbol) von der Klingenmühle zur Hagmühle im Leintal.

Wenn man durch das Edenbachtal Richtung Breitenfürst wandert, läuft man im Tal der ***Urwieslauf****, die vor einigen Mio. Jahren östlich über die Lein und Urbrenz zur Donau floss. Mit dem Einbruch des Rheingrabens in der Teritärzeit änderte sich unser Flusssystem. Es gab nun einen kürzeren Weg mit größerem Gefälle zum Meer. Die Abtragung durch die zum Rhein entwässernden Wasserläufe schreitet seither rascher voran (vgl. Karten S. 44/45).*

Wo der Edenbachtalweg re wegführt, weiter ge immer parallel zur höher liegenden Bahntrasse im Weidenbachtal nach Breitenfürst. Am Waldrand liegt re eine Wassertretanlage und ein P.
Zum W gesellt sich bei der Verbindungsstraße Welzheim – Breitenfürst ein kürzeres Stück des Weges mit blauem Punkt. Beim Ropbachsee führt er li wieder ab in Richtung Stadtpark Welzheim. Der Mühlenwanderweg zweigt re ab in Richtung Hagmühle. Ge mit Nr. 8 und 9 führt der W zum Göckelerturm, Wachtposten 134 am Limesweg (s. S. 290). Re um das Fundament fällt der Weg ab zum eingezäunten Tümpel.

Ein Schild ***„Thierbad“*** *erinnert an eine Mineralquelle und ein ehem. Heilbad im 15. Jh., das im Laufe des 30jährigen Krieges wieder zerstört wurde.*

Im weiteren Verlauf erreicht der Limeswanderweg das Leintal und zieht dann li der Kläranlage wieder hoch zum Ostkastell am Stadtrand von Welzheim.

Das als Freilichtmuseum ausgebaute ***römische Kastell*** *mit seinem rekonstruierten Westtor vermittelt dem Besucher einen Eindruck vom ursprünglichen Aussehen der Befestigungsanlage der Römer. Im städtischen Museum sind bedeutende Funde der 1977 vorgenommenen Ausgrabungen zu sehen. Zum Kastellort zählte noch das heute überbaute „Westkastell“ und das 1974 rekonstruierte* ***Kleinkastell „Rötelsee“****.*
Welzheim*. 510 m NN, 11 000 Ew. Erstmals 1181 als Wallenzin unter staufischer Herrschaft erwähnt, wechselte Welzheim im Verlauf der Geschichte von den Herren von Rechberg 1271 an das Kloster Lorch und ab 1335 an die Grafen von Limpurg. Ab 1732 gehört Welzheim endgültig zu Württemberg. Bei zwei großen Stadtbränden (1556 und 1726) wurde der Ort beinahe zerstört. Sehenswert sind die spätgotischen Sandstein-*

skulpturen am Süd- und Westportal der ev. St.-Gallus-Kirche (1817/18 neu erbaut). Es sind bauliche Reste der spätgotischen Kirche um 1500.

Der Weiterweg bietet Gelegenheit, durch die Einkaufsstraße zu promenieren. Nordöstlich der St.-Gallus-Kirche führt die Rudersberger Straße L 1080 in Richtung Laufenmühle aus der Stadt. Zum weithin sichtbaren Wasserturm (in einem Nachbarhaus kann man sich einen Schlüssel holen und den bei guter Sicht sich bietenden Rundblick genießen). zweigt der W mit Zeichen roter Strich re von der Rudersberger Straße ab. Der Weg mit rotem Strich führt nordöstlich weiter Richtung Ebnisee. Als Mühlenwanderweg mit der Nr. 4 führt der Rückweg zum nahen Wald und auf gutem Weg ge abwärts ins Wieslauftal. Beim Pumpwerk stößt man auf die Wieslauftalstraße und erreicht li ab nach knapp 1 km wieder den WP Laufenmühle

W 8 Bf Oppenweiler – Zell – Eschelhof – Ittenberg – Reichenbach –Bf Oppenweiler

Strecke: 14 km; Gehzeit: 4,5 Stunden
Wanderkarte: F 518 Schwäbisch Hall
A, P, R, T, W
Ausgangspunkt: Bf (Bahnlinie 784 Murrbahn) oder P beim Bf Oppenweiler

Oppenweiler. *264 m NN, 4 200 Ew. Erstmals urkundlich durch Heinrich V. im Jahre 1114 genannt, ist eng mit dem Geschlecht der Herren von Sturmfeder verknüpft. An der Stelle der aus dem 16. Jh. stammenden Wasserburg bauten die Freiherren um 1782 das achteckige, pavillonartige Wasserschlösschen inmitten des von Ludwig von Skell (englischer Garten) angelegten Parks. Das Schloss ist seit 1939 das Rathaus der Gemeinde. Ein wertvoller, um das Jahr 1470 entstandener Schnitzaltar sowie Standbilder in der ev. Jakobuskirche mit der Jahreszahl 1412 über dem Südeingang erinnern an das Geschlecht derer von Sturmfeder.*

Unterhalb vom Bahnhof führt der Gehweg längs der Straße zum Teilort Aichelbach. Im Ort durch die Bahnunterführung und gleich re ab geht es auf dem Panoramaweg zum Ortsteil Zell.

Zell. *250 m NN, Teilort von Oppenweiler. Reihengräberfunde lassen seine Gründung um das Jahr 650 annehmen und auf einen Missionsstützpunkt der Franken schließen.*

Das ehemalige Sturmfeder-Schloss und jetzige Rathaus Oppenweiler. Aufn.: Theo Müller

Von re, aus Backnang kommend, führt nun der Wanderweg mit Zeichen roter Punkt durch den Ort und hangaufwärts zum Waldrand.

Nun bietet sich ein schöner Ausblick, li Richtung Backnang das Altersheim Staigacker, re an der B 14 Park und Schloss Katherinenhof, hinter Oppenweiler das Rohrbachtal und alles überragend die stolze Burg Reichenberg (s. W 26).

Bei der Ruhebank re durch den Waldgürtel und danach vor dem Wochenendhaus li durch den alten Hohlweg hoch und weiter mit Zeichen roter Punkt hinauf zur Hochfläche bis sich der Wanderweg mit einer befestigten Forststraße kreuzt. Diese überqueren und weiter mit Zeichen roter Punkt bis man auf den Georg-Fahrbach-Weg stößt (roter Strich mit Unterschrift GFW), dem man links, vorbei an einem kleinen Weiher, zum Wanderheim Eschelhof folgt.

Eschelhof. *491 m NN, gehört zur Gemeinde Sulzbach a. d. M. (s. W 22). Urkundlich ab 1509 erwähnt. In den Notjahren um 1840 gingen der Eschelhof, bestehend aus vier Höfen, in den Besitz des Königshauses Württemberg über. Nur 2 Gebäude, das frühere Forsthaus und das Schulhaus, sind noch erhalten. Der Schwäbische Albverein hat bei-*

Das an Wochenenden bewirtschaftete Wanderheim Eschelhof des Schwäbischen Albvereins ist ein gern besuchter Wanderertreffpunkt. Aufn.: Theo Müller

de Gebäude durch enorme Arbeitsleistungen und Spenden zu einem schmucken und gern besuchten Wanderheim umgebaut.

Der Rückweg führt nördlich mit dem Zeichen roter Strich (Georg-Fahrbach-Weg) nach Ittenberg. Am Ortsende weist ein Wegschild li von der Sulzbacher Straße in Richtung Oppenweiler ab. Nach der aussichtsreichen Hochfläche etwas re haltend, führt die mit einer Schranke versehene Forststraße wieder talwärts. Bei der Kehre geht es scharf li. Nach ca. 250 m ist der Wald zu Ende, und wiederum bietet sich mit der Silhouette der Burg Reichenberg ein vertrauter Blick. Unterhalb des Berges an der Murr die Rüflensmühle und das Wachthäusle. Im Ortsteil Reichenbach nach der Bahnunterführung li an der Bahnlinie entlang zurück zum Ausgangspunkt.

W 9 Heinlesmühle – Hagerwaldsee – Schadberg – Ebersberger Mühle – Hägelesklinge – Menzlesmühle – WP Heinlesmühle

Strecke: 12 km; Gehzeit: 3,5 Stunden
Wanderkarte: F 518 Schwäbisch Hall
B, F, G, P, R, T, W
Ausgangspunkt: WP Heinlesmühle, an der L 1080 Welzheim – Gschwend

Bei der Orientierungstafel des P deutet ein Markierungsschild mit dem Symbol eines überdachten Wasserrades auf den Mühlenwanderweg hin (s. SW 11). Der Baden-Württemberg-Weg mit dem Zeichen roter Strich und grünem Baumsymbol führt mit dem Mühlenzeichen talwärts zu der aus dem 12. Jh. stammenden **Heinlesmühle** (Gemeinde Alfdorf). Hinter der Brücke führt nach wenigen m ein Wiesenpfad re ab von der harten Makadamstraße und an der schilfbewachsenen Rot entlang zur **Hummelgautsche**, der letzten von fünf Sägemühlen dieser Art aus dem 14. Jh. Der Name geht auf die angrenzenden Hummelwiesen und das auf und ab gautschende Sägegatter zurück.
Weiter talwärts kommt alsbald der Hüttenbühlsee.

Naturschutzgebiet Hägeles- und Brunnenklinge, zwei Felsenklingen im „Höhlensandstein“ (Oberer Stubensandstein).
Aufn.: Archiv Naturpark

***Hüttenbühlsee**. Eingebettet zwischen den Wäldern wurde die Schwarze Rot vor dem Weiler Hüttenbühl 1959 gestaut. Ebenso erging es 10 Jahre später der Finsteren Rot, die nur ca. 500 m entfernt unterhalb von Hüttenbühl zum Hagerwaldsee gestaut wurde. Beide Seen haben neben ihrer wirtschaftlichen Bedeutung zur Regulierung des Hochwassers als Badeseen einen hohen Erholungs- und Freizeitwert.*

Der Mühlenwander- und Baden-Württemberg-Weg ziehen talwärts mit der Rot weiter. Der W führt am Campingplatz vorbei nordöstlich des Hagerwaldsees mit Zeichen Nr. 13 entlang der Finsteren Rot nach Schadberg, ca. 1,5 km. Jenseits der Straße Welzheim – Gschwend zieht der Mühlenweg re am offenen Hang auf einer asphaltierten Straße hoch zum Strohhof und weiter Richtung Rotbachhöfle.
Ab Schadberg kann auch die folgende Wegvariante gegangen werden: An der li Talseite führt ein alter Weg nordwestlich aus dem Ort. Bei der linken Wegbiegung führt ein Pfad ge zum Waldrand und etwas unwegsam über einen Bachgraben. Danach geht es li entlang zur Blinden Rot auf dem schattigen Pfad zum Rotbachhöfle. Entlang der Fahrstraße zur Ebersberger Sägmühle führt ein Gehweg mit Zeichen blauer Strich.

***Ebersberger Sägmühle.** Gemeinde Kaisersbach. Die Mühle wurde ursprünglich als Sägmühle gebaut und gehörte mit Teilen des Weilers Ebersberg seit 1382 dem Kloster Adelberg. Von seiner Not schildert der Müller Bareiss auf einem Schild am Hauseingang (s. SW 11).*

Zur Brunnen- und Hägelesklinge (NSG) zweigt der W von der Fahrstraße, die nach Kaisersbach führt, nach ca. 1 km re ab. Der W mit Zeichen roter Punkt erschließt zuerst die Brunnenklinge.

*Eine **Grotte** bildet den halbkreisförmigen Abschluss der Felsschlucht der **Brunnenklinge** (NSG s. S. 89). Der weichere Höhlensandstein, im oberen Teil des Stubensandsteins, ermöglicht die Formung und Auswaschung der Grotte mit ihren bizarren Felsgebilden. In der luftfeuchten Klinge viele Moose und Farne.*

Um die linke Felsnase herum führt der W nach wenigen Minuten zur wohl großartigsten Klinge im Schwäbisch-Fränkischen Wald.

***Die Hägelesklinge** (NSG s. S. 89), eine wildromantische Felsenschlucht mit Klüften und Klammen und einer tiefeingeschnittenen, gewaltigen Felsengrotte hat ihren Namen von einem gewissen Hägele, der in früherer Zeit, des Militärdienstes überdrüssig, sich in der damals unzugänglichen Klinge versteckte.*

Der W erreicht oberhalb der Hägelesklinge die über die Höhe verlaufende Ortsstraße des weitverstreut liegenden Weilers Ebersberg, 530 m NN, Gemeinde Kaisersbach (li ca. 2 km entfernt liegt das Schullandheim Mönchhof). Ge über die Ortsstraße geht es östlich mit Zeichen roter Punkt in Richtung Cronhütte. Bei der Cronwaldhütte weiter mit dem roten Punkt und der Nr. 8 ge nach Osten von der Straße weg. Nach ca. 1 km erreicht man die Menzlesmühle.

Menzlesmühle. *Gemeinde Kaisersbach. Die vom Hag- und Gauchhausener Bach betriebene Mühle stammt aus dem 14. Jh. und wurde bis 1700* ***Cronmühle*** *genannt. Das nahe gelegene Cronhütte weist auf eine Glashütte. Topfscherben, die 1941 ein Bauer gefunden hat, stammen aus dem 9. Jh. Manche Historiker vermuten, dass gegen 1000 die erste Blütezeit der Glasmacher in dem schwäbisch-fränkischen Waldgebiet gewesen sei (s. SW 11).*
2004 bekam die Mühle ein neues, oberschlächtiges Mühlrad und der Mühlgraben wurde ausgehoben, so dass das Mühlrad wieder „klappern“ kann.

Wanderwegzeichen bei der Menzlesmühle. Aufn.: Archiv Naturpark

Von der Menzlesmühle nicht auf der harten Asphaltstraße, sondern zum Wegedreieck am Waldrand zurück. Von der Cronhütter Straße zweigt ein Waldweg talwärts ab. Der wanderfreundliche, angenehme Weg führt zur **Hundsberger Sägmühle** (Gemeinde Gschwend; 2005 wurde hier ein neues Mühlrad eingebaut) und weiter entlang der Schwarzen Rot, vorbei an dem schilfbewachsenen NSG, zum Ausgangspunkt WP Heinlesmühle.

W 10 Kaisersbach – Treibsee – Bruch – Weidenbach – Weidenhof – P Kaisersbach

Strecke: 15 km (ohne Abstecher zum Ebnisee); Gehzeit: 4,5 Stunden
Wanderkarte: F 518 Schwäbisch Hall
A, (B), F, G, K, P, R, W
Ausgangspunkt: WP westlich von Kaisersbach, an der Straße in Richtung Ebnisee

Vom P aus erkennt man schon den Wasserturm, das Wahrzeichen von Kaisersbach. Gleich bei dem Sägewerk li weg über die Höhe (575 m NN).

Bei schöner Sicht hat man einen herrlichen Ausblick über die Ostalb mit dem Scheuelberg, Bernhardus, Stuifen, Rechberg und Hohenstaufen.
Kaisersbach. *565 m NN, 2600 Ew. 1382 als Kaiserspuch erwähnt, war altstaufischer Besitz. Der Name ist als Kaiserwald zu verstehen, da der Buchenwald hier einst vorherrschend war. Eine noch vor 1700 zu Heilbädern benützte schwefelhaltige Quelle soll der Sage nach bereits von Kaiser Friedrich I. Barbarossa, 1122–1190, benützt worden sein. Die Kirche wurde 1867–69 erbaut. Ihr 32 m hoher Turm überragt weithin sichtbar, zusammen mit dem gleich hohen Wasserturm, die gesamte Höhe des Welzheimer Waldes.*

Vom Wasserturm geht man hinüber zum Waldrand, und re weg führt der Weg zum P Linden an der Wegegabelung Bruch – Mettelbach. Richtung Mettelbach kommt mit der Nr. 7, vorbei an einem Sportgelände, im Wald ein Orientierungsplatz.

Li bietet ein Stichweg in den ***Bannwald Steinhäusle*** *Einblick in den sich selbst überlassenen „Urwald von morgen". Jeder forstwirtschaftlichen Pflege entzogen, hinterlassen die noch stehenden Baumruinen zwischen den kreuz und quer liegenden, absterbenden Baumstämmen* *einen Eindruck vom schleichenden Sterben des Waldes. Ein Durchkommen auf dem ehem. Schlittenweg ist beschwerlich.*

Schlittenwege. *Im Jahre 1787 wurde der 26 km lange Weg vom oberen Kochertal zum Ebnisee angelegt. Der Schlittenweg war Teil eines großräumig angelegten Transportsystems, um das Holz der Flößerei auf dem Kocher zu entziehen, über den es außer Landes transportiert wurde (s. S. 132).*

Mit dem Schlittenweg kommt man zu einem Wegedreieck. Von Richtung Mönchhof trifft hier der Weg mit blauem Strich ein und führt talwärts weiter zur „Großen Platte“.

Große Platte. *Ein Hinweisschild belehrt uns: Beim Bau der Forststraße im Jahre 1889 wurde die gewaltige 300 Ztr. schwere Platte freigelegt. Es handelt sich hier um versteinerten ehem. Küstenmeeresboden aus einer Zeit vor rd. 210 Mio. Jahren. Die wie Hieroglyphen aussehenden Einkerbungen sind Abdrücke vom Meeresboden.*

Der schöne Waldweg führt weiter talwärts nach wenigen 100 m zum still dahinschlummernden Treibsee.

Treibsee. *Er ist ein Überbleibsel von der Holzflößerei in vergangener Zeit. Sie war die einzige Möglichkeit, den Holzreichtum wirtschaftlich zu nutzen. Mit dem Bau der Murrtalbahn 1878 verlor die Holzflößerei ihre Bedeutung. Re bei den stattlichen Douglasien steht eine Schutzhütte mit Feuerstelle. Der Weg mit blauem Strich zieht mit dem Gänsbach talwärts nach Oberneustetten, das schon 1266 zum Kloster Adelberg gehörte.*

Li über dem Damm mit der Nr. 7 auf dem Tröglesweg leicht ansteigend zur Mettelbacher Straße. Hier geht man re herum und erfreut sich gleich an einem sehr gepflegten Rastplatz mit Feuerstelle und einer Schutzhütte, erbaut vom Technischen Hilfswerk Stuttgart 1983. Der Heugehrenweg führt von der Hütte ohne Zeichen li weg und zieht am Brucher Hangwald ca. 2 km entlang bis zum Pfaffenbach unterhalb des NSG Steinhäusle. In die Straßenkehre stößt die Forststraße, die von der Mettelbacher Sägemühle hochführt und nach knapp 1 km zur Fahrstraße nach Bruch führt.
Am Waldrand über dem so behäbig daliegenden Weiler hat man einen schönen Blick hinüber zu dem Höhenzug des Mainhardter Waldes.

Nach dem Ort kommt beim Wald der Weg mit Zeichen blaues Kreuz von der Schlossmühle hoch und führt nun mit der Straße vorbei an der alten, verlassenen Sägemühle nach Weidenbach, das abgeschieden in der Talsohle liegt. Der W kürzt im Verlauf die Straße zum Weidenhof ab.

Urlaub auf dem Bauernhof wird in dieser landschaftlich sehr reizvollen Umgebung geboten.

Bei der mit Hinweisschildern versehenen Hütte an der hochliegenden Straße kommt aus Richtung Murrhardt der Limeswanderweg und führt nun auf dem Weg mit Zeichen blaues Kreuz ca. 400 m westlich mit der Straße bis zum Waldrand (der Weg zieht ge weiter zu den Gallengrotten). Ab hier geht es südlich mit dem li abzweigenden Weidenhof – Römerturmweg, begleitet von dem Limeszeichen und der Nr. 2, zum Limeswachtturm 9/116.

Limeswachtturm. *Der in seinem Grundriss rekonstruierte Turm, 561 m NN, ist der höchstgelegene Vermessungspunkt der Limeslinie zwischen Jagsthausen und dem Haghof.*

Gegenüber der Straße kommt man auf dem Weg mit Zeichen rotes Kreuz zum ca. 1 km entfernten Ebnisee (ein lohnender Abstecher; s. W 6).
Zurück zum Limesturm geht es wieder auf dem Weg mit Zeichen rotes Kreuz. Der Spatzenweg führt mit diesem Zeichen zum wenige 100 m entfernten P und Ausgangspunkt zurück.

W 11 Gschwend – Reichenbachtal – Nardenheim – Seelach – Gschwend

Strecke: 12 km; Gehzeit: 4 Stunden
Wanderkarte: F 518 Schwäbisch Hall
G, T, U, W
Ausgangspunkt: Marktplatz in Gschwend (Buslinie RBS 7911 Schwäbisch Gmünd – Gaildorf)

Gschwend. *476 m NN, 5 000 Ew. Der Marktplatz liegt nahe der Ost-West verbindenden alten Cannstatter Straße aus dem Mittelalter und der Nord-Süd kreuzenden alten Salzstraße aus Hall. 1374 von den Schenken von Limpurg gegründet, deuten Namen und Wappen auf Waldroden hin. Am 15. Juli 1857 wurde Gschwend von einer großen Feuersbrunst heimgesucht. Die Ursache soll nach mündlicher Überlie-*

ferung der Inhalt einer brennenden Bratpfanne gewesen sein, die eine Bäuerin aus dem Küchenfenster auf den Dunghaufen warf. Nach der Brandkatastrophe entstand weiträumig der Marktplatz am Schnittpunkt der Straßen und die schöne, neugotische Kirche. Der mit viel Wald umgebene Erholungsort besitzt neben dem Hallenbad ein reichhaltiges Freizeit- und Wanderangebot.

Vom Marktplatz startet man mit der Gmünder Straße und dem Zeichen blaues Kreuz zum P am Skilift. Hier li weg weist das Markierungszeichen im Verlauf über den Gemeindeberg bis zum Fahrsträßchen, das die Orte Birkhof und Humberg verbindet.

Ein Abstecher führt in die ***Teufelsküche****, wo sich hinter gewaltigen Felsbrocken zwei Grotten gebildet haben. Es ist ein kleiner, jedoch lohnenswerter Umweg.*

Zur Wanderroute zurück geht es mit dem Sträßchen in Richtung Birkhof. Vor der von Gschwend kommenden Straße K 3253 nun mit dem Waldweg re weg. Durch schattigen Mischwald und über freie Wiesen und Felder zieht der blaue Kreuz-Weg zum Marzellenhof, überquert anschließend den Schlechtbach und erreicht nach ca. 1 km das Gehöft Ernst und weiterführend die B 298. Jenseits der Bundesstraße, dem blauen Kreuz folgend, kommt man re abwärts ins Reichenbachtal.
Vor dem Bachlauf stößt man auf den Weg mit Zeichen blauer Strich, der re ab nach Nardenheim und zum Gerichtswasen beim Wasserturm führt.

Der Flurname ***Gerichtswasen*** *erinnert an die ehemals freien Bauern, die in der Stauferzeit, ausgestattet mit besonderen Freiheiten, durch Rodung der Wälder neue Siedlungen gründeten. Noch im Jahre 1800 berichtet Heinrich Prescher, der seit 50 Jahren Pfarrer in Gschwend war, von mündlichen Überlieferungen, wonach 17 Bauern um Seelach eigene Gerichtsbarkeit hatten und Verbrechen an Hand und Hals sühnten. Der Sage nach „haben die Siebzehner unter freyem Himmel auf dem Gerichtswasen über Tod und Leben gerichtet und der jüngste derselben hat das Urtheil als Nachrichter vollzogen“. Weiter wird berichtet von „wohlbemerkbaren Löchern und Vertiefungen worin die Galgen und Räder sollen gestanden sein in der noch izt erhabenen Fläche, die niemals angebauet sondern nur beweidet wird“. Leider wurden die freien Bauern von der Willkür der Herrschenden immer mehr in Abhängigkeit gebracht und verloren nach dem Bauernkrieg im 16. Jh. ihre Freiheiten.*

Über die L 1153 und die B 298 gelangt man nach Seelach, um an dessen Ortsende, li abzweigend, über das schöne Ausblicke bietende Hohfeld zu wandern. In dem nachfolgenden Waldstück trennt man sich re mit dem roten Punkt von dem weiterführenden Weg mit Zeichen blauer Strich, der zum Hagberg führt. Mit neuer Wegrichtung gelangt man zum CVJM-Heim Oppenland und re haltend über das Bauernfeld nach Gschwend zurück.

W 12 Gschwend – Bergsee – Wildgarten – (Hagberg) – Gschwend

Strecke: 6 km (1 km); Gehzeit: 2 Stunden (3 Stunden)
Wanderkarte: F 518 Schwäbisch Hall
A, B, K, P, T, U, W
Ausgangspunkt: Marktplatz (Buslinie RB 7911 Schwäbisch Gmünd – Gaildorf) oder P am Badesee

Vom Marktplatz nimmt man zunächst mit Zeichen rotes Kreuz die L 1080 und biegt nach ca. 500 m ohne Zeichen li ab zum P am Badesee. Hier geht es in Richtung See, der 1934 zum Naturbadesee ausgebaut wurde und kommt re haltend zur Forststraße, die zur Wegeteilung am Kreuzstein führt.

*Aus Zeiten großer Hungersnot soll das **Sühnekreuz** stammen, das hier am Schlittenweg steht. Man erzählt von einem Kampf wegen eines Brotlaibs, der mit Totschlag endete. In dem Sühnemal ist eine Pflugschar und ein Kreuz eingemeißelt.*

Vom Kreuzstein gelangt man li haltend mit dem Zeichen Pilz zum Galeottenweg, von dem nach ca. 500 m ein Waldpfad abzweigt (mit Zeichen blauer Punkt), der nach knapp 1 km zum stillverträumten Bergsee führt.

*Vom **Bergsee** aus wurde schon 1616 Holz durch den Steigersbach und über den Kocher nach Hall an die Salzsieder geflößt.*

Über den Damm und dann am Seeabfluss entlang mit dem Zeichen blauer Punkt am Steilhang nördlich weiter, gelangt man zum Hungerweg, dem man nun talaufwärts entlang des Steigersbach nach Wildgarten folgt.

Von großer Hungersnot beim Bau des Weges 1847 zeugt ein Gedenkstein nach ca. 500 m am li Bachrand.

In Wildgarten geht man ca. 200 m li und folgt am P dem Weg mit Zeichen blauer Punkt in Richtung Hagberg. Am Waldrand vor dem Felgenhof kreuzt der Weg mit Zeichen blaues Kreuz. Er führt li ab nach Gschwend zurück.
Wer zur aussichtsreichen Höhe des Hagberges möchte, kommt mit dem Zeichen blauer Strich über Pfeiferhof und Wasserhof zum Aussichtsturm des Schwäbischen Albvereins (s. S. 194).
Von der Höhe führt der Weg mit Zeichen rotes Kreuz über Haghof und Vogelhof nach ca. 3 km wieder zurück zum Ausgangspunkt.

W 13 Frickenhofen – Rotenhar – Schlechtbach – Mittelbronn – WP Frickenhofen

Strecke: 17 km; Gehzeit: 5 Stunden;
Kurzstrecke: 8 km; Gehzeit: 3 Stunden
Wanderkarte: F 518 Schwäbisch Hall
A, G, P, T, U, W
Ausgangspunkt: WP Hohentannen an der L 1080 Geschwend – Frickenhofen

Weithin sichtbar erhebt sich die Frickenhofer Höhe mit dem kahlen ***Hohentannen*** *(565 m NN). Die Berggipfel Hagberg – Hohen Nol – Hohentannen – Altenberg waren in alamannischer Zeit schon Grenzlinie zwischen den Franken im Norden und den Alamannen im Süden. Sie ist heute noch als Sprachgrenze zu erkennen. Während man in Gschwend z. B. noch „noe Frau“ sagt, heißt es 5 km nördlich in Reippersberg „na Fraa“.*

Über die aussichtsreiche Höhe geht es nördlich mit dem Zeichen rotes Kreuz zum Aussichtspunkt Hohentannen.

Genau nordöstlich in der Talsenke des Kochers liegt Gaildorf, dahinter die Waldenburger Berge, li hinter dem Funkturm die Hohe Brach und die Löwensteiner Berge, re vom Kochertal die Limpurger Berge und schließlich Burgberg und Hohenberg. Re geht es hinunter zur Teufelskanzel, ein durch Auswaschungen entstandener kanzelartiger Vorsprung eines überhängenden Sandsteinfelsens.

Der W führt zur Straße, auf der man westlich durch Rotenhar nach ca. 1 km zum Forsthaus Hohenohl unterhalb der Waldkuppe Hohen Nol (565 m NN) kommt. Mit Zeichen Nr. 1 beginnt jenseits der Straße der Rotwaldweg. Er führt als Waldlehrpfad, vom Forstamt und der Gemeinde

Blick vom Hohentannen (565 m NN) über Hohenohl (helle Häuser im Wald) zum Hohen Nol (565 m NN), der wie der Hohentannen eine Lias-Decke trägt. Aufn.: Archiv Naturpark

Gschwend betreut, mit Kinderwagen und Rollstuhl befahrbar, ca. 3 km bis WP Rappenhof.

Nach ca. 1 km geht der Kurzwanderer an der Wegkreuzung mit dem Ameisengehrenweg li mit Zeichen roter Punkt weiter auf dem Rotwaldweg. Kurz vor dem Rappenhof biegt beim Wasserbehälter der Rot-Punkt-Weg li ab ins Josenbachtal. Mit blauem Punkt erreicht man mit dem ansteigenden Sträßchen Frickenhofen. Auf dem Weg mit dem Zeichen rotes Kreuz gelangt man am Waldrand entlang nach ca. 500 m wieder zum Ausgangspunkt.

***Frickenhofen**. Teilort von Gschwend. 562 m NN. Der Ort ist namengebend für die Unterjuraplatte der Frickenhofer Höhe, an deren Nordwestspitze das Dorf liegt. Es wird 1293 erstmals erwähnt als Frickenhoffen, ein Ort der älteren Ausbauzeit. Das Kloster Lorch war damals im Ort begütert. Weiterer Besitz wurde 1364 an das Kloster verkauft, dessen Rechte nach der Reformation an Württemberg kamen. 1525 wurde das Dorf von den Truppen des Schwäbischen Bundes, 1634 von den Kaiserlichen niedergebrannt. Aus Frickenhofen stammt der Wiener Dombaumeister Friedrich Schmitt (1825-1891), der das neue Rathaus in Wien erbaute.*

Die längere Strecke führt bei der Wegkreuzung mit dem Ameisengehrenweg re ab mit der Nr. 1 über Schmidbügel zum Birkhof. Jenseits der K 3253, wenige m li beim Wegdreieck verläuft der W mit Zeichen blaues Kreuz als Naturpfad zum Marzellenhof. Re des Wegs auf der Höhe liegt der Hollenhof, li das 1785 entstandene Haldenhäusle. Beim Marzellenhof verlassen wir den bezeichneten W, halten uns li und gelangen vorbei an dem aus dem 14. Jh. stammenden Hohenreut nach Schlechtbach.

Schlechtbach. *271 m NN, Teilort von Gschwend. Re am erhöht liegenden Ortsrand steht, von Bäumen umgeben, das Dorfkirchlein aus gotischer Zeit, erbaut 1447. Sein besonderer Schatz ist ein herrlicher Hochaltar mit einer Muttergottesstatue von 1450.*

Beim Weiterweg zum oberen Teil des Ortes wird man überrascht von der schmucken, neugestalteten Dorfmitte. Re geht es über die K 3253 Gschwend – Ruppertshofen ge durch die Albert-Florath-Straße (der liebenswerte Schauspieler lebte nach dem Kriege hier) zum Reißenhöfle. Nicht li zum Hof, sondern ge über den Wiesenpfad wird das Rottal erreicht. Re liegt die Wolfsmühle. Ge über die feuchten Streitwiesen geht es bei der Straße li um den Baumhag und gleich wieder re ab von der Straße. Auf dem Dammpfad läßt sich durch das liebliche Joosenbachtal genussvoll wandern. Li über dem Tal liegt der Linsenhof. Bald entdeckt man re am eingezäunten Hang äsendes Damwild beim ehem. Hagensee. Durch das frühere Seebecken führt die Straße weg vom Joosenbach in Richtung Frickenhofen, das nach dem Waldgürtel auf der Höhe sichtbar wird. Von hier kreuzt nach ca. 500 m der von Gschwend kommende Weg mit Zeichen roter Punkt. Auf ihm geht es über den Aimerbach und der folgenden Forststraße ansteigend im Wald hoch nach Mittelbronn (Einkehrmöglichkeit).

Mittelbronn. *Gemeinde Gschwend. 548 m NN. Schon 1526 wurde hier nach Steinkohle gegraben. Das geförderte Material fand guten Absatz in den Wasseralfinger Schmelzhütten. Doch die Einnahmen deckten kaum die Ausgaben, und so wurde der Abbau 1617 wieder eingestellt. Mehrere Versuche folgten. Zuletzt wollte 1921 der „Kohlenseff", ein Rückwanderer aus Amerika, mit hohem Geldeinsatz den Kohleabbau in Gang bringen. Der Versuch scheiterte abermals.*

Mit Zeichen rotes Kreuz erreicht man nordöstlich parallel zur Straße über den aussichtsreichen Bergrücken nach ca. 2 km Frickenhofen. Beim Schulgebäude weicht man nach re von der Straße zum ruhigen Waldrandweg aus und kommt nach ca. 500 m zum Ausgangspunkt zurück.

W 14 Murrhardt Stadtrundgang – Naturlehrpfad

Strecke: 7 km; Gehzeit: 2 Stunden
Wanderkarte: F 518 Schwäbisch Hall
A, G, K, P, R, T, U, W
Ausgangspunkt: Bf (Bahnlinie 784 Murrbahn) oder P Stadthalle

Vom Bf (Orientierungstafel, großer P+R-P) erreicht man den Marktplatz entlang der Bahnhofstraße und über die Murrbrücke markiert mit blauem Kreuz. Nach der Brücke re in der Karlstraße befindet sich das Gasthaus Sonne Post, heute Vereinshaus der Stadt Murrhardt. Dort erinnert eine Gedenktafel an die erste Arbeitstagung der 15 Landräte in Nordwürttemberg (amerikanische Besatzungszone) am 20. Juni 1945. Neben der ehemaligen Sonne Post liegt das Geburtshaus des Mitbegründers des Schwäbischen Albvereins Prof. Dr. h. c. Eugen Nägele, an ihn erinnert eine Gedenktafel. Am Marktplatz rechts neben dem den Marktplatz dominierenden Rathaus befindet sich in dem Gebäude Marktplatz 8 das im Juli 2004 eröffnete Zentrum des Naturparks Schwäbisch-Fränkischer Wald, dessen Besuch sehr lohnenswert ist (ÖZ Mo, Di, Do 10-12.30 und 14 – 17 Uhr; Fr, Sa, So und F 10 – 16 Uhr; Mi ist Ruhetag; Telefon 07192/213-888, Fax 07192/213184-880).

Vom P Stadthalle erreicht man den Marktplatz durch die Nägelestraße, vorbei am Nägelehaus und der ehemaligen Sonne Post. Re hinter dem Marktplatz im Klosterhof befindet sich die Stadtkirche.

***Murrhardt**, 291 m NN, ca. 14000 Ew. Um das ca. 200 m südlich der Stadtmitte gelegene Römerkastell entstand um 150 n. Chr. die erste Ansiedlung. Um 500 beherrschten die Franken das Weidewaldgebiet „Murrahardt“. Bereits 817 stiftete Kaiser Ludwig der Fromme ein Kloster, dessen erster Abt der legendäre „Walterich“, ein naher Verwandter der Karolinger, wurde. Um 1300 erfolgte durch König Rudolf von Habsburg die Stadtgründung. Bauernkrieg, 30jähriger Krieg und der vernichtende Stadtbrand am 24. August 1765 brachten schwere Zeiten für Murrhardt. Erst der Bau der Eisenbahn 1878 brachte der fast ausschließlich von Wald- und Holzwirtschaft lebenden Bevölkerung des „Klämmerlesgau“ (abgeleitet von den hier gefertigten Wäscheklammern) Anschluß an die Industrialisierung. Heute ist Murrhardt eine lebendige, aufstrebende Kleinstadt in einer reizvollen Landschaft, die dem Wanderer reiche Abwechslung bietet.*

Bei der Straßenkreuzung liegt re in der Nägelestraße der ehemalige Gasthof Sonne-Post. Eine Gedenktafel erinnert an die erste Zusammenkunft der 15 Vertreter der Württembergischen Landkreise am 20. Juni 1945 nach dem Ende des 2. Weltkrieges.

Im Murrhardt hat sich eine Anzahl beachtenswerter Fachwerkhäuser erhalten wie das im Bild gezeigte Haus von 1725. Aufn.: Archiv Naturpark

Die spätgotische ***Stadtkirche*** *hatte als Vorgängerkirche eine romanische Basilika, von der noch die Untergeschosse der beiden Türme erhalten sind. An den nördlichen Turm wurde um 1230 die spätromanische* ***Walterichskapelle*** *angebaut. Wenn man die Kirche an der Südseite verläßt, steht man im Bereich des früheren Klosters, das von einer Mauer umgeben war. Der Hexenturm aus dem 15. Jh. steht in der Ecke beim Pfarrhaus.*

Von der Stadtkirche führt der Weg durch die Anlagen beim Feuersee zu der auf einem Bergsporn liegenden spätgotischen Walterichskirche.

Walterichskirche. *An der Stelle der aus dem 11. Jh. stammenden romanischen Kirche wurde die Kirche Mitte des 14. Jh. erweitert. An der Nordseite des Turmes befindet sich seit 1520 ein kunstvoll gestalteter Ölberg.*
Von der Anhöhe genießt man einen schönen Ausblick über Murrhardt hinüber zum Wolkenhof, dem ehem. Domizil des impressionistischen Malers Heinrich von Zügel.
Wieder zurück und durch die städtischen Anlagen kommt man beim Feuersee zum Carl-Schweizer-Museum.

Der Hexenturm in Murrhardt ist ein alter Wehrturm. Aufn.: Archiv Naturpark

Carl-Schweizer-Museum. *Diese überörtliche wichtige Einrichtung ist eine private Sammlung. Sie zeigt fast alle mitteleuropäischen Vogel- und Säugetierarten. Neben Fossilien sind vor allem die archäologischen Funde von Limes und Kastell zu besichtigen. Weitere Stücke zur Heimatkunde runden die Sammlung ab (Seegasse 36, Telefon 07192/5402, Fax 07192/936188; s. S. 95, 315).*

Nach der Wanderung in die Vergangenheit von Murrhardt empfiehlt sich noch eine Wanderung in ein Gebiet voller Naturschönheiten. Ausgangspunkt ist das Carl-Schweizer-Museum. Über die Friedens- und Römer- zur Riesbergstraße führt der Weg mit Zeichen blaues Kreuz aus der Stadt zum südöstlich über Murrhardt liegenden, früheren Römerspiel-Festplatz. Bei der Straßenkehre geht es li ab. Bereichert wird die W vom Waldlehrpfad „Römersee-Riesberg", der vom Forstamt und der Stadt Murrhardt angelegt wurde.
Auf Lehrtafeln wird vielseitig Einblick in die Geschichte und die Funktionen des Waldes, seiner Bewohner und der Pflanzenwelt vermittelt. Gutes Schuhwerk ist in der urwüchsigen Felslandschaft sehr nützlich.

Von dem planierten Festplatz erreicht man den hübsch angelegten ***Römersee****. Der künstliche Teich wurde durch einen Bergsturz gebildet. Abenteuerlich geht es im Verlauf weiter durch das ND* ***Felsenmeer.*** *Über der Sturzhalde mit bizarren Felsbrocken liegt die ca. 10 m hohe Abrißkante im Unteren Stubensandstein.*

Der Fußweg umgeht die Hotzenklinge. Er verläßt den Albvereinsweg blaues Kreuz und führt zu einem Aussichtsturm bei der „Steckbuche". Hier schließt sich wieder der Kreis. Der Rückweg zum Ausgangspunkt ist mit dem Waldlehrpfad nicht zu verfehlen.

W 15 Bf Murrhardt – Hörschbachschlucht – Eschelhof – Bf Murrhardt

Strecke: 15 km (ab Bahnhof); Gehzeit: 4 Stunden
Wanderkarte: F 518 Schwäbisch Hall
A, F, G, T, W
Ausgangspunkt: Bf (Bahnlinie 784 Murrbahn) oder WP Vorderer Wasserfall

Den WP Hörschbach-Wasserfälle erreicht man von der Stadtmitte in Richtung Siebenknie; am Stadtrand li abbiegen in Richtung Trailhof. Vom Bf (Orientierungstafel) führt der W in Richtung Stadtmitte. Bei der Straßenkreuzung re mit der Nägelestraße bis zur Stadthalle, hier li mit der Blumstraße führt das Zeichen roter und blauer Punkt. An der Straßenecke bei der kath. Kirche trennen sich die markierten Wege. Der Weg mit Zeichen roter Punkt geht re in Richtung Eschelhof. Li über den Höhenweg erreicht man mit Zeichen blauer Punkt nach ca. 2 km den WP „Vorderer Wasserfall". Ein Hinweisschild weist auf den naturnahen, unbefestigten Wanderpfad entlang dem Hörschbach hin. Gutes Schuhwerk und geeignete Wanderausrüstung erforderlich!
Ein alternativer Weg zu dem Vorderen Höschbachwasserfall wird bei SW 2 beschrieben (Rems-Murr-Wanderweg).
Vom WP Vorderer Wasserfall führt auch ein ca. 5 km langer, mit Nr. 5 bezeichneter W durch die Hörschbachschlucht und auf halber Hanghöhe zurück zum P.

Die ***Hörschbachschlucht*** *weist in ihrem Verlauf besonders eindrucksvoll auf die Macht des Wassers hin, das sich tief in die weichen Keuperschichten eingefressen hat. Eine reizvolle Szenerie bietet der Vordere Wasserfall. Der Bach springt hier über eine härtere, feinsandige*

Die vorderen Hörschbachfälle im Naturschutzgebiet Hörschbachschlucht. Aufn.: Archiv Naturpark

Steinmergelbank, die sog. „Engelhofer Platte". Die tiefeingerissene Schlucht zwischen den steilen Mergelhängen besitzt eine hohe Luftfeuchtigkeit und bietet ein ideales Klima für eine reichhaltige Pflanzenwelt. Der abenteuerliche Pfad führt vorbei an mächtigen, abgebrochenen Steintrümmern im Bachbett zum „Hinteren Wasserfall". Aus 2 Schluchten stürzt hier das Wasser über die harten, abgesetzten Kieselsandsteinbänke. Die Hörschbachschlucht ist NSG.

Beim Hinteren Wasserfall Hinweis zum Georg-Fahrbach-Weg mit Zeichen roter Strich, der uns nordöstlich am Trailhof vorbei zum Wanderheim Eschelhof führt (s. W 8).
Der Rückweg beginnt beim Eschelhofweiher, der früher als Treibwasser zum Holzflößen gestaut wurde. Es gibt gleich zwei Varianten in Richtung Murrhardt.
Die beiden folgenden Wegbeschreibungen führen vom See mit dem Zeichen roter Strich durch den Hohlweg zu einer Wegespinne. Wer den schattigen Waldweg liebt, geht li mit dem roten Punkt auf dem Dörnich-Reute-Weg bequem ca. 3 km bis zum Hasenhof und weiter mit der Fahrstraße in Richtung Murrhardt.
Zum Ausgangspunkt „WP Vorderer Wasserfall" geht es ohne Zeichen beim Hasenhof ca. 250 m in Richtung Siebenknie. Li zweigt hier ein

Sträßchen Richtung Trailhof ab. Nach ca. 2 km weist ein Teersträßchen li zum WP und Ausgangspunkt.
Auch über Siebenknie (Einkehrmöglichkeit) kann man den Rückweg wählen. Mit der Straße geht es über die aussichtsreiche Höhe bis zum Hasenhof. Ab hier wie oben beschrieben zum jeweiligen Ausgangspunkt.

W 16 Murrhardt – Trauzenbach – (Grab) – Murrhärle – Hoffeld – Murrhardt (erweiterte Variante über den Heidenbuckel und Grab)

Strecke: 13 km (18 km); Gehzeit: 4 Stunden (5,5 Stunden)
Wanderkarten: F518 Schwäbisch Hall
A, G, K, P, U, W
Ausgangspunkt: Bf (Bahnlinie 784 Murrbahn) oder P beim Gymnasium, von der Straße in Richtung Steinberg li ab

Vom Bf (Orientierungstafel davor) markiert mit Zeichen blaues Kreuz durch die Bahnunterführung zur Fichtestraße. Weiter über die Erich-Schummstraße zum P beim Gymnasium und Stadion. Oberhalb des Parkplatzes geht es über den Waldsportpfad am Waldrand entlang zum sagenumwobenen Frazenbrunnen in Murrhardt auch oft Fatzenbrünnele genannt. Links am Frazenbrunnen vorbei geht es dem Zeichen blaues Kreuz folgend auf dem Schotterweg ins nun enger werdende Trauzenbachtal. Nach ca. 400 m wechselt man auf einem schmalen Pfad und einem Steg über den Trauzenbach zu einer Forststraße der man nach links folgt. Achtung: der alte Fußweg, der von der Forststraße abzweigt, ist wegen eines Erdrutsches nicht mehr begehbar. Im Scheitel der Linkskehre der Forststraße geht es geradeaus zunächst auf einem Schotterweg, später Fußweg zur renovierten Hördter-Mühle, die man über einen Steg umgehen muss. Nach der Hördter-Mühle geht es auf dem Mühlenweg leicht bergan. Kurz nach der großen Wegegabelung folgen wir rechts dem Wegzeichen blaues Kreuz zu einer Bachfurt. Hinter der Furt steigen wir steil aus dem Trauzenbachtal heraus und gelangen zwischen eingezäunten Wiehweiden zur Ortsmitte von Trauzenbach (490 m NN) mit dem Gasthaus Waldblick. Der Rückweg nach Murrhardt überquert zunächst die Landstraße Murrhardt – Grab und führt mit blauem Punkt markiert zum Wegdreieck oberhalb Trauzenbach. Hier trifft die erweiterte Variante über den Limesturm und Grab wieder auf unseren Weg.

Zum **Limesturm** und nach Grab geht man am Gasthaus Waldblick rechts vorbei wieder ins Tal zu einem Fahrweg, hinter der Brücke li am

Der rekonstruierte Limeswachtturm auf dem Heidenbuckel bei Grab mit Wall, Graben und Palisaden. Aufn.: Archiv Naturpark

Waldrand hoch. Hier stößt man auf den Limeswanderweg markiert mit schwarzem Turm und rotem Balken dem man bis zum rekonstruierten Wachtturm auf dem Heidenbuckel folgt. Im Jahr 2004 wurde von der Forstbehörde der Limesverlauf auf einer ca. 500 langen Schneise freigelegt. 1982 wurde beim Turm ein Stück Limes mit Palisaden, Graben und Wall rekonstruiert. Der Schlüssel zum Turm kann in den Graber Gaststätten ausgeliehen werden.

Auf dem Limesweg erreicht man Grab nach ca. 500 m. Von Grab folgt man der Landstraße Richtung Erlach Markierung rotes Kreuz. Beim Parkplatz am Waldrand biegen wir nach links von der Straße ab. Nach ca. 100 m verlässt man den nach Hohenbrach führenden Wanderweg mit dem Zeichen rotes Kreuz und geht ohne Markierung auf dem nach dem Förster Erich-Andreas Maier benannten Forststräßchen weiter. Am Waldrand überrascht uns eine herrliche Sicht. Li erkennt man den Heidenbuckel, etwas rechts davon Steinberg. Über das Murrtal hinweg sieht man den Hagberg und etwas rechts davon den Kaiserbacher Wasserturm. Etwas weiter re erkennt man die tief eingeschnittene Hörschbachschlucht, dahinter auf der Höhe Sechselberg, noch weiter rechts Siebenknie und die Höhen von Ittenberg und Eschelhof. Nach ca. 100 m stößt die erweiterte Variante auf das Wegedreieck oberhalb Trauzenbach und den Weiterweg nach Murrhardt. Markiert mit blau-

em Balken zieht unser Weg nach Frankenweiler. Am Ortsende beim See re weiter auf einem Fußpfad zur Hochfläche zwischen den tief eingekerbten Tälern des Trauzenbaches und des Harbaches. Die Felder auf der Hochfläche überquerend im anschließenden Wald vorbei an einem Wasserhochbehälter geht es hinunter zur Landstraße Murrhardt – Grab. Auf der Straße ca. 200 m entlang gehen. Gegenüber der Einfahrt Kieselhof biegen wir kurz in einen Feldweg nach links ein. Nach ca. 30 m führt unser Weg nach rechts durch die Wiesen parallel zur Landstraße zum Weiler Hintermurrhärle. Markierung blauer Strich beachten. Am ehemaligen Schulhaus (mit Glockentürmchen) in Vordermurrhärle vorbei, zieht der Weg zum Weiler Hoffeld. Dort gibt es einen restaurierten sehr tiefen Brunnen (Schacht beleuchtet). Ca. 300 m hinter Hoffeld führt nach links ein breiter Forstweg an der Einzäunung des Hohensteinparks entlang hinunter zur Landstraße und dem Parkplatz beim Gymnasium.
Der Weg markiert mit blauem Strich führt am Waldrand entlang hinunter zum Wolkenhof (Haus des Murrhardter Tiermalers Heinrich von Zügel) und zum Ausgangspunkt Bf Murrhardt.

W 17 Fornsbach-Waldsee – Spielhof – Kirchenkirnberg – Oberneustetten – P Waldsee

Strecke: 12 km; Gehzeit: 4 Stunden
Wanderkarte F 518 Schwäbisch Hall
A, B, G, P, T, W
Ausgangspunkt: Bf Fornsbach (Bahnlinie 784 Murrbahn) blauer Strich oder P am Fornsbacher Waldsee blauer Punkt

Fornsbach *ist ein Stadtteil von Murrhardt und wurde 1971 eingemeindet. Früher gehörte Fornsbach zur Grafschaft Löwenstein und später auch dem Kloster Murrhardt. Im Zweiten Weltkrieg wurde Fornsbach fast völlig zerstört, was man auch an den fast allen neuzeitlichen Gebäuden sehen kann. Der größte Anziehungspunkt von Fornsbach ist der* ***Waldsee****. Zu jeder Jahreszeit ist der Waldsee ein gern besuchter Ausflugsort, dem ein Campingplatz angeschlossen ist. Auch ist hier ein Restaurant vorhanden, in dem man gut essen kann. Kurzweilig ist es, an schönen Sommertagen dem bunten Treiben zuzusehen oder selbst mit einem kühnen Sprung ins Wasser den Kreislauf anzuregen.*

Wer mit der Bahn nach Fornsbach kommt, wandert dem blauen Strich entlang nach Fornsbach und die Hauptsraße entlang in Richtung Waldsee. An der Gemeindehalle ändert sich das Zeichen zum blauen Punkt, der die Wanderer über schöne Wege (hier Aussicht auf die Schanze und zurückblickend ins schöne Fornsbachtal) zum Waldsee führt. Für die Wanderer, die am P Waldsee parken, beginnt die Wanderstrecke bei der hinteren Ecke des Campingplatzes, hier führt ein Forstweg mit dem Zeichen blauer Punkt hangaufwärts. Ge zieht der Wanderweg abkürzend zum li abweichenden Forstweg steil hoch zur Ebene von Langert und stößt zum quer verlaufenden Weg mit dem Zeichen roter Punkt, der rechts von der Forststraße abzweigend, als Waldpfad zur Hornberger Reute führt. Vor Hornberg geht es am Waldrand li abwärts zur „Mordklinge“.

Der W berührt nur den oberen Teil der ***Mordklinge****, die vom oberen Stubensandstein bis in die bunten Mergel reicht. Im oberen Abschluss befinden sich 2 Grotten.*

Im Verlauf führt der W zum Weiler Spielhof. Ge liegt der Hagbergturm direkt im Blickfeld auf der Höhe. Der W weicht am Ortsende nach li und führt parallel zur Straße als Feldweg nach Kirchenkirnberg.

Kirchenkirnberg. *460 m NN, Stadtteil von Murrhardt. Herzog Friedrich errichtete hier 1598 ein Pochwerk für die Steinkohlegewinnung, das aber 1607 wieder aufgegeben wurde. Vom Kloster Murrhardt kam der Ort 1182 zum Kloster Adelberg. Die neuromanische Kirche wurde 1848 erbaut.*

Bei der Kirche setzt sich der Weg mit Zeichen roter Punkt weiter in Richtung Hagberg fort. 3 km.
Der Rückweg führt zuerst mit der Straße in Richtung Spielhof aus dem Ort. Nach ca. 250 m zweigt eine Straße li weg in Richtung FKK-Gelände. Ihr folgt man, bis re ein grasiger alter Weg abwärts nach Oberneustetten führt.

Oberneustetten *gehörte schon 1266 zum Kloster Adelberg, während* ***Unterneustetten*** *zum Kloster Murrhardt zählte. Beide Weiler mit Kirchenkirnberg Stadtteil von Murrhardt.*

Zwischen den beiden Orten geht es von der Straße re ab mit dem Zeichen blauer Strich. Li haltend auf dem Hetzenbühlweg ohne wesentliche Steigungen im Bogen um den Waldhang des Hornbergs. Schöne mächtige Bäume stehen am Weg. Nach dem Ausblick ins obere Murrtal zweigt der Weg mit Zeichen blauer Strich li nach Fornsbach ab.
Wer nicht am P Waldsee parkt, wandert hier die Lichelhalde hinunter immer dem blauen Strich folgend und dann über die Wörthstraße nach Fornsbach. Hier nach überqueren des Fornsbaches, links blauer Strich zurück zum Bf Fornsbach.

Die am P Waldsee parken wandern über den Hornbergweg weiter. Bei der forstwirtschaftlichen Lehrtafel geht es mit der Forststraße in einem linken Boden abwärts. Nach der Klinge zweigt ein Waldweg zum re liegenden Campingplatz ab. Mit einer „See-Promenade" erreicht man den Parkplatz und Ausgangspunkt.

W 18 Fichtenberg – Hagberg – Honkling – Röterturm – Mittelrot – Fichtenberg

Strecke: 17 km; Gehzeit: 5 Stunden
Wanderkarte: F 518 Schwäbisch Hall
A, K, P, T, W
Ausgangspunkt: Bf (Bahnlinie Murrbahn), beim alten Sportplatz an der Tälesstraße oder WP Staufenberg

***Fichtenberg**. 350 m – 500 m NN, 2 900 Ew. Die alte fränkische Siedlung aus der Karolingerzeit wurde 817 erstmals als eine dem Kloster Murrhardt zugehörige Pfarrei urkundlich erwähnt und hieß „Viheberc". 1338 kam der Ort zusammen mit der Burg Rötenberg an die Schenken von Limpurg. Bis 1872 hieß die Gemeinde Viehberg. An das am Fuß des Viehbergs liegende Kulturzentrum grenzt das Erholungszentrum am „Badesee Diebach" mit einem ausgedehnten Netz von Wanderwegen.*

Am Bf re, der Hauptstraße entlang bis zur Ortsmitte. Vor der Fußgängerampel nach rechts in die Tälesstraße und nach ca. 300 m erreicht man linker Hand den alten Sportplatz. Weiter überquert man gleich die Rot und geht dann nach ca. 100 m li weiter. Der Straße folgend erreicht man nach weiteren 500 m den WP Staufenberg.

Der Wanderweg – es ist der Baden-Württemberg-Weg – führt immer gut markiert nach Süden. Von Schwäbisch Hall kommend durchquert er mit Zeichen roter Strich und grünes Baumsymbol den Schwäbisch-Fränkischen Wald in Richtung Hagberg – Lorch (s. S. 285). Über den Staufenberg, der langgestreckt zwischen den beiden Tälern des Rauhen- und Glattenzainbachs sich ca. 2 km bis Eichenkirnberg hinzieht, geht es zu Beginn etwas steil, nachher gemächlicher.
Beim Austritt aus dem Wald liegt Eichenkirnberg, 470 m NN, ge vor uns. Unvermittelt im Blickfeld liegt der Hagberg auf der Höhe. Über die freie Stufenfläche, die wohl im 12. Jh. gerodet wurde, führt der W mit der Fahrstraße bis zu den Gewächshäusern. Ge, abkürzend zur re abbiegenden Straße geht's hoch nach Horlachen.

Der Hagbergturm des Schwäbischen Albvereins bei Gschwend. Archiv Schwäbischer Albverein. Aufn.: Günter Koch

***Horlachen**. Teil von Altersberg, Gemeinde Gschwend. 1623 gründeten die Limpurger hier eine **Glashütte**. Holz war in reichem Überfluss vorhanden. Doch gab es andere Schwierigkeiten. Der dazu benötigte Sand war eisenhaltig, dadurch ergab sich eine Färbung des Glases. Eisenfreier Sand mußte von weit herbeigeschafft werden, weshalb nach 1700 die Hütte wieder eingestellt wurde.*

Zum Hagbergturm geht es li durch den Ort. Eine kurze Steige führt am Ortsende hoch zur dominierenden Höhe.

*Der **Hagberg,** 585 m NN, ist wohl der schönste Aussichtsberg des Schwäbisch-Fränkischen Waldes. Der Turm wurde vor dem Ersten Weltkrieg im Jugendstil erbaut, mehrmals erneuert und 1979/80 in der ursprünglichen Form wieder hergestellt. Sonntags und feiertags geöffnet, sonst Schlüssel bei Schwäb. Albverein, Ortsgruppe Gschwend, Herbert Volland, Gartenstraße 15, 74417 Gschwend, Telefon 07972/58 62. In den Wintermonaten geschlossen. Die 4 Seiten des Turmes geben die Himmelsrichtungen über der tiefgestaffelten Landschaft an. Vom Turm* *aus bietet sich eine umfassende Rundsicht: Den Norden zeigt die spitze Nadel des Sendemastes vom SDR bei Waldenburg an, davor der Mainhardter Wald, nordöstlich weiter über dem Kochertal der Einkorn. Am Horizont der Burgberg, re die Frickenhofer Höhe, dahinter Schloss Baldern. Südöstlich beginnt die Albkette mit dem Braunenberg und Rosenstein, es folgen die 3 Kaiserberge, genau im Süden liegt der Hohenstaufen. Südwestlich der Boßler, Breitenstein und der spitze Kegel der Teck. Etwas näher der Fernsehturm. Im Westen erhebt sich der Wasserturm von Kaisersbach, nordwestlich hinter dem Steinknickle liegt der Katzenbuckel im Odenwald.*

Vom Turm führt der W mit Zeichen blauer Strich östlich zum Wasserhof, Pfeiferhof und Pritschenhof und durch die bewaldete Weinhalde zum Straßendreieck westlich von Wildgarten. Nach Honkling geht es 1 km mit der Fahrstraße. Im Ort bei der Straßengabelung li halten und nördlich weiter zum Waldrand. Nach ca. 1 km zweigt der W mit dem blauen Strich li ab von der Forststraße zur ehem. Burg Röterberg.

Burg Röternberg. *Ein Bergfried mit quadratischem Grundriss und Buckelquadern ist von der ehemals staufischen Burg aus dem 12. Jh. noch zu erkennen.*

Östlich liegen Unterrot und das Kochertal. Nach Mittelrot geht es nordöstlich der Burg talwärts ins Rottal. An der „Idyllischen Straße“ im Ort wird der Weg mit Zeichen blauer Strich verlassen, der über den Bergsattel unterhalb vom Kernerturm nach Gaildorf zieht.

In ***Mittelrot*** *(Teilort von Fichtenberg) ist in der aus dem Mittelalter stammenden St.-Georgs-Kirche der Flügelaltar aus der Ulmer Schule von 1499 sehenswert. Er zeigt in der gemalten Predella den auferstandenen Christus mit den vier Evangelisten, Holzplastiken von St. Georg, Maria und St. Stephanus im Schrein, auf den bemalten Flügeln die Verkündigung an Maria und den Kindermord zu Bethlehem.*

Zurück nach Fichtenberg geht es ohne Zeichen. Mit der Straße nach Michelbächle werden die Bahngleise überschritten, und gleich li entlang der Bahnlinie erreicht man Fichtenberg. Beim alten Sportplatz li hinüber zur Kirche und über die Täles- und Hauptstraße zum Ausgangspunkt.

W 19 Gaildorf – Lehberg – Erlenhof – Michelbächle – (Kernerturm) – Gaildorf

Strecke: 15 km; Gehzeit: 5 Stunden
Wanderkarten: F 518 Schwäbisch Hall
A, G, P, R, S, T, W
Ausgangspunkt: WP Kernerturm

***Gaildorf**, 329 m NN, 12 200 Ew., liegt an der Bahnlinie Stuttgart – Nürnberg. Erstmals urkundlich 1255 als Burgdorf ohne Kirche erwähnt, wurde das Dorf im 14. Jh. entscheidend gefördert durch die Schenken von Limpurg. Es erhielt 1404 durch Kaiser Rupprecht die Stadtrechte und wurde Mittelpunkt des Limpurger Landes. Das Hauptportal des Alten Schlosses trägt die Jahreszahl 1482, 1806 kam es zu Württemberg. Zu den Sehenswürdigkeiten gehören der mächtige Fachwerkbau des Alten Schlosses sowie die Fachwerkbauten des Alten Rathauses und des Bräuhauses. Gut markierte Wanderwege führen von der Stadt zu den Keuperhöhen des Schwäbisch-Fränkischen Waldes. Das Kochertal trennt den Mainhardter Wald westlich des Kochers von den Limpurger Bergen östlich des Flusses.*
Kurz aber steil geht es vom WP zum Bergsattel. Li an der Spielwiese mit Schutzhütte führt ein Abstecher zum Kernerturm auf dem Kirgel 458 m NN, mit Zeichen liegendes U ca. 500 m.

***Kernerturm.** Der nach dem Dichter Justinus Kerner benannte Aussichtsturm hat Ähnlichkeit mit einer indischen Pagode und bietet eine schöne Aussicht.*

Der W beginnt mit Zeichen rotes Kreuz. Es begleitet am Anfang den Kappelesbergweg in Richtung Lehberg bis zur Olgahöhe. Die Forststraße biegt li vom Weg mit Zeichen rotes Kreuz weg, und ohne wesentlichen Höhenunterschied stößt sie um den Lehberg herum bei einer Wegespinne wieder zum W. Der Wanderweg mit Zeichen rotes Kreuz ist aber „zünftiger“. Auf einem neu angelegten Forstweg führt er hinauf zur Kuppe vom „Druckele“ (472 m NN). Immer wieder bieten sich im Verlauf des Weges über den schmalen Bergrücken des Lehberges herrliche Ausblicke ins Kochertal und hinüber zu den Limpurger Bergen. Ge fällt der Hang der Bergkuppe wieder ab, und über den alten zerfahrenen Weg gelangt man hinunter zur Wegespinne. Mit der Forststraße geht es angenehm nordwestlich weiter, bis sie nach ca. 800 m endgültig den ge führenden Weg mit Zeichen rotes Kreuz, li abführend ins Erlenbachtal, verlässt. Mit dem Waldweg erreicht man, erst leicht ansteigend, nachher eben, durch den Haftelwald nach ca. 1,5 km den Baden-Württemberg-Weg (s. SW 7). Hier beginnt der Rückweg.

Mit dem Zeichen roter Strich und grünes Baumsymbol nun südlich auf der breiten Forststraße zum Weiler Erlenhof. Beim P öffnet sich der Wald und bietet eine überraschende Aussicht in Richtung Hagberg. Den freundlichen Weiler Erlenhof ganz durchqueren und südlich weiter in Richtung Gehrhof bis zu dem Waldschopf beim Erlenhofer Feld. Hier muß man re halten zum Waldrand (erst wenn man das Zeichen roter Strich wieder erkennt weitergehen!). Im Wald bleibt man vom bezeichneten Weg abgehend, sich li haltend auf der Höhe des Stummelbergs (der Weg mit Zeichen roter Strich und Baumsymbol zweigt re in Richtung Fichtenberg abwärts). Über die Höhenebene führt der aussichtsreiche Weg mit der Nr. 4 im Verlauf den Südhang auf asphaltierter Straße abwärts. Li wurde in einem aufgehobenen Steinbruch ein Spielplatz mit Schutzhütte angelegt.

Eine freigelegte Gesteinswand (Gipskeuper km1 und darüber Schilfsandstein-Formation km2) gibt Auskunft über die geologische Beschaffenheit des Berghanges.

Wenige m abwärts liegt re über dem P eine angenehme Sitzecke. Der Weg lässt sich nun nicht mehr verfehlen. Im offenen Rottal liegt Mittelrot, darüber der Turmberg des „Röter Turms“, re die Höhe von Hagberg, li umrahmt von den bewaldeten Höhen liegt Michelbächle.
Nach Michelbächle geht es li mit der Straße bis zum Ortsrand. Hier führt, re ab über den Michelbach, ein asphaltiertes Sträßchen leicht ansteigend am Waldrand hoch. Kurz vor dem Bergsattel untertunnelt die Bahn den Kappelesberg. Über den Bergsattel ge hinunter zum Ausgangspunkt.

W 20 Oberweissach – Lutzenberg – Haube – Waldenweiler – Sechselberg – Schloß Ebersberg – Ebersberg – Oberweissach

Strecke: 15 km; Gehzeit: 4, Stunden
Wanderkarte: F 518 Schwäbisch Hall
A, P, T, U, W
Ausgangspunkt: P Freizeitanlage „Bei den Forchen“ (nur von Oberweissach befahrbar)

Vom Ausgangspunkt nach Oberweissach und durch das Brucher Täle ansteigend hoch nach Lutzenberg – Haube, kann man sich getrost auf die gute Wegmarkierung, Zeichen rotes Kreuz, verlassen.

Der Anstieg wird von der aussichtsreichen Bergkuppe „Haube“, 536 m NN, reichlich belohnt.

Von der Kuppe bietet sich eine umfassende Rundsicht. Nördlich liegt Ebersberg, und dem Weißacher Tal folgt die Backnanger Bucht. Westlich von der Königsbronner Höhe fällt die hügelige Landschaft mit den „Berglen“ südlich zum Remstal ab. Nach Süden erstreckt sich das Wieslauftal in Richtung Schorndorf. Im Vordergrund über Rudersberg liegt Burg Waldenstein.

Von der Haube mit einem Linksschwenk zur Straße L 1120. Jenseits schlängelt sich der GFW mit Zeichen roter Strich durch die Tänisklinge bis zur Kläranlage unterhalb von Waldenweiler. Links ab führt der Forstweg, Zeichen blaues Kreuz, vorbei am Waldhaus mit Einkehrmöglichkeit sowie einem großen Spiel- und Rastplatz zum Schloß Ebersberg. Wer die Wanderroute über Waldenweiler – Sechselberg ausdehnen möchte, bleibt auf dem Georg-Fahrbach-Weg bis zum Ortsbeginn von Sechselberg. Ab hier ohne Zeichen mit der Straße li zum Ortskern. Die Wegstrecke verlängert sich um ca. 3 km. Im beiden Orten besteht Einkehrmöglichkeit.

Sechselberg. *437 m NN, Teilort von Althütte. Der Ort ist jedoch wesentlich älter als Althütte. Erstmals urkundlich 1027 erwähnt, geht die Gründung auf eine Ansiedlung kriegsgefangener Sachsen durch Karl den Großen um das Jahr 800 zurück. Im 14. Jh. kam es aus dem Besitz der ebersbergischen Herren an Württemberg und gehörte zum Amt Ebersberg, später zum Oberramt, seit 1938 Landkreis Backnang, nach 1971 zur Gemeinde Althütten und ab 1975 zum Rems-Murr-Kreis.*

In südlicher Richtung weist der Wengertweg durchs Tal zum Schloß Ebersberg.

Erwähnt wird ***Burg Ebersberg*** *erstmals um 1100. In derselben Zeit werden auch die „Brüden“-Orte als Schenkung an das Kloster Hirsau erwähnt. Im 14. Jh. kam die das Weißacher Tal beherrschende Burg an die edelfreien Herren von Ebersberg. Nach dem Niedergang der Staufer verarmte das Geschlecht der Ebersberger. Nach häufigem Besitzwechsel kam das Schloss, durch die Gegenreformation kath. geworden, vom Kloster Schöntal 1786 durch Kauf an das Haus Württemberg. Von der auf schmalem Bergrücken gelegenen Burg sind noch Bergfried und Ringmauern erhalten. Im Schloss befindet sich eine Bildungsstätte und ein Pfadfinderheim der Diözese Rottenburg. Ebersberg ist Teilort der Gemeinde Auenwald, zu der noch Lippoldsweiler sowie Ober- und Unterbrüden gehören.*

Die ehemalige Burg Ebersberg beherbergt heute eine Erholungs- und Bildungsstätte der Deutschen Pfadfinderschaft St. Georg / Diözese Rottenburg. Aufn.: Theo Müller

Nach der Schlossumrundung mit herrlicher Sicht über die Backnanger Bucht (eine östlich des Neckarbeckens gelegene, großenteils mit Löss bedeckte Gäubucht, die vom Keupertrauf in weitem Halbkreis umrahmt wird) gelangt man an der Westseite des Berghanges mit dem historischen Stäffelesweg auf 354 Stufen abwärts nach Ebersberg, das inmitten protestantischem Gebiet, seit der Gegenreformation im 17. Jh., katholisch geblieben ist. Mit der Hauptstraße – Buckelhalde findet man den Rückweg über den aussichtsreichen Höhenzug zum kurzweiligen Spiel- und Rastplatz „Bei den Forchen".

W 21 Althütte – Sechselberg – Gallengrotten – Ebnisee – Voggenhof – WP Steinbachtal (mit abgekürzter Variante)

Strecke: 16 km (9 km); Gehzeit: 5 Stunden (3 Stunden)
Wanderkarte: F 518 Schwäbisch Hall
A, B, F, G, P, R, S, W
Ausgangspunkt: WP Steinbachtal, an der Straße Althütte – Ebni

In der Talsenke gegenüber dem P an der Fahrstraße liegt von einem Baumgürtel verdeckt der WP Steinbachtal. Er besitzt inmitten einer ausgedehnten Spielwiese mehrere Sitzgruppen mit Feuerstellen und eine Schutzhütte. Nahebei, über dem Steinbach, befindet sich noch ein Kneippbecken.

Althütte. *500 m NN, 4000 Ew. Urkundlich erwähnt ab 1435, verdankt der Ort seinen Namen einer Glashütte, die bis Ende des 16. Jh. bestanden hat. Daher auch die 2 überkreuzten Glasbläserröhrchen in seinem Wappen. Mit dem 1970 verliehenen Prädikat „Erholungsort" hat Althütte inmitten des Welzheimer Waldes mehr und mehr an Bedeutung gewonnen. Zur Gmeinde Althütte gehören heute als Teilorte Fautsbagch, Hörschhof, Kallenberg, Lutzenberg, Schlichenweiler, Schlichtenhöfle, Schöllhütte, Sechselberg und Waldenweiler sowie Einzelhöfe und -häuser. Teilweise wurden in diesen wie auch im Hauptort Althütte selbst nach dem zweiten Weltkrieg mehr oder weniger umfangreiche Neubaugebiete geschaffen. Die Gemarkung der Gesamtgemeinde umfasst einen Teil der stark zertalten Stubensandsteinhochfläche. Bei Sechselberg und im östlichen Randgebiet sind über Knollenmergel kleine Unterjura-Reste erhalten.*

Gegenüber der Straße, die Richtung Nonnenmühle führt, beginnt der W in Richtung Schlichenhöfle. Er ist mit seiner abgekürzten Variante auch für Wanderer mit Kinderwagen geeignet.
Am Waldrand, bei der Pension Waldeck, berührt man den Teilort und folgt der Straße Richtung Waldenweiler ge bis zum li der Straße liegenden kleinen Weiher Bühlhau (ND).

Eine Tafel weist das aus einem alten Steinbruch stammende Feuchtbiotop als letzten Lebensraum für viele vom Aussterben bedrohte Tiere und Pflanzen aus.

Von hier nach Waldenweiler (der Ort gehörte, von 1528 bis zur Eingliederung 1971 nach Althütte, zu Sechselberg) sind es wenige 100 m. Im Ort Zeichen roter Strich folgen durch Schloss- und Ebersberger Straße und nach dem schmucken Fachwerkhaus re hoch. (Zur Burg Ebersberg geht es beim Gasthof „Rössle" mit Zeichen blaues Kreuz. Dieser Abstecher verlängert die W um ca. 6 km.)

Burg Ebersberg *s. W 20*

Dem roten Strich folgen bis Ortsanfang Sechselberg. Vor dem 1. Haus re durch Panoramastraße weiter bis zur aussichtsreichen Höhe am östlichen Ortsrand von Sechselberg beim Gallenhof. 1,5 km

Von der Höhe beim Gallenhof bietet sich ein umfassender Blick. Über Sechselberg hinweg sieht man nun Burg Ebersberg, dahinter die Backnanger Bucht, re weiter den Wunnenstein, im Norden die Hohe Brach, am Horizont den Sendemast bei Waldenburg, im Vordergrund Murrhardt im Tal, darüber den Mainhardter Wald.

Vom Gallenhof re ab auf Schadackerweg mit Zeichen roter Strich, der nach 1,5 km Anschluß an die Forststraße „Ebniweg“ findet. Im Verlauf führt die abgekürzte Variante mit dem Hinweis „Steinbachtal“ re weg. Vorbei an zwei Brunnen kommt man nach 2 km beim Wassertretbecken wieder zum WP.
Richtung Ebnisee (auf Ebniweg) geht es auf der Anhöhe li von der Forststraße ab. Nach einem kurzen Waldpfad steht man unvermittelt an der Straße vor Rotemad. Nicht durch den Hof, sondern um den Hof herum weist der rote Strich am Waldrand re zum Ebnisee. Auf dem alten holprigen Waldweg geht man den Hang hinunter zur talwärts führenden Salbengehrener Forststraße.
Nach ca. 500 m mündet in unseren roten Strich-Weg von li der Weg mit blauem Kreuz. Der kurze Abstecher auf diesem Weg zu der Gallengrotte unterhalb des Gehöftes Hofenäckerle ist sehr lohnend.

2 ***Grotten*** *im felsigen Stubensandstein bilden eine romantische Wildnis. Die teilweise überhängenden Felswände sind ein beeindruckendes Naturdenkmal, das den anderen Grotten im Schwäbisch-Fränkischen Wald nicht nachsteht.*

Am Waldrand entlang kommen wir am Gallenhöfle vorbei, das li vor uns liegt. Gegenüber auf der Höhe liegt das Feriendomizil des Württembergischen Landessportbundes.
Ist der Ebnisee in Sicht, liegen re drüben zwei Feuerstellen mit Sitzplätzen und einem Kiosk am Ufer. Um den See gehen wir am westlichen Ufer; nach der Café-Terrasse führt der W mit Zeichen rotes Kreuz hoch nach Ebni (der fremdklingende Name kommt von Ebene). Die Fahrstraße überquerend geht es erst li, danach re die Ebene verlassend im Wald durch eine Senke, li hoch zu dem höher gelegenen Gehöft Voggenhof (immer mit Zeichen rotes Kreuz). Weiter auf dem Weg mit Zeichen rotes Kreuz kurz nach dem ehem. Bauernhof re über die aussichtsreiche Wiesenfläche (über dem Strümpfelbachtal erkennt man Althütte) hinunter zur Nonnenmühle (Gaststätte), wo einst, der Überlieferung nach, ein Nonnenklösterchen gestanden hat. Von hier führt das asphaltierte Sträßchen in nördlicher Richtung nach knapp km zum WP Steinbachtal zurück.

W 22 Sulzbach – Berwinkel – Kolonie Erlach – Großerlach – Fischbachtal – Bf Sulzbach

Variante 22a: Bf Sulzbach – Äußere Fischbachsäge – WP Seitenbachtal – Waldlehrpfad – Bf Sulzbach

Strecke: 15 km; Gehzeit: 5 Stunden
Strecke ab WP Fischbachtal: 10 km; Gehzeit: 3,5 Stunden
Wanderkarte: F 518 Schwäbisch Hall
A, P, R, T, U, W
Ausgangspunkt: Bf Sulzbach (Bahnlinie 784 Murrbahn) oder WP Fischbachtal nordöstlich der B 14

***Sulzbach**. 273 m NN, 5400 Ew. Das „Tor zum Schwäbischen Wald“ wurde erstmals 817 zusammen mit Murrhardt erwähnt. Im Laufe der Geschichte war es bis ins 19. Jh. eng mit der Grafschaft Löwenstein verknüpft. Das ehemalige Wasserschloß Lautereck, dessen unterer Teil aus Sandsteinqadern besteht, stammt aus dem 13. Jh. Der obere Teil ist ein Renaissancebau von 1602 mit hübschem Fachwerk und Ecktürmen. Es gehörte früher dem Gräflich Löwenstein'schen Haus. Die Kirche St. Ulrich wurde nach dem großen Brand 1753 errichtet. Moderne Architektur zeigen die Schulgebäude von 1965–70 und die 1983 erbaute Sporthalle.*

Zu einer zünftigen Wanderroute führt der Weg mit Zeichen blauer Strich vom Bf Sulzbach zur Ortsmitte (Kirche), nördlich durch die Unterführung der B 14, am Fischbach entlang zum Fischbachsträßchen, das in Richtung Mainhardt li von der B 14 abzweigt (ein schattiger WP liegt ca. 150 m weiter nördlich). Kurz nach der Überquerung des Fischbachsträßchens führt der Weg, nun mit Zeichen blauer Punkt ein weiteres Mal durch eine Unterführung der B 14, danach zunächst am Seitenbach aufwärts folgend vorbei am WP, Spiel- und Rastplatz „Seitenbachtal“ mit Schutzhütte und Grillmöglichkeit. Der W verläuft ca. 1 km auf dem gut gestalteten und informativen Waldlehrpfad „Seitenbachtal“ mit illustrierten Holztafeln über Baumarten und die vorkommende heimische Vogelwelt. Bei der Wegkreuzung mit dem von li über den Seitenbach kommenden Forststräßchen verlassen wir den Waldlehrpfad und wandern ge weiter mit dem Zeichen blauer Punkt. Über den weiteren Verlauf der stufenweise ansteigenden Wegstrecke nach Berwinkel gibt es dank der guten Markierung nie Zweifel. Als Lohn für den Aufstieg genießt man von der freien Hochfläche vor Berwinkel die weite Aussicht über das Murrtal bis hin zum Schurwald, zum Fernsehturm und westlich zum Juxkopf. Man wandert durch den bäuerlich geprägten Ort mit seinen schmucken Gehöften, gesäumt von mächtigen Linden, und kann am Ortsende im Gasthaus Krone Einkehr halten.

Ehem. gräflich-löwensteinisches Wasserschloß Lautereck in Sulzbach.
Aufn.: Archiv Naturpark

Von Berwinkel führt der W zunächst re der B 14 entlang und zweigt mit der Straße Richtung Liemansklinge re ab. Gleich nach der Kehre im Haselbachtal zieht der Weg mit Zeichen blauer Punkt li durch die kleine Hohle zur knapp 1 km entfernten Kolonie Erlach. Am Waldrand angelangt, sehen wir re das Tierheim, nach dem weitbekannten Dichter und Tierfreund Manfred Kyber benannt.

*Die **Kolonie Erlach** (Gemeinde Großerlach) ist ein Heim der Inneren Mission für Nichtsesshafte, gegründet 1891 als Arbeiterkolonie im Sinne des evangelischen Theologen Friedrich von Bodelschwingh, anfangs als Trinkerheilanstalt, später als Zuflucht für arbeitslose Männer, an der Stelle einer 1737 erbauten Glashütte, die 1865 nach Zuffenhausen verlegt wurde.*

Den Weg mit Zeichen blauer Punkt (er verläuft durchs Rottal nach Mainhardt) verläßt man bei der Straßenkreuzung und geht mit neuem Zeichen rotes Kreuz westlich nach wenigen m re von der Straße. Nun hat man den schönsten Abschnitt des W vor sich. Es ist eigentlich schade, dass das Sträßchen über die Schanz, 552 m NN, für den Autoverkehr freigegeben wurde, denn in seinem Verlauf bietet sich eine imposante Rundsicht.

Von der Südseite des Höhenzuges Panoramablick: von li nach re erkennt man am Horizont die 3 Kaiserberge mit der Albkette, die Teck, Reußenstein, Hohen Neuffen. Im Vordergrund über dem Murrtal der Wasserturm von Kaisersbach, die Haube bei Althütte und hinter der Buocher Höhe der Kernen und der Fernsehturm. Über der Nordseite der Schanz, wo sich ein Skilift befindet, liegt li hinter dem Burgfrieden bei Neuhütten das Steinknickle, im Vordergrund der Wasserturm Hohenstraßen bei Mainhardt, am Horizont der Sendemast von Waldenburg. Nach dem Wasserturm von Kornberg erkennt man den Einkorn bei Schwäbisch Hall.

In Richtung Großerlach fällt das Sträßchen steil ab zur B 14, die bei der Bushaltestelle überschritten wird.

In ***Großerlach****, 507 m NN, 2 700 Ew., urkundlich seit 1441 erwähnt, wurde 1772 nach Silber gegraben. Ein Stollen ist heute noch vorhanden. Der aufstrebende Ort besitzt ein ausgedehntes Freizeitzentrum.*

Gegenüber der Gaststätte Silberstollen führt der Rückweg ins Fischbachtal. Mit dem alten Waldweg muß man ohne Zeichen zwischen den li und re tiefeingeschnittenen Klingen über den Hang hinuntergehen. Im Wald muss man sich li halten und geht am re Hang der li Klinge abwärts. Der holprige Weg mündet nach ca. 500 m in eine re talwärtsführende Forststraße. Man muss immer auf dem re des Dachsbaches verlaufenden Weg bleiben, um nach ca. 1 km zum Fischbachsträßchen bei Mittelfischbach (Einkehrmöglichkeit) zu kommen. Mit dem munter dahinfließenden, fortwährend die Straßenseite wechselnden Fischbach gelangt man mit Zeichen blauer Strich zum P und nach Sulzbach zurück.

Variante 22a: Bf Sulzbach – Äußere Fischbachsäge – WP Seitenbachtal – Waldlehrpfad – Bf Sulzbach

Strecke: 8,5 km; Gehzeit: 3 Stunden
Strecke ab WP Seitenbachtal: 4,5 km; Gehzeit 1½ Stunden
Ausgangspunkt Bf Sulzbach oder WP Seitenbachtal

Vom Bf Sulzbach bis zur Wegkreuzung mit dem von li über den Seitenbach kommenden Forstträßchen wie bei der Hauptwanderung. Hier verlassen wir den Blau-Punkt-Weg und wandern re haltend auf dem Forststräßchen mit dem Waldlehrpfad weiter. Ungefähr bei Erreichen der Höhe liegt li des Wegs ein hübsch angelegter Brunnen mit Rastplatz. Kurz danach kommt li der Ochsenbergweg, dem wir ge folgen. Man bleibt weiterhin auf diesem Forststräßchen mit Waldlehrpfad, das sich in nahezu gleicher Höhe um zwei Tälchen zieht, bis der Lehrpfad kurz vor demWaldrand bei den beidseitig des Wegs stehenden Hütten endet. Am Waldrand steht eine Bank, die einlädt, den schönen Ausblick auf das Murrtal und Sulzbach zu genießen. Von hier geht es zunächst ca. 250 m auf dem Asphaltsträßchen abwärts, dann nimmt man den re abgehenden, größtenteils am Waldrand entlang führenden Weg und gelangt nach kurzer Zeit zum WP Seitenbachtal. Rückweg zum Bf Sulzbach wie Herweg.

W 23 Kleinaspach – Einöd – Altersberg – Kanapeebuche – Vöhrenberg – WP Torkelkelter

Strecke: Von Bushaltestelle 14 km, von WP 12 km; Gehzeit: 4 bzw. 3,5 Stunden
Wanderkarten: F 518 Schwäbisch Hall
A, P, R, S, T, U, W
Ausgangspunkte: Bushaltestelle Schafhaus (Buslinie 367 OVR von Backnang) oder WP Torkelkelter, ca. 1 km nordöstlich des Ortskernes von Kleinaspach
Die Wanderung ist auch als Radtour und für Kinderwagen geeignet.

Kleinaspach. *295 m NN, Ortsteil von Aspach, am südwestlichen Ausläufer der Löwensteiner Berge gelegen, wurde um 750 als Herrenhof gegründet. Der alte Weinort – Weinbau wird hier bereits um 978 betrieben – mit seinen stattlichen Fachwerkhäusern und der 1791 errichteten Kirche ist Teilort der Gemeinde Aspach. Unterhalb der Rebhänge des Vöhrenberges steht die im schwäbischen Raum einmalige, 1522 erstmals erwähnte Baumtorkelkelter.*
Der heutige Kelterbau und die Baumpresse stammen aus den Jahren 1793/94. Der Kelterbaum aus Eiche wiegt 7,5Tonnen, die Spindel aus Hainbuche hat einen Durchmesser von 12 cm. Die historische Kelter ist auch Ausgangspunkt des 3 km langen Weinlehrpfades „Vöhrenberg“. Aufschluß über die geologischen Grundlagen sowie viel Wissenswertes über den Weinbau wird auf über 20 Tafeln dem interessierten Wanderer mitgeteilt.

Mit dem Weg, der hinter der Kelter die re liegenden Weinberge von den Obstwiesen trennt, geht es ge ins Rohrbachtal zu dem abseits gelegenen

Weiler Einöd. Re ab führt die Straße durch das unter Landschaftsschutz stehende Rohrbachtal dem Berghang des Mäusberges entgegen. Hier teilt sich das idyllische Tal. Die Straße K 1823 folgt li dem Berghang hoch nach Altersberg.

Li auf der Höhe erkennt man ***Völkleshofen*** *(Ortsteil von Aspach). Noch im 19. Jh. besaß der Ort keinen Brunnen, und das Trinkwasser mußte mühsam aus dem Rohrbachtal geholt werden.*

Li weg durch das an der Straße liegende Altersberg, bis re die „Muldenscherre“ abkürzend zur Hochstraße am Waldrand hochführt. Radfahrer und Kinderwagen auf dem Sträßchen weiter bis zur Wegkreuzung, hier re auf der Hochstraße. In östlicher Richtung re ab, nun mit leichtem Schritt fast eben auf der Hochstraße, die im Verlauf mit Zeichen rotes Kreuz markiert, nach ca. 2,5 km zur Wegespinne bei der Kanapeebuche führt. Zum Rückweg führt die Forststraße „Rohrweg“ re ab von der Hochstraße mit Zeichen blauer Punkt. Nach ca. 150 m biegt der Weg mit Zeichen blauer Punkt nach li ab; wir aber gehen auf dem Asphaltsträßchen ohne Zeichen weiter. Der W erreicht nach ca. 1 km am Waldsaum einen schön angelegten Rast- und Spielplatz mit Schutzhütte und Feuerstelle, der zur Rast einlädt.

Die historische Kelter bei Kleinaspach. Aufn.: Theo Müller

Blick vom Vöhrenberg über die Backnanger Bucht; im Hintergrund der Schurwald und die Schwäbische Alb. Aufn.: Theo Müller

Von Vordervöhrenberg geht es über den freien Bergrücken zum genussreichen Aussichtspunkt „Vöhrenberg" über den Weinberghängen.

Weit reicht die Sicht über die Backnanger Bucht. Von li nach re erkennt man die Haube bei Mannenberg, Buocher Höhe und die Ausläufer des Korber Kopfes. Über dem Stuttgarter Kessel der Fernsehturm und re der Lemberg, im Hintergrund Schurwald und Schwäbische Alb.

Die ***Backnanger Bucht*** *schließt als Gäubucht östlich an das Neckarbecken an und ist großenteils mit Löss bzw. Lösslehm bedeckt. Sie wird vom Keupertrauf der Ausläufer der Löwensteiner Berge, des Murrhardter und Welzheimer Walds sowie den Berglen in weitem Halbkreis umrahmt. Gegen den Rand der Bucht stellt sich am Fuße der Keuperstufe eine Gipskeuper-Hügellandschaft ein, die nur noch gelegentlich eine stärkere Lössaufwehung trägt. Die Lössflächen sind Altsiedlungsland und werden, soweit sie nicht überbaut sind, überwiegend ackerbaulich genutzt.*

Über die Wegstrecke hinunter zur bereits sichtbaren Torkelkelter gibt es keinen Zweifel. Li oder re herum führt ein aufschlussreicher Weinlehrpfad sicher zum Ausgangspunkt zurück.

W 24 Oberstenfeld – Lichtenberg – Krugeiche – Peterskirche – Oberstenfeld

Strecke: 12 km: Gehzeit 4 Stunden
Wanderkarte: F 518 Schwäbisch Hall
A, K, P, R, S, T, U
Ausgangspunkt: Bushaltestelle Rathaus in Oberstenfeld (Buslinie 460 RBS von Marbach a.N., in der Nähe auch Parkmöglichkeit)
Die Wanderung ist auch als Radtour und für Kinderwagen geeignet.

Oberstenfeld. *234 m NN, ca. 8000 Ew. Die Gründung hängt eng mit der Gründung des Chorherrenstiftes 1016 zusammen. Als Herzog Ulrich um 1540 die Reformation einführte, wurde das Stift in ein adliges Fräuleinstift umgewandelt. Heute ist in den Stiftsgebäuden ein Altersheim untergebracht. Der Ortskern von Oberstenfeld wird von der erhöht gelegenen, münsterartigen Stiftskirche geprägt. Ältester Bauteil der spätromanischen Kirche ist die westliche Hälfte der Krypta aus dem 11. Jh. Die Basilika ist dreischiffig, der reich verzierte Chorturm wurde 1230 angebaut. Benachbart die sog. „Fleckenkirche“, einst für die nicht adlige Bevölkerung, wurde 1738/39 umgebaut.*

Die den Freiherren von Weiler gehörende staufische Burg Lichtenberg ist eine völlig erhaltene mittelalterliche Burg. Aufn.: Archiv Naturpark

Vom Rathaus zunächst ca. 30 m in Richtung Großbottwar, dann geht man mit Zeichen blaues Kreuz li die Bädergasse hinab, überquert auf Steg die L 1100 und die Bottwar; hinter dem Sportgelände führt der Weg li weiter mit Zeichen blaues Kreuz durch die Siedlung hangaufwärts zur Burg Lichtenberg.

Burg Lichtenberg. *Das auf dem schmalen Ausläufer der Löwensteiner Berge stehende Burgschloss ist bewohnt. Es gehört den Freiherren von Weiler. Die staufische Burg mit dem mächtigen Bergfried ist erstmals 1196 urkundlich mit den Herren von Lichtenberg, die den Beinamen Hummel führten, genannt. Im Jahr 1357 ging die Burg nebst Vogtei an den Grafen Eberhard von Württemberg. Seit 1483 gehört das Schlossgut den Herren von Weiler. Neben dem Tor befindet sich eine Kapelle aus dem Jahre 1230. In der völlig erhaltenen mittelalterlichen Burg ist eine Burgschenke eingerichtet.*

Der W führt über die schmale Kieselsandstein (Km3s)-Bergzunge mit schöner Aussicht nach ca. 600 m zu einem WP (die Wanderung kann auch hier begonnen werden).

Vom WP mit Zeichen rotes Kreuz li ca. 120 m auf der L 1118, nun zweigt re Weg ab, am Waldrand entlang der mit rotem Kreuz markierte zum WP Starenbühl (Wanderung kann auch hier begonnen werden) bei Altersberg. Hier verlassen wir den markierten Weg und wandern ge in den Walt (Achtung: nicht den nach ca. 200 m li abbiegenden, abwärts führenden Weg nehmen). Wir bleiben auf der Kieselsandstein-Hochfläche (Km3s) mit Hainsimsen-Buchwald und stattlichen Trauben-Eichen, wandern oberhalb der Weinberge der Eichhalde entlang, bis der Weg rechtwinklig nach re abbiegt und wir auf dem Eichhaldenweg zur Krugeiche gelangen (WP, Wanderung kann auch hier begonnen werden).

Krugeiche. *Eine als Naturdenkmal ausgewiesene Trauben-Eiche. Der aufgestellten Erläuterungstafel können wir Folgendes entnehmen: „Pflanzjahr" ca. 1850, heutige Baumhöhe ca. 32 m, Stammumfang 2,30 m. Ein Baum dieser Größe erzeugt pro Tag ca. 9 400 Liter Sauerstoff und regeneriert ca. 42 000 Liter Luft. Die Bauersfrauen von Altersberg haben hier Halt gemacht und sich kurz ausgeruht, bevor sie mit dem Korb auf dem Kopf vollends ins Tal hinabstiegen, ebenso wenn sie vom Markt in Oberstenfeld mit ihrer Last heraufkamen. Ausruhen heißt auf Schwäbisch „ausgruege" oder „ausgruebe". Irrtümlich wurde aus der Gruegeiche eine Krugeiche, was sich im Schwäbischen gleich ausspricht. Der Bereich um die Krugeiche ist für Jung und Alt ein gern besuchtes Freizeitzentrum. Viele Varianten von Wandermöglichkeiten führen rund um die Krugeiche. In der Bieversklinge, ca. 500 m in Rich-*

Die ungefähr 1850 gepflanzte Krugeiche. Aufn.: Theo Müller

tung Oberstenfeld befindet sich ein Kneippbecken. Ca. 100 m ge von der Krugeiche sind am Buchackerweg Spielplatz, Schutzhütte und Feuerstelle vorhanden. Beachtenswert ist der von der Gemeinde Oberstenfeld und dem Staatlichen Forstamt betreute Waldlehrpfad Krugeiche. Dieser auch mit Rollstuhl befahrbare Pfad informiert auf 2 km mit 37 Holztafeln über die Pflege und Bedeutung des Waldes.

Bei der Abzweigung des Buchackerwegs halten wir uns li und gelangen an den Rand des Waldes Buch, in dem einstens die Scheiterburg stand, von der nur noch Reste von Wällen und Gräben zeugen.

Hier hat man eine sehr schöne Aussicht über das Bottwartal mit den Zeugenbergen Wunnenstein, Köchersberg und Forstberg. An der Wegböschung im Bereich des Kieselsandsteins (Km3s) eine interessante, säureholde Vegetation, eine Deutschginster-Heide, mit Heidekraut, dem stechenden Deutschen Ginster, Savoyer Habichtskraut, Salbei-Gamander, Wiesen-Wachtelweizen, Kahlem Ferkelkraut, um nur einige wenige bezeichnende Arten zu nennen. Im Bereich der darunter liegenden mehr oder weniger kalkreichen Unteren Bunten Mergeln (Km3u) tritt dagegen der HirschhaarstrangSaum auf mit reichlich Hirsch-Haarstrang, Gewöhnlichem Dost, Wirbeldost und weiteren Saumarten.

Der W führt durch die Weinberge hinunter zur Fahrstraße Oberstenfeld – Gronau. Li haltend nach ca. 300 m die Straße re ab; eine Brücke führt über die Bottwar, bis zur L 1117.

Hier li haltend in Richtung Ortsmitte lohnt sich nach ca. 150 m re der bezeichnete Abstecher zur Peterskirche und Friedhof.

Auf dem sanften Rücken zwischen Bottwar- und Söhlbachtal liegt im alten ummauerten Teil des Friedhofs die **Peterskirche***. Sie ist ein Kleinod romanischer Baukunst und zählt zu den ältesten Sakralbauten Württembergs. Die Kirche wurde in der Mitte des 11. Jh. erbaut mit rechteckigem Langhaus, quadratischem Turmchor und 3 Apsiden. Von diesen ist nur die nördliche Apsis erhalten, die östliche und südliche Apsis sind aber durch Grabungen nachgewiesen. Unter dem westlichen Langhaus befand sich ein Beinhaus. Gegen Ende des 13. Jh. wurde der Chor eingewölbt und die Kirche mit Fresken ausgemalt, die biblische Szenen darstellen. In den Jahren 1973–1976 fand eine gründliche Restaurierung statt.*

Die aus dem 11. Jahrhundert stammende Peterskirch von Süden.
Aufn.: Theo Müller

Nach der Besichtigung wandern wir den gleichen Weg ins Tal hinab und zum Ausgangspunkt in der Ortsmitte von Oberstenfeld.

W25 Beilstein – St. Anna-See – Burg Wildeck – Helfenberg – Beilstein

Strecke: 13 km; Gehzeit 4 Stunden
Wanderkarte: F518 Schwäbisch Hall
A, P, R, T, U
Ausgangspunkt: Bushaltestelle Langhans in Beilstein (Buslinien RBS 460 von Marbach a.N. und RBS 641 von Heilbronn), in der Nähe auch Parkmöglichkeiten

Beilstein. *257 m NN, ca. 5000 Ew. Die am Söhlbach, einem Seitental der Bottwar, gelegene Stadt entwickelte sich im Anschluss an die Burg Hohenbeilstein (s.u.). Die erste Nennung als Stadt erfolgte 1304. Über die Grafen Löwenstein, die Grafen von Calw und die Markgrafen von Baden kam die Stadt um 1300 an Württemberg, ging im Reichskrieg 1310–1312 gegen Grafen Eberhard den Erlauchten verloren und wurde um 1350 wieder württembergisch. Beilstein war seit dem 15. Jh. Amts- bzw. Oberamtsstadt. Das Oberamt Beilstein wurde 1810 aufgelöst, kam zum Oberamt Marbach und 1938 bis heute zum Landkreis Heilbronn. 1693 wurden durch die Franzosen 150 Gebäude eingeäschert und bei Kämpfen vom 15. bis 18.4.1945 wurde die Stadt zu 40% zerstört. Bemerkenswert ist das Rathaus, ein prächtiger Fachwerkbau mit steinernem Unterbau von 1598, nach Zerstörung 1693 wurde es 1708 wieder aufgebaut. Auf halber Höhe befindet sich die frühgotische Magdalenenkirche mit der Grablege der Wunnensteiner, u.a. des „Gleißendes Wolfs“ (Grabmäler). Seit 1955 Jugendheim der christlichen Pfadfinderschaft. Daneben das „Schloss“, das 1570 als Amtshof des württembergischen Vogts erbaut wurde; nach der Zerstörung 1693 erneuert. Den heutigen neugotischen Bau ließ um 1900 Fabrikant Robert Vollmoeller aus Vaihingen/Filder, der 1898 Amtshof und Burgruine kaufte, errichten. Seit Übergang an die Stadt 1960 „Haus der Kinderkirche“, Schulungs- und Tagungsstätte der Ev. Landeskirche.*

Burg Hohenbeilstein. *Auf dem die Stadt Beilstein überragenden Schlossberg (362 m NN, Schilfsandstein-Kuppe) steht die in der 1. Hälfte des 12. Jhs. erbaute und um 1500 erweiterte Burg. Sie gelangte 1540 an Herzog Ulrich von Württemberg. Nach der Zerstörung im Bauernkrieg (1525) legten die Franzosen 1693 sie vollends in Schutt und Asche.*

Nach der Zerstörung wurden die Burggebäude nur notdürftig repariert und verfielen im Laufe der Zeit. Erste Renovierungen erfolgten nach 1900 durch Robert Vollmoeller 1960 Übergang von der Familie Vollmoeller an die Stadt Beilstein, 1962 Einrichtung einer Burgschenke. Es steht heute noch der mächtige, 28 m hohe, fünfeckige Bergfried aus dem 12. Jh., Langhans genannt (Aussichtsturm), und ein Teil der inneren Ringmauer; von den Burg und Stadt verbindenden Schenkelmauern sind Teile erhalten. Heute beherbergt die Burg eine Falknerei und die gastliche Burgschenke.

Von der Bushaltestelle gehen wir mit Zeichen rotes Kreuz bzw. rote Traube die Langhansstraße hoch, an ihrem Ende ge über Fußweg mit einzelnen Treppen zu WP Hohenbeilstein (W kann auch hier begonnen werden; wer es bequemer haben möchte, kann am Anfang des Fußwegs li das Weinbergsträßchen nehmen). Ein Abstecher zur Burg Hohenbeilstein lohnt sich: Am Weg beidseitig Weinlehrpfad, Falknerei, hervorragende Aussicht (Bottwartal, nordöstlich der Stocksberg mit Sendeturm, Kirchturm von Prevorst, die Höhe Nassacher Eichen-Neubruch, eines der westlichsten Unterjura-Plateaus).

Vom WP mit Zeichen blaues Kreuz bzw. roter Traube den Höhbergweg nehmen, beim Weinberghaus re weiter dem Höhbergweg nach, jetzt aber mit Zeichen blauer Punkt und roter Traube. Bei der nächsten Wegkreuzung ge und dann bei Weinberghaus Kehre nach li und den Wartkopfweg hochsteigen, auf der aussichtsreichen Höhe dem Waldrand entlang zum Wartkopf.

Wartkopf. *(368 m NN). Vorgeschobener Sporn des Fohlenbergs (Kieselsandstein Km3s). Hier stand vom 15. bis 18. Jh. ein Wartturm (Beobachtungsturm) im Bereich des altwürttembergischen Landgrabens (s.u.). Weitreichender Blick ins Bottwar- und Schozachtal, von re nach li: Wunnenstein, Forstberg, Hohenbeilstein, Benning, Harzberg und Lichtenberg, im Hintergrund der Lemberg bei Affalterbach, ein Schilfsandstein(km2)-Zeugenberg.*

Kurz bevor der Weg mit Zeichen blauer Punkt weiterführt re ein Waldspielplatz. Nach Durchqueren des kleinen Wäldchens schöne Aussicht auf Stromberg (li) und Heuchelberg (re), dazwischen das Zabergäu, auf die Burgruine Helfenberg und die Burg Wildeck, dahinter der Schweinsberg mit dem Sendeturm, der Hintersberg, Reisberg und Sandberg.

Beim Wald ge mit Zeichen blauer Punkt auf Trimmpfad hinab bis man am Fuße des Fohlenbergs auf den St.-Anna-Weg mit Zeichen blaues Kreuz stößt, dem man nach re folgt. Der gut markierte Weg zieht durch die Rebhänge des Steinbergs hoch zum Südostrand des St.-Anna-Walds (kleiner Rastplatz mit reizvollem Ausblick). Auf der Kieselsandstein (km3s)-Hochfläche, vorbei an Resten des Württembergischen Landgrabens, erreicht man den St.-Anna-See (Rastplatz mit Feuerstellen).

Altwürttembergischer Landgraben. *Als Abgrenzung zur Kurpfalz und zur mächtigen Reichsstadt Heilbronn ließen die württembergischen Grafen Ulrich der Vielgeliebte und später Eberhard im Bart von 1456 bis nach 1500 eine 31 km lange Grenzbefestigung aus Wall und Graben zwischen der Heuchelberger Warte und dem Bräunersberg bei Gronau errichten. Neben einigen Beobachtungstürmen (Warten) waren an drei Stellen, an denen wichtige Handelsstraßen nach Süden zogen, Landtürme und Durchfahrten errichtet. Dort wurde der Zoll erhoben. Hauptzollstelle war die Lauffener Neckarbrücke. Die wehrtechnische Bedeutung des Landgrabens war gering, er zwang jedoch die Wagenzüge zum Passieren der Landtürme. Der Nordheimer Landturm ist verschwunden, während der Lauffener und Wüstenhausener noch gut erhalten sind. Reste des Landgrabens sind an manchen Stellen im Gelände noch zu erkennen, wie hier im St.-Anna-Wald (Ausschilderung durch das Landesdenkmalamt).*

St.-Anna-See *(376 m NN). Das Naturdenkmal ist eigentlich kein See, sondern ein Weiher mit Staudamm. Er diente früher dem nahen Wei-*

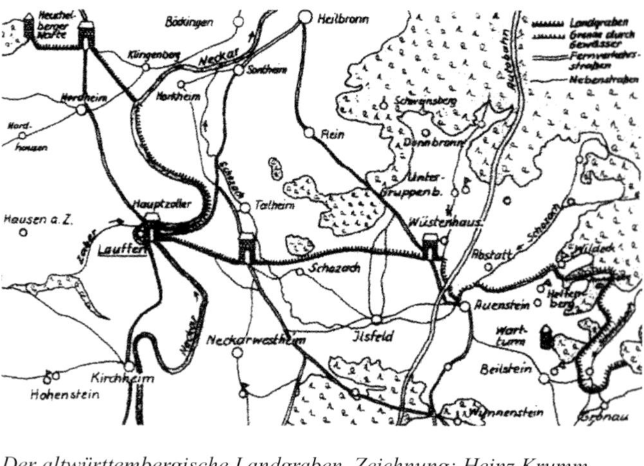

Der altwürttembergische Landgraben. Zeichnung: Heinz Krumm

Blühende Seekanne im St.-Anna-See. Aufn.: Theo Müller

ler Gagernberg zur Wasserversorgung. Der See mit einer Fläche von ca. 2 ha ist zu einem großen Teil durch den Breitblättrigen Rohrkolben verlandet. In der verbliebenen Wasserfläche blühen im Sommer die um 1969 eingesetzte Seekanne (ein gelb blühendes Enziangewächs mit runden, seerosenähnlichen Schwimmblättern) und der Echte Wasserschlauch mit Fangblasen an den untergetauchten Blättern. Der See ist ein Laichplatz für Amphibien. Ein Schild weist zum nahe liegenden Naturfreundehaus, das an Wochenenden bewirtschaftet ist.

In nördlicher Richtung führt der Weg mit Zeichen blaues Kreuz zur Burg Wildeck, beim Waldrand dem eingezäunten Weingut entlang und hinunter zur Zufahrtstraße.

Burg Wildeck *(367 m NN; liegt auf einem vorgeschobenem Kieselsandstein-Sporn der Löwensteiner Berge). Zusammen mit Abstatt war sie badisches Lehen der edelfreien Herren von Heinriet, einem staufischen Ministerialengeschlecht, und seit 1462 der Herren von Neipperg, kam 1490 an die Grafen von Löwenstein und fiel 1806 an Württemberg. Von der einstigen Burg ist nur der quadratische Wohnturm mit einem Treppenbau und zwei Erkern erhalten. Über der Tür die Jahreszahl 1533. Die Anlage beherrschte früher den Aufstieg des alten Fernwegs Lauffen-Schwäbisch Hall. Ist heute Außenstelle der Staatlichen Lehr- und Versuchsanstalt für Wein- und Obstbau Weinsberg.*

Von der früheren Burg Wildeck ist ein massiger Wohnturm mit einem Treppenhaus und zwei Erkern erhalten. Aufn.: Archiv Naturpark

Wir wenden uns nach li und gehen auf dem Sträßchen weiter mit dem Zeichen blaues Kreuz in südwestlicher Richtung zur Ruine Helfenberg, die in einer abwechslungsreichen Landschaft mit sonnenreichen Rebhängen liegt.

Burgruine Helfenberg *(350 m NN) liegt auf einem Kieselsandstein (Km3s)-Ausliegerberg. Die Burg stammt aus dem frühen 13. Jh. und wurde 1579 umgebaut. Sie wurde ähnlich wie Wildeck im 30jährigen Krieg zerstört. Erhalten geblieben sind die 3 m dicken Buckelquadermauern des Herrenhauses. Nach der Burg nannten sich im 13. und 14. Jh. badische Dienstmannen. Die nachfolgenden Besitzer wechselten oft. Seit 1746 bis heute ist die Burg in Besitz der Herren von Gaisberg.*
Erst ein Stück weiter über den Bergrücken bietet ein Aussichtspunkt einen vollen Rundblick. Unterhalb der Weinberge liegt Abstatt, re im Schozachtal erkennt man Unterheinriet und Untergruppenbach mit dem Schloss Stettenfels, die von der Nord-Süd verlaufenden Autobahn getrennt werden. Die Talmulde zwischen Ilsfeld, Untergruppenbach und Abstatt ist von einer fruchtbaren Lössschicht bedeckt.

Bei der Bergnase dem Weg mit Zeichen blaues Kreuz bis zum Rebflurbereinigungsstein bei der Schutzhütte folgen. Hier verlässt man den bezeichneten Weg, der nach Abstatt/Auenstein führt, und geht li hinunter zum Weinort Helfenberg.

Helfenberg *(290 m NN). Der Teilort von Ilsfeld besaß bei Kriegsende ein Schloss der Familie „von Gaisberg". Das Schloss war Sitz der NS-Kreisleitung Heilbronn und wurde deshalb 1945 vollkommen zerstört.*

In Helfenberg nimmt man den ersten nach re abbiegenden Weg in südlicher Richtung. Bei einer Feldscheuer biegt man mit Nr. 2 li zum Weiler Söhlbach ab. Die K 2089 in Richtung Beilstein verlässt man beim Wasserpumpenhaus nach li, überquert den Söhlbach, geht dann kurz re und dann li den Wannenweg hoch zur Wochenendhaussiedlung. Nach dieser erreicht man den mit blauem Kreuz bezeichneten St.-Anna-Weg, der vorbei an der gotischen St.-Anna-Kirche (1554) zum Ausgangspunkt führt. Wer vom WP Hohenbeilstein aus gewandert ist, nimmt den li abbiegenden Steinbergweg, der sicher zum WP leitet.

Die Burg Helfenberg wurde im 30jährigen Krieg zerstört. Übrig geblieben ist die von weitem sichtbare Ruine des massigen Turms. Aufn.: Theo Müller

W26 Bf Oppenweiler – Rietenau – Heiligental – Mönchshütte – Rohrbach – Bf Oppenweiler

Variante W26a: Bushaltestelle bei der Kirche in Rietenau – Heiligental – Mönchshütte – Theodor-Hepp-Brunnen – Rietenau

Strecke: 13,5 km; Gehzeit: 4 Stunden
Wanderkarte: F 518 Schwäbisch Hall
A, R, T, U, W
Ausgangspunkt: Bf Oppenweiler (Bahnlinie 784 Murrbahn), in der Nähe auch Parkmöglichkeit

Oppenweiler *s. W8*

Vom Bf gehen wir auf der li Seite die Bahnhofstraße hoch und überqueren die stark befahrene B 14 am mit Ampel geregelten Fußgängerüberweg, re weiter und ca. 100 m der B 14 entlang. Bei dem Wegzeiger Katholische Kirche biegen wir mit Zeichen blaues Kreuz li in die Friedhofstraße ab, und bei der Straßengabelung re in Richtung Sportanlagen (Wegzeiger).

Die ehem. Burg Reichenberg ist vollständig erhalten und stammt aus dem 13. Jh. Aufn.: Theo Müller

Hier schöner Blick auf die über dem Rohrbachtal liegende ehem. ***Burg Reichenberg****. Die vollständig erhaltene Burganlage mit ihrem 30 m hohen Bergfried stammt aus dem 13. Jh. Sie wurde 1231 von Markgraf Hermann von Baden erbaut und kam noch im 13. Jh. durch Heirat an das Haus Württemberg. Im Verlauf ihrer Geschichte wurde sie zu einem Jagdschloss umgebaut und war Sitz der Forstverwaltung. Heute dient das innen renovierte Burgschloss als offene Anstalt der Inneren Mission.*

Nach den Sportanlagen verlassen wir den markierten Weg und bleiben auf dem asphaltierten Sträßchen, das uns zwischen Streuobstwiesen und vorbei an Wochenendhäusern auf die aussichtsreiche Höhe führt. Auf der Höhe wandert man li haltend dem Waldrand entlang bis zum Oppenweiler Weg, auf den man re abbiegt. Bei der Wegkreuzung ge ins Tal hinab mit Zeichen blauer Strich zum Rastplatz.

Der gepflegte Rastplatz mit ***Theodor-Hepp-Brunnen*** *(zur Erinnerung an Theodor Hepp, von 1915–1948 Forstmeister auf der Burg Reichenberg), Kneippbecken, Schutzhütte, Bänken und Tischen, keine Feuerstelle (Feuermachen ist hier untersagt).*

Wir folgen weiter dem Zeichen blauer Strich, kommen an einem schönen Fischweiher mit Lehrtafel vorbei und nehmen nach ca. 750 m das von li kommende Waldsträßchen nach re (Wegzeiger für Radweg), überqueren das zur Bucheiche führende Asphaltsträßchen und wandern auf dem Asphaltsträßchen mit Wegzeiger Rietenau ca. 600 m am Waldrand entlang weiter; dann verlassen wir das Sträßchen und nehmen re den von Backnang herführenden, mit blauem Punkt bezeichneten W in Richtung Rietenau. Nach Verlassen des Waldes re etwas oberhalb des W Sitzgruppe mit Tisch (schöne Aussicht auf die Backnanger Bucht). Anschließend steigen wir nach Rietenau hinab.

Rietenau. *297 m NN, Teilort von Aspach. Wurde urkundlich schon 1103 erwähnt. Noch älter sind die einst schon von den Römern benutzten kochsalzfreien Mineralquellen. Sehenswert sind außer den Brunnenanlagen das ehemalige Herrenhaus (August-Lämmle-Str. 18), das über dem massiven Erdgeschoss ein von 1593 stammendes Fachwerk aufweist, weitere hübsche Fachwerkhäuser und die ev. Pfarrkirche St. Ulrich, ursprünglich vom Kloster Hirsau 1230 als Wehrkirche erbaut und anlässlich der Weihe 1262 erstmals genannt. Die kleine Chorturmkirche mit kreuzrippengewölbtem Chor und hübschen Orgelprospekt.*

Wir folgen dem Zeichen blauer Punkt durch den Ort (Trinkgasse, Badstraße, re Thaddäus-Troll-Straße, nach ca. 200 m Heiligentalstraße)

Die ev. Pfarrkirche St. Ulrich in Rietenau, ursprünglich als Wehrkirche erbaut. Aufn.: Theo Müller

zum nördlichen Ortsrand. Der WP hinter der Fa. Rietenauer Mineralquellen ist Ausgangspunkt des 10 km langen **Keuperlehrpfads**, der vom Staatlichen Forstamt und der Gemeinde Aspach eingerichtet wurde und Wissenswertes über die Entstehungsgeschichte der Keuperlandschaft vermittelt. Durch die reizvolle Aue des Heiligentals führt nun der Weg mit Zeichen blauer Punkt zur Weggabelung am Waldrand. Hier verlassen wir den markierten Weg nach re mit dem Heiligentalweg zur Mönchshütte.

Mönchshütte. *Eine nasse Wiese (ND) mit Wassererfassung, an deren Rand die abgeschlossene Mönchshütte steht. Ob sie früher einmal einem Mönch oder Eremiten als Behausung diente, ist nicht nachweisbar. Sicher ist, dass der schwäbische Schriftsteller Thaddäus Troll, der im nahen Weiler Rohrbach lebte, die Mönchshütte zur ungestörten Meditation und Arbeit nützte.*

Bei Wegkreuzung re haltend gehen wir in der Waldabteilung Steinberg 2/11 bis zum Asphaltsträßchen mit WP. Hier mit Zeichen blaues Kreuz re und nach ca. 150 m li ab nach Rohrbach. **Achtung:** Dieser Weg ist zwar gut bezeichnet, aber am Hang im Bereich der Unteren Bunten Mergel (Km3u) in schlechtem Zustand und nach Regen rutschig. Wer Wert auf einen angenehmen Weg legt, geht auf dem Asphaltsträßchen mit Zeichen blauer Strich über das Kieselsandstein (Km3s)-Plateau mit Sturmwürfeln im Wald ca. 1 km weiter. Bei der Rechtskurve des Sträßchens steht ein Wegweiser, der auf einen Weg nach Rohrbach und auf einen Forstweg nach Oppenweiler hinweist. Wir nehmen das Forststräßchen mit Zeichen blauer Strich in Richtung Oppenweiler und gehen abwärts. Bei der nächsten Wegkreuzung verlassen wir den bezeichneten Weg und nehmen li die Rohrbachstraße, die uns angenehm nach Rohrbach führt (dieser Weg insgesamt zusätzlich 1,5 km).

Rohrbach. *Ein kleiner, abseits gelegener Weiler, der ein Bild ungestörten Friedens bietet. Hier wohnte der schwäbische Schriftsteller Thaddäus Troll.*

Von der li des Rohrbachs führenden Straße trennt sich der W mit Zeichen blaues Kreuz bei der Abzweigung, die zu dem über dem Tal gelegenen Unterrohrbach führt. Kurz vor der Brücke über den Rohrbach geht der W mit Zeichen blaues Kreuz durch eine Wiese und dann durch einen Winkelseggen-Bachauenwald, teilweise mit Riesen-Schachtelhalm, zu den Sportanlagen von Oppenweiler. Hier li haltend wandern wir den gleichen Weg zum Bf wie beim Herweg.

Variante W26a: Bushaltestelle bei der Kirche in Rietenau – Heiligental – Mönchshütte – Theodor-Hepp-Brunnen – Rietenau

Strecke: 12,5 km; Gehzeit 3 ½ Stunden
Wanderkarte: F 518 Schwäbisch Hall
Ausgangspunkt: Bushaltestelle bei der Kirche in Rietenau (Buslinie 367 OVR von Backnang), in Rietenau genügend Parkmöglichkeiten, so vor allem auf dem großen WP hinter der Fa. Rietenauer Mineralquellen

Von Bushaltestelle die Heiligentalstraße und weiter wie oben beschrieben bis zur Wegkreuzung mit Rohrbachstraße. Hier wandert man mit Zeichen blauer Strich ge und nach der Rechtskurve ins Tal hinab zu dem Rastplatz Theodor-Hepp-Brunnen (s.o.). Von hier aus wie oben beschrieben zurück nach Rietenau.

W 27 Jux – Waldspielplatz Prevorst – Nassacher Eichen – Jux

Strecke: 9,5 km; Gehzeit: 3 Stunden
Wanderkarte: F 518 Schwäbisch Hall
A, R, S, T, U, W
Ausgangspunkt: Von Spielberg kommend liegt der WP li der Straße bei der Gemeindehalle in Jux (Busverbindung RBS 386 von Sulzbach)

Spiegelberg *(326 m NN, 2 200 Ew.) und* ***Jux*** *(460 m NN, Teilort von Spiegelberg) verdanken ihre Entstehung den Glashütten, die um 1700 durch Herzog Eberhard Ludwig gegründet wurden. Im Jahr 1794 wurde die unrentabel gewordene Produktion wieder eingestellt.*

Die W über die teilweise freie Aussichtshöhe in einer abwechslungsreichen Landschaft bietet sich besonders für Familien mit Kindern zu jeder Jahreszeit an. Vom P aus gewinnt man mit dem Georg-Fahrbach-Weg (Zeichen roter Strich) in nordwestlicher Richtung an Höhe und ist überrascht von der herrlichen Aussicht, die sich bei einem Ausguck vom 533 m NN hoch gelegenen Juxkopf-Aussichtsturm noch steigert

Der aus Unterjura bestehende Juxkopf mit Turm von den Nassacher Eichen gesehen. Unter dem Juxkopf die wellige Landschaft des Knollenmergels. Links nebem dem Juxkopfturm der Fernmeldeturm auf der Hohen Brach. Aufn.: Theo Müller

(Öffnungszeiten von Ende April bis Ende Oktober So und F, Getränkeausschank; sonst Schlüssel beim Gasthaus Löwen in Jux gegen Pfandhinterlegung, Telefon 07194/295).

*Der **Juxkopf** ist eine Verebnung des hier reliktischen Unterjuras (Schwarzer Jura, Angulatensandstein juhe 2).*

*Der Weg über die Höhe ist Teilstück eines **Vogellehrpfades**, der westlich von Jux beginnt und den Bergschopf umrundet. Auf 21 handkolorierten Tafeln werden 70 heimische Vogelarten vorgestellt. Der 2 km lange Weg wurde 1989 von der NABU Ortsgruppe erstellt.*

Über die Bergkuppe kommt man zu der Nassacher Straße und zu einem Spielplatz. Der Weg mit Zeichen roter Strich biegt hier re ab in die Hüttenwaldschlucht (ND) mit ihrer kuriosen Naturbrücke (ein Abstecher ist lohnend). Unser W zieht mit Zeichen blauer Strich auf schattigem Waldweg in Richtung Prevorst. Ca. 100 m vor einer li gelegenen Wiese, nach einem Jungwald biegt der W mit Zeichen blauer Strich re vom Waldweg ab, zuerst Fußweg, dann schmaler Fußpfad, der leider an Feuchtstellen von Mountainbiker zerfahren ist. Der Abstieg ins Bachtal erfolgt im Stubensandstein (Km4) der mit Hainsimsen-Buchenwald (teilweise mit Heidelbeere) bestanden ist; im Bachtal Winkelseggen-Bachauenwald.

Nach dem Aufstieg aus dem Bachtal biegen wir auf der Hochfläche mit dem ersten größeren Weg ohne Zeichen nach li und gelangen an Wochenendhäusern vorbei zum Waldspielplatz Prevorst (mit Feuerstellen).

*Rechter Hand liegt **Prevorst** (483 m NN, Teilort von Oberstenfeld; Einkehrmöglichkeit). 1330 als Brehfest, 1357 als Brechfirst genannt, gelangte 1357 an Württemberg. Der Ort ist bekannt durch die Seherin von Prevorst, die am 23. September 1801 im ehem. Forsthaus als Friederike Wanner geboren wurde. Der Arzt und Dichter Justinus Kerner beschrieb den Lebensweg dieser ungewöhnlichen Frau. Ihr Grab befindet sich auf dem Friedhof in Löwenstein (s. W 30). Eine Tafel am Friedhof am Ortsrand von Prevorst erinnert an sie.*

Vom Waldspielplatz steigen wir mit Zeichen blaues Kreuz auf das Unterjura Plateau (s.o.) zu den Nassacher Eichen (Aussichtspunkt) hoch.

Mit Zeichen roter Punkt geht es zunächst eben über das Plateau Neubruch und dann hinab über den Knollenmergel (km5)-Hang zum Spielplatz mit Feuerstelle. Nach Überqueren der Straße gehen wir nicht li mit Zeichen roter Strich über den Juxkopf, sondern ge ohne Zeichen auf dem Panoramaweg, der uns fast eben zurück nach Jux führt.

W 28 Löwenstein – Burgruine Löwenstein – Kriechenebene – Bleichsee - Löwenstein

Strecke: 12 km; Gehzeit: 4 Stunden
Wanderkarte: F 518 Schwäbisch Hall
A, F, P, W
Ausgangspunkt: Bushaltestelle Rathaus in Löwenstein (Buslinie RBS 635 Heilbronn-Mainhardt), in der Nähe auch Parkmöglichkeiten

***Stadt Löwenstein**, 385 m NN, ca. 3 000 Ew. Die Ansiedlung wurde bereits 1287 durch König Ludwig von Habsburg zur Stadt erhoben und kam 1504 zu Württemberg. 1525 überfielen aufständische Bauern die Stadt. Amerikanische Luftangriffe und Artilleriebeschuss zerstörten das 1571 erbaute Schloss und das Städtchen am 14. April 1945 zu 70 %. Nach 1945 erfolgte der Wiederaufbau und neue Wohnviertel wurden errichtet. Von einer Aussichtsterrasse des Weinbaustädtchens hat man einen herrlichen Ausblick ins Weinsberger Tal. Im Vordergrund liegt re das neu geschaffene Freizeitzentrum „Breitenauer See“. Die Sulm wurde hier zur Hochwasserregulierung gestaut. Wein wird hier seit dem 12. Jh. angebaut.*

Stadt Löwenstein und Turm der Burgruine. Aufn.: Theo Müller

Turm der Burgruine Löwenstein. Aufn.: Theo Müller

Vom Rathaus wandern wir leicht ansteigend ca. 300 m der Maybachstraße entlang bis wir li mit Zeichen roter Strich (HW 8) den Burgweg nehmen. Nach weiteren 300 m biegt li bei einer Laterne ein kleiner Fußweg mit Treppen ab, auf dem wir mit Zeichen roter Strich hochsteigen. Nach Erreichen des Grabens wenden wir uns nach li, ohne Zeichen zur Burgruine Löwenstein hoch (R mit Feuerstellen und Schutzhütte, Turm an Wochenenden geöffnet).

***Burgruine Löwenstein**, 429 m NN. Erstausbau der Burg um 1100 unter den Grafen von Calw; der Name Löwenstein – 1123 Lewinstein, 1145 Levenstein – nach den Löwen im Wappen der Grafen von Calw. 1281 erwarb König Rudolf von Habsburg die Burg, der 1287 der Siedlung unterhalb der Burg das Stadtrecht verlieh und beide seinem Sohn Albrecht von Schenkenberg übergab, der die habsburgische Linie der Grafen von Löwenstein begründete. Burg, Stadt und Herrschaft wurden 1441 an die Kurpfalz verkauft. Damit wurden die wittelbachischen Grafen von Löwenstein begründet, die 1574 die Grafschaft Wertheim erheirateten und sich fortan Grafen von Löwenstein-Wertheim nannten.*

Der Bleichsee mit Beständen der Gelben Teichrose und dem sich spiegelnden Sandberg. Aufn.: Theo Müller

Diese teilten sich in die evangelische Linie Löwenstein-Wertheim-Freudenberg (1812 gefürstet), der 1611 der Stammsitz Löwenstein zufiel, und die katholische Linie Löwenstein-Wertheim-Rosenberg (1711 gefürstet). 1504 eroberte Herzog Ulrich von Württemberg die Burg, 1512 deren Brandzerstörung, seit dem Überfall aufständischer Bauer 1525 zerfällt die Burg, seit 1571 wurden Steine zum Bau des Schlosses der Grafen von Löwenstein-Wertheim verwendet. So ist von der ehemals bedeutenden Burg heute nur noch wenig übrig, der unten viereckige oben halbrunde Bergfried sowie einige Mauern und die Überreste eines Torbaus.

Nach Besuch der Burgruine steigen wir auf der gegenüberliegenden Seite des Burggrabens auf einem schmalen Serpentinenweg mit Zeichen roter Strich (HW 8 Frankenweg) hoch und gelangen kurz danach zu einer Aussichtsplatte mit Schutzhütte (Hofackerhütte von 1985) mit Spielwiese, aber keiner Feuerstelle. Schöne Aussicht auf das Sulmtal mit dem Breitenauer See, im Hintergrund die Weibertreu bei Weinsberg. Es geht weiter mit dem Zeichen roter Strich des HW 8 bis man den großen P an der B 39 erreicht (Biker-Treff, Imbiss- und Getränkebude). Nach Überschreiten der B 39 führt der Frankenweg hoch zum Gaisshölzle.

Hier, an einer der landschaftlich schönsten Stellen, hat der Württembergische Landeswohlfahrtsverband 1959 eine Heilstätte zur Behandlung von Atemswegserkrankungen errichtet; heute **Klinik Löwenstein GmbH**, Zentrum für Pneumatologie, Thorax- und Gefäßchirurgie. Hier zweigt unser W, nun mit Zeichen blauer Strich, vom Frankenweg re ab. Man erreicht den P der Klinik; den Weiterweg findet man kurz vor der Parkplatzausfahrt zur L 1068 nach li, er führt im Wald parallel zu dieser Straße. Nach ca. 750 m überquert man die nach Sulzbach führende L 1068 und geht ca. 200 m auf der L 1116 in Richtung Beilstein. Dann zweigt unser W li ab auf ein Forststräßchen, weiterhin mit Zeichen blauer Strich, das durch den Hummelsbühlwald führt; am Wegrand schöne Bestände des besonders geschützten Echten Tausengüldenkrauts (Blütezeit Juli - Ende August). Der W knickt zuerst re und nach ca. 500 m nach li ab, führt dann ge über die Kriechenebene zur K 2097 (hier Abstecher zum Stocksberg möglich, zusätzlich 3 km). Kurz vor der K 2097 biegt unser W mit Zeichen blauer Strich nach re ab und auf einem schmalem Fußpfad erreicht man wieder die K 2097, der man eine kurze Strecke folgt. Nach der Straßengabelung kommt man zum WP Buch; hier nimmt man gleich den re Weg (Richtweg) mit Zeichen blauer Punkt. Der Richtweg mündet nach ca. 2 km in den mit blauem Kreuz bezeichneten Weg, der nach Überschreiten des Buchbachs zum Bleichsee führt.

Bleichsee. *Im Jahr 1775 legten Kaufleute aus Löwenstein und Heilbronn beim Großen See auf der Kirschebene eine Tuchbleiche an, um die aus Flachsfasern hergestellten Leinen zu bleichen. Man versäume hier nicht, an der Ostseite des Bleichsees entlang zu gehen und den herrlichen Blick über den Bleichsee mit seinen schönen Beständen der besonders geschützten Gelben Teichrose, dem eindrucksvollen Schilfröhricht, den Wasservögeln, das Froschkonzert (in dem seenarmen Gebiet ist der Bleichsee ein bedeutendes Amphibien-Laichbiotop) und den sich im Wasser spiegelnden Sandberg zu genießen; Bänke laden dazu ein.*

Der künstlich aufgestaute Bleichsee liegt oberhalb des Sulmtals auf einer rund 380 m NN hoch gelegenen Kieselsandstein (km3s)-Verebnung. Nördlich des Sees ist eine Kulturheidelbeer-Plantage anzutreffen.

An der Südostecke des Bleichsees führt ein Erdweg hinauf zum geschotterten Forststräßchen, dem man mit Zeichen blaues Kreuz ca. 750 m folgt. Bei einer Wiese biegt man mit Zeichen blaues Kreuz li ins Tal der jungen Sulm ab und folgt dem Weg, der über ein Seitental der Sulm ausholt und dann oberhalb von Weinbergen (Lehrpfad) sich nach Löwenstein hochzieht. Dieses erreicht man bei den ersten Häusern und die Maybachstraße geleitet uns abwärts zum Ausgangspunkt Rathaus.

W 29 Löwenstein – Hirrweiler – Lichtenstern – Löwenstein

Strecke: 10 km; Gehzeit: 3 Stunden
Wanderkarte: F 518 Schwäbisch Hall
A, K, P, T, U
Ausgangspunkt: Bushaltestelle Rathaus in Löwenstein (Buslinie RBS 635 Heilbronn – Mainhardt), in der Nähe auch Parkmöglichkeiten

Stadt Löwenstein *siehe W 28*
Burgruine Löwenstein *siehe W 28*

W bis zur Höhe über Klinik Löwenstein (Gaishölzle) wie bei W 28. Hier bleibt man auf dem Frankenweg (HW 1) mit Zeichen roter Strich, der li abgeht. Beim P der Klinik kurz li und gleich wieder re, nicht zum Wasserturm (mit Kiosk), sondern am Waldrand li. Am Waldende bei Hirrweiler geht man li die Forchenstraße abwärts, trennt sich vom Frankenweg und steigt auf der Waldstraße ab zur B 39. Hier geht's re weg ca. 200 m durch den alten Ortsteil, um bei der Bushaltestelle die B 29 zu überqueren. Nach dem Haus Nr. 43 „Zum Häfele" li ab. Mit dem örtlichen Wanderweg mit Zeichen J findet man Anschluss an den mit blauem Kreuz markierten W und erreicht abwärts nach ca. 1 km das ehemalige Kloster Lichtenstern.

Blick von der Aussichtsplatte bei der Hofackerhütte auf den Breitenauer See. Aufn.: Theo Müller

Die ehemalige Oberamtei Lichtenstern, heute Sitz der Verwaltung und Heimleitung, und Klosterkirche. Aufn.: Theo Müller

Lichtenstern. *Das Zisterzienserinnenkloster wurde 1242 von Luitgard von Weinsberg geb. Limpurg gegründet. Die ehemalige Klosterkirche wurde um 1280 vollendet, der Fachwerkaufsatz am Chor stammt von 1615. Heute erinnern nur noch die ehemalige Klosterkirche, Teile des Kreuzgangs, eine Kapelle sowie Wohn- und Wirtschaftsgebäude an die Klosterzeit. Die Schirmvogtei über das Kloster kam 1504 an Württemberg, das 1554 im Zuge der Reformation das Kloster aufhob und sein Gebiet als Kloster-Oberamt verwaltete, wovon das heute noch bestehende Oberamts-Gebäude zeugt, jetzt Sitz der Verwaltung und Heimleitung der Evang.* ***Stiftung Lichtenstern.*** *1525 wurde das Kloster von aufständischen Bauern geplündert. 1835 erwarb Karl August Zeller das noch wohl erhaltene Kloster und rettete es damit vor dem Abbruch. Er begründete dort eine Kinderrettungsanstalt und Ausbildungsstätte für den Lehrernachwuchs; heute Evang. Stiftung Lichtenstern, eine Einrichtung und Dienste für Menschen mit Behinderung (Schule, Werkstatt für Behinderte, Wohnanlagen).*

Nach der lohnenden Klosterbesichtigung wandern wir weiter mit Zeichen blaues Kreuz, zuerst nach der Klostermauer re und nach ca. 150 m li und dann bei der Weggabelung wieder re. Nach der Kehre des Forststräßchens steigt dieses etwas an. Bei dem von li kommenden Forststräßchen folgt man diesem leicht abwärts nach re bis li ein Schotterweg zum Blau-Kreuz-Weg hoch- und zum Lumpenloch und zur Höhe des Wolfertsberg weiterführt. Eine abwechslungsreiche Aussicht Richtung Sulmtal und zur Weibertreu bei Weinsberg bietet sich beim Verlassen des Waldes. Fast eben verläuft der W am Hang entlang zum schön gelegenen Waldfriedhof von Löwenstein mit seiner weithin sichtbaren, stattlichen Wellintonie (Mammutbaum; ND).

Waldfriedhof. *Am Weg gleich li des Friedhofseingangs gehört das Grab mit dem vergoldeten Kreuz über die untergehende Sonne Friederike Hauffe, geb. Wanner; sie wurde als „Seherin von Prevorst" durch den Arzt und Dichter Justinus Kerner weitbekannt. Geboren 23. Sept. 1801, verstarb Friedericke Hauffe am 5. Aug. 1829 in Löwenstein. Gleich daneben, nicht zu übersehen, das steinerne Grabmal des Dichters der Tiere Manfred Kyber, geboren am 1. März 1880 in Riga. Seine Tiergeschichten sind ausgesprochene Meisterwerke der Erzählkunst. Seine letzten Jahre verbrachte Kyber in Löwenstein, wo er, fern seiner baltischen Heimat, am 10. März 1933 verstarb.*

Vom Waldfriedhof sind es nur noch wenige 100 m zum Ausgangspunkt Bushaltestelle beim Rathaus.

W 30 Bf Eschenau – Zigeuenerfohrle – Paradies – Bf Eschenau

Variante 30a Bf Eschenau – Gabelbachtal – Waldhof – Zigeunerfohrle – Paradies – Bf Eschenau

Variante W 30b WP Zigeunerfohrle – Paradies – Eschenau – Zigeunerfohrle

Strecke: 9 km; Gehzeit: 3 Stunden
Wanderkarte: F 518 Schwäbisch Hall
A, P, R, S, T, U, W
Ausgangspunkt: Bf Eschenau (Bahnlinie 783 Hohenlohebahn Heilbronn-Öhringen-Schwäbisch Hall, Stadtbahn Heilbronn-Öhringen, Buslinie RBS 633 Heilbronn-Öhringen)

***Eschenau**, 216 m NN, Teilort von Obersulm, ist möglicherweise in der älteren Ausbauzeit entstanden. Die Burg der von Eschenau wurde im pfälzischen Krieg 1504 zerstört. An ihrer Stelle erbaute im 16. Jh. Pleikard von Gemmingen ein Schloss, das ab 1745 von Leopold Retti, dem*

Erbauer des Neuen Schlosses in Stuttgart, für den Freiherrn J. M. von Killinger umgebaut wurde. Nach wechselnden Zugehörigkeiten gelangte Eschenau 1805 unter württembergische Hoheit. Das 1969 umgebaute Rathaus und 2 Keltern stammen aus der Zeit vor dem 30jährigen Krieg.

Vom Bf mit Zeichen blauer Strich zum Ortsende (Fußweg vom Bf-Allmendstraße-Bahnhofstraße-li Wieslensdorfer Straße-re Schloßgäßle-li Schlossstrasse-Öhringer Straße-Köberleweg). Weiter mit Zeichen blauer Strich am Aussiedlerhof vorbei zur Zigeunerfohrle (Achtung: bei Rechtskurve des Forststräßchens in halber Höhe geht der W als Pfad ge).

***Zeugeunerfohrle**, ND. Eine bizarr gewachsene Wald-Kiefer. Bei ihr WP, Rastplatz mit Feuerstelle und Schutzhütte.*

Mit Zeichen blauer Punkt verläuft der W re am Waldrand entlang, dann als Traufweg über den Rebhängen des Hundsbergs zum Aussichtspunkt „Paradies“, 372 m NN, mit Schutzhütte, daneben Funkmast.

Hier bei der Schutzhütte bietet sich im Halbrund ein herrlicher Ausblick. Li beginnend, überragt der alte Bergfried der Ruine Löwenstein das reizende Bergstädtchen. Der Funkturm markiert den Schweinsberg, ihm folgt der Schopf vom Wartberg und im Vordergrund die „Weiber-

Rastplatz und die Zigeunerfohrle (ND). Aufn.: Theo Müller

*treu". Mächtig erheben sich der Kühlturm und der hohe Schlot des Kohlekraftwerks aus dem Neckartal bei Heilbronn, von wo aus ein geschlossenes Weinbaugebiet das Sulmtal bis zum **„Breitenauer See"** umkränzt. Dieser wurde 1985 als Wasserrückkaltebecken zum Schutz des Sulmtals vor Hochwasser geschaffen. In dem seearmen Gebiet ist er zugleich ein viel besuchtes Naherholungszentrum mit großem Badestrand, Campingplatz und Wassersportmöglichkeiten (außer Motorboot). Um den See zieht sich ein ebener Spaziergang von ca. 4 km Länge. Einkehrmöglichkeit, zahlreiche Parkplätze.*

Man geht um die Schutzhütte herum und nimmt den Weg abwärts. Beim Teersträßchen re ca. 300 m leicht abwärts, dann li Waldpfad mit Zeichen blauer Punkt bis man wieder auf ein Teersträßchen gelangt. Hier ge aus mit Zeichen blauer Punkt die Köberlesteige abwärts. Bei den ersten Häusern mit Zeichen blauer Strich durch Eschenau zum Bf.

Variante W 30a Bf Eschenau – Gabelbachtal – Waldhof – Zigeunerfohrle – Paradies – Bf Eschenau

Strecke: 16 km; Gehzeit: 5 Stunden
Ausgangspunkt: Bf Eschenau

Vom Bf Eschenau wie bei der Hauptwanderung zum Ortsende von Eschenau. Bei Abzweigung des Blau-Strich-Wegs zur Zigeunerfohrle ge mit Zeichen rote Traube des Weinwanderwegs vorbei am WP. Nach ca. 1 km macht der W bei einer Wegkreuzung einen Schlenker nach li. Kurz vor Erreichen des Waldrands beim Hof Kriegshölzle verlassen wir den Weinwanderweg und biegen re ohne Zeichen in den Gabelbachweg. Mit ihm geht es problemlos durch das einsame Gabelbachtal. Nach etwa 3 km ändert sich die Wegrichtung. Von li, aus der Richtung Steinknickle kommt der Weg mit Zeichen blauer Strich, dem man re ab vorbei am Waldhof folgt.

*Das 1851 angelegte Hofgut **Waldhof** wird heute noch von Mitgliedern der Fürstenfamilie Hohenlohe-Waldenburg bewirtschaftet.*

Nach ca. 2,5 km kommen wir zur Zigeunerfohrle. Von hier aus wie bei der Hauptswanderung zurück zum Bf Eschenau.

Variante W 30b WP Zigeunerfohrle – Paradies – Eschenau – Zigeunerfohrle

bzw. Zigeunerfohrle – Paradies – Eschenau – Gabelbachtal – Waldhof – Zigeunerfohrle

Strecke: 6 bzw. 13 km; Gehzeit: 2 bzw. 4 Stunden
Ausgangspunkt: WP Zigeunerfohrle (zu erreichen über Obersulm-Eichelberg - Friedrichshof)

*Der **Friedrichshof** wurde 1799 von Friedrich Freiherr von Weiler angelegt. Gehört heute zur Evang. Stiftung Lichtenstern (s. W 29), eine Einrichtung und Dienste für Menschen mit Behinderung (Fortbildung, Wohnanlagen) und zur Drogenhilfen Tübingen.*

Von der Zigeunerfohrle mit Zeichen blauer Punkt zu Ortsanfang Eschenau und von dort mit Zeichen blauer Strich wieder zurück zur Zigeunerfohrle wie bei der Hauptwanderung, bzw. vom Ortsanfang Eschenau mit Zeichen rote Traube, dann ohne Zeichen durch das Gabelbachtal und mit Zeichen blauer Strich vorbei am Waldhof wieder zurück zur Zigeunerfohrle wie bei Variante 30a.

W 31 P Lohmühle – Wüstenrot – Vorderbüchelberg – P Lohmühle

Variante W 31a P Lohmühle – Stocksberg – Kreuzbuche – Neulautern – P Lohmühle

Strecke: 10 km; Gehzeit: 3 Stunden
Wanderkarte: F 518 Schwäbisch Hall
A, P, R, S, W
Ausgangspunkt: P Lohmühle gegenüber Sportplatz nördlich von Neulautern an der Straße Sulzbach – Löwenstein

***Lohmühle** (Gemeinde Wüstenrot). Die Mühle hat ihren Namen von der gerbsäurehaltigen Eichenrinde, die zermahlen als Lohe in Gerbereien verwendet wurde, auch die nachfolgende Sägmühle ist heute nicht mehr in Betrieb..*

Am nördlichen Ende des P geht es re ab über die Lauter (an der Lauter ein schöner Bestand eines Waldsternmieren-Auwalds, re dann ein

Bestand eines Winkelseggen-Bachauwalds mit Riesenschachtelhalm). Das ansteigende Forststräßchen stößt nach ca. 250 m auf den von der ehemaligen Lohmühle hochführenden Pfad mit dem Zeichen blauer Punkt, der kurz danach re zu Beginn etwas steil, später gemächlicher ge zu einer Hütte führt. Hier am Königsstand gesellt sich der Weg mit blauem Punkt aus Neulautern hinzu. Gemeinsam ziehen beide Wege über den Heßberg (soweit es sich am Heßberg nicht um Fichten- oder Waldkiefernanpflanzungen handelt, begenet man hier einem Hainsimsen-Buchenwald, teilweise mit Heidelbeere). Wird die Ebene erreicht, liegt li die Kanapeehütte, und weiter ge kommt ein Spiel- und Rastplatz mit Schutzhütte und überdachter Feuerstelle. „Bei den Wellingtonien" heißt die gernbesuchte Oase.

***Wellingtonien**, Nadelbäume, auch Mammutbäume genannt, wurden um 1850 von dem Engländer Lobb in Kalifornien entdeckt. Diese Riesenbäume, die über 4000 Jahre alt werden und 100 m Höhe erreichen können, nannten die Engländer nach ihrem Nationalhelden, Wellington. Auf Veranlassung König Wilhelms I. von Württemberg wurden in der Wilhelma Samen gesät und die Setzlinge 1866 in verschiedenen Forstamtsbezirken zur Probe ausgepflanzt. Die hier angepflanzten Bäume sind heute ca. 45 m hoch.*

Re weist ein Schild zur Wassertretanlage „Friedrichsquelle". Mit der Wellingtonienstraße und Sandstraße kommt man nach Wüstenrot und zum Friedhof am Haldenweg, der mit Zeichen roter Strich, Georg-Fahrbach-Weg, bezeichnet ist. Er führt südlich zum WP Seewiesen, 526 m NN. Ab hier geht es in westlicher Richtung mit Zeichen rotes Kreuz über das Höhensträßchen zum ca. 1,5 km entfernten Ort Vorderbüchelberg (Einkehrmöglichkeit). Am westlichen Ortsende bietet sich beim P nochmals eine weite Aussicht, ehe der W durch die Heusteige ins Lautertal führt.

***Wüstenrot.** 488 m NN, 6700 Ew. Erstmals urkundlich 1247 als „Villa Rote" erwähnt. Im 16. Jh. kam es mit Böhringsweiler zu Württemberg. Zwei Gegebenheiten in den folgenden 4 Jh. machten Wüstenrot weit über seine Grenze hinaus bekannt. Im 18. Jh. war es der ungeheure Silberrummel, der durch vermutetes Silbervorkommen in der nahen Pfaffenklinge verursacht wurde. Weltbekannt wurde es unverhofft im 20. Jh. durch Georg Kropp, der 1924 die Bausparkasse GdF Wüstenrot gründete. Die Pfarrkirche St. Kilian wird seit 1247 erwähnt. Heute ist Wüstenrot ein beliebter Erholungsort, bestehend aus 31 Teilorten, inmitten einer natürlichen Landschaft, mit einem ca. 50 km umfassenden Rundwanderwegenetz, das zu jeder Jahreszeit vielseitige Wandermöglichkeiten bietet.*

Spiel- und Rastplatz „Bei den Wellingtonien“ mit Schutzhütte und überdachter Feuerstelle bei Wüstenrot. Aufn.: Archiv Naturpark

Bei der Wüstenroter Straße, wenige m re hoch zum Waldcafé. Hier am Waldrand entlang mit Zeichen Nr. 13 auf dem Forstweg bleiben (nicht den re abzweigenden und hochführenden W mit Zeichen blauer Punkt nehmen!), später dann auf dem li abwärts führenden Forststräßchen zurück zum P Lohmühle.

Variante 31a: P Lohmühle – Stocksberg – Kreuzbuche – Neulautern – P Lohmühle

Strecke: 9 km; Gehzeit: 3 Stunden
Wanderkarte: F 518 Schwäbisch Hall
Ausgangspunkt: P Lohmühle gegenüber Sportplatz Neulautern

Vom P Lohmühle zunächst wie bei der Hauptwanderung. Bei Erreichen des W mit Zeichen blauer Punkt steigen wir auf dem Pfad hinab zur ehemaligen Lohmühle, überqueren die L 1066 Spiegelberg–Wüstenrot, gehen ca. 100 m der K 2098 nach Stocksberg entlang und biegen dann mit Zeichen blauer Punkt li ab. Bei dem zweiten von li kommen-

Der Stocksberg trägt eine Unterjuradecke. Auf ihm steht als Landmarke ein weithin sichtbarer Sendeturm. Aufn.: Theo Müller

den Tälchen nehmen wir nicht den im Tal ge führenden Forstweg, sondern steigen mit gleichem Zeichen hinauf zur Hochfläche und zum Ort Stocksberg (Einkehrmäglichkeit). Am Ortseingang li ab Jagdhausweg mit Zeichen Blauer Punkt zur freien Bergkuppe des Stocksberg.

*Der **Stocksberg**, 539 m NN, trägt eine Unterjura-Decke. Eine genußvolle Rundsicht belohnt den Aufstieg. Im Norden liegt Löwenstein und der Wasserturm bei Hirrweiler, re davon der Burgfrieden bei Neuhütten mit dem Steinknickle. Im Westen liegt das Bottwartal und weiter re das Sulmtal. Der Weiler Stocksberg (Einkehrmöglichkeit) ist Teilort von Beilstein, während das Jagdhaus auf der Höhe zu Löwenstein zählt.*

Der Rückweg führt mit dem Zeichen rotes Kreuz über die bewaldete Höhe des Steinbergs, 535 m NN. Unterhalb der Höhe kommt eine Waldwiese mit Wanderweggabelung. Hier wandern wir auf dem Blau-Punkt-Weg 1 km zur Kreuzbuche (Hinweis angebracht an der Forststraße Richtung Spiegelberg). Die Wanderroute geht re weg (Silberstollenweg). Gleich danach findet man li ab mit blauem Punkt den teils verschütteten, ehemaligen Silberstollen (Info-Tafel am Eingang). Von diesem steigen wir wieder auf zur Forststraße, der wir li folgen. Nach der Waldhütte re haltend geht es auf der fast ebenen Forststraße, Zeichen 11 gegen Pfeilrichtung um den Aschenberg herum. Unterhalb vom Steinberg trifft man wieder auf die Waldwiese, dort re ab bis zur Wanderweggabelung. Das Zeichen rotes Kreuz führt abwärts zur Ortsmitte von Neulautern.

Neulautern. *359 m NN, Teilort von Wüstenrot. Den Ort hat man nach der Glashütte, die von 1488 bis 1821 hier bestand, auch Glaslautern genannt. Ursprünglich zur Grafschaft Löwenstein gehörend, fiel er 1504 an Württemberg.*

Jenseits der Durchgangsstraße L 1066 geht`s mit der Wüstenroter Straße, dann li ab zum Waldcafé und wie bei der Haußtwanderung zurück zum Ausgangspunkt P Lohmühle.

W 32 Wüstenrot – Silberstollen – Wellingtonienplatz – Raitelberg – P Silberstollen

Strecke: 6 km; Gehzeit: 2 Stunden
Wanderkarte: F 518 Schwäbisch Hall
K, P, R, S, T, W
Ausgangspunkt: P Silberstollen, an der Straße Wüstenrot – Schmellenhof. Von der Ortsmitte Wüstenrot (Bushaltestelle Buslinie RBS 635 Heilbronn – Mainhardt, vorbei an der Schwäbische-Wald-Halle, sind es ca. 800 m zum P Silberstollen.

Wüstenrot *siehe W 31*

Hausierhandel. *Nicht immer einfach war es in früheren Zeiten für die Bewohner auf den Löwensteiner Bergen, ihr tägliches Brot zu verdienen. Der Wald stellte jahrhundertelang den einzigen Reichtum dieser Landschaft dar. Die Herstellung und der Vertrieb von Holzwaren wie Schindeln, Rechen, Besen und Wäscheklammern linderte oft die größte Not. So waren z. B. noch zu Beginn des 20. Jh. im nahen Neulautern von 600 Einwohnern 77 Hausierer.*

Die Wanderung führt in der Pfaffenklinge über Treppensteige und Klingen überbrückende Stege zu den teilweise verschütteten und gesperrten in den Berg getriebenen Stollen „Unverhofftes Glück“ und „Soldatenglück“ (auf etwa 35 m begehbar).

Silberbergbau. *Siehe S. 101*

Eingang zum Silberstollen „Unerverhofftes Glück".
Aufn.: Theo Müller

Der Weiterweg führt am Hang der Pfaffenklinge auf dem Weg mit dem Zeichen blauer Punkt zum Sträßchen Wüstenrot – Stangenbach. Da das Brücklein über den Stangenbach und die Himmelsleiter wegen Einsturzgefahr auf nicht abzusehende Zeit gesperrt sind, verlassen wir hier den mit blauem Punkt markierten W und gehen ca. 250 m das Sträßchen abwärts. Beim Waldrand nehmen wir den li aufwärts führenden Weg ohne Zeichen und treffen auf der Höhe auf den von li kommenden Blau-Punkt-Weg. Wir folgen diesem ge und gelangen zum Wellingtonienplatz (4 im Jahre 1866 gepflanzte Bäume mit ca. 45 m Höhe). Am Wege zum Rastplatz (Spielplatz, Schutzhütte, Feuerstelle) und bei diesem weitere Wellingtonien.

An diesem Rastplatz mit seinen Einrichtungen ist für Jung und Alt Rast und Kurzweil geboten. Die nahe ***Friedrichsquelle*** *bietet ein erfrischendes Kneipp-Fußbad zur Anregung des Kreislaufs an, während westlich, im Anschluß an den Bolzplatz, der interessierte Wanderer einen* ***Pflanzenlehrpfad*** *besonderer Art findet. Entlang dem Fuchsklingenweg wird auf über 30 illustrierten Tafeln über Blütenpflanzen und Farne und deren medizinische Bedeutung informiert. Der ca. 2 km lange Rundlehrpfad ist auf seiner südlichen Strecke mit Kinderwagen und Rollstuhl befahrbar.*

Der Weiterweg führt mit dem Zeichen blauer Punkt über die Alte Straße, die Wellingtonienstraße bis zur li abbiegenden Schönblickstraße, der wir weiterhin mit Zeichen blauer Punkt folgen. Von ihr kann man in die Ortsmittte Wüstenrot zur Bushaltestelle hinabsteigen oder vorbei am Hotel Raitelberg bis zu ihrem Ende weitergehen; von hier aus sind es noch 200 m bis zum WP Silberstollen.

W 33 WP Wüstenrot-Seewiesen – Greut – ND Hohler Stein – NSG Bodenbachschlucht – Seewiesen

Strecke: 5 km; Gehzeit: 2 Stunden
Wanderkarte: F 518 Schwäbisch Hall
F, G, P, R, W
Ausgangspunkt: WP Seewiesen bei Wüstenrot oder Bushaltestelle in Wüstenrot (Buslinie RBS 635 Hailbronn – Mainhardt) über Georg–Fahrbach–Weg mit Zeichen roter Strich (s. W 34) zum WP Seewiesen und ebenso zurück (zusätzlich 3 km und 1 Stunde Gehzeit)

Von Wüstenrot oder Spiegelberg kommend, führt das Höhensträßchen nordöstlich von Vorderbüchelberg zum WP Seewiesen, 526 m NN. In südlicher Richtung geht der W mit Zeichen blaues Kreuz zur Hochfläche Greut, 563 m NN.

Die Höhe bietet in nordöstlicher Richtung vom Steinknickle über die Waldenburger Berge bis Mainhardt einen weitgedehnten Ausblick.

Wo das Asphaltsträßchen li abbiegt, geht es über den Wiesenweg zu der hinteren Waldecke. Re führt hier der W hinunter zur Fahrstraße, die li nach Großhöchberg weiterführt. An der Straße vor dem Einstieg zur Tobelschlucht liegt ein kleiner Rastplatz mit Feuerstelle. Der W mit Zeichen roter Punkt erschließt über Stufen und Stege eine der schönsten Klingen der Löwensteiner Berge, an deren oberem Ende sich eine eindrucksvolle Felsengrotte (ND Hohler Stein) im Höhlensandstein gebildet hat.

*Das ND **Hohler Stein** hat sich durch Sickerwasser und Frostsprengung sowie Ausspülung unter dem härteren Gesteinsdach zu einer ausgeprägten, tiefen Nische ausgebildet.*

Die Klinge mündet in eine den Bachlauf entlangführende Forststraße. Nach ca. 150 m zweigt der W re ab über den Dentelbach. Mit neuem Zeichen roter Strich, Georg-Fahrbach-Weg, geht es hangaufwärts. Der

Im Naturschutzgebiet Bodenbachschlucht. Aufn.: Archiv Naturpark

Anstieg zur Höhe auf dem gutausgebauten und gesicherten Pfad ist auch für Kinder keine Anstrengung.
Die tiefeingeschnittene Klinge des Bodenbaches ist NSG **(Bodenbachschlucht)** und endet im oberen Bereich in einer imposanten Felsschlucht; sie führt direkt zum Ausgangspunkt WP Seewiesen bzw. mit Georg-Fahrbach-Weg zurück nach Wüstenrot.

W 34 Wüstenrot – WP Seewiesen – Neu- und Altfürstenhütte – Kuhnweiler – Hals – Rottal – Wüstenrot

Strecke: 12 km; Gehzeit: 4 Stunden;
Variante: 8 km; Gehzeit: 2,5 Stunden
Wanderkarte: F 518 Schwäbisch Hall
F, P, U, W
Ausgangspunkt: Bushaltestelle in Wüstenrot (Buslinie RBS 635 Heilbronn – Mainhardt)

Von Wüstenrot auf K 2101 (Haller Straße, vorbei am Bausparmuseum), re auf den Haldenweg, vorbei am Friedhof und weiter dem Georg-Fahrbach-Weg mit Zeichen roter Strich, kurz auf der L 1090, dannn auf der

K 2100 in Richtung Vorderbüchelberg und am Waldrand li zum WP Seewiesen.

Nach Neufürstenhütte führt ein gut markierter, naturnaher Wanderweg mit Zeichen rotes Kreuz. Nach ca. 2 km durch schattigen Mischwald zum Waldrand vor Neufürstenhütte. Ge weiter geht es zur Ortsmitte mit Einkehrmöglichkeit.
In Richtung Kuhnweiler geht man ohne Zeichen li am Waldrand weg. Nach ca. 400 m kommt von Neufürstenhütte der mit rotem Kreuz markierte Weg, der nach ca. 500 m vor Altfürstenhütte (Einkehrmöglichkeit) li weg mit Zeichen blauer Strich durch die Streuobstwiesen, am Waldrand kurz li, danach re abwärts durch die Talsenke des Kuhnbaches nach Kuhnweiler führt.
Jenseits der Fahrstraße etwas re versetzt zeigt ein Hinweisschild mit dem Zeichen blauer Strich nach Hals – Finsterrot. Vor den ersten Häusern von Hals geht es li abwärts mit dem Mühlweg ins Rottal. Nach der Brücke re ansteigend geht es bei der Einmündung den W aus Böhringsweiler mit blauem Punkt li hoch.

Der Weiterweg führt über die freie Anhöhe und zweigt nach ca. 400 m unterhalb des Friedhofes von Finsterrot mit Zeichen blauer Punkt wie-

Wüstenrot (s. W 31) ist Ausgangspunkt vieler erlebnisreicher Wanderungen. Aufn.: Theo Müller

der li ab ins Tal. Vorbei am NSG „Wiesen im Rot- und Dachsbachtal" überbrückt man die Rot beim versteckt liegenden Fischweiher.

*Das **NSG Wiesen im Rot- und Dachsbachtal** umfasst nasse, zur Versumpfung neigende Wiesen in der Aue des Rot- und Dachsbachtals (s. S. 85).*

Weiter geht man ein kurzes Stück im Wald hoch und über die freie Fläche des Alten Hau (492 m NN) bis zu den li stehenden Feldscheuern am Waldrand. Nun ca. 100 m li und beim Holzlagerplatz re mit dem blauen Punkt. Der Weg ist nicht mehr zu verfehlen. Vorbei am Neuwiesenbrunnen stößt der Forstweg auf die Fahrstraße K 2101. Mit ihr re weg nach Wüstenrot.

W 35 Neuhütten – Steinknickle – Bernbachsee – Unterheimbach – P Neuhütten

Strecke: 16 km; Gehzeit: 5 Stunden
Wanderkarte: F 518 Schwäbisch Hall
A, P, R, S, W
Ausgangspunkt: Von der B 39 kommend liegt der WP am nördlichen Ortsende von Neuhütten (von der Öhringer Straße über die Straße „Waldesruh" zu erreichen).

***Neuhütten,** 491 m NN, Teilort von Wüstenrot, wurde um 1550 als Glashütte angelegt. Es liegt im einstigen Schutzbereich des sog. Burgfriedens um Maienfels. Um 1760 trieb zwischen Neuhütten und Mainhardt eine 40köpfige Räuberbande ihr Unwesen. Wie sehr die Bewohner des Burgfriedens der Willkür der jeweils Herrschenden ausgesetzt waren, zeigte sich auch 1848 in dem Aufruhr gegen die grundherrlichen Feudallasten, dem eine Militärbesetzung folgte.*
*Heute ist Neuhütten am Fuße des Steinknickle ein gern besuchter Erholungsort und Teilgemeinde von Wüstenrot. Die landschaftlich sehr reizvolle Szenerie läßt sich vom nahen Aussichtsturm übersehen. Nördlich liegt unser Wanderziel Unterheimbach, re weiter über dem eingeschnittenen Brettachtal erkennt man den Sendemast bei Waldenburg. Im Vordergrund liegt Maienfels. Re von Mainhardt der Funkturm auf der Hohen Brach. Im Süden der Juxkopf, südwestlich der Stocksberg und westlich der Schweinsbergturm, davor der niedere Kegel der Weibertreu. Der **Steinknickle-Aussichtsturm** wurde 1935 durch den Schwäbischen Albverein von der Gemeinde Neuhütten übernommen. 1957 wurde der im Kriege stark zerstörte Turm neu aufgebaut (s. S. 312).*

Der Steinknickle-Turm des Schwäbischen Albvereins bei Neuhütten. Aufn.: Archiv des Schwäbischen Albvereins

Vom Turm quer über die Spielwiese führt ein Pfad steil hinunter zum Naturfreundehaus. Unterhalb auf der Straße führt der blaue Strich li bis zu einer Dreiteilung der Straße. Mit Zeichen blauer Strich geht es absteigend ins Bernbachtal. Im Verlauf führt li ohne Zeichen weg die Sofastraße zum „Steinernen Sofa", das Waldarbeiter 1885 als Jagdsitz für einen Freiherrn von Weiler aus dem vollen Fels meiselten.
Wenige m weiter und mit der Kehre bachaufwärts liegt der stille Bernsee, der 1972 angelegt wurde.
Man geht weiter die Fortsetzung des Waldsträßchen „Sofastraße" das nach knapp 2 km in den aus Richtung Löwenstein kommenden Wanderweg mit Zeichen blaues Kreuz mündet. Auf ihm geht es flotten Schrittes ge ca. 2 km über die Ebene des Salenwaldes. An dessen Ende liegt li am Waldrand ein willkommener Spiel- und Rastplatz mit Schutzhütte und Feuerstelle (Familien mit Kinderwagen sei dieser Ausgangspunkt für ausgedehnte Spaziergänge auf gut markierten Forststraßen in einem schönen Waldgebiet besonders empfohlen).
Zum Heimberg mit der Ruine Hellmat ist es als Abstecher über Herrenhölzle nur 1 km. Der W führt re ins Bernbachtal und nach Unterheim-

bach. Den beliebten Weinort, eingebettet zwischen dem Heimbach und Bernbach, verläßt man bei der Kirche in Richtung Sportstätten. Auf dem Weg mit Zeichen blauer Punkt das Bernbachtal aufwärts. Ca. 1 km weiter verlässt der Weg das Tal und zieht li hangaufwärts, vorbei an der Aschhofenhütte und der li liegenden Schinderklinge, hoch zum WP beim Steinknickle.

W 36 Finsterrot – Maienfels – Kreuzle – Neuhütten – Finsterrot

Strecke: 12 km; Gehzeit: 4 Stunden
Wanderkarte: F 518 Schwäbisch Hall
A, B, K, P, T, U, W
Ausgangspunkt: Bushaltestelle Waldhorn in Finsterrot (Buslinie RBS 635 Heilbronn –Mainhardt) oder WP Finsterroter See, am Ortsrand in Richtung Mainhardt nördlich der B 39

Finsterrot *siehe W 37*

Von der Bushaltestelle Waldhorn in Finsterrot geht man mit Zeichen blauer Strich hinab ins Dachsbachtal zum Finsterroter See und bei diesem re ab über den Weiherdamm. Hier trifft man auf den vom WP herabführenden Weg. Weiter geht es mit dem nach Mainhardt führenden Blau-Strich-Weg Berg aufwärts. Auf der Höhe nimmt man bei der ersten Wegkreuzung li den ohne Zeichen nach Norden führenden Weg, der nach stark 2 km auf die K 2583 Ammertsweiler-Neuhütten stößt. Hier li bis zur Weggabelung mit dem dreiarmigen Wegzeiger; weiter nimmt man den Weg re in Richtung Kreuzle. Ist der Wald durchschritten, erfreut man sich an dem überraschenden Blick zur Anhöhe, die mit dem Aussichtsturm Steinknickle gekrönt ist. Der Weiler, dem man entgegengeht, heißt **Blindenmannshäusle** (ehemalige Holzmachersiedlung). Beim ersten Haus geht es re ab nach **Walkensweiler** (besteht schon seit 1376). Dort hält man sich an das am Ortsrand des Weilers hinabführenden Sträßchen, vorbei an einem Feuerlöschteich (ND). An der Linkskurve des Sträßchens wandert man auf einem Feldweg ge zur Waldecke hoch, geht ca. 100 m am östlichen Waldrand entlang, worauf ein schmaler Waldpfad li ab zu einer Rinne führt. Hier steil abwärts der ehemalige Schul- und Kirchenweg nach Maienfels. Noch sind auf dem steil abfallenden Weg Treppenstufen zu erkennen, die bis 1945 benützt zum Rappenbach führen.
Wer den steilen, wenig begangenen und in wenig gutem Zustand be-

Zwischen den engen Gassen schmiegt sich die 1631 erbaute Kirche in Maienfels eng an den Berg an. Hinter ihr die Ringmauer der Burg. Aufn.: Theo Müller

findlichen Weg scheut, nimmt nach dem Feuerlöschteich li das Sträßchen nach Kreuzle, weiter wie unten beschrieben.

Wer hinabsteigt wendet sich nach dem Brücklein über den Rappenbach nach re und gelangt zur Brettacher Straße, die li nach Maienfels hoch führt. Ein Besuch des Orts mit seinen winkeligen und engen Gassen und der Burg Maienfels ist lohnend.

Maienfels *442 m NN, Teilort von Wüstenrot. Beim Burggraben steht man vor dem alten Gemäuer der ehem. Ritterburg. Durch das untere Tor steigt man vorbei am Pranger und der 1631 erbauten Kirche empor zum Burghof. Die auf einer Bergnase über dem Brettachtal gelegene stark befestigte Burg war im 14. Jh. ein gefürchtetes Raubritternest und wurde 1441 von der Reichsstadt Hall zerstört. 1504 kam es zu Württemberg und in den Besitz der Freiherren von Gemmingen. Deren Nachkommen bewohnen das Schloss noch heute.*

Unser W geht bei einer leichten Rechtskurve des Maienfelser Sträßchens die erste Abzweigung li ab, führt immer re haltend am ehemaligen

Schulgebäude für die umliegenden Orte vorbei, über ein Brücklein und Serpentinen hoch nach **Busch**, einem lang gestreckten Rodungsort. Beim ersten Haus re durch den Weiler bis zur Hirschberstraße, diese li bis man auf den mit rotem Strich bezeichneten HW 8 (Frankenweg) trifft. Diesem folgt man li bis zur L 1090 zum Teilort **Kreuzle** (um 1500 bei einem Kreuz erbaut). Diesem folgt man auf dem Fußweg entlang der Straße in Richtung Neuhütten zur Burgfriedenhalle.

Die Stubensandsteinhochfläche zwischen Oberheimbach, Neuhütten, Maienfels und Walkensweiler trägt die Bezeichnung Burgfrieden. Im Mittelalter war Burgfriede ein erhöhter Schutz eines bestimmten Bereichs, in dem die Fehde ausgeschlossen war und Friedensbruch schwer bestraft wurde.

Von der Burgfriedenhalle ge die Allenstraße mit Zeichen blauer Strich zum südlichen Ausgang von Neuhütten.

Neuhütten *siehe W 35*

Von der Ortsstraße führt ein Pfad mit Zeichen blauer Strich durch die Talsenke hinüber zum Lauxenhof und als Feldweg weiter südlich zum Neuhütter Weiher.
Genußvoll wandert man nun durch das verschilfte Tal dem Finsterroter See entgegen, an dessen Ende der Weg mit Zeichen blauer Strich über den Damm und re haltend entweder ge nach Finsterrot oder li zum WP führt.

W 37 Mainhardt – Böhringsweiler – Finsterrot – Ammertsweiler – Mainhardt

Strecke: Von Bushaltestelle Wendeplatte 16 km, Gehzeit 4½ Stunden, vom P Mineralbad 15 km; Gehzeit: 4 Stunden
Wanderkarte: F 518 Schwäbisch Hall
A, B, F, U, W
Ausgangspunkt: Bushaltestelle Wendeplatte (Buslinie RBS 635 Heilbronn – Mainhardt, 20 Schwäbisch Hall – Wüstenrot, 380 Backnang – Sulzbach – Mainhardt) in der Nähe auch Parkmöglichkeit, oder WP beim Mineralbad (von der B 14 nach Norden abbiegen und bei der Waldapotheke li)

Mainhardt. *450–510 m NN, 5 500 Ew. Die Ortsgeschichte von Mainhardt führt auf die Römer und den Limes zurück. Im Zuge der Verlegung* *des Limes nach Osten wurde das Kastell Walheim nach Mainhardt verlegt (150 n. Chr.). Die 1978 rekonstruierten Reste des Kastells liegen an der Westseite von Mainhardt. Im Laufe der Zeit siedelten sich um die Kastelle Händler, Kaufleute und Handwerker sowie die Familien der Soldaten an; so entstand auch Mainhardt. Erstmals urkundlich durch den deutschen König Konrad II. erwähnt, wechselte der Ort in den folgenden Jahrhunderten mehrmals seine Besitzer. Von den Herren von Gleichen kam es im 13. Jh. zu den Löwensteinern und im 15. Jh. an das Haus Hohenlohe, bis es 1806 an Württemberg fiel. Eine Blütezeit erlebte Mainhardt um 1600 als Badeort durch die schwefelhaltige Quelle, die im Ortsteil „Baad“ entspringt. Aus dieser Zeit stammt auch das Schlössle, früher Besitz von Hohenlohe-Bartenstein; es gehört heute der Gemeinde. Von einer großen Räuberbande und unbeschreiblichen Notjahren berichtet die Chronik um 1760. Heute ist Mainhardt mit seinen 45 Teilorten der Mittelpunkt des idyllischen Mainhardter Waldes und ein gern besuchter Erholungsort.*

Von der Bushaltestelle Wendeplatte geht man ge zur Mainhardter–Wald–Halle (li Mauerreste des römischen Kastells), re Justinus–Kerner–Weg, dann kurz re und scharf li mit Zeichen blauer Strich zum Mineralbad.

Unterhalb vom P beim Mineralbad weist ein Hinweisschild zum W mit Zeichen blauer Punkt in Richtung Ortsteil Baad. Das Wasser der schwefelhaltigen Quelle speist das nahe Mineralbad.
Durch die Talsohle geht es halbre hoch; dann darf vor der li Straßenbiegung der blaue Punkt re ab nicht übersehen werden. Der bequeme Waldweg führt nach ca. 500 m zu dem nach Forstmann Kappler genannten Fischweiher mit Schutzhütte. Li an dem verträumten See vorbei zieht der W hangaufwärts zum Waldrand und zur B 39, mit der man re ab zum Ortsrand von Hohenstraßen kommt. Bei der Fußgängerampel führt der Weg über die Straße nach Westen ge über die freie Hochfläche. Kurz vor dem Waldrand muß man den re vom Weg abzweigenden „Heuweg“ beachten – immer mit blauem Punkt. Er führt über den Altersbach hinüber zum Wiedhof. Zwischen dessen Häusern geht der W li ab durch einen Hausgarten und entlang der Strommasten hangabwärts zur Schloßmühle in Böhringsweiler.

Böhringsweiler *(Teilort von Großerlach). Der Ort, erstmals urkundlich 1251 erwähnt, war bis 1826 Unteramt. Li auf der Anhöhe über der Rot stand im 16. Jh. ein Schlösschen, das Herzog Christoph zu einem Jagdschloß umbaute. Noch 1766 hielt Herzog Carl Eugen hier Hoflager. Nur noch die Grundmauern des verputzten Hauses mit seinem holzverkleideten Giebel zeugen von Vergangenem.*

Museum Mainhardt: Uhren – Technik –Sammlerschätze. *Das an der B 14 liegende beachtenswerte Museum ist 1997 aus privater Initiative entstanden. Im Museum erleben die Besucher die Zeit, es tickt und tackt, es klappert und rasselt. Umfassende Informationen über Herstellung und Funktion zeigen die Handwerkskunst vergangener Jahrhunderte. Historische Dampfmaschinen und Zubehör der Firmen Märklin, Bing + Co lassen Kindheitsträume wieder entstehen. Im Vorführzentrum wird mit orginalgetreuen Dampfmodellen gesägt, gehämmert und gedroschen. Heißluftmotoren und Flammenfresser begeistern mit ihrer interessanten Technik immer wieder aufs Neue! In der „Schatzkammer" sehen die Besucher Puppen, Puppenstuben, eine Kaffeekannensammlung, antike Uhren und eine Eisenbahnanlage Spur „N".*
Regelmäßige Sonderausstellungen zum Thema Sammeln geben Sammlern die Möglichkeit ihre Schätze in ansprechender Umgebung zu präsentieren.
Geöffnet 1.2.–10.8. + 23.8.–18.12., mittwochs 11–17 Uhr, sonntags/feiertags 13–17 Uhr und für Gruppen jederzeit nach Vereinbarung. Telefon 07903/7600, Fax 07901/3889; info@museum-mainhardt; www.museum-mainhardt.de. Aufn.: Museum Mainhardt

Gegenüber der Schloßmühle entlang dem Mühlkanal verläuft der Wanderpfad. Es ist ein Genuß, in dem landschaftlich so reizvollen Rottal dahinzuwandern. Beim Stauwehr des Dachsbachs überqueren wir diesen und kommen durch das sumpfige NSG Wiesen im Rot- und Dachsbachtal (siehe W 34) bis man auf den li von Kuhnweiler herkommenden Blau–Strich–Weg stößt, dem man weiter auf die Anhöhe folgt. Nach ca. 500 m zweigt li der Blau-Punkt-Weg nach Wüstenrot ab, während unsere Wanderroute mit Zeichen blauer Strich am Friedhof von Finsterrot vorbei ge, die Gustav-Vogelmann-Straße querend, zur B 39 in Finsterrot führt.

Finsterrot. *467 m NN, Teilort von Wüstenrot. Der Ort wurde 1510 als Glashütte angelegt. Der ehem. Name Fensterrot leitet sich von Fensterglas ab. Die altehrwürdige frühere Fuhrwerksherberge zum Waldhorn mit dem schmucken Ziehbrunnen aus dem Jahre 1731 zeugt von der vorbeiziehenden alten Salzstraße Schwäbisch Hall – Heilbronn.*

Jenseits der B 39 beim Ziehbrunnen mit der Seestraße, Zeichen blauer Strich, zum nahen See, der hier für die Mühle früher aufgestaut wurde. Heute, etwas schilfumwachsen, ist er als Bade- und Angelsee beliebt. Mit dem Zeichen blauer Strich führt der W über den Damm und li haltend kurz aufwärts. In nordöstlicher Richtung weiter, vorbei an der rekultivierten Sandgrube, nach dem Waldrand zur freien Anhöhe „Steinbühl“, 502 m NN. Re liegt der Friedhof des langgestreckten Stra-

Der Finsterroter See, ein beliebter Bade- und Anglersee, der früher zum Betrieb der Mühle aufgestaut worden ist, Aufn.: Theo Müller

ßendorfes Ammertsweiler. Beim Friedhof bietet das Höhensträßchen eine schöne Aussicht ins Brettachtal. Ge am nördlichen Teil des Weilers geht es vor der Hausnummer 77 re zum Unteren Weiler. Hier li, wo man das Wegeschild „Kirchhaldenrain“ erkennt, talwärts mit Zeichen blauer Strich zur Lohklinge. Nach der Kläranlage li ab über zwei Bachläufe, um nun kurz, aber steil, den Hang zur Forststraße hochzusteigen. Re vorbei an der Schutzhütte, nach 20 m den abkürzenden Pfad re ab beachten, kommt man zum Waldrand. Nun führt der W li am Dennhof vorbei Richtung Mainhardt, das sichtbar über dem Tal der Baadmühle liegt. Der Weg zum Ausgangspunkt P Mineralbad bzw.Bushaltestelle Wendeplatte ist nun nicht mehr zu verfehlen.

W 38 Weißlensberg – Hälden – Geddelsbach – Buchhorn – Weißlensberg

Strecke: 9 km; Gehzeit: 3 Stunden
Wanderkarte: F 518 Schwäbisch Hall
A, T, U
Ausgangspunkt: WP Rote Steige an der Straße Adolzfurt – Windischenbach

Eine Wanderung entlang dem sonnenreichen Weinberghang ist der schönen Aussicht wegen ein besonderer Genuss. Von West nach Nord zerschneidet die Autobahn zwischen Schwabach und Bretzfeld die offene Landschaft. Genau nördlich erhebt sich hinter dem Lindelberg der Golberg mit dem SAV-Wildrosenpfad..

Vom WP Rote Steige unterhalb des bewaldeten Weißlensberges, 374 m NN, geht es mit dem Zeichen blaues Kreuz in südlicher Richtung. Wo die Straßenführung nach re weicht, geht man auf dem Weinwanderweg mit Zeichen rote Traube ge etwas höher, der obere Weg ist angenehmer und mündet vor Hälden wieder ein in den markierten Weg.

Weit verstreut liegen die Gehöfte von ***Hälden*** *(Gemeinde Bretzfeld) am Hang. Nach Westen weitet sich das Sulmtal in Richtung Heilbronn.*

Am Ortsende von Hälden nicht dem mit blauem Kreuz bezeichneten Weg ins Brettachtal folgen, sondern li ab auf dem Brettachweg auf der Hangtrasse nach einer leichten Straßenbiegung ge, den Weinwanderweg überquerend, bis nach ca. 1 km der Weg leicht abfällt. Er führt zum Friedhof von Geddelsbach und zum Dorf.

Wer nicht zur Einkehr nach Geddelsbach möchte, geht abkürzend mit dem Weinwanderweg li hoch und kommt beim P am südlichen Ortsende von Buchhorn zum Rückweg.

*Der Weinort **Geddelsbach** (Ortsteil von Bretzfeld), ein langgestrecktes Reihendorf an der Brettachtalstraße, bietet Einkehrmöglichkeit.*

Zum Rückweg geht es wieder zum Friedhof. Der zünftige Wanderer steigt auf dem Georg-Fahrbach-Weg mit Zeichen roter Strich am Waldrand den Hang hoch (Steigung 100 m auf 800 m Länge). Der Weg macht im oberen Teil einen Schlenker nach li und führt zum aussichtsreichen Höhensträßchen der Buchhorner Ebene. Etwas bequemer geht es mit der Straße ca. 1 km hoch zum WP Buchhorn, 396 m NN.

Dem Wanderer bietet sich hier eine herrliche Sicht. In östlicher Richtung liegen der Sulzberg, der Zollknock und die Bergkuppe der ehem. Burg Obergleichen. Südlich liegen Maienfels und der Höhenzug zum Steinknickle. Westlich im Vordergrund der Heimberg und darüber die Höhe von Hirrweiler mit dem Wasserturm.

Vom WP geht der Rückweg nordwestlich unterhalb des Wasserbehälters über die Ebene zum Wald. Nach ca. 1 km ge bei der Wegeteilung li die rote Steige (der Name stammt vom roten Keupermergel) am li Berghang abwärts zu dem Weinbergweg, der uns zum Ausgangspunkt führt.

W 39 Grab – Morbach – Marbächle – Konhalden – Flinsberg – Badhaus – Marhördter Mühle – Grab (abgekürzte Variante: Grab – Morbach – Marhördter Mühle – Grab)

Strecke: 17 km (9 km); Gehzeit: 5 Stunden (3 Stunden)
Wanderkarte: F 518 Schwäbisch Hall
B, G, T, U, W
Ausgangspunkt: P bei der ehemaligen Volksbank in Grab

***Grab** s. W 16*

Der W beginnt bei der ehemaligen Volksbank/Langestraße in Grab (511 m NN), und führt nach der Abzweigung zum Freibad mit Zeichen rotes Kreuz re ab über einen Wiesenpfad zum Götzenbrunnenbächle.

Das Marhördter Sägemühlenmuseum. Aufn.: Archiv Naturpark

Ein Steg bei der Eiche (ND) überbrückt den Bach, der Pfad endet halbli bei den Obstbäumen in einem festen Weg, der nach Morbach führt.
Beim Bushäusle muß man li Richtung Platte abbiegen, um den Ort halbre über die Hochfläche, vorbei am Sägewerk, zu verlassen.
Li voraus liegt die Wochenendsiedlung Platte. Bei der Weggabelung re ab zum Waldrand, hier ca. 200 m re entlang führt ein Pfad etwas verdeckt li im Wald zu einem Steg über den Morbach und zur Forststraße.
(**Wer abkürzen möchte**, geht ohne Zeichen mit dem Morbachhaldenweg li weiter und kommt bequem zur Marhördter Mühle, hinter der Mühle führt das Forststräßchen Nr. 10 li Richtung Grab.)
Der W mit Zeichen rotes Kreuz führt re entlang dem im Schilfsandstein über Stufen springenden Bach am Waldrand re weg von der Forststraße nach Marbächle.
Im Ort, jenseits der Durchfahrtsstraße, befindet sich beim Wegweiser nach Konhalden 1 km das Markierungszeichen rotes Kreuz.
Am Ortsende von Konhalden dem Markierungszeichen rotes Kreuz folgend re auf der Fahrstraße bergauf, nach ca. 600 m li in ein Waldsträßchen einbiegen, auf diesem immer dem Zeichen rotes Kreuz folgend bergab durch den Hochwald zur Forststraße, der man nach ca. 500 m re abbiegt zum Flinsberg. Zu diesem folgt man dem Zeichen rotes Kreuz jenseits der Forststraße ansteigend hoch bis zum Waldrand. Hier erreicht man re weg nach ca. 250 m den Flinsberggipfel.

Flinsberg. *535 m NN (ND). Ein Hinweis deutet auf die Entstehung der Quarzitblöcke (Feuerstein), deren Begleitkalk sich in langen Jahren aufgelöst hat und das schwerlösliche Silikat zurückließ.*

Zum W wieder die 250 m zurück und ohne Zeichen re haltend kommt man über das freie Feld zur Burggasse und mit ihr abwärts, vorbei am WP Schloßbuckel, nach ca. 1,5 km zur Ebersberger Sägmühle.
Vor deren Wohngebäude (Fellbacher Jugendzentrum) geht es li über den Maßlesbach ge auf die Häuser von Badhaus zu. Am Gasthaus Wiesengrund li abbiegen und nach ca. 100 m halbre mit dem Forstweg ohne Zeichen bis zur Spitzkehre, hier ge weiter mit dem Wiesenweg, der nach ca. 500 m die parallel verlaufende Fahrstraße K 2674 in Richtung Marhördter-Mühle überquert.

Marhördt*, Teilort von Oberrot. Der Name des Weilers führt zurück auf ein Badehaus, das bereits im 14. Jh. erwähnt wurde. Die* ***Marhördter Sägmühle*** *ist eine von 14 Sägemühlen zwischen Wielandsweiler und Hausen, die im 19. Jh. betrieben wurden. Die Sägemühle wurde von 7 Bauern der Umgebung im Jahre 1856 gebaut und durch ein oberschlächtiges Wasserrad von 4,5 m Durchmesser über 100 Jahre betrieben. 1982 wurde die Marhördter Sägmühle zu einem Museum umgebaut.*

Der Mühlenweg Nr. 10 führt vor den Gebäuden halbre ansteigend immer re vom Aschenbach zur Höhe.
Am Waldende, im Gewand Schweintanne, li ab dem Waldrand entlang führt der Riedweg Nr. 10 zum nahen Ortsteil Schwalbenflug und li weiter die gehweglose Fahrstraße meidend zum Ausgangspunkt in Grab zurück.

W 40 Grab – Hohe Brach – Hammerschmiede – Rösersmühle – Hankertsmühle – Grab

Strecke: 12 km; Gehzeit: 4 Stunden
Wanderkarte: F 518 Schwäbisch Hall
K, R, S, T, W
Ausgangspunkt: P bei der ehemaligen Volksbank Grab schräg gegenüber der Kirche oder WP an K 1903 Richtung Erlach

Mit der K 1903 Richtung Erlach führt der W mit Zeichen rotes Kreuz aus Grab. Li am Waldrand liegt der WP. Von der Forststraße zweigt der

Der Mühlkanal der einstigen Hankertsmühle. Aufn.: Theo Müller

W nach ca. 200 m re ab und verläuft nun fast parallel zur nahen Fahrstraße zum Ortsteil Hohenbrach. Zur Hohen Brach, 586 m NN, sind es nur ca. 500 m in westlicher Richtung. Die Höhe ist bewaldet und bietet keine Aussicht. Trotzdem muß man einmal auf der höchsten Erhebung des Schwäbisch-Fränkischen Waldes gewesen sein (Abstecher mit Zeichen rotes Kreuz).

*Die **Hohe Brach**, mit 586 m NN der höchste Berg des Schwäbisch-Fränkischen Waldes, verdankt ihre Erhaltung dem schützenden Deckel aus feinkörnigem Angulatensandstein (Unterjura-alpha 2). Der neuerbaute mächtige Richtfunkturm auf der Bergkuppe ist ein weithin sichtbares Orientierungszeichen.*

Im Ort, wo beim alten Backhäuschen der markierte Fahrweg mit Zeichen blauer Strich li von Murrhardt kommt, geht es re ab mit dem asphaltierten Sträßchen zur K 1903 Grab – Erlach.
Jenseits der Fahrstaße wenige m nach li. Der mit blauem Strich markierte Waldpfad überquert nach ca. 150 m einen Forstweg und kommt

nach ca. 100 m zu einem 2. Forstweg. Auf diesem Weg li ab und nach ca. 50 m führt halbre der Wanderpfad zum talwärts verlaufenden Feuerweg, der im Verlauf re ab in den Geistklingenweg mündet.
Vor der Brücke zur Hammerschmiede geht es mit Zeichen rotem Fuchspfotenabdruck des Fuxi-Naturerlebnispfades re entlang der Rot zur bewirtschafteten Rösersmühle. Wer nicht einkehren möchte, findet weiter talwärts nach ca. 1 km nahe der Hankertsmühle einen Spiel- und Rastplatz mit Feuerstelle.

Kurz vor der Hankertsmühle erinnert wenige m re vom W ein ***Kleinkastell*** *an die Herrschaft der Römer, die um 260 n. Chr. zu Ende gegangen ist. Die Befestigungsanlagen wurden abgetragen, und der Limes geriet viele Jh. in Vergessenheit. Bis zur Erschließung des Waldes im Mittelalter blieb das Rottal menschenarm. Erst mit den Sägmühlen wurde das Tal besiedelt. An die* ***Hankertsmühle*** *erinnern nur noch die steinernen Säulen und herumliegenden Quadersteine. Die 13 Kinder der Müllersfamilie wanderten im 19. Jh. nacheinander nach Amerika aus.*

Vor der Ruine der Hankertsmühle führt der von Mainhardt kommende Limesweg, Zeichen schwarzes Turmsymbol mit rotem Strich, ansteigend hoch zur re über dem Weg liegende restaurierte Turmruine des Wachpostens 9/77 im Färberwald. Ab hier ist der Limes wieder begehbar. Der Pfad beginnt gegenüber der Turmruine, schlängelt sich abwärts zum Schöntalbach, der in einer Spitzkehre überquert wird, um dann gleich re steil zum Waldteil Säugraben aufzusteigen.
Der Limes ist hier als Wasserlauf besonders gut sichtbar.
In Grab, dessen Name sich vom Grenzwall her ableiten läßt, steht das Gasthaus „Zum Rößle“ an der Stelle eines Wachpostens (im Ort weitere Einkehrmöglichkeiten).

Wer nicht auf den Spuren der Römer wandern möchte, findet von der Hankertsmühle ca. 400 m talwärts der Rot mit dem Schöntalbachweg re ab einen bequemen Forstweg, der vorbei an Schöntalsägmühle nach ca. 3 km zurück zum Ausgangspunkt Grab führt.

Grab *(511 m NN, Ortsteil von Großerlach) liegt beiderseits des Limes auf der Stubensandsteinhochfläche des Mainhardter Walds. Nach dem zweiten Weltkrieg wurden neue Wohngebiete geschaffen, u.a. das Gebiet „Schwalbenflug“ mit einem großen P links der K1903 in Richtung Schönbronn. Der Name lässt sich vom römischen Limes (= Wallgraben) herleiten und wurde schon 1471 als Graab genannt. Auf den Fundamenten eines römischen Wachturms steht das Gasthaus Rößle. Grab war ehemals weinsbergisch und kam nach wechselnden Besitzverhältnissen 1504 an Württemberg.*

W 41 Untersteinbach – Kalksbrunnen – Gleichener See – Limes – Renzen – Untersteinbach

Strecke: 10 km; Gehzeit: 3 Stunden
Wanderkarte: F 518 Schwäbisch Hall
F, G, K, P, R, T, U, W
Ausgangspunkt: P bei der Kirche oder Freibad (westlich der Hauptstraße im Ort)

Untersteinbach. *270–450 m NN, Ortsteil von Pfedelbach. Windgeschützt zwischen den Waldenburger Bergen und dem Mainhardter Wald im Ohrntal gelegen, lehnt sich das ausgedehnte Reihendorf an die sonnenreichen Südhänge. Durch ein besonders mildes Klima empfiehlt es sich mit seinem reichhaltigen Freizeit- und Wanderangebot als anerkannter und gern besuchter Erholungsort. Erstmals 1266 urkundlich erwähnt, dürfte er in der Rodungszeit des 12. Jh. entstanden sein. Die Kirche besitzt an der Südseite noch einige romanische Baureste einer früheren Kapelle.*

Vom Kirchplatz zwischen Kirche und Pfarrhaus den Fußweg hinunter zur Ohrn. Aus behauenen Natursteinen überspannt hier im Bogen das „Rialtobrückchen“ die Ohrn. Den Fußweg nun weiter vor und nach der Tennisanlage li zum alten Hohlweg, der re aufwärts und im Verlauf li durch die Obstanlagen zum Waldrand führt. Weniger ansteigend geht’s beim Tennisplatz den Hohlweg querend ge zum Ortsteil Bühl. Dem Zeichen roter Punkt folgend geht es re zur Kneipp-Anlage und talaufwärts zum Waldrand. Hier gabeln sich die Wege.
Direkt zum Gleichener See führt auf dem alten Kirchenweg der Wanderweg mit Zeichen roter Punkt und Nr. 11. Auf der Hochfläche auf Limesweg mit Zeichen roter Strich und schwarzes Turmsymbol re ab, nach ca. 500 m ist man am See.
Eine Variante geht mit W Nr. 10 halblinks entlang zur Kalksklinge. Am Ende des Wegs entspringt sprudelnd über einem Kalktuffelsen der Kalksbrunnen, der aus der Quelle unterhalb der Frohnfallser Ebene kommt. Etwa 100 m vor der Quelle führt ein Pfad hinauf zur Forststraße, die re haltend nach ca. 1 km zum von Mainhardt kommenden Limesweg mit Zeichen roter Strich und schwarzes Turmsymbol stößt, dem man re abbiegend folgt. Nach ca. 200 m führt der Kirchenweg mit Zeichen roter Punkt re ab wieder zurück nach Untersteinbach. Zum Gleichener See führt der Limeswanderweg ge weiter.

NSG Gleichener See. *Der stark verlandete See ist ein begehrter Nistplatz und ein seltenes Vogelparadies für viele Wasservögel. Wildenten und Bläßhühner, gelegentlich auch Graureiher finden sich hier ein. Der*

Das ND Gleichener See ist für viele Wasservögel ein Paradies.
Aufn. Archiv Naturpark

See ist auch Standort seltener Pflanzenarten wie z. B. der Sibirischen Schwertlilie.

Der Limeswanderweg umgeht mit einem Knick nach Westen die tiefeingeschnittene Gießklinge. Nach dem Bachlauf biegt er re über die Obstwiese zum Waldrand ab.

Die re im Wald verlaufende ***Limeslinie*** *weicht seit dem Seedamm ebenfalls der Gießklinge aus. Dies ist die einzige nachweisbare Abweichung von der bei Walldürn beginnenden geraden Linienführung zum 80 km entfernten Haghof bei Welzheim.*

Parallel zur Limeslinie verläuft der W über die Bekemer Ebene zum markanten sechseckigen Fundament des Wachtturmes WP 9/51.

Ein Rastplatz umgibt ein neuaufgesetztes Fundament eines wegen seiner ursprünglich sechseckigen Form ungewöhnlichen ***Wachtturmes****.*

Vom Wachtturm geht der Limeswanderweg ca. 150 m eben weiter und überquert eine Forststraße. Mit Zeichen roter Punkt fällt der Weg nun etwas steil in Serpentinen ab zur Fürstenstraße (Forstbez.). Hier verläßt man den Limesweg HW 6 und wandert weiter re ab auf Weg mit Zeichen roter Punkt, biegt nach ca. 150 m li von der Forststraße ab nach Renzen. Im Ort geht es re haltend über die Ohrnbrücke und anschließend über die Fahrstraße nach Altrenzen. Re unterhalb der Weinberge führt das Sträßchen zum nördlichen Ortsbeginn von Untersteinbach und zum Ausgangspunkt zurück.

W 42 Pfedelbach – Georg-Fahrbach-Weg – Buchhorn – Griet – Pfedelbach

Strecke: 11 km; Gehzeit: 3,5 Stunden
Wanderkarte: F 518 Schwäbisch Hall
A, P, R, U
Ausgangspunkt: Pfedelbach P Kapellenstraße beim Friedhof oder WP Lohklinge, 1,5 km südlich der Ortsmitte, über die Hauptstraße Richtung Mainhardt und Lohklingenstraße zu erreichen.

Pfedelbach. *240 m NN, 8200 Ew. Erstmals 1037 als Pfadelbach erwähnt, kam Pfedelbach 1472 durch Kauf an das Haus Hohenlohe. Graf Eberhard von Hohenlohe-Waldenburg begann 1650 den Schlossbau auf den Fundamenten einer alten Wasserburg. Das Schloss war mehrere Generationen Residenz der Zweiglinie Hohenlohe-Pfedelbach. Die Gemeinde hat das Schloss 1963 erworben und vollständig renoviert. Ein wesentlicher Wirtschaftsfaktor ist der Weinbau um Pfedelbach mit den Teilorten Oberohrn, Windischenbach, Harsberg und Untersteinbach. Altehrwürdiges Symbol dieses Gewerbezweiges ist das 1752 von Hofküfermeister Anton Mayer geschaffene Faß in der Weinkellerei von Pfedelbach. Es faßt 64 664 l und zählt zu den ehemals größten Weinfässern Deutschlands.*

Von Öhringen kommend verläuft der Georg-Fahrbach-Weg mit Zeichen roter Strich westlich an Pfedelbach vorbei und führt entlang dem Pfedelbach, vorbei an der Fischerhütte, zum WP Lohklinge und hier am Hang der tiefeingeschnittenen Klinge nach Buchhorn. Bei den ersten Häusern re weiter zum WP am südlichen Ortsende.
Über der Straße weist ein Schild zum Buchhorner See, der gänzlich von Campingplätzen umgeben ist.

Beim WP auf der Höhe bietet sich eine wechselvolle Aussicht. Li am Ende des Brettachtales liegt auf der Höhe Mainhardt re weiter Maienfels. Unverkennbar das turmgekrönte Steinknickle (Aussischtsturm des

Das renovierte Renaissance–Wasserschloss in Pfedelbach.
Aufn.: Archiv Naturpark

Schwäbischen Albvereins), dann die Höhe von Hirrweiler, davor der Heimberg und die Ausläufer der Löwensteiner Berge zum Sulmtal.

Vom WP über die Buchhorner Ebene begleitet noch das Zeichen rote Traube den Georg-Fahrbach-Weg, bis dieser nach ca. 1 km re abwärts nach Geddelsbach zieht. Mit der roten Traube ge weiter bis P. Die Strasse L 1050 nach li überqueren. Von Untergleichen gesellt sich hier der Weg mit Zeichen rotes Kreuz zur Route (die Doppelmarkierung gilt bis Pfedelbach).Nach einem kurzen Waldgürtel vor Griet überrascht nun die Aussicht in nordöstlicher Richtung, die sich bei einem Sitzplatz mit Feuerstelle voll genießen läßt.

Panorama. Re über dem Ohrntal liegt Heuholz am Fuße des Wilfersberges, ge Michelbach, darüber der Pfaffenberg, li Neuenstein und weiter Öhringen.

Nach der Abzweigung nach Vorderespig verläßt der W die Fahrstraße und führt re ab talwärts über den Baierbach und die Fahrstraße K 2347 zum Lerchenhof. Vor den Weinbergen am Nonnenberg nun li hinunter. Mit der Kirche von Pfedelbach im Visier geht es zur Ortsmitte und beim Schloss zur Hauptstraße. Von hier führt die Kaiserstraße ge Richtung WP Lohklinge, ca. 1,5 km.

W 43 P NSG Viehweide – (Burg Gabelstein) – Wilfersberg – NSG Viehweide

Strecke: 10 km; Gehzeit: 3 Stunden
Wanderkarte: F 518 Schwäbisch Hall
F, K, P, U, W
Ausgangspunkt: P Viehweide, NSG an der K 2387 Öhringen –Michelbach – Obersteinbach

Der P liegt am Frankenweg (HW 8; s. S. 286). Jenseits (westlich) der Fahrstraße Michelbach – Obersteinbach beginnt der W mit Zeichen roter Strich in westlicher Richtung.
Bei dem Feuchtgebiet und der Hütte führt der Waldweg re weg als Abstecher über die Ebene zur ehem. Burg Gabelstein, ca. 500 m.

Burg Gabelstein. *Von der Burg ist außer Wall und Graben und mit Gestrüpp überwucherten Grundmauern nichts mehr zu erkennen. Sie ist längst verfallen. Ihre Steine sollen sich die Michelbacher zum Bau ihrer Kirche schon im 17. Jh. geholt haben. Die Forstbezirke Schlossberg, Schlossebene, Schlossbrunnen erinnern an Vergangenes.*

Im weiteren Verlauf führt der Frankenweg nach ca. 1,5 km über 2000 Jahre zurück zu der vorgeschichtlichen Befestigungsanlage der Kelten. Die Aufschüttungen des Abschnittwalles sind heute noch zu erkennen. Beim Bergsporn des Wilfersberg liegt 433 m über NN. Der Frankenweg mit Zeichen roter Strich biegt an der schmalsten Seite des Bergrückens nach li ab auf den Weg Nr. 2, der nach Untersteinbach führt. Man verläßt hier den Frankenweg und mit Weg Nr. 2 beginnt der Rückweg auf dem schmalen Bergrücken. Wegweisend über der teilweise fast senkrecht abfallenden Hangkante aus Schilfsandstein sind die ca. 1 m hohen alten Grenzsteine, beginnend mit der Bezeichnung HO 159 und fortsetzend bis zum Grenzstein HO 129. Hier kommt vom „Steinbacher Gebirge“ mit der Nr. 3 von re ein Schotterweg, dem wir nach li folgen zu einem Hohlweg. Diesen an der Kreuzung links hoch Richtung Viehweide bis zur Forststraße. Diese mündet li in den Frankenweg. Ge weiter auf einem grasigen Waldweg (Nr. 3) geht es über die Ebene des

Koppenwiesenschlags Richtung NSG Viehweide. Die K 2387 Michelbach – Obersteinbach wird etwas nach re versetzt überquert.Der Waldweg mit der Nr. 3 führt alsbald durch das NSG Viehweide. Beim Teich geht es nach li zum nahen Ausgangspunkt P Viehweide.

NSG Viehweide. *Die ehemalige Viehweide ist heute ein lichter, parkähnlicher Birkenhain, der mit 200–300jährigen Eichen durchsetzt ist. In seinem Unterwuchs wachsen u. a. Pfeifengras, Arnika und Knabenkräuter. Im Teich gedeihen Seerosen und in seiner moorigen Umgebung Wollgras und andere Sumpfpflanzen.*

W 44 Waldenburg – Eschelbach – Theresienberg – Waldenburg

Strecke: 12 km; Gehzeit: 4 Stunden
Wanderkarte: F 518 Schwäbisch Hall
A, F, K, P, R, T, U, W
Ausgangspunkt: P beim Sendemast des Süddeutschen Rundfunks westlich von Waldenburg

Mit dem Zeichen blauer Punkt und dem Frankenweg mit Zeichen roter Strich wandert man in westlicher Richtung am Albert-Schweizer-Kinderdorf vorbei und kommt nach ca. 2 km zu einer markanten Wanderwegekreuzung (ge zieht der Weg mit Zeichen blauer Punkt über den Pfaffenberg Richtung Öhringen, li ab der Frankenweg über die Karlsfurtebene nach Untersteinbach). Der W geht re mit dem Zeichen blauer Punkt nach Eschelbach weg. Mit roter Traube gilt er als Weinwanderweg.

An der Steige abwärts zeugen tief eingeschnittene Fahrrillen in den Steinplatten von dem alten Verbindungsweg Öhringen – Waldenburg – Hall.

Durch das Gatter der Viehweide folgt man dem Hohlweg nach Eschelbach. Bei der Kirche zieht der Weg mit Zeichen blauer Punkt weiter nach Neuenstein, 1 km. Vorbei am Gasthof Adler gelangt man zum Frankenweg mit Zeichen roter Strich. Er führt re mit der Kelterstraße aus dem Weinort und in weitem Bogen durch die Weinberge zur Waldspitze am Fuß des Eichberges. Erst steil, im Verlauf dann etwas gemächlicher, überwindet man ca. 100 m Höhenunterschied durch herrlichen Laubwald. Der W mündet auf der Höhe in den Waldlehrpfad, der am Friedhof beginnt, führt, mit Kinderwagen und Rollstuhl befahrbar,

Blick vom Stadtturm (Hochwächterturm) auf das auf einem Bergsporn über der Hohenloher Ebene gelegene Städtchen Waldenburg mit Stadtkirche und Schloss. Aufn.: Thomas Pfündel

am Theresienberg entlang, umrundet bei der Blockhütte den „Balkon von Hohelohe“. Hier bietet sich ein herrlicher Ausblick zur Stadt und weit hinaus über die Hohenloher Ebene. Man muß sich Zeit nehmen, um lernbegierig alles aufzunehmen, was auf über 60 Tafeln über Wald, Tiere des Waldes, Weiher und Tümpel und der dort lebenden Tierarten lehrreich geboten wird.

Bis 1945 war hier ein ***Tierpark*** *mit Damwild. Heute befindet sich um die zeitweilig bewirtschaftete Blockhütte ein Erholungsgebiet mit Rast- und Spielplätzen.*

Den Frankenweg verläßt man beim Friedhof nahe dem Ausgangspunkt li abbiegend mit Zeichen blauer Punkt. Wer der Wanderroute um den Bergsporn folgt und dabei die historische Stadt kennenlernen möchte, kommt mit dem Höhenrandweg zur Stadthalle und zur Hauptstraße.

Waldenburg. *504 m NN, 3 200 Ew. Li liegt der Lindenplatz mit dem steinernen Gerichtstisch. Die mächtige Gerichtslinde aus dem 16. Jh. mußte 1960 gefällt werden. Vor der mächtigen Schildmauer geht es* *durch den Stadtgraben zum aussichtsreichen Hagweg. Über der Stadtseite erhebt sich der 33 m hohe Hochwächterturm, der als Brandwache diente. Vorbei am Mainzer Tor führt der Hagweg zur Bastei, von wo sich die Hohenloher Ebene über Kocher und Jagst bis hin zum Katzenbuckel im Odenwald überblicken läßt. Vom Schloss kann man nur den imposanten Schlosshof besichtigen. Dem Besucher wird die Schrift „Schloss Waldenburg" empfohlen. Unmittelbar am Gemäuer des Schlosses führt der W zum Osthang, wo der Hagweg wieder eine herrliche Aussicht über die vielen Weiler und Höfe in Richtung Kupferzell und dem Friedrichsberg bietet. Der W führt zur Brunnenstaffel, die hinabführt nach Hohenau. Sieben Jahrhunderte lang mussten die Menschen Tag für Tag das Wasser von der noch erkennbaren Brunnenanlage in Butten auf dem Rücken oder Gölten auf dem Kopf herauftragen. Man muss einmal 248 Stufen hinab- und wieder hinaufsteigen, um hier mitfühlen zu können. Durch das Brunnentörle gelangt man wieder in die Stadt. Erstmals 1253 urkundlich erwähnt, war das Städtchen dank seiner Lage und starken Befestigung fast uneinnehmbar. Zu Ende des 2. Weltkrieges wurde die Stadt am 15. April 1945 nach schwerem Artilleriefeuer durch die Amerikaner zu 90 Prozent zerstört. An der Haller Straße hat die Stadt einen Kurpark angelegt. An der romanischen Georgskapelle beim Friedhof, dem 1954 ein Soldatenfriedhof angegliedert wurde, endet der Rundweg beim Ausgangspunkt.*

W 45 Neumühlesee – Goldbach – Beltersrot – Ziegelhütte – Burgvogtsee – Karlsfurtebene – Neumühlesee

Strecke: 16 km; Gehzeit: 5 Stunden
Wanderkarte: F 518 Schwäbisch Hall
B, F, G, K, P, T, U, W
Ausgangspunkt: P re vom Campingplatz am Neumühlesee

Neumühlesee. *Ein beliebtes Ausflugsziel mit angrenzendem Campingplatz. Zwei einladende Restaurants sorgen für das leibliche Wohl und lassen den Besuch des herrlich gelegenen Badesees zu einem Genuß werden.*

Mit der Nr. 34 die Uferstraße entlangpromenierend, geht es am Ende des Sees re haltend den Goldbach entlang zum Weiler Goldbach.

Goldbach. *Am westlichen Hang zum Goldbachsee stand einst das 1382 gegründete und 1560 wieder aufgehobene Kloster der Pauliner Mönche.*

Das hochgiebelige Steinhaus und in Scheuer und Ställe eingebaute Reste der ehem. Kapelle erinnern noch an das von der Witwe Krafts von Hohenlohe 1382 gestiftete Klösterlein.
Etwa 400 m nördlich an der Fahrstraße nach Beltersrot liegt im schilfbewachsenen NSG der ***Rößlesmahdsee****. Er entwässert über den Goldbach nach Süden zur Bibers. Am nordöstlichen Waldrand endet das zwischen bewaldeten Höhen liegende breite Tal. Wenige m vom Waldrand, in der tief eingeschnittenen Pfaffenklinge, versucht der Beltersroter Bach sich rückschreitend weiter einzuschneiden; er wird in nicht allzu ferner Zeit den Rößlesmahdsee anzapfen.*

Der W Nr. 40 führt entlang der Straße nach Beltersrot, 2 km (Einkehrmöglichkeit). Vor dem Ort beim Friedhof führt der Kirchenweg, Nr. 39 und mit rotem Punkt markiert li ab. Steil ansteigend kommt man auf dem grasigen Weg zur langgezogenen Höhe des Friedrichsberges (nicht den kreuzenden Weg Nr. 38 nehmen, sondern ge!). Nun verläuft der Weg auf der Forststraße, die von mächtigen Tannen und Fichten umsäumt ge zu der Straße gelangt, die nach re abzweigt und vorbei an Ziegelhütte nach Waldenburg führt (die Talsenke ist die Wasserscheide zwischen der nach Süden fließenden Bibers und dem nach Norden fließenden Epbach). Der W führt ohne Zeichen li weg von der Straße durch die ehemals herrschaftliche Ziegelhütte ge bis zur Talsohle. Bei der Eiche mit mehreren Hinweisschildern geht es mit Weg Nr. 37 und Zeichen blaues Kreuz li leicht ansteigend hoch zu einer Forststraße, die re weg mit Nr. 33 zum Burgvogtsee führt.

Burgvogtsee. *Mächtige alte Eichen umgeben den kleinen Weiher, der in früheren Zeiten den Waldenburgerinnen als Waschsee diente. Denn wenige Bürger besaßen Zisternen. Erst 1901 wurde Waldenburg an eine Wasserversorgung angeschlossen.*

Weiter in westlicher Richtung überquert man die Straße, die re ab nach Waldenburg führt. Über die Weidefläche „Burgersee“ geht es ohne Zeichen zum Waldrand. Ein kurzer Schlenker nach re führt zum Frankenweg HW 8 mit rotem Strich. Li ab, vorbei am SOS Kinderdorf, kommt nach ca. 1 km eine Wegekreuzung. Li weg mit dem Frankenweg über die Karlsfurtebene gibt es nie Zweifel über die Wegstrecke. Nach ca. 3 km, am geruhsamen Jagdhaussee, trennt sich der Frankenweg jenseits der Straße von der Wanderroute, die nach 200 m, entlang der Straße li Richtung Waldrand, Obersteinbach umgeht und als Radweg durch das NSG Entlesboden führt. Im Verlauf der Wegstrecke gesellt sich der blaue Kreuz markierte Weg aus Richtung Sailach hinzu.
Mit ihm quert man unterhalb des Weihers die Straße K 2362 und erreicht nach ca. 600 m Tommelhardt.

Der Wald umschließt noch heute die Rodungsinsel um ***Obersteinbach****, das im 12. Jh. von Untersteinbach aus entstanden ist. Die Gemeinde ist heute Teilort von Waldenburg.*

Tommelhardt *(Gemeinde Waldenbuch). Der bäuerliche Weiler entstand im 11. Jh. als Einzelhof. Schon früh besaß das Kloster Gnadental hier Güter. Die nach der Reformation erbaute Neumühle zählte 1680 zu Tommelhardt.*

Im Ort weist ein Wegschild re abwärts zum Neumühlesee. Pfadfinderisch muß man im Verlauf des Wiesenweges li halten, um die Gebäude des ehemaligen Sägewerks zu umgehen. Re führt dann die Straße zum P und Ausgangspunkt zurück.

W 46 Gnadental – Neumühlesee – Kreuzstein – Rinnen – Gnadental

Strecke: 16 km; Gehzeit: 5 Stunden
Wanderkarten: F 518 Schwäbisch Hall
B, P, R, W
Ausgangspunkt: P beim Kloster Gnadental (In der Weid)

Kloster Gnadental. *Das Zisterzienserkloster ist 1243 durch Konrad von Krautheim gegründet und 1245 ins Biberstal verlegt worden. Hier diente es den adligen Fräulein als Nonnenkloster und erhielt den Namen Gnadental. Nach dem 2. Weltkrieg entstanden mehrere Neubaugebiete. Das Dorf Gnadental ist Teilort von Michelfeld.*

Vom Parkplatz geht es li Richtung Ortsmitte und nach der Gaststätte Klosterschänke re ab. An der Abzweigung re Richtung Winterrain (blauer Punkt). Bei der nächsten Abzweigung re und nach der Brücke über die Bibers li am rechten Ufer entlang. Nach ca. 500 m geht es an der Weggabelung weiter in Richtung Winterrain (blauer Strich) bis vor den Stausee. Dort verlässt man den blauen Strich und folgt re der Straße oberhalb des Sees. An der Abzweigung nach Winterrain und Eichelberg geht es li in den Forstweg am rechten Seeufer entlang. Auf dem befestigten Weg bleiben, der am Ende des Sees li zum Wiesenhang weicht und dann am Ende des Waldrands re abbiegend wieder zur Bibers führt. Dort biegt man hinter der mit Pappeln umstandenen Wiese li ab und folgt dem Weg im Biberstal durch herrlichen alten Laufwald und vorbei bis zum Neumühlsee (Bade- und Einkehrmöglichkeit).

Man geht am rechten Seeufer entlang biegt am Ende des Spielplatzes hinter dem Zaun nach re ab und wandert dann anschließend auf dem Forstweg bis zur Teerstraße, hier ge weiter (auf der auch als Radweg ausgeschilderten Strecke nach Schwäbisch Hall und Wackershofen) bis zum Wegedreieck am Forstgewann „Kniebrecherle". Dort ge in den Waldpfad mit Zeichen blauer Punkt, der die Forststraße abkürzt, und an dessen Ende es li weiter geht zum markanten Kreuzstein, der etwas ramponiert an einer Weggabelung steht. Unser Weg geht noch 20 m ge und dann bei der Wegkreuzung re mit Zeichen blauer Punkt ansteigend in Richtung Gailenkirchen.
Als Abkürzung führt re eine Forstraße ohne Bezeichnung über den Alten Hau am Hang des Eichelbergs direkt zurück zum Stausee. Der sanfte Höhenweg würde ge in Himmelreich (Forstbezirk) führen.

Wir verbleiben jedoch auf dem Weg mit Zeichen blauer Punkt und wandern nach li Richtung Schwäbisch Hall. Über Stock und Stein geht es am Hang des Himmelreichs hinunter zu einem Wegedreieck. Hier nicht den Weg mit Zeichen blauer Strich nach Gailenkirchen nehmen, sondern den Wasenweg Richtung Schwäbisch Hall und Rinnen weiter mit Zeichen blauer Punkt. Der Wanderweg trennt sich nach ca. 500 m nach li von der Forstraße und führt über die Höhe 500 als Waldpfad. Dort, wo der Wanderweg mit Zeichen blauer Punkt li steil nach Gailenkirchen hinabführt (hier Abstecher zum Hohenloher Freilandmuseum in Wackershofen möglich, ca. 4 km), nicht ge, sondern re mit Zeichen blauer Punkt in Richtung Rinnen – die Forststraße überquerend – bis zum Waldrand.

Weit öffnet sich hier die Rinnener Ebene. Man geht ge und lässt den Ort links liegen. Dem Hauptweg folgen, der vor dem Waldende nach li zum westlichen Ortsende abbiegt. Dort an der Straßengabelung re Richtung Gnadental. Beim Masten des Umsetzers geht es dann mit dem blauen Punkt li etwas steil abwärts nach Gnadental zum Ausgangspunkt.

*Das **Hohenloher Freilandmuseum** in Schwäbisch Hall-Wackershofen ist eines der großen regionalen Freilichtmuseen des Landes Baden-Württemberg. Es wurde 1979 an der Peripherie von Wackershofen auf einem ca. 30 ha großen Gelände am Fuße der Waldenburger Berge für ländliche Baudenkmäler errichtet. Zum Einzugsgebiet des Freilandmuseums gehören die Landkreise Schwäbisch Hall, Hohenlohekreis, Main-Tauber-Kreis, Ostalbkreis und Teile der Kreise Heilbronn und Rems-Murr. Deshalb stellt das Museum verschiedene Dorftypen vor. Zu den Gebäuden gehören Haustiere (Groß- und Kleinvieh), die Kulturpflanzen am Haus, in Höfen und Gärten. Durch ökologische Planung wurden die Gebäude des Museums in die umgebende Landschaft integriert.*

W 47 Schwäbisch Hall – Breite Eiche – Lemberghaus – Schwäbisch Hall

Strecke: 10 km (je nach Belieben); Gehzeit: 3 Stunden
Wanderkarte: F 518 Schwäbisch Hall
P, R, S, T, U, W

Gleich zwei Ausgangspunkte bieten sich dem Wanderer an. Bahnbenutzer nehmen den Stadtbus ab „Stadtmitte“ (Spitalbach-West Linie 7 Gailenkirchen) bis Haltestelle Schafbrunnen.

1. Ausgangspunkt: WP beim Schafbrunnenweg an der K 2576. Der Weg führt mit dem „Roten Kreuz“ zum Breiteichsee und weiter zum ND „**Breite Eiche**“ (am Waldrand inmitten einer Wiese steht der mehr breite als hohe Baumriese. Alt und morsch und dennoch imposant ist die „Breite Eiche“ ein markantes Wegzeichen). Nach ca. 1 km kommt man zum Parkplatz Blockhütte.
2. Ausgangspunkt: Von der B 14 in Richtung Waldfriedhof und Rinnen. Man kann bis zum P bei der Blockhütte oder weiter bis zum ca. 1 km entfernten und auf der Höhe liegenden Spiel- und Rastplatz mit Feuerstelle fahren.

Der „Gasthof zum roten Ochsen“ im Hohenloher Freilichtmuseum Schwäbisch Hall-Wackershofen. Aufn.: Archiv Naturpark

Beide Wege vereinen sich an dem P Blockhütte. Für den Weiterweg sind dem Wanderer in dem ausgedehnten Waldgebiet keine Grenzen gesetzt. Es bietet sich eine Rundwanderung an. Nach ca. 1 km auf dem Fahrweg, kommt man, auf den mit „blauem Strich“ markierten Wanderweg und wiederum nach ca. 500 m biegt der Weg nach li zum Lemberghaus ab (ca. 1,5 km gerader Fahrweg mit Erläuterungstafeln zu den Planeten). Wer noch etwas für seinen Kreislauf tun will, kann dem westlich liegendem, verträumten „Hohlsee“ einen Besuch abstatten. Am Ende der Planie liegt das Naturfreundehaus „Lemberg“. Einkehr zu den üblichen Zeiten möglich. Auf dem Rückweg kommt man auf dem etwas südlicher liegenden Wanderweg mit „Rotem Kreuz“, auf dem der Wanderer wieder sicher zurück zur Blockhütte kommt.
Die Wege sind für Familien mit Kindern und Kinderwagen geeignet.

Schwäbisch Hall. *303 m NN, 35 600 Ew. Über dem Marktplatz steht beherrschend die Michaelskirche mit ihrer Freitreppe, wo im Sommer die Festspiele aufgeführt werden. Die weitausgedehnte Fußgängerzone ermöglicht einen umfassenden Rundgang. Der interessierte Wanderer sollte dies jedoch mit einem „Stadtführer“ (erhältlich im Verkehrsamt beim Marktbrunnen) unternehmen.*
Auch ein Abstecher zum ***Hohenloher Freilandmuseum*** *in Schwäbisch Hall-***Wackershofen*** *(s. S. W 46 und S. 266) ist lohnend.*

W 48 WP Kelterbuckel – Westheim – Frankenberg – Sittenhardt – WP Kelterbuckel
Variante W 48a WP Kelterbuckel – Frankenberg – Sittenhardt – WP Kelterbuckel

Strecke: 16 km; Gehzeit: 5 Stunden
Wanderkarte: F 518 Schwäbisch Hall
A, K, P, R, S, T, W
Ausgangspunkt: WP Kelterbuckel, ca. 1 km westlich der K 2594 Rieden-Westheim

Rieden*, 348 m NN. Teilort von Rosengarten, 1 km nördlich des WP Kelterbuckel. In beherrschender Lage erhebt sich auf einem Muschelkalkfelsen im Ort die stattliche Wallfahrtskirche St. Marien, erbaut 1436 in spätgotischem Stil. Die Kirche enthält einen mächtigen Hochaltar (um das Jahr 1510) und ist reich ausgestattet mit fränkischer Kunst. Die große Ringmauer um den Kirchhof bot in früheren Zeiten Asyl für Verfolgte.*

***Westheim**, 365 m NN, Teilort von Rosengarten. Auf dem Berghof stand früher an Stelle der Kirche ein fränkischer Königshof. Durch Schenkung und Tausch gelangte das Königsgut 788 an das Kloster Lorsch, von dem es 1054 an das Kloster Murrhardt kam. Die an der Stelle der Martinskirche gebaute Pfarrkirche stammt aus dem Jahre 1848. Südlich angelehnt steht die alte Kirchhofkapelle (um 1400). Auf dem Friedhof befindet sich das Grab der 26 Bergleute, die 1879 Opfer einer Pulverexplosion im nahen Salzbergwerk Wilhelmsglück wurden.*

Vom WP Kelterbuckel (Rast-, Spiel und Grillplatz, Liegewiese) geht es mit dem Zeichen blauer Punkt auf der Straße in Richtung Westheim. Dabei überqueren wir die K 2594 Rieden-Westheim, durchwandern Ziegelmühle, vorbei unterhalb von Vohenstein, weiter dem Zeichen blauer Punkt nach bis zur Bibersbrücke.

*Der Weiler **Ziegelmühle**, Teilort von Rosengarten, wurde 1441 von der Herrschaft Limpurg an Hall vertauscht.*

*Der Weiler **Vohenstein**, Teilort von Rosengarten, wurde 1561 unter der abgegangenen Burg angelegt. Die Burg der Herren von Vohenstein, einer limpurgischen Ministerialenfamilie, wurde schon 1286 genannt.*

Bei der Bibersbrücke treffen wir auf den HW 3 (Wanderweg Baden-Württemberg, s. S. 285) mit dem Zeichen roter Strich und grünes Baumsymbol. Diesem Zeichen folgend wandern wir bergauf der Straße nach; kurz nach dem Bauernhof zweigt der W re ab steil bergauf zum Kriegerdenkmal, einem markanten Aussichtspunkt mit Blick auf den gesamten Landstrich Rosengarten, den Ortschaften Westheim, Uttenhofen, Rieden, Bibersfeld, Michelfeld, Schwäbisch Hall, den Buchhorn und Einkorn. Weiter geht es mit dem HW 3 auf begrüntem Weg, im Wald die Stufen hoch zur Forstraße und auf dieser immer bergauf dem HW 3 folgend durch den Abtswald bis zu einem Wegdreieck. Dort verlassen wir den HW 3 und biegen re ab auf den Weg mit dem Zeichen rotes Kreuz, auf den Sulbühlweg. Dort, wo der W von der Forststraße in einen unbefestigten Waldweg übergeht, darf die Markierung nicht übersehen werden. Nach ca. 1 km überquert der W die L 1054 Oberrot – Westheim und führt am Friedhof vorbei, über die li liegende Mulde mit der ehemaligen Gipsmühle zum östlichen Rand von Frankenberg.

*Der Weiler **Frankenberg** ist Ortsteil von Oberrot; er war früher im Besitz teils der Limpurger, teils des Klosters Murrhardt.*

Mit dem Zeichen rotes Kreuz verläuft der W über die freie Hochfläche zum Wald und durch diesen bis zur Straße nach Sittenhardt, der wir ca. 500 m folgen. Dann biegen wir mit dem Zeichen rotes Kreuz li ab. Wo die Straße wieder erreicht wird, geht der W mit dem Zeichen Bussard li ab und man kommt zum ehemaligen Commenturhaus.

*Der **Commenturwald** geht zurück auf den Deutschritterorden. Die Güter werden von dem Johanniterorden in Schwäbisch Hall verwaltet.*

Hier geht nun der W re ab nach Sittenhardt. Kurz vor Sittenhardt trifft der W auf die Straße Sittenhardt-Frankenberg.

***Sittenhardt** (500 m NN, Teilort von Schwäbisch Hall), kam 1490 durch Tausch von Hohenlohe zu Schwäbisch Hall; seit 1649 war hier eine hallische Zollstätte.*

Hier folgen wir re mit Zeichen rotes Kreutz der Straße in Richtung Frankenberg. Nach ca. 700 m verlassen wir den Rot-Kreuz-Weg und folgen von da an dem Zeichen blauer Punkt, dem wir bis zum Ausgangspunkt WP Kelterbuckel folgen. Es geht zunächst ca. 400 m auf der Straße bis zur Abzweigung des Landturmwegs. Am Blau-Punkt-Weg liegt re ein Waldspielplatz mit Grillstelle, li befindet sich ein P. Kurz vor der Einmündung in den Landturmweg befand sich li ein Haller Landturm. Die Reste der ehem. Landhege lassen sich im Gelände noch vermuten. Über den Höhenrücken der „Lichte Platte“ und der Höhe der Bülz (460 m NN) überrascht den Wanderer noch ein schöner Ausblick ins Biberstal, ehe der Weg durch den Wald hinunter zum Ausgangspunkt WP Kelterbuckel führt.
Vom WP weiter lohnende Abstecher möglich:

***Sanzenbach** (360 m NN, Teilort von Rosengarten). Im Ort stand bis ins 16. Jh eine Wasserburg. Auf der Höhe befand sich einer der 5 Landtürme der Haller Landhege, der im 19. Jh abgebrochen worden ist. Die Wasserburg mit Zubehör wechselt oft den Besitzer und wurde 1468 an die Stadt Schwäbisch Hall verkauft; 1584 abgebrannt.*

***Uttenhofen**, 370 m NN, Teilort von Rosengarten. Besitzt mit dem neuen, modernen Wasserturm (seit 1982 in Betrieb) ein weit sichtbares Orientierungszeichen, jedoch keine Kirche. Nahe dem Rathaus mit dem schmucken Glockenturm stand die ehem. Kapelle zum Hl. Sigismund. Der viereckige Chor aus dem Jahre 1516 ist noch erhalten. das Dorf besteht aus 2 Ortskernen. Uttenhofen ist ein Ort der Ausbauzeit und wird 1338 wohl nach einem Personennamen als Uttenhoven bezeichnet. Seit 1516 erwarb Hall den gesamten Ort. 1741 vernichtete ein Großbrand 41 Gebäude.*

Variante W 48a WP Kelterbuckel – Frankenberg – Sittenhardt – WP Kelterbuckel

Strecke: 12 km; Gehzeit: 4 Stunden
Vom WP Kelterbuckel aus geht der W mit Zeichen blauer Punkt unterhalb des Spiel- und Rastplatzes um den Berghang Bülz. Immer dem Zeichen blauer Punkt folgend kommen wir nach Dendelbach und steil bergauf nach Frankenberg. Von dort weiter wie bei der Hauptwanderung.

***Dendelbach**, Teilort von Rosengarten. Die Höfe wurden schon 1350 als Tennelbach erwähnt.*

W 49 Oberrot – Hausen – Stielberg – Stiershof – Hohenhardtsweiler – Oberrot

Strecke: 14 km; Gehzeit: 4 Stunden
Wanderkarte: F 518 Schwäbisch Hall
A, P, T, U, W
Ausgangspunkt: Bushaltestelle Oberrot – Rathaus (Linie 8 Fichtenberg – Gaildorf – Schwäbisch Hall) oder P beim Sportgelände südlich der Ortsmitte von Oberrot

***Oberrot.** 363 m NN, 3 600 Ew. Urkundlich schon 787 und 856 erwähnt als „Roadaha“ (Bach mit rotem Wasser). Ort und Burg kamen mit dem 1064 erstmals genannten Herrn von Rot an die Schenken vom Limpurg (die Schenken waren vornehme Dienst- und Gefolgsleute der Staufer). Die ev. Kirche zum hl. Bonifatius mit ihrem gotischen Turm wurde unter Verwendung von Turmchor und Mauerteilen der Vorgängerkirche von 1513 in den Jahren 1887/88 neu erbaut. Über der Südpforte sind noch die Stiftungstafeln mit den Wappen vom Limpurg, Kloster Murrhardt und Rot sowie der Jahreszahl 1513 zu erkennen. Der Ölberg stammt aus dem 16. Jh. Das Schlösschen inmitten des Ortskerns wurde 1537 von den Schenken erbaut und ging 1571 an die Senft von Sulburg über. Die Gemeinde, seit 1970 Oberrot-Hausen, liegt an der „Idyllischen Straße“, in einem der schönsten Täler des Schwäbisch-Fränkischen Waldes. Ca. 60 km Rundwanderwege führen zu vielen Sehenswürdigkeiten.*

Von der Bushaltestelle zum Sportplatz. Von hier aus geht es beim Sägewerk re der Rot zum Ortsteil Hausen (Weg Nr. 1). 1 km

***Hausen**, 353 m NN, Ortsteil von Oberrot. Das kath. Pfarrdorf war nach der Reformation bis 1670 ev., danach Rekatholisierung durch Comburg. Bemerkenswert die kath. Kirche St. Michael, um 1700 als Hauskapelle angelegt, 1770 erweitert und 1877 als Kirche neuromanisch erbaut.*

Der Kapellenweg führt zum Friedhof. Hier beginnt der Kreuzweg, der den Stielberg hoch zur Gnadenkapelle, einer 1799 erbauten Bergkapelle, führt.

Der geruhsame Ausblick von der Aussichtsbank unter der alten Linde über das von Waldhöhen umrahmte Rottal mit seinen ausgedehnten Viehweiden erinnert ans Allgäu.

Beim ehem. Schafhaus (heute Landhaus) geht es ohne Zeichen (Weg Nr. 2) auf der Straße hoch zu den verstreut liegenden Gehöften von Scheuerhalden. Der W zum Stiershof ist nun mit einem Eichhorn markiert. Nach dem Stiershof führt der Weg mit Zeichen rotes Kreuz über die aussichtsreiche Höhe. Rückschauend erkennt man den Hagbergturm und die Frickenhofer Höhe. Der Weg stößt am Waldrand auf den HW 3 (Wanderweg Baden-Württemberg, s. S. 285) mit dem Zeichen roter Strich und grünes Baumsymbol, li ab ihm folgen.
Auf dem Höhensträßchen erst 150 m weiter, dann re ab mit dem roten Strich führt der HW 3 zur Stiershofhütte, die direkt über dem Steilhang des Kochertals liegt. Mit einem Blick zwischen den Bäumen erspäht man gegenüber die Limpurger Berge, im Tal liegt Spöck. Nach ca. 200 m verläßt man bei einem Wegedreieck den HW 3. Langzeitwanderer können hier weiter auf dem HW 3 in Richtung Westheim bis Vohenstein wandern und finden dort mit dem Weg mit Zeichen blauer Punkt in Richtung Dendelbach – Frankenberg wieder Anschluß an die W. ca. 8 km
Der W geht mit dem Zeichen rotes Kreuz auf einer Forststraße ge weiter. In einer leichten Linkskurve verläßt der W mit rotem Kreuz diese Forststraße (auf die Markierung achten!) und man kommt nach ca. 1 km zur Straße Westheim – Oberrot. Gegenüber der Straße führt der markierte Pfad wenige m hoch zum P beim Friedhof. Hier geht man mit dem Sträßchen li und zweigt beim Hinweisschild nach Seehölzle ab. Am Ortsende bei der Wegebiegung trifft man auf den Weg mit Zeichen blauer Punkt, der nun den Rückweg markiert, ca. 500 m sind es nach Hohenhardtsweiler.
Der Weg mit Zeichen blauer Punkt streift beim Ulenhof nochmals die Fahrstraße und führt re weg über die Hochfläche „Nest“ im Wald den Berghang hinunter. Ge über die Wiesen überbrückt man im Tal die Rot und kommt li ab sicher zum Ausgangspunkt zurück.

W 50 Fuxi-Pfad - Naturerlebnispfad Mainhardt

Strecke Große Runde: 8 km, Gehzeit 3 – 5 Stunden
Strecke Kleine Runde: 3,5 km, Gehzeit 1½ – 3 Stunden
Wanderkarte: F 518 Schwäbisch Hall, Faltblatt Fuxi-Pfad (zu beziehen bei der Gemeinde Mainhardt, Hauptstraße 1, 74535 Mainhardt, Telefon 07903 / 91 50 – 0 oder beim Naturpark-Zentrum, Marktplatz 9, 71540 Murrhardt, Telefon 07192 / 213 – 888; das Faltblatt weist auch auf Gaststätten hin, in denen es günstige Angebote für hungrige Wanderfamilien – 2 Erwachsene und bis zu 3 Kindern – gibt)
F, G, K, P, R, S, T, W
Ausgangspunkt: WP an K 2585/2586 Mainhardt-Hammerschmiede/ Mönchsberg

*Der **Fuxi-Pfad** umfasst 22 Erlebnisstationen an der Großen Runde bzw. 13 an der Kleinen Runde, die für Jung und Alt Überraschungen bieten, spannend und lehrreich sind. Dazu zählen z.B. Träumerliege, Olgaschlucht, Unterwasserwelt, Geheimnisvoller Klang- und Summstein, Infotafel Limes-Lehrpfad, Wasserstation, Höhe und Alter der Bäume bestimmen, Mühlen und Floßhölzer, Fuxis geheimes Waldtelefon, Von Baum zu Baum, Natur fühlen. Der Fuxi-Pfad ist mit rotem Fuchspfotenabdruck für die Große Runde und mit grünem Fuchspfotenabdruck für die Kleine Rune markiert, soweit beide gemeinsam verlaufen mit beiden Farben.*

Der W beginnt am WP am Waldrand an der K 2586 kurz nach der Abzweigung von der K 2585 zur Hammerschmiede. Vom WP wird die K 2586 überquert und nach li der mit Zeichen blauer Punkt bezeichnete, parallel zur Straße verlaufende Weg genommen. Beim Waldende kurz vor Mönchsberg beginnt der Fuxi-Pfad, den man ab hier mit rotem und grünem Zeichen, vorbei an den einzelnen Stationen folgt. Im Rottal trifft man die Reste der ehem. Hankertsmühle mit Rast- und Grillplatz. Der Fuxi-Pfad führt weiter das Rottal aufwärts.

Bei der Rösersmühle (Einkehrmöglichkeit) zweigt die Kleine Runde mit grünem Zeichen re über die Rot und nach der Sägerei nochmals re ab und führt auf die Höhe; hier erreicht man wieder den Fuxi-Pfad mit rotem und grünem Zeichen, auf dem man li zurück zum Ausgangspunkt WP wandert.

Die Große Runde mit rotem Zeichen geht im Rottal weiter und biegt ca. 500 m vor der B 14 nach re über die Rot ab und führt den Berg hoch. Nach ca. 1,5 km erreicht man wieder den Waldrand bei Mönchsberg und nimmt li den Blau-Punkt-Weg zurück zum Ausgangspunkt WP.

W 51 Bubenorbis - Hütten - Württemberger Hof - Traubenmühle - Wielandsweiler - Bubenorbis

Strecke: 15 km; Gehzeit 4 ½ Stunden
Wanderkarte: F 518 Schwäbisch Hall; Ortsplan-Wanderkarte Mainhardt (zu beziehen bei der Gemeinde Mainhardt, Hauptstraße 1, 74535 Mainhardt, Telefon 07903 / 91 50 – 0)
A, K, P, T, U, W
Ausgangspunkt: Bushaltestelle Bubenorbis (Buslinie RBS 20 Schwäbisch Hall-Wüstenrot), in der Nähe auch P

***Bubenorbis**, 483 m NN, Ortsteil von Mainhardt. Die Herkunft des Ortsnamens ist unklar. Der Ort wird 1270 als Bubenurbeiz erwähnt, der wohl erst im Hochmittelalter entstanden sein dürfte. Hall hatte über den größten Teil des Ortes die Obrigkeit inne. Württemberg gehörte nur die außerhalb des Ortes gelegene Schmiede. Als Württemberg neben der Schmiede ein Zollhaus errichtete, kam es zum Streit mit Hall, das innerhalb seiner Landhege keine fremde Obrigkeit dulden wollte. Die Einrichtung einer Schenke im Zollhaus erneuerte den Streit, der erst 1663 durch Vertrag beigelegt wurde. Der Ort gehörte zum Haller Amt Rosengarten und kam 1803 an Württemberg. Nach 1945 entstanden mehrere Neubaugebiete. Die Kirche St. Margareta wurde 1485 als spätgotische Chorturmkirche erbaut; im kreuzrippengewölbten Turmchor befindet sich ein Flügelaltar von 1485 mit halblebensgroßen Figuren, das Altarkruzifix stammt aus dem Jahr 1680.*

Von der Bushaltestelle wandert man in die Dorfmitte und biegt re ab in die Mühlstraße. Vorbei an der Kläranlage überschreitet man den Rötenbach und geht am Waldrand entlang bis zu einem Bach. Im Wald hält man sich zunächst li und mit einer Rechtskurve trifft man am Waldrand auf den örtlichen Wanderweg Nr. 17, der re nach Hütten führt. Dort folgt man der Rottalstraße (L 1050) bis zum südlichen Dorfende beim Friedhof und P.

***Hütten**, 482 m NN, Ortsteil von Mainhardt. Wird 1248 als Hutten erwähnt nach einer ehemaligen Glashütte. Der Ort ist wohl erst im Hochmittelalter entstanden. Nach wechselnden und unübersichtlichen Besitzverhältnissen kaufte 1790 Württemberg den limpurgischen Besitz, den Haller erhielt es 1803 und den hohenlohischen 1806. Nach 1970 entstanden mehrere Wohnsiedlungen. Einkehrmöglichkeit.*

Hier wendet man sich nach re auf das Teersträßchen zum Weiler Traubenmühle. Dieses verlässt man bei dessen Linkskurve nach ca. 100 m und nimmt den Feldweg ge (Örtlicher Wanderweg mit den Nummern

18 und 10) zum Wald. Der Weg geht nach ca. 30 m in den Wald hinein, biegt dann re ab und führt hinunter zum Krebsbächle und anschließend wieder hoch (leider ist der Weg im Wald in wenig gutem Zustand und gerade noch begehbar). Nach Waldaustritt verläuft der Weg re an einem Jägerhochsitz vorbei und man erreicht nach stark 1 km den Württemberger Hof.

Württemberger Hof, *480 m NN, Ortsteil von Mainhardt. Der Weiler wird 1528 als Miltenberger Hof erwähnt, wohl nach dem Besitzer so genannt.*

Vom Württemberger Hof nimmt man das Sträßchen in Richtung Mönchsberg. Nach dem Sägemühlbach geht es li ab mit dem örtlichen Wanderweg Nr. 19. Auf diesem gelangt man durch den Wald Schlüsselhart zum Weiler Traubenmühle und weiter auf dem Sträßchen durch das Rottal abwärts nach Wielandsweiler.

Wielandsweiler*, 380 m NN, gehört zur Stadt Schwäbisch Hall. Der Weiler entstand erst 1836 nach Bau der Straße Oberrot-Mainhardt (L 1050). Einkehrmöglichkeit.*

Weiter geht es zunächst knapp 400 m auf dem Rottalsträßle (K 2669) in Richtung Bibersfeld. Dann zweigt man re ab auf die K 2589 Richtung Sittenhardt, um kurz danach den li abbiegenden Radweg durch das Hülbenbachtal zu nehmen. Nach ca. 750 m schwenkt der Weg nach li, überquert den Hülbenbach und die K 2669. Auf der anderen Seite der Straße führt der örtliche Wanderweg Nr. 13 (Ölkuchenstraße) um den Rötelberg auf die Höhe. Dort stößt man auf den mit rotem Kreuz bezeichneten Weg, dem man nach li folgt (örtliche Wanderwege Nr. 11, 12 und 13). Nach ca. 2 km wird Bubenorbis wieder erreicht (Einkehrmöglichkeit).

Streckenwanderungen, Hauptwanderwege, thematische Wanderungen (SW). SW 1 – 5 von der Naturparkverwaltung zur Verfügung gestellt.

SW 1 Welzheimer Wald: Klaffenbach (Rudersberg) – Laufenmühle – Breitenfürst – Haghof – Pfahlbronn – Lorch

Strecke: 21 (22,5) km; Gehzeit: 6 (6½) Stunden
Wanderkarte: F 518 Schwäbisch Hall
G, K, P, R, S, T, U, W
Verkehrsverbindung: Von Schorndorf mit Wieslauftalbahn („Wiesel", Bahnlinie 787) verkehrt werktags bis Samstagnachmittag halbstündlich, Samstagnachmittag und So Buslinie RBS 228) nach Rudersberg, von hier mit Buslinie RBS 228 oder 384 nach Klaffenbach. (Es sind Bestrebungen im Gange, die Strecke der Wieslauftalbahn wieder bis nach Welzheim – Breitenfürst zu verlängern). Rückfahrmöglichkeiten ab Lorch mit Bahnlinie 786 (Rems – Jagstbahn), ab Schorndorf S–Bahn S3. Vom Bf Rudersberg gelangt man auf dem mit rotem Kreuz bezeichneten W über Zumhof – Waldenstein ebenfalls zur Laufenmühle (Weg um 1,5 km länger als von Klaffenbach aus).
Ausgangspunkt: Klaffenbach

Von Klaffenbach folgt man dem Wanderweg mit Zeichen blauer Punkt in Richtung Edelmannshof, bis man auf den Wanderweg aus Richtung Waldenstein mit Zeichen rotes Kreuz trifft, der li ab zum WP Laufenmühle führt. Nun weiter auf dem Mühlenwanderweg (s. SW 11) mit Zeichen Mühlensymbol durchs Edenbachtal nach Breitenfürst, beim Ropbachsee vorbei zum Birkachhof und zum Haghof, wo man auf den Limeswanderweg (s. SW 10) mit Zeichen roter Strich und schwarzes Turmsymbol trifft. Vom Haghof an bis Lorch ist SW 1 identisch mit dem Limes – Wanderweg (s. SW 10). Er verläuft zunächst parallel zur L 1155, biegt dann re ab zum Peterhaldenhof, dann li nach Pfahlbronn. Hier geht es bei der Post re durch den Ortsteil Brech. Er führt nun südlich hinab zur Götzenmühle und li zum Kloster Lorch. Von dort zum Bahnhof in Lorch.
Abkürzung: Vom WP Laufenmühle oder von Breitenfürst nach Welzheim und mit der BuslinieRBS 228 nach Schorndorf.
Einkehrmöglichkeiten: Edelmannshof, Haghof, Pfahlbronn. Grill– und Spielplatz beim WP Laufenmühle.

SW 2 Murrhardter Wald: Murrhardt – Hörschbachtal – Trailhof – Zell – Backnang (Abkürzung Trailhof – Eschelhof – Ittenburg – Sulzbach)

Strecke: 18 km; Gehzeit: 5 Stunden
(12 km; Gehzeit: 3½ Stunden)
Wanderkarten: F 518 Schwäbisch Hall
G, P, R, W
Verkehrsverbindung: aus Richtung Stuttgart mit der Bahn nach Murrhardt (Bahnlinie 784 Murrbahn) oder mit der S–Bahn S3 nach Backnang und mit Buslinie RBS 380 bzw. Bahn nach Murrhardt. Von Backnang mit der S–Bahn S3 zurück Richtung Stuttgart.

Vom Bf Murrhardt zur Innenstadt, Marktplatz, Naturparkzentrum, Klosterhof. Ab hier zwei Wege bis zum Vorderen Hörschbach–Wasserfall:
1. Möglicher Weg durch die Weststadt mit dem Zeichen blauer Punkt, der ins Hörschbachtal und zum Vorderen Wasserfall führt.
2. Empfohlener Weg, schöner Aussichts- und Waldweg. Am Schweizermuseum und Feuersee vorbei zur Straße nach Waltersberg. Empfehlenswert ist ein Abstecher hoch zur Walterichskirche und dem Friedhof mit Grabsteinen der berühmten Murrhardter Bürger, Ferdinand Nägele und Heinrich von Zügel. Den Friedhof durch den oberen Ausgang wieder verlassen, ab dort der Straße nach Waltersberg, dem Zeichen Rems-Murr-Wanderweg (s. SW 13) folgen, immer bergauf bis zum P oberer Friedhof. Re ab auf Fußweg zum Prälatenbank–Weg, dann weiter dem Zeichen Rems-Murr-Wanderweg über Waldwege zum Vorderen Wasserfall folgen. Ab dem vorderen Wasserfall, falls der Weg begehbar ist, nun immer am Bach entlang, sonst li über die Brücke, den Hinweisschildern folgend, zum Hinteren Wasserfall. Dort re auf dem Georg-Fahrbach-Weg mit Zeichen roter Strich ca. 500 m nordöstlich am Trailhof vorbei kommt nach ca. 2 km eine Wanderweggabelung. In Richtung Backnang geht es li weg vom GFW mit Zeichen roter Punkt. Dieser Weg führt li ab, anfangs etwas ansteigend, nach Zell hinab. Jenseits der Brücke über die Murr zuerst li und dann nach ca. 200 m re hinauf und durch den Plattenwald zur Waldgaststätte am Waldfriedhof. Von dort hinab ins Stadtzentrum nach Backnang und zum Bahnhof.
Abkürzung: Dort. wo man auf den Weg mit Zeichen roter Punkt trifft, diesen weder in Richtung Backnang noch in Richtung Siebenknie abzweigend benützen, sondern ge weiter auf dem Georg-Fahrbach-Weg mit Zeichen roter Strich über das Albvereins-Wanderheim Eschelhof nach Sulzbach hinab zum Bahnhof. Von dort mit Bus oder Bahn nach Backnang oder Murrhardt.

Rastmöglichkeiten: Hütte am Hinteren Wasserfall, Albvereins-Wanderheim Eschelhof (nur am Wochenende bewirtschaftet), Waldgaststätte beim Waldfriedhof oberhalb Backnang.

SW 3 Löwensteiner Berge: Eschenau – Friedrichshof – Lichtenstern – Löwenstein – Heilbronn

Strecke: 24 km; Gehzeit: 7 Stunden
Wanderkarten: F 517 Heilbronn, F 518 Schwäbisch Hall
A, P, R, U, W
Verkehrsverbindung: von Heilbronn und Öhringen mit Stadtbahn, Bahnlinie 783 (Hohenlohebahn) oder mit Buslinie RBS 633 bzw. von Schwäbisch Hall mit Bahnlinie 783 nach Eschenau

Vom Bahnhof Eschenau mit Zeichen blauer Strich zum östlichen Ortsende (vgl. W 30). Dort folgt man entweder dem Weg mit Zeichen blauer Punkt oder dem mit Zeichen blauer Strich zur Zigeunerfohrle.

Einstiges Kloster Lichtenberg, heute Evang. Stiftung Lichtenstern, eine Einrichtung und Dienste für Menschen mit Behinderung.
Aufn. Theo Müller

Hier nun re weiter mit Zeichen blauer Punkt Richtung Friedrichshof und am Waldrand li hinauf durch Wald auf die Kammhöhe, wo man auf den Wanderweg mit Zeichen blaues Kreuz aus Richtung Unterheimbach trifft, der nun re ab in Richtung Löwenstein führt. Dieser Weg zweigt kurz nach dem Hinweis zum ND Hohlenstein re ab zur Straße nach Lichtenstern, die man bei der Einmündung des Eselswegs wieder verlässt. Über den Eselsweg nun zur Klostersteige und hinab nach Lichtenstern. Hier hält man sich li und benutzt das anfangs asphaltierte Forststräßchen bis zur Einmündung des Lumpenlochweges, immer dem Zeichen blaues Kreuz folgend, nun halbli ab und hinauf auf die Kammhöhe und fast eben nach Löwenstein zum Rathaus (vgl. W 29). Dort folgt man dem HW 8 (Frankenweg s. SW 8) mit Zeichen roter Strich, der hinab ins Teusserbad und über den Heilbronner und Römerweg zur Autobahnbrücke führt. Nun weiter nach Heilbronn zur Bushaltestelle Trappensee.
Abkürzung: Von Löwenstein mit Buslinie RBS 635 nach Heilbronn.
Rastmöglichkeiten: Grillplatz bei der Zigeunerfohrle; Gasthäuser in Löwenstein.
Variante: Von Zigeunerfohrle dem Weinwanderweg mit Zeichen rote Traube folgend über Friedrichshof, Eichelberg, Reisach nach Löwenstein. Von hier wie oben beschrieben weiter nach Heilbronn.

SW 4 Waldenburger Berge: Mainhardt – Neuwirtshaus – Neunkirchen – Mäurershäusle – Lemberghaus – „Breite Eiche“ – Schwäbisch Hall

Strecke: 23 km; Gehzeit: 6 Stunden
Abkürzung Neuwirtshaus – Bubenorbis
Strecke: 15 km; Gehzeit: 4 Stunden
Wanderkarte: F 518 Schwäbisch Hall
K, P, R, T, U, W
Verkehrsverbindung: von Schwäbisch Hall mit Buslinie RBS 20 oder von Heilbronn mit Buslinie RBS 635 nach Mainhardt und von Schwäbisch Hall mit der Bahnlinie 783 (Hohenlohebahn) zurück nach Heilbronn.

Von Mainhardt (Kirchstraße) auf dem Limeswanderweg mit Zeichen roter Strich und schwarzes Turmsymbol hinab zur Vordermühle. Jenseits des Baches li und auf einem schmalen Pfad hinauf nach Gailsbach. Nun ca. 500 m nördlich am Westrand des Dorfes entlang bis nach Seehäuser. Dort geht es li ab zur Rekonstruktion eines römischen Wachtturmes

Der rekonstruierte Limesturm bei Mainhardt–Gailsbach.
Aufn.: Archiv Naturpark

neben dem ehemaligen Gasthaus „Römergraben". Der Limeswanderweg führt nun durch Wald und über mehrere steile Klingen hinweg zum Neuwirtshaus. Ca. 200 m nördlich des Gasthauses trifft man auf den HW 8 (Frankenweg) mit Zeichen roter Strich aus Richtung Maienfels, der in östlicher Richtung über Frohnfalls, Haubühl, Storchsnest nach Schuppach hinabführt. Von Schuppach nun auf dem Wanderweg mit Zeichen rotes Kreuz steil hinauf nach Neunkirchen und weiter nach Baierbach hinab und ge nach Mäurershäusle. Dann li hinauf zum Waldrand und steil empor zum Lemberghaus. Vom Lemberghaus wieder zum Waldrand hinab und östlich weiter dem Zeichen rotes Kreuz folgend zur „Breiten Eiche" und nach Schwäbisch Hall zur Eisenbahnbrücke am „Scharfen Eck".
Abkürzung: Nach Verlassen des Limeswanderweges bei Neuwirtshaus re ab in südlicher Richtung auf Wanderweg mit Zeichen rotes Kreuz über Streithag, Dürnast, Hegenhäule, Maibach nach Bubenorbis und mit Buslinie RBS 20 Richtung Schwäbisch Hall oder mit Buslinie RBS 635 Heilbronn. Rastmöglichkeiten: Neuwirtshaus; Lemberghaus; Grillplatz bei Baierbach.

SW 5 Waldenburger Berge: Schwäbisch Hall – „Breite Eiche" – Kreuzstein – Neumühlesee – Tommelhardt – entweder Michelbach – Öhringen oder Eschelbach – Neuenstein

Strecke: Schwäbisch Hall – Öhringen 23 km; Gehzeit: 6 Stunden
Schwäbisch Hall – Neuenstein 20 km; Gehzeit: 5 Stunden
Wanderkarte: F 518 Schwäbisch Hall
A, P, R, T, U, W
Verkehrsverbindungen: von Öhringen bzw. Neuenstein und von Heilbronn mit der Bahnlinie 783 (Hohenlohebahn) nach Schwäbisch Hall

Vom Bahnhof Schwäbisch Hall zur Eisenbahnbrücke am „Scharfen Eck". Re hinter der Brücke beginnt der Wanderweg mit Zeichen rotes Kreuz, der zur „Breiten Eiche" (ND) führt. 500 m westlich dieses ND steigt man dann re hinauf auf dem Wanderweg mit Zeichen blauer Strich auf die Kammhöhe. Dort folgt man re ab dem Wanderweg mit Zeichen blauer Punkt in Richtung Waldenburg bis zum Kreuzstein. Ab hier benutzt man den Rundwanderweg Nr. 41, der zum Zeltplatz Neumühlesee führt. Vom Südwestende des Sees geht man die Fahrstraße ca. 500 m hoch. Mit dem aus Tommelhardt kommenden Blau–Kreuz–Weg ca. 200 m re ab, danach li. Der Waldweg mündet nach Überschreiten der K 2362 und weiteren 600 m in den Karlsfurtweg (HW 8) mit Zeichen roter Strich. Nun ge zur Karlsfurtsebene bis zur Gabelung der Wanderwege. Von hier bieten sich zwei Abstiegsmöglichkeiten an:
a) Ge auf dem Wanderweg mit Zeichen blauer Strich über den Eselspfad nach Michelbach hinab und weiter zur Stegmühle und am Wasserturm vorbei nach Öhringen;
b) Zunächst re ab auf HW 8 mit Zeichen roter Strich bis zur Hangkante. Dann kurz li und gleich wieder re hangabwärts auf dem Wanderweg mit Zeichen blauer Punkt nach Eschelbach und weiter nach Neuenstein.
Rastmöglichkeiten: Grillplatz am Himmelreich; Neumühlesee (Kiosk am Zeltplatz).

SW 6 Georg-Fahrbach-Weg (GFW) im Naturpark: (Criesbach) – Öhringen – Pfedelbach – Steinknickle – Wüstenrot – Juxkopf – Sulzbach – Eschelhof – Sechselberg – Bürg – Buoch – (Stetten – Kernen – Uhlbach)

Strecke:80 km in 4 – 5 Tagesstrecken
Wanderkarte: F 518 Schwäbisch Hall (nur für den Bereich Naturpark)
Unterkunftsverzeichnis erhältlich bei der Hauptgeschäftsstelle des Schwäbischen Albvereins, Postfach 104652, 70041 Stuttgart, Telefon 0711/22585-0.

Dem langjährigen Vorsitzenden des Schwäbischen Albvereins, **Dr. h.c. Georg Fahrbach**, *wurde dieser Gedächtnisweg gewidmet. Von seinem Geburtsort Criesbach im Kochertal führt der Wanderweg seinem Lebensweg entsprechend von dort nach Stuttgart.*

Verkehrsverbindungen nach Öhringen: von Heilbronn und Schwäbisch Hall Bahnlinie 783 (Hohenlohebahn), von Heilbronn Stadtbahn

Den Naturpark Schwäbisch-Fränkischer Wald erreicht der GFW, aus Richtung Öhringen kommend, westlich von Pfedelbach. Der durchgehend mit rotem Strich markierte Weg zieht durch die Lohklinge hoch zur Höhe von Buchhorn. Von der aussichtsreichen Ebene bietet sich nach Südosten ein prächtiger Ausblick hinüber zu dem Höhenzug, auf dem Mainhardt liegt. Dieser zieht sich nach Westen hin und fällt stufenartig ins Sulmtal ab. Südlich erhebt sich der Schopf vom Steinknickle mit dem Albvereins–Aussichtsturm – unser nächstes Ziel. Der Höhenweg endet nach ca. 1 km. Re abwärts ins Brettachtal. Durch den Weinort Geddelsbach führt der Weg in reizvollem Wechsel zur Höhe vom Burgfrieden nach Oberheimbach. Vorbei am Weiler Kreuzle sind es noch ca. 3 km bis zum Naturfreundehaus, das am Fuße des Steinknickles liegt.

Aussichtsturm auf dem ***Steinknickle*** *s. W 35.*

Der Weiterweg führt an Neuhütten vorbei über die Stubensandsteinhochfläche nach Wüstenrot, 4 km (beim Hasenhof zweigt der Frankenweg in Richtung Löwenstein re ab).
Den Erholungsort verlässt man beim Friedhof mit dem Haldenweg. Nach ca. 2 km folgt beim WP Seewiesen, 526 m NN, der Abstieg durch die romantische Bodenbachschlucht nach Spiegelberg im engen Tal der Lauter. Am Hang, parallel zu der re abzweigenden Straße nach Obers-

Der Juxkopfturm des Schwäbischen Albvereins.
Aufn.: Archiv des Schwäbischen Albvereins

tenfeld, geht es mit dem Winterseitenweg ca. 1 km nach Westen, danach biegt man li ab in die Hüttenwaldschlucht.

*Ein **Naturpfad** erschließt den gesamten Aufbau des Stubensandsteins. Den oberen Teil der Klinge überspannt eine Natursteinbrücke (ND) aus kiesigem Grobsandstein.*

Nach dem Durchsteigen der Klinge erreicht man die Straße, die re nach Nassach führt. Beim P erfolgt der Aufstieg zum Aussichtsturm auf der freien Kuppe des Juxkopfes.

***Juxkopf-Aussichtsturm.** 533 m NN. Turm und Hütte werden betreut vom Schwäbischen Albverein, Ortsgruppe Besigheim (s. S. 312). Von der Höhe bietet sich dem Wanderer ein herrlicher Blick über die zu seinen Füßen liegende Landschaft. Man wird erinnert an die Worte Georg Fahrbachs: „Wandern ist mehr als ein Gehen von einem Ort zum anderen. Wandern ist Erfassen und Erleben der Landschaft und Natur.“ Der Weg ist zugleich NABU-Vogellehrpfad.*

Nicht gerade bequem ist der GFW, doch gut zu meistern. Von der Höhe steigt man bergab ins stille Tal der Winterlauter.
Dort kreuzt der **Spiegelberger Bergbau–Lehrpfad** mit den gekreuzten Spitzhacken als Zeichen, auf dem sich nach li ein kurzer Abstecher (200 m) zum Wetzsteinstollen an der Straße nach Jux anbietet. Auf der Straße 150 m abwärts trifft man wieder auf den GFW.

*Im **Wetzsteinstollen** wurde im 19. Jh. ein besonders harter und feinkörniger Sandstein abgebaut und zur Herstellung von Wetzstein verwendet. Der Fremdenverkehrsvererein Spiegelberg hat es sich zur Aufgabe gemacht, den Stollen wieder freizulegen und als Besucherbergwerk der Öffentlichkeit zugänglich zu machen. Eine Informationstafel erläutert die Geschichte des Wetzsteinstollens.*

Südlich durch den Brenntenhau-Wald führt ansteigend eine Fahrstraße, die im weiteren Verlauf in einen Waldpfad mündet, der zur Paßhöhe „Bucheiche“ führt. Nun wendet sich der Weg nach Osten, um die Löwensteiner Berge zu verlassen und Sulzbach an der Murr zu erreichen. Von Sulzbach geht es beim Sägewerk über die Bahnschranken an der Linie Stuttgart – Gaildorf – Crailsheim. Die Straße nach Ittenbeg windet sich am Nordhang kurvenreich hoch. Abkürzend überwindet der Wanderpfad die Höhe und erreicht nach 2 km Anstieg Ittenberg. Von hier geht es bequem noch einen km zum Eschelhof, Wanderheim des Schwäbischen Albvereins (W 8 und S. 312); Übernachtungsmöglichkeit ganzjährig, Anmeldung Telefon 07193 / 84 85).
Abwechslungsreich führt der GFW vorbei am Trailhof nach ca. 4 km zu den hinteren Hörschbachwasserfällen, dann weiter über die aussichtsreiche Höhe von Sechselberg, durch Waldenweiler und zum Aussichtspunkt „Haube“. Noch einmal bietet sich Gelegenheit, die landschaftliche Schönheit des Schwäbisch-Fränkischen Waldes zu erfassen, um anschließend den Naturpark in Richtung Bürg-Buoch zu verlassen. Ab Buoch führt der Blau-Strich-Weg nach Grunbach und damit zur S-Bahn S2.

*Die zwischen Lutzenberg (Ortsteil von Althütten) und Mannenberg (Ortsteil von Rudersberg) gelegene, mit einem Wasserhochbehälter bekrönte Stubensandsteinkuppe **„Haube“** ist mit 536 m NN die höchste Erhebung im Rems-Murr-Kreis. Sie bietet eine umfassende Rundsicht: In östlicher und nördlicher Richtung über den Schwäbisch-Fränkischen Wald, in nordwestlicher Richtung über die Backnanger Bucht zum Strom- und Heuchelberg und bei klarer Sicht bis zum Odenwald, in westlicher Richtung über das Stroh- und Heckengäu bis zum Schwarzwald, und in südlicher Richtung über das Wieslauf- und Remstal zum Schurwald und zur Schwäbischen Alb.*

SW 7 Wanderweg Baden-Württemberg: Main – Neckar – Rhein (HW 3) im Naturpark: Schwäbisch Hall – Rosengarten – Fichtenberg – Hagberg – Rottal – Alfdorf – Lorch

Strecke: Schwäbisch Hall – Lorch 54 km in 2 – 3 Tagesstrecken mit Übernachtungen in Fichtenberg und / oder Gschwend
Wanderkarten: F 518 Schwäbisch Hall, (nur für den Bereich Naturpark)
Verkehrsverbindung: nach Schwäbisch Hall mit Bahn, aus Richtung Heilbronn Bahnlinie 783 (Hohenlohebahn), aus Richtung Stuttgart und Crailshaeim Bahnlinie 784 (Murrbah); Rückfahrt in Richtung Stuttgart mit Bahnlinie 786 (Rems-Jagst-Bahn), bzw. ab Schorndorf mit der S-Bahn S2.
Unterkunftsverzeichnis erhältlich bei der Hauptgeschäftsstelle des Schwäbischen Albvereins, Postfach 104652, 70041 Stuttgart 1, Telefon 0711/ 2 25 85 - 0.
Derzeit gibt es keinen Führer zu diesem Wanderweg. Der HW 3 ist jedoch auf allen Wanderkarten eingetragen, so daß er bei sicherer Handhabung der Karten gut zu finden ist.

*Der **Wanderweg Baden-Württemberg (HW 3)** mit dem Zeichen roter Strich und grünes Baumsymbol hat eine Gesamtlänge von 558 km und ist in 25 Tagesstrecken eingeteilt. Von Wertheim am Main ausgehend, führt er durch das liebliche Taubertal und über die Hohenloher Ebene nach Schwäbisch Hall. Weiter in südlicher Richtung durchquert er den Schwäbisch-Fränkischen Wald, geht südlich der Landeshauptstadt Stuttgart am Rande des Neckartales vorbei am Schönbuch zur Westalb und zur Hochfläche der Baar. Über den Feldberg zieht er weiter durch den Südschwarzwald bis nach Lörrach.*

Durch den Naturpark Schwäbisch-Fränkischer Wald erschließt sich dem Wanderer ein Gebiet, wie es abwechslungsreicher kaum denkbar ist. Von Schwäbisch Hall ausgehend, wandert man zunächst am Kocher aufwärts vorbei am Umlaufberg, auf dem sich die Comburg befindet, Rosengarten-Westheim entgegen. Eine Variante führt über den Einkorn. Hat man die dem Kocher entgegenlaufende Bibers überschritten, erfolgt der Anstieg zur aussichtsreichen Höhe vom Stiershof. Über den Erlenhof gelangt man, nur 500 m vom Diebachsee entfernt, nach Fichtenberg an der Rot. Zum schönsten Aussichtsberg im Schwäbisch-Fränkischen Wald, dem Hagberg, geht es weiter über den bewaldeten Höhenrücken des

Staufenberges. Nach einem eindrucksvollen Rundblick folgt man dem HW 3 über den Brandhof zum Mühlenwanderweg (s. SW 11).

*Mit der **Menzlesmühle, Heinlesmühle** und **Hummelgautsche**, deren Funktionsweise auf Hinweistafeln geschildert wird, erlebt der Wanderer die Geschichte und Romantik dieses alten Handwerks.*

Der durch das Rottal ziehende Wanderweg führt zum Hüttenbühlsee. Der Hagerwaldsee bleibt wenige 100 m westlich liegen. Beide Seen entstanden zur Regulierung des Hochwassers der Schwarzen und der Blinden Rot. Als Badeseen mit Campingplatz haben sie heute einen hohen Erholungswert. Nach der Voggenbergmühle verläßt der HW 3 wieder den Mühlenwanderweg und führt weiter zur Hochfläche von Alfdorf. Im weiteren Verlauf gelangt man, vorbei am Hohlen Stein und den Schillergrotten im Vorfeld des Limes, zur Stauferstadt Lorch, wo der Wanderweg Baden-Württemberg in seinem weiteren Verlauf den Naturpark Schwäbisch-Fränkischer Wald wieder verläßt.

SW 8 Der Frankenweg (HW 8) im Naturpark: Heilbronn – Löwenstein – Steinknickle – Brettach – Untersteinbach – Waldenburg – Eschelbach – Neuenstein

Strecke: Heilbronn – Neuenstein 65 km in 3 – 4 Tagesstrecken mit Übernachtungsmöglichkeiten in Löwenstein, Neuhütten, Untersteinbach, Waldenburg, Neuenstein
Wanderkarten: F 517 Heilbronn, F 518 Schwäbisch Hall (nur für den Bereich Naturpark)
Verkehrsverbindung: Rückfahrt von Neuenstein nach Heilbronn mit der Bahnlinie 783 (Hohenlohebahn).
Unterkunftsverzeichnis erhältlich bei der Hauptgeschäftsstelle des Schwäbischen Albvereins, Postfach 104652, 70041 Stuttgart 1, Telefon 0711/22585-0.
Ausführlicher Führer: Willi Beck, Hauptwanderwege des Schwäbischen Albvereins: HW 8 Franken und HW 10 Stromberg – Schwäbischer Wald, Konrad Theiss Verlag, Stuttgart.

*Der **Frankenweg (HW 8)** mit Zeichen roter Strich verläuft von Pforzheim ausgehend über den Stromberg und Heuchelberg zu den Löwensteiner und Waldenburger Bergen, über die Hohenloher Ebene bis nach Rothenburg o. d. T. Seine Länge beträgt 210 km und ist in 9 Tageswanderungen mit 17 Teilstrecken gegliedert.*

Von der Bushaltestelle Trappensee/Heilbronn über Schweinsberg, Hinterberg, am Reisberg vorbei zur Autobahnbrücke, dann weiter auf dem Römer- und Heilbronner Weg, vorbei am Teusserbad geht es den Staffelweg hoch nach Löwenstein. Nach Überschreiten der Fahrstraße zieht der Hangweg zur Burgruine, wo sich beim teilweise noch erhaltenen Bergfried ein Rastplatz mit Feuerstelle befindet. Von hier aus erreicht man nach eine „Aussichtsplatte“ mit Schutzhütte (Hofackerhütte von 1985), Spielwiese, schöne Aussicht. Weiter geht es zum großen P an der B 39 (Biker-Treff, Imbiss- und Getränkebude). Nach Überschreiten der B 39 führt der Weg mit Zeichen roter Strich hoch zum Gaishölzle.

Am Wasserturm bei Hirrweiler folgt man dem Frankenweg ins Joachimstal. Um den Horkenberg herum und am Chausseehaus vorbei erreicht man nach der Überquerung der B 39 am Stollenhof beim Hasenhof den Georg-Fahrbach-Weg. Beide Wege führen zum jetzt sichtbaren Aussichtsturm auf dem Steinknickle bei Neuhütten (s. W 35). Wenige m unterhalb befindet sich das Naturfreundehaus.
Über den Burgfrieden weiter zur Burg Maienfels. Steil fällt der Weg nun ab ins Brettachtal, aus dem der Holderklingenweg wieder zur Hohen Ebene führt. Der Weg kreuzt beim Gasthaus Neuwirtshaus die Straße Gleichen – Mainhardt und den Limeswanderweg. Der Frankenweg führt dann weiter ins Ohrntal nach Schuppach. Nun führt der Frankenweg am östlichen Talhang bei Heimaten kurz aber steil bergauf und verläuft anschließend ca. 2,5 km fast eben, bis er am Waldrand wieder abfällt und nach Untersteinbach führt. Das langgezogene Straßendorf wird am nördlichen Ortsende hangaufwärts verlassen. Über den Weinberghängen führt der Weg zum Nordhang des Wilfersberges und überwindet auf schmalem Serpentinenweg 100 m des Steilaufstieges zur Stufenkante des schmalen Ausläufers der Waldenburger Berge. Durch schönen Mischwald zieht nun der Frankenweg am NSG „Viehweide“ vorbei über die Karlsfurtebene nach Waldenburg. Nahe beim Sendemasten des SDR führt der Wanderweg am Friedhof vorbei (von hier Abstecher nach Waldenburg möglich, s. S. 262), nördlich weiter zum Theresienberg. Hier befindet sich ein großer Rast- und Spielplatz bei der Blockhütte des Schwäbischen Albvereins. Über den Nordhang des Eichberges steigt der Frankenweg vom Stufenrand der Waldenburger Berge hinab nach Eschelbach und verläßt nun den Naturpark Schwäbisch-Fränkischer Wald in Richtung Neuenstein – Künzelsau.

SW 9 Der Wanderweg Stromberg – Schwäbischer Wald (HW 10) im Naturpark: Backnang – Rudersberg – Urbach – Plüderhausen – Weitmars – Lorch

Strecke: Backnang – Lorch 37 km in 1 – 3 Tagesstrecken mit Übernachtungsmöglichkeiten in Rudersberg, Urbach, Plüderhausen, Lorch.
Wanderkarten: F 518 Schwäbisch Hall
Verkehrsverbindungen: aus Richtung Stuttgart mit S-Bahn S3 nach Backnang, Rückfahrt von Lorch mit Bahnlinie 786 (Rems-Jagst-Bahn), bzw. ab Schorndorf mit der S-Bahn S2. Von Rudersberg besteht die Möglichkeit mit der Bahnlinie 787 (Wieslauftalbahn) nach Schorndorf zu fahren; man kann die Wanderung auch hier (ungefähr Mitte der SW 9) beginnen. Unterkunftsverzeichnis erhältlich bei der Hauptgeschäftsstelle des Schwäbischen Albvereins, Postfach 104652, 70041 Stuttgart, Telefon 0711/2 25 85 - 0.
Ausführlicher Führer: Willi Beck, Hauptwanderwege des Schwäbischen Albvereins: HW 8 Franken und HW 10 Stromberg – Schwäbischer Wald, Konrad Theiss Verlag, Stuttgart

*Der **Wanderweg Stromberg – Schwäbischer Wald (HW 10)** mit dem Zeichen roter Strich geht von Pforzheim aus und führt über den Hagenschieß ins Enztal, aus diesem heraus über den Stromberg, durch das Neckarland und den Welzheimer Wald bis Lorch. Er ist 156 km lang und in 7 Wanderungen mit 11 Teilstrecken aufgeteilt.*

Der Wanderweg mit Zeichen roter Strich geht in Backnang vom Bahnhof aus, führt in südlicher Richtung durch Heiningen hindurch und an Horbach vorbei, steigt dann hoch zur Sitzeiche. Von hier noch ca. 700 m weiter, ehe der Weg li abbiegt und innerhalb des Waldsaumes nach ca. 2 km die Straße L 1120 in Richtung Königsbronnhof, 492 m NN, überquert (auf der Strecke Stöckenhof – Königsbronnhof liegt der HW 10 mit dem Georg-Fahrbach-Weg zusammen).

*Von der Höhe beim **Königsbronnhof** (492 m NN) aus hat man einen sehr schönen Ausblick. Im Süden blickt man über das Wieslauf- und Remstal zum Schurwald und ist die Silhouette der mittleren Schwäbischen Alb zu sehen. Weiter östlich des Aussichtspunktes 492 treten Backnanger Bucht, Löwensteiner und Waldenburger Berge, Welzheimer, Murrhardter und Mainhardter Wald ins Blickfeld. Der Weiler Königsbronnhof selbst liegt in einer Rodungsinsel auf einem mehr oder weniger schmalen, nach Westen vorgeschobenen Ausläufer der Stubensandsteinhochfläche des Welzheimer Waldes. Der Königsbronnhof wird 1459 als Kungsprunnen erwähnt. Er gehört heute zur Gemeinde Rudersberg.*

Beim Königsbronnhof zweigt man re haltend vom Georg-Fahrbach-Weg in südöstlicher Richtung ab und steigt zunächst durch Baumwiesen und Äcker, dann durch Wald und schließlich wieder durch Obstwiesen hinunter nach Rudersberg. Bei der Kirche geht man über die Bahnstrecke, dann die Wieslauf entlang und bei einem holzverarbeitenden Betrieb auf einem Steg über sie hinweg. Schlechtbach streifend steigt der Weg an und führt nach Steinenberg (Abstecher zum Bad möglich). Dabei wird der östliche Teil des Heimatkundlichen Lehr- und Wanderpfads der Gemeinde Schlechtbach berührt.

Der ca. 7 km lange Lehrpfad informiert über die Siedlungsgeschichte in diesem Raum seit der Römerzeit, über orts- und heimatkundliche Begebenheiten, Flurnamen, historische Gebäude sowie über Grenzsteine und Sühnekreuze. Ein besonderes Kleinod auf diesem Rundweg ist die Ölmühle von 1754 in Michelau, die als Museum zu besichtigen ist.

Bei der Kirche gelangt der Weg über die Kanal- und Tannbachstraße zum Sägewerk, dort li entlang dem Bach, beim Stauwehr re ansteigend durch den Wald „Mühlwand“ zur Straße Haubersbronn – Welzheim. Diese überquerend setzt sich der Weg in südlicher Richtung fort, biegt im Wald re ab und steigt zum Gutenauer Täle ab. Dem Urbach mehr oder weniger folgend kommt man nach Urbach.
Will man in Urbach übernachten oder abkürzen und mit der Bahn zurückfahren, dann ge in den Ort hinein bis zum Bahnhof.
Der Weiterweg biegt am Ortsrand scharf li ab in Richtung Bad, bei diesem re ab zum P am Wald. Hier folgt man dem Weg über den Gänsberg mit seiner herrlichen Aussicht (eine Info-Tafel gibt Orientierungshilfe). In östlicher Richtung geht's hinab ins Bärenbachtal und dem Wanderzeichen roter Strich nach, an Bärenbach (Gasthaus) vorbei bis Plüderhausen zur Münzenhalde und auf der Straße Lochtobel steil bergauf in östlicher Richtung zum Sandbühl. Der weitere Weg führt am Nordhang des Hohbergkopfs ziemlich eben, zwischen Stubensandsteinfelsen entlang und kreuzt oder berührt 9 Klingen auf Brücken, Stegen und Holzbohlen.

Nachdem man aus dem Wald gekommen ist, hat man einen schönen Ausblick auf den Pfahlbronner Wald mit dem Limes, das Remstal, auf Schurwald und Alb.

Auf bezeichnetem Weg wird über Weitmars Lorch erreicht (Bahnhof oder etwas weiter der Klosterberg mit dem ehem. Benediktinerkloster, s. W 4).

SW 10 Limeswanderweg (HW 6) im Naturpark: Öhringen – Pfedelbach – Gleichen – Mainhardt – Grab – Murrhardt – Welzheim – Lorch

Strecke: Öhringen – Lorch 70 km in 3 – 5 Tagesstrecken mit Übernachtungsmöglichkeiten in Mainhardt, Murrhardt, Welzheim, Lorch
Wanderkarten: F 518 Schwäbisch Hall (nur für den Bereich Naturpark)
Verkehrsverbindung: nach / von Öhringen mit Bahn von / nach Heilbronn bzw. Schwäbisch Hall Bahnlinie 783 (Hohenlohebahn oder Stadtbahn), Buslinie RBS Heilbronn – Öhringen
nach / von Mainhardt mit Buslinie RBS 635 von/nach Heilbronn bzw. Buslinie RBS 29 von / nach Schwäbisch Hall;
nach Murrhardt mit Bahnlinie 784 (Murrbahn) von / nach Stuttgart bzw. Schwäbisch Hall
von / nach Lorch mit Bahnlinie 786 (Rems-Jagst-Bahn) bzw. nach Schorndorf Bahn und ab Schorndorf in Richtung Stuttgart S-Bahn S3.
Unterkunftsverzeichnis erhältlich bei der Hauptgeschäftsstelle des Schwäbischen Albvereins, Postfach 104652, 70041 Stuttgart 1, Telefon 0711 / 2 25 85 - 0.
Ausführlicher Führer: Willi Beck / Dieter Planck, Der Limes in Südwestdeutschland. Limeswanderweg Main – Rems – Wörnitz, Konrad Theiss Verlag, Stuttgart (mit mehrfarbiger Wanderkarte 1:50 000)

*Der **Limeswanderweg (HW 6)** mit dem Zeichen roter Strich und schwarzes Turmsymbol erschließt den obergermanisch-rätischen Limes für den Wanderer. Er beginnt in Miltenberg am Main, führt über Walldürn, Osterburken, Jagsthausen, Öhringen, Mainhardt, Murrhardt, Welzheim, Lorch, Mögglingen, Hüttlingen, Pfahlheim nach Wilburgstetten an der Wörnitz. Er hat eine Gesamtlänge von 241 km und ist in 12 Wanderungen aufgeteilt.*

Wo im Norden die Waldberge des Keuperstufenrandes den Naturpark Schwäbisch-Fränkischer Wald von der Hohenloher Ebene abgrenzen, kommt von Öhringen her der Limeswanderweg (HW 6) mit dem Zeichen roter Strich und schwarzes Turmsymbol und führt über Mainhardt, Murrhardt, Welzheim bis zum Haghof bei Pfahlbronn in gerader Linienführung. Zwischen Öhringen und Grab verläuft der Limes Wanderweg als Limeslehrpfad, versehen mit anschaulichen Informationstafeln. Der Limes wurde 2005 als UNESCO-Weltkulturerbe ausgewiesen.

Nach Öhringen, vorbei an Pfedelbach, sind beim Aufstieg zur Gleichener Höhe keine Spuren des Limes mehr zu erkennen. Doch bietet sich immer wieder ein weitreichender Ausblick über die anmutige Landschaft. Zahlreiche Rast- und Spielplätze mit Feuerstellen entlang des Limeswanderweges erlauben es auch Familien mit Kindern, sich mit dem römischen Grenzwall und seiner geschichtlichen Vergangenheit vertraut zu machen.

Ein Einstieg in den Limeswanderweg ist von jedem am Verlauf liegenden WP oder von den Kastellorten Mainhardt, Murrhardt, Welzheim und Lorch möglich. Die restaurierten Wachtposten sind mit Hinweistafeln versehen. Erste Spuren finden sich beim restaurierten Sechseckturm auf der Gleichener Höhe. Die Merkwürdigkeiten dieses ungewöhnlichen Wachtpostens lassen auf einen Hauptvermessungspunkt schließen, von dem aus Lichtsignale gesendet und empfangen werden konnten. Beim Gleichener See weicht der Limes der tiefeingeschnittenen Giesklinge aus. Wegen dem unzugänglichen, dichten Unterholz wurde der Limesweg auf die Forststraße „Römerweg“ verlegt, die südlich nach Neuwirtshaus führt. Von hier aus nun ca. 2 km auf dem Grenzwall. Beim ehemaligen Gasthaus wurde vom Landkreis Schwäbisch Hall ein hölzerner Wachtturm errichtet, der dem Wanderer eine ungefähre Vorstellung eines Wachtpostens gibt. Vorbei an dem Weiler Seehäuser gelangt man nach Gailsbach. Hier verliert sich wieder die Spur des Grenzwalles durch das Brettachtal. In Mainhardt befand sich ein Kohortenkastell, das 2,4 ha umfaßte. Der südwestlichste Eckbereich wurde 1978 restauriert. Der interessierte Wanderer kann im Mainhardter Heimatmuseum (Schlüssel bei Torsten Gasler gegenüber dem Museum Hauptsr. 3, 74535 Mainhardt, Telefon 07903 / 94 02 56), wo viele Funde und Weihesteine zu sehen sind, seine Kenntnisse noch vertiefen. Gegenüber des Friedhofs sind in der Wiese noch deutliche Spuren des ehemaligen Wallgrabens zu sehen. Hier hat die Ortsgruppe Mainhardt des Schwäbische Albvereins anläßlich ihres 100-Jahr-Jubiläums 1997 eine Nachbildung eines römischen Meilensteins aufstellen lassen. Nach Überquerung der B 14 führt der Weg vorbei am Mainhardter Limesbiotop, für das die Albvereinsjugend Mainhardt die Patenschaft übernommen hat. Weiter geht es vorbei an der eigentümlich gewachsenen Baumgruppe (Liebeslaube mit Sitzgruppe) zu den Resten des ehemaligen Wachpostens 9 / 72 im Mönchswald.

Im Wald ist der Wallgraben wieder sichtbar. Es folgt alsbald der restaurierte Wachtposten 9 / 75 „Hofbergle“, ehe der Limeswanderweg dem Kümmerlesbach folgt, der ins Rottal zur Hankertsmühle führt. Ein Abstecher etwa 250 m talaufwärts der Rottalbrücke bringt uns zu einem ehemaligen römischen Kleinkastell mir Erläuterungstafel (gehört mit einer Reihe weiterer Kleinkastelle der Gegend in die Spätphase des äußeren Limes).

Vom Rottal geht es auf der Forststraße am steilen Nordhang hoch zur Turmruine des Wachtpostens 9/77. In Richtung Grab biegt man nach li von der Forststraße ab. Der Limeswanderweg führt über zahlreiche kleine Klingen, die durch Stufen und Stege überbrückt werden, zum „Säugraben" und weiter nach Grab.

Nur rd. 100 Jahre hatte der ***Limes****, der Grenzwall der Römer, hier bestanden, bis er 260 n. Chr. von den Alamannen überrannt wurde. Der Pflug ebnete die Wälle ein, und die Wachttürme wurden abgetragen. Als Grab im Jahre 1491 entstand, erhielt es den Namen nach diesem Graben, dessen Geschichte niemand mehr zu deuten wußte. Das Gasthaus „Rößle" steht unmittelbar an der Stelle eines ehem. Wachtpostens.*
Kommt man südlich von Grab wieder in den Wald, ist der Wallgraben wieder zu erkennen. Er verläuft zur Kuppe des Heidenbuckels, wo sich seit 1982 eine steinerne Rekonstruktion eines Limesturmes mit Palisaden und Graben befindet (Schlüssel zum Turm bei Gasthöfen Rößle und Löwen in Grab sowie Waldblick in Trauzenbach).
Vom 536 m NN hoch gelegenen zweithöchsten Hauptvermessungspunkt reichte der Blick zum Wachtposten 9/116, der mit 561 m NN auf der höchsten Erhebung beim Spatzenhof nahe Kaiserbach stand. So konnten die Zwischenpunkte in die Linie eingewiesen werden.

Der Weg verläuft westlich in Richtung Trauzenbach und mündet beim Wacholderhof wieder in die ehem. Trassenführung. Im weiteren Verlauf weicht der Limeswanderweg stärker vom Limes ab, führt durch Steinberg nach Siegelsberg. Nördlich des Ortes ist die auf 4 m Höhe restaurierte Turmruine des Wachtpostens 9/91 zu sehen. Auf dem Weiterweg in Richtung Murrhardt begegnet man auf dem „Heidenbühl" beim Wachtposten 9/96 zwei Wachttürmen, von denen der westliche bis zu einer Höhe von 6 m rekonstruiert wurde, während vom östlichen nur die Fundamente sichtbar sind. Der nächste sichtbare Wachtposten 9/98 (restaurierte Fundamente) liegt auf dem „Linderst", an dessen Südhang sich auch der besonders große Turm des Wachtpostens 9/99 befand. Die Konzentration von Türmen auf dem „Linderst" ist wohl im Zusammenhang mit der Überwachung des Murrtales und der Verbindung zum Kastell Murrhardt zu sehen.
Von Murrhardt steigt im folgenden der Wanderweg aus dem mittleren Murrtal rd. 170 m an und fällt dann wieder ins obere Murrtal ab. Auf seiner südlichen Hangkante liegt etwas abseits vom Wanderweg, aber auf einem Pfad leicht erreichbar, das gut sichtbare Fundament des Wachtpostens 9/102. Der nächste sichtbare und konservierte Turm des Wachtpostens 9/104 liegt am Wanderweg an der Fahrstraße Köchersberg – Käsbach. Beim Abstieg in das obere Murrtal ist ein Stück des Limes deutlich zu erkennen.

Beim Aufstieg aus dem oberen Murrtal bis zum Weidenhof muß der Limes mehrere Talkerben und Klingen überwinden, weshalb der Wanderweg hier von ihm abweicht. Besonders gut erhaltene Reste des Wachtpostens 9/11 und des Limes liegen an der Straße Fornsbach – Welzheim, wobei dieser nördlich der Straße auf mehrere 100 m zu verfolgen ist. Der Wanderweg führt allerdings hier nicht direkt vorbei, sondern man muß dort, wo er die Straße quert, ca. 250 m nach Nordosten (Richtung Fornsbach) gehen.
Nun folgt über Welzheim bis zum Haghof eine besonders interessante Wegstrecke, bei der der Limes auf größere Längen mit Wall und Graben deutlich sichtbar ist und der Wanderweg sogar auf längere Strecke auf ihm verläuft.

Unmittelbar am Wanderweg auf der Straße Fornsbach – Welzheim liegt am Liasrand der ***Limesturm*** *des Wachtpostens 9/116. Dieser quadratische Steinturm, dessen Grundmauern gut restauriert sind, gehörte mit den Maßen 6 x 6 m zu den größten Limestürmen und hatte eine besondere Bedeutung. Gemäß seiner Lage (mit 561 m NN an höchster Stelle des obergermanischen Limes) war er wahrscheinlich ein Vermessungspunkt erster Ordnung bei der Anlage des Limes. Weiter südlich folgt der Wachtposten 9/117 das Kleinkastell Ebnisee, von dem die Spuren der Steinmauer als Schuttwall zu erkennen sind.*

Von hier kann ein lohnender Abstecher zum Ebnisee unternommen werden.

Ebnisee *s. W 6*

Am Waldrand bei der Königseiche stand der Wachtposten 9/118, von dem nur noch geringe Spuren sichtbar sind. Hier wechselt der Wanderweg auf die andere Seite der Straße und führt nach Eckartsweiler. Am Waldrand zwischen Gausmannsweiler und Eckartsweiler ist der Limes mit Wall und Graben noch deutlich sichtbar. Im folgenden weicht der Wanderweg vom Limes ab und trifft östlich von Seiboldsweiler wieder auf die Limestrasse. Kurz vor Welzheim liegt das Kleinkastell Rötelsee mit 340 qm, das von der Stadt Welzheim und dem Flurbereinigungsamt Schorndorf restauriert wurde und damit eine gute Vorstellung einer solchen Anlage vermittelt. Ca. 100 m nach dem Kleinkastell biegt der Wanderweg nach li ins Leintal ab, um die Stadt Welzheim zu umgehen.

Welzheim *s. W 7*

Man gelangt jetzt zum 1,6 ha großen ***Ostkastell von Welzheim****. Sichtbar sind ein Zwischenturm und ein Graben an der Westseite, außerdem*

Rekonstruiertes Westtor des römischen Ostkastells in Welzheim. Aufn.: Archiv Naturpark

eine vollständige Rekonstruktion des Westtores. Die Kastellmauer wird durch einen begrasten Erdwall angedeutet. Ca. 530 m westlich liegt im Südteil der Stadt Welzheim das 5,4 ha große, vollständig überbaute ***Westkastell****. Zwischen beiden Kastellen erstreckte sich eine größere zivile Ansiedlung, die bis jetzt nie systematisch untersucht wurde. Eine umfassende Information über die römische Vergangenheit von Welzheim bietet das* ***Städtische Museum Welzheim****.*

Vom Kastell Welzheim setzt sich der Wanderweg in südlicher Richtung fort. Im Wald kommt man am Wachtposten 9/134 (im Volksmund Göckelerturm genannt) vorbei, dessen Grundmauern vom Forstamt Welzheim restauriert sind. In dem offenen Gelände beim Haghof ist der Limes wieder als leichte Senke zu verfolgen. Unmittelbar an der Straße Breitenfürst – Pfahlbronn endigt sein 80 km langer gerader Verlauf, und er biegt hier nach Osten ab. Der Limes verläuft hier parallel zur Straße L 1155. Diese überquert man und folgt dem Radweg neben der L 1155 Richtung Pfahlbronn. Nach ca. 850 m re ab zum Petershaldenhof, dort li nach Pfahlbronn.

Pfahlbronn. *514 m NN, Teilort von Alfdorf. Der Name des Ortes leitet sich vom römischen Limes (= Pfahl) ab und wird 1293 als Pfalbru-*

nen erwähnt. Der größte Teil des Ortes kam schon früh an das Kloster Lorch. Nach der Reformation fiel Pfahlbronn an Württemberg. Es gehörte bis 1906 zum Kloster-Oberramt Lorch, dann zum Oberramt Welzheim. Hatte um 1850 die größte Gemarkung im Oberamt Welzheim. Kam 1938 zum Landkreis Schwäbisch Gmünd und gehört seit 1973 zum Rems-Murr-Kreis. Die letzte und wohl einzige Kirche in Pfahlbronn, eine Kapelle, der hl. Barbara geweiht, brannte im Jahre 1571 ab. Nahezu 400 Jahre hat es gedauert, bis die ev. Kirchengemeinde 1969 eine neue Kirche einweihen konnte.

Von Pfahlbronn aus führt der Limes und auf ihm der Wanderweg in südlicher Richtung über den Rücken des Pfahlbronner Waldes ins Götzenbachtal und nach Lorch. Ca. 60 m vor dem Waldrand in der Nähe des P ist der Schutthügel des Wachtpostens 12/7 zu erkennen. Der Limes setzt hier als flache Bodenwelle ein und wird im Wald dann wieder gut sichtbar. Der nächste, restaurierte Turm des Wachtpostens 12/8 liegt auf einem Bergkamm im Wald „Kreuzbühl". Ansteigend gelangt man zum restaurierten Turm des Wachtpostens 12/9, im Volksmund als „Bemberlesstein" bezeichnet. Der Limes, und mit ihm der Wanderweg verläuft in diesem Abschnitt der Höhe folgend und ist teilweise ziemlich gut erhalten. Kurz vor dem Abstieg ins Götzenbachtal steht auf der Höhe 373 m NN der restaurierte Wachtposten 12/11. Vom Götzenbachtal steigen Limes und Wanderweg wieder an, und man gelangt zum an Schuttwällen erkennbaren Wachtposten 12/13, der als Feldwache im Klosterfeld bezeichnet wird. Bei der Straße Lorch – Pfahlbronn hat die Stadt Lorch die Rekonstruktion eines hölzernen Limeswachtturmes errichtet, der zwar einen Eindruck derartiger Holztürme vermittelt, aber in dieser Art hier am Limes nie vorhanden war.
Der Limeswanderweg führt am Kloster Lorch vorbei nach Osten weiter, doch unsere Wanderbeschreibung endigt hier. Bevor man jedoch zur Stadt Lorch, in der das überbaute Kohortenkastell liegt, und zum Bahnhof hinuntergeht, ist eine Besichtigung des Klosters und des Heimatmuseums Lorch im Kloster (Öffnungszeiten Mo – Sa 9 – 16, So 9.30 – 16 Uhr, in den Monaten April – September jeweils bis 17 Uhr; Telefon 07172/92717-0 zum empfehlen.

Lorch *s. W 4*

Außer dem Limeswanderweg gibt es auch den „Limes-Radweg vom Rhein zur Donau" und die „Deutsche Limesstraße von Rheinbohl / Bad Hönningen am Rhein bis Regensburg an der Donau". Auskunft über beide erteilt die Geschäftsstelle des Vereins Deutsche Limesstraße e.V., Marktplatz 2, 73430 Aalen, Telefon 07361/52-2358, Fax 07361/52-1907.

SW 11 Mühlenwanderweg (gekürzte und aktualisierte Fassung der in der Zeitschrift „An Rems und Murr“ erschienenen Wanderbeschreibung)

Strecke: 32 km (Hauptstrecke)
Wanderkarten: F 518Schwäbisch Hall
Ausgangspunkt: WP Heinlesmühle
Informationstafeln: WP_1 Heinlesmühle an der Straße Welzheim – Gschwend bei Neuwirtshaus
WP_2 oberhalb ehem. Obermühle an der Straße Welzheim – Gschwend
WP_3 Laufenmühle an der Straße Rudersberg – Welzheim
WP_4 an der Straße Alfdorf – Burgholz – Welzheim bei Döllenhof-Voggenberg
WP_5Hagerwaldsee an der Straße Alfdorf – Hagerwaldsee – Neuwirtshaus
Kürzere Rundwege: Rundweg 1 (braun), ca. 10 km; Heinlesmühle – Menzlesmühle – Ebersberger Mühle – Strohhof – Schadberg – Schillinghof – Voggenmühlhöfle – Hummelgautsche – Heinlesmühle – WP
Rundweg 2 (schwarz), ca. 10 km: WP an der K 1890 – Voggenberg – Voggenbergmühle – Klarahütte – Burgholzhof – Meuschenmühle – Mannholz – WP
Rundweg 3 (orange), ca. 12 km: WP ehem. Obermühle an der L 1080 – Wasserturm Welzheim – Laufenmühle – Breitenfürst – Hagmühle / Haghofer Ölmühle – Welzheim – WP

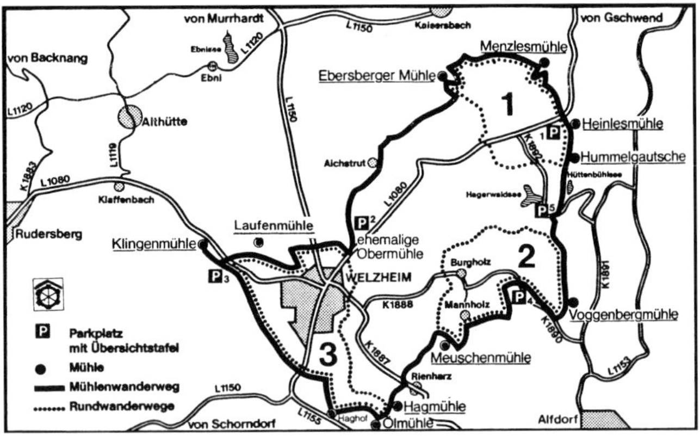

Verlauf des Mühlenwanderwegs.

Die Hagmühle bei Alfdorf. Aufn.: Archiv Naturpark

Ende der 1970er Jahre wurden auf besondere Initiative des Rems-Murr-Kreis einige der schönsten noch erhaltenen Mühlen des Welzheimer Waldes durch einen **Mühlenwanderweg** dem Wanderer erschlossen. Insgesamt 32 km führt der mit einem Mühlradsymbol ausgeschilderte Wanderweg durch eine der schönsten und zugleich romantischsten Gegenden des Schwäbisch-Fränkischen Waldes. Aber auch an den Tageswanderer wurde bei der Ausweisung dieses Wanderweges gedacht, und so wurden 3 Rundwanderstrecken zwischen 10 und 12 km Länge ausgewiesen und ausgeschildert. Da diese 3 Strecken zu allen am Mühlenwanderweg gelegenen Mühlen führen, soll hier nur die Hauptstrecke beschrieben werden. Von insgesamt 5 WP (s. o.), die mit einer Übersichtstafel versehen sind, kann der Wanderer aufbrechen.

Die Wanderung beginnt am WP in der Nähe der Heinlesmühle. Nach Überquerung der Landstraße 1080 führt der Weg vorbei an der Hundsberger Sägemühle zur Menzlesmühle.

*Die **Hundsberger Sägemühle** wurde 1365 – 1682 wie der nahegelegene Ort Cronhütte **„Cronmühle“** genannt. Nachdem im Jahre 1721 die Mühle einem Großfeuer zum Opfer fiel, wurde sie neu aufgebaut. Das Wasserrad und der Wasserzulauf dieser Mühle sind noch funktionsfähig. 2005 neues Mühlrad.*

Menzlesmühle. *Die als Mahl- und Sägemühle betriebene Mühle wurde vom Hag- und Gauchhauserbach über 4 Mühlräder, was übrigens keine Seltenheit war, angetrieben. 3 der Mühlräder waren oberschlächtig – das Wasser wird von oben auf die Mühlräder geleitet – und ein Mühlrad wurde unterschlächtig – das Wasser wird unter dem Mühlrad durchgeleitet – betrieben (s. S. 175). Heute noch ein oberschlächtiges, neues Mühlrad von 2004.*

Nächstes Ziel der Wanderung ist die **Ebersberger Mühle**, deren Mahl- und Sägeanlage wurde zuletzt durch eine Wasserturbine angetrieben. Heute nicht mehr in Betrieb.

Ebersberger Mühle. *Die 1604 erbaute Mühle hatte früher ein oberschlächtiges Mühlrad, das vom Wasser der Blinden Rot angetrieben wurde. Zwischen der Menzlesmühle und der Ebersberger Mühle kann ein Abstecher zum Naturschutzgebiet Hägeles- und Brunnenklinge unternommen werden (s. W 9).*

Der Mühlenweg führt über Gmeinweiler (Schwabenpark) und Aichstrut weiter zur Obermühle.

Die ***Obermühle*** *wurde nach einem Brand 1979 abgetragen. Wieder aufgebaut wurde das Wohnhaus unter Verwendung historischer Bauteile. Sie wurde von 2 hintereinander liegenden Wasserrädern durch die Lein angetrieben.*

Vorbei am Welzheimer Wasserturm führt die Wanderung zur Laufenmühle im Wieslauftal. Der Weg zur Klingenmühle ist ab WP Laufenmühle bis auf weiteres gesperrt.

Die ***Klingenmühle*** *ist 1786 als Mahl- und Sägemühle erbaut worden. Im Gegensatz zur Mahlanlage ist das Mühlrad dieser Mühle noch vorhanden. Hier schrieb der Arzt und Dichter Justinus Kerner sein Gedicht „Der Wanderer in der Sägmühle“. Kerner war von 1812–1815 in Welzheim, wo er auch seine Frau Friederike, geb. Ehmann, genannt Rickele, geheiratet hat (s. W 6).*

Solange der Weg zur Klingenmühle gesperrt ist, wandert man vom WP Laufenmühle entlang dem Edenbach und Weidenbach über Breitenfürst und Birkachhof zum Haghof, zur Haghofer Ölmühle und zur Hagmühle.

Die ***Haghofer Ölmühle*** *wurde erst 1833 erbaut. Da das aus Raps im Walz- und Preßverfahren hergestellte Speiseöl keine besondere Be-*

Die Meuschenmühle im Tal des Eisenbachs besitzt eine vollständig erhaltene Mahlanlage und das größte Mühlrad (7 m Durchmesser, 60 Wasserschaufeln) des Schwäbisch-Fränkschen-Waldes.
Aufn.: Archiv Naturpark

deutung erlangte, wurde die Ölherstellung bald wieder eingestellt. Die ***Hagmühle*** *wurde 1417 erstmals in einem Urteilsbrief der Stadt Gmünd genannt. Im Jahr 1438 wurde sie dann der Kirche zu Gebenweiler von einem Heinz von Reinharz (Rienharz) verkauft. An beiden Mühlen, Haghofer Ölmühle und Hagmühle, sind die Mühlräder noch vorhanden.*

Nächstes Ziel ist die Meuschenmühle, die über Rienharz zu erreichen ist.

Die ***Meuschenmühle*** *mit vollständig erhaltener Mahlanlage liegt im Tal des Eisenbaches und wird 1271 erstmals urkundlich erwähnt, wobei sie damals „Nibelgau" hieß. Auch 1553 wurde die Mühle noch „Nibelgau der Mühlen" und 1600 „Nibelgaumühle" genannt. Bis heute ist ungeklärt, woher der jetzige Namen Meuschenmühle stammt. Die Meuschenmühle verfügt über das mit 7 m Durchmesser, 60 Wasserschaufeln und 9 PS Leistung größte Mühlrad im Schwäbisch-Fränkischen Wald. Mit erheblichen Zuschüssen des Rems-Murr-Kreises konnte das Mühlrad 1978 restauriert werden. Dabei wurden 1500 kg Eichenholz und 1000 kg Metall verarbeitet.*

Über Mannholz und Voggenberg führt der Mühlenwanderweg weiter zur Voggenberger Mühle im Rottal.

*Die **Voggenberger Mühle** hat ihren Namen von den niedersächsischen und friesischen Pferdebauern, die zwischen 750 und 800 unter Pippin und Karl dem Großen Teile des Welzheimer Waldes besiedelten. Sie hatten die Aufgabe, Pferde für den Kriegsfall zu züchten. Diese Siedler sprachen, da sie in Gruppen angesiedelt wurden, auch ihren heimischen Dialekt, und Namen wie Vogge für Stute bzw. abfohlen haben sich bis heute z. B. in Flur- und Ortsnamen wie Voggenberg, Voggenmühlhöfle usw. gehalten. Die beiden oberschlächtigen Wasserräder der Voggenberger Mühle wurden 1942 durch eine 21 PS starke Wasserturbine ersetzt, die auch heute noch ihren Dienst tut. Es gibt hier ein Mühlenlädle mit eigenen Podukten.*

Das Rottal entlang, vorbei am Hagerwaldsee und Hüttenbühlsee, die zum Verweilen einladen, zur Vaihingerhofer Sägmühle.

Die imposante Fachwerk-Hausfassade der Heinlesmühle.
Aufn.: Archiv Naturpark

Vaihingerhofmühle *genannt* ***„Hummelgautsche“****. Der Name „Hummelgautsche“ kommt vom angrenzenden Flurnamen „Hummelwiese“ und dem Sägegatter, das direkt angetrieben, langsam „gautschte“. Die Sägeanlage befindet sich im Eigentum der Gemeinde Alfdorf, die sie 1976 renoviert hat. Von den insgesamt 5 ehem. Gemeinschaftsmühlen im Welzheimer Wald, an denen die einst freien Bauern beteiligt waren, ist die Hummelgautsche als letzte erhalten geblieben.*

Der Weg zum Ausgangspunkt der Wanderung führt vorbei an der Heinlesmühle an der Schwarzen Rot.

Die ***Heinlesmühle*** *verfügt über ein wunderschönes Fachwerkgebäude, das wie auch die Mühlradanlage vor einigen Jahren ebenfalls mit Zuschüssen und auf Initiative des Rems-Murr-Kreises und mit finanzieller Beteiligung des Landes renoviert wurde. Eines der zwei Wasserräder wurde 2001 erneuert. In der Heinlesmühle, die bis zum Jahr 1553 zur Stadt Gmünd gehörte, wurde nach der Überlieferung bereits im 12. Jh. gemahlen. Bis zur Mitte des letzten Jahrhunderts war die Mühle auch renommierte Schildwirtschaft und wahrscheinlich auch die Schultheißerei für den Ort Vordersteinenberg. Was man unter dem Begriff Schildwirtschaft zu verstehen hat, ist im württembergischen Gesetz vom 9. 7. 1827 nachzulesen, wo es heißt: „Das Recht der Schildwirtschaft begreift die Befugnis in sich, Getränke jeder Art auszuzapfen, Gäste zu speisen und zu beherbergen, Pferde und anderes Zugvieh von Reisenden einzustellen und zu verpflegen, sowie Tänze, Hochzeiten, Taufmahle und andere Gastungen zu halten.“ Das Recht, eine Schildwirtschaft zu führen, war dinglich gesichert und ging somit auf die jeweiligen Besitzer der Gebäude über.*

SW 12 Der geologische Pfad Welzheim (bearbeitet von Wolfgang Häberle)

Strecke: 10 km; Gehzeit: 3 Stunden
Wanderkarte: L 7122 Backnang
Ausgangspunkt: WP Laufenmühle

Die einzelnen Stationen des **geologischen Pfades Welzheim** liegen nicht sehr eng beieinander, was sich aus der geologischen Situation ergibt. Daher hat der Pfad mehr den Charakter eines Wanderweges mit geologischen Erläuterungen. Zu dem Geologischen Pfad Welzheim gibt es eine Broschüre, in der die einzelnen Stationen mit Karte einge-

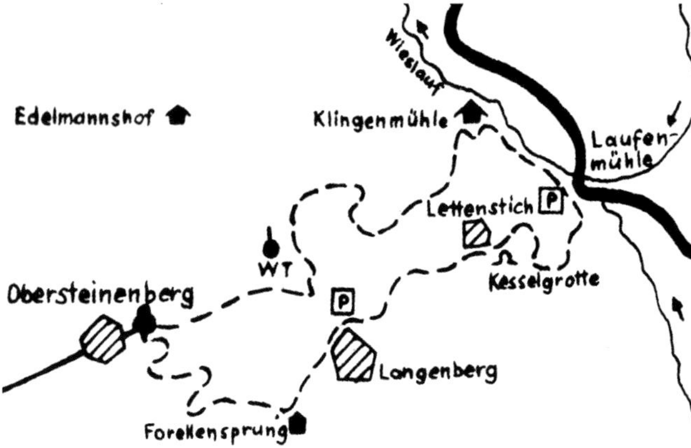

Verlauf des geologischen Pfades Welzheim.
Zeichnung: Wolfgang Häberle

hend beschrieben werden. Diese kann kostenlos bei der Geschäftsstelle des Naturparks Schwäbisch-Fränkischer Wald, Marktplatz 8, 71540 Murrhardt, Telefon 07192/213-888 bezogen werden.
Ebenso ist sie bei der Stadtverwaltung Welzheim Telefon 07182/80 08-0 erhältlich.

Der Pfad beginnt am WP Laufenmühle ca. 2 km westlich Welzheim an der Straße Rudersberg – Welzheim beim Eisenbahnviadukt. Man wendet sich gleich nach re und stößt auf einen kurzen Fußweg zum Edenbachfall. Entlang dem Geländer führt der Weg im Kreis am Wieslauffall vorbei zum WP zurück. Nun folgt man dem Wanderweg mit Zeichen blaues Kreuz (Nr. 7) Richtung „Kesselgrotte". Der entsprechende Forstweg heißt „Müllersgehrenweg". Der steil ansteigende Weg ist von mächtigen Tannen und Fichten umsäumt, wie es für wüchsige Nordhänge im Keuper charakteristisch ist. Nach 700 m stehen am Ende des Anstiegs in der Wegkurve mürbe Sandsteine an der Grenze zum Mittleren Stubensandstein an (450 m NN). Sie sind so locker, daß sie selbst von der sonst flach wurzelnden Fichte mit starken Senkerwurzeln durchstoßen werden.
Der Sandboden ist nährstoffarm; die kalkmeidende Heidelbeere prägt das Bild der Bodenvegetation. Das eindrucksvolle ND **„Kesselgrotte"**

Naturdenkmal Kesselgrotte im Höhlensandstein (Basis des Oberen Stubensandsteins; Punkt 2 der Broschüre „Geologischer Pfad Welzheim“). Aufn.: Wolfgang Häberle

wird über den zunächst ebenen, dann leicht ansteigenden Weg nach etwa 800 m erreicht, wobei man kurz zuvor den Forstweg auf einem Fußweg verläßt. Nun steigt der z. T. schmale Fußweg in Richtung Lettenstich leicht an.

Dabei fällt das am Oberhang nachlassende Waldwachstum auf. Die hochgewachsenen Tannen und Fichten der Bachschluchten und Unterhänge werden von geringer wüchsigen Exemplaren abgelöst, zu denen sich mehr und mehr Rotbuchen sowie die Trockenheit ertragende Eichen und Kiefern gesellen.
Der Wald endet mit einer kleinen Verebnung im ***Oberen Stubensandstein.*** *Der Weg führt nach li durch die Häuser des Weilers Lettenstich.*
Mit dem flachen Anstieg treten wir in den Bereich des ***Knollenmergels****, von dessen zähen Tonen der Weiler seinen Namen hat.*
Schon nach 300 m Anstieg endet die Knollenmergelzone und damit das gesamte Schichtpaket des Keupers. Am Aussichtspunkt Lettenstich (Hinweistafel) befinden wir uns auf der von Unterjura gebildeten ***Hochfläche.***

Von dort folgen wir dem Teersträßchen etwa 250 m weit, bis re der Wald aufhört. Nun biegt der Pfad mit Zeichen blauer Punkt re ab und verläuft innerhalb des Waldes etwa 200 m der mit Laubwald bewachsenen Liaskante entlang, bis er wieder aus dem Wald herausführt und sich dann li auf dem Feldweg fortsetzt. Nach weiteren 250 m geht es re ab zum Aussichtspunkt Langenberg.
Man folgt der Wegbeschilderung Richtung „Forellensprung“ (Zeichen blauer Punkt, steil bergab, rutschig, deshalb ganzjährig festes Schuhwerk empfohlen).

Schon nach 100 m wird wieder die Liaskante erreicht. Darunter befindet sich das z. T. aufgeforstete, z. T. noch als Viehweide genutzte, flachwellige abfallende Knollenmergelband. Man tritt nun an den Rand eines kleinen, schönen alten Eichenbestandes. Auf der gegenüberliegenden Viehweide ist durch Viehtritt der dunkelrote zähe ***Knollenmergelboden*** *an mehreren Stellen freigelegt.*

Sobald man weiter unten den Nadelwald erreicht hat, wird der Fußweg wieder sandig: Man hat die zunächst flachgeneigte, dann ziemlich steil abfallende ***Stubensandsteinzone*** *erreicht. Steile Hänge und tiefeingeschnittene Klingen zeigen an, daß der Erosion des Wassers durch den Stubensandsteinuntergrund erheblich Widerstand geleistet wird.*

Am Unterende des steilen Fußweges überquert man einen Forstweg („Wannenweg“) und erreicht dann unterhalb einen weiteren Forstweg, dem nach re zu folgen ist (Renzenbühlweg). Nach 30 m erfolgt li ein kleiner Abstecher zum ND **„Forellensprung“**. Der Renzenbühlweg verläuft nun weiter ziemlich eben auf der Höhe des Fleins.

Man beachte die abwechslungsreichen Waldbilder mit ihren Mischbeständen aus Tanne, Fichte, Kiefer, Buche und Eiche. Wiederum zeigt sich der Gegensatz zwischen den dunklen, aus hohen Tannen und Fichten bestehenden Wäldern unterhalb des Wegs und den lichten Buchen-Kiefern-Eichen-Beständen oberhalb.

Etwa 1 km nach dem Forellensprung erreicht man am Renzenbühlweg eine schöne, freigelegte Steinbruchwand des **Fleins**.

Der Weiterweg geht dann nach re, jedoch lohnt sich zuvor der kleine Abstecher etwa 150 m ge über den Geigelsbergweg zur ***Glasklinge*** *mit ihren mächtigen* ***Kieselsandsteinblöcken****. Der vegetationskundlich Interessierte ist überrascht, am Abgang des Fußwegs zur Klinge kalkholde Pflanzen im Keuper zu finden: Haselwurz, Frühlingsplatterbse, Nes-*

Fleinsaufschluss (Unterer Stubensandstein) am Renzbühlweg (ca. 1 km westlich des Forellensprungs; Punkt 6 der Broschüre „Geologischer Pfad Welzheim"). Aufn: Wolfgang Häberle

selblättrige Glockenblume, Bingelkraut, Heildolde, Wald-Fiederzwenke u. a. Dies kommt durch die kalkreichen Sickerwässer aus den höher gelegenen ***Fleinsschichten*** *(durch Kalkspat gebunden harte Sandsteine des* ***Unteren Stubensandsteins****).*

Wir gehen zurück bergauf und dann wieder li den Renzenbühlweg in Richtung Obersteinenberg. Nach einer Wegkehre verlassen wir den Wald im Bereich des **Mittleren Stubensandsteins** (Aufschluß bei der ehemaligen Großen Buche östlich von Obersteinenberg). Über die Obersteinenberger Wiesen hat man einen herrlichen Blick in die „Berglen" jenseits des Wieslauftals sowie in Richtung Stuttgart und teilweise bis zur Alb. Hinter der ehemaligen Großen Buche geht es re ab und weiter bergan auf dem geteerten Sträßchen in Richtung Langenberg (Obersteinenberger Weg). Nach 700 m biegt man in der Kurve des Teersträßchens auf einem unbefestigten Waldweg re ab, der zur Liashochfläche führt. Deutlich ist die Knollenmergelzone an den schlechten Wegverhältnissen zu erkennen. Unter der Liaskante befindet sich alter Laubwald, weiter unten findet man oft jüngere Fichtenaufforstungen. Oben

Sandbruch im Bereich des Mittleren Stubensandsteins bei der ehemaligen „Großen Buche" bei Obersteinberg (Punkt 8 der Broschüre „Geologischer Pfad Welzheim"). Aufn.: Wolfgang Häberle

auf dem Unterjuraplateau geht der Weiterweg ein kurzes Stück nach li, dann nach re quer über den hier nur 150 m breiten Langenberg hinweg zum Punkt „**Unterjurakante** beim Langenberger Wasserturm".
Man steigt ein kurzes Stück die Liaskante hinab und geht dann wieder zurück. Man folgt dem Waldtrauf in westlicher Richtung. Dort stößt man beim Wasserturm auf einen befestigten Waldweg, auf dem man nach re abbiegt. Nach 300 m mündet dieser Weg an einer Hütte in den „Dreibirkenweg". Man geht re abwärts. In der Kurve geht der Dreibirkenweg in den „Hansdobelweg" über. Dort ist ein kurzer Abstecher zum Wegrutsch am Lichteneichenweg vorgesehen. Den Hansdobelweg weiter abwärts kommt man an einem kleinen Steinbruch im Oberen Stubensandstein vorbei, bis man schließlich nach den Fischaufzuchtteichen des Welzheimer Fischereivereins nach 1 km auf eine Wegkreuzung stößt, auf der man nach li abbiegt (Himmelreichweg). Nach 150 m nimmt man an einer Hütte einen schmalen Fußweg re, der steil hinab in die Wieslaufschlucht führt. Am Wieslaufufer erreicht man mit 360 m den tiefsten Punkt des Geologischen Pfads und biegt nach re ab. Eine Hinweistafel erklärt einen steilen **Erosionshang**, der als „geologisches Fenster" von den **Oberen Bunten** Mergeln über den **Kieselsandstein** bis zur **„Roten Wand"** der **Unteren Bunten Mergel** reicht.

Bei Niedrigwasser kann man nun die Wieslauf auf Trittsteinen zu überqueren versuchen (so lange die zerstörte Brücke nicht wieder aufgebaut ist), kommt an einem verfallenen Turbinenhaus vorbei und sieht nach etwa 200 m einen Wasserfall unterhalb einer ehemaligen Druckleitung. Hier sind die sog. „Lehrbergschichten“ erschlossen, ein wichtiger geologischer Leithorizont. Im Hintergrund sieht man die historische „Klingenmühle“, die von Justinus Kerner besungen wurde (Privatbesitz, unzugänglich).
In der **Wieslaufschlucht** sticht eine besondere reichhaltige Pflanzenwelt ins Auge, die sich an Nährstoffreichtum, hohe Luftfeuchtigkeit und das kühle „Kellerklima“ angepasst hat. Dazu zählen Weiße Pestwurz, Großblütiges Springkraut, Waldziest, Schachtelhalm, Waldgeißbart, Waldengelwurz, verschiedene Farne, Wollhahnenfuß, Haselwurz, Bingelkraut u.a. In der Baumschicht sind Esche und Bergahorn vorherrschend.
So lange die zerstörten Brücken nicht wiederaufgebaut sind, muss man den gleiche Weg zurückgehen, um aus der Schlucht herauszukommen. Man biegt dann an der Hütte li in den Himmelreichweg ein. An der nächsten Kreuzung geht es li auf dem Hohreutesträßchen zurück zum WP Laufenmühle. Unterhalb des Wegs stehen mächtige Tannen, Buchen und Fichten, die teilweise über 40 m hoch sind. Kurz vor dem Parkplatz lädt eine Sitzgruppe mit Feuerstelle gegenüber einer eindrucksvollen Steinbruchwand (**„Fleins“**) zum Rasten ein.

SW 13 Rems-Murr-Wanderweg im Naturpark: Murrhardt – Rudersberg – Winnenden

Strecke: 34 km; Gehzeit: 1 – 3 Tagesetappen
Wanderkarten: F 518 Schwäbisch Hall, F 520 Stuttgart
A, G, K, P, T, U, W

Ausgangspunkt: Bf Murrhardt, Bahnlinie 784 (Murrbahn), Rückfahrmöglichkeiten mit S-Bahn S3 oder Bahnlinie 784 ab Winnenden, bzw. ab Rudersberg mit der Bahnlinie 787 (Wieslauftalbahn) bzw. Buslinie RBS 228 nach Schorndorf und weiter mit der S-Bahn S2 oder Bahnlinie 786 (Rems-Jagst-Bahn)
Übernachtungsmöglichkeiten in Waldenweiler und Rudersberg

*Der **Rems-Murr-Wanderweg** wurde auf Initiative des Rems-Murr-Kreises geschaffen. Er geht von Endersbach im Remstal aus und führt über*

Winnenden – Rudersberg – Waldenweiler nach Murrhardt im Murrtal. Durchgehend ist er mit dessen Wanderzeichen (stilisierter Wanderer und li daneben die Schrift Rems Murr in weiß auf schwarzem Grund, darunter auf gelben Grund „Dieser Weg wird vom Schwäbischen Albverein betreut" und zu unterst zwei weiße Wellenlinien auf blauem Grund). Der Weg verläuft zum allergrößten Teil auf markierten Wanderwegen des Schwäbischen Albverein. Der hier beschriebene Teil des Rems-Murr-Wanderwegs führt durch zwei recht unterschiedliche Landschaften. Von Murrhardt bis Rudersberg durchwandert man einen Teil des Schwäbisch-Fränkischen Walds, von Rudersberg bis Winnenden geht der Wanderweg über die Berglen, eine Hügellandschaft mit Wald und Streuobstwiesen, die im Frühjahr zur Zeit der Ostbaumblüte besonders reizvoll ist.

Wir erwandern den Rems-Murr-Wanderweg, der günstigeren Bahnanschlüsse für die Rückfahrt wegen, in umgekehrter Richtung. Ausgangspunkt ist deshalb der Bf Murrhardt. Von hier aus geht es zunächst zu dem Vorderen Hörschbach-Wasserfall wie bei SW2 beschrieben, dann durchwandert man das Tal bis zum Hinteren Hörschbach-Wasserfall mit dem Zeichen blauer Punkt. Von hier an folgt man dem Georg-Fahrbach-Weg (GFW; s. SW6) mit dem Zeichen roter Strich und darunter GFW über Hörschhof - Sechselberg nach Waldenweiler (hier nach 10 km Wegstrecke Einkehr- und Übernachtungsmöglichkeit).
Weiter geht es auf dem GFW an Althütten vorbei, dann über den großartigen Aussichtspunkt Haube (536 m NN) bei Mannenberg. Nach Überquerung der K 1883 zweigt der Rems-Murr-Wanderweg nach a. 400 m re vom GFW ab, um über den Aussichtspunkt beim Wasserturm Kallenberg (513 m NN) zu führen. Ca. ½ km nach Kallenberg stößt der W wieder auf den GFW, dem man einen weiteren ½ km bis zur Kreuzung mit dem Blau-Punkt-Weg folgt. Li abbiegend nimmt man diesen, der am Jux mit seiner Höhle (s. S.103) vorbei nach Rudersberg hinab führt (Achtung: nicht den nach ca. 300 m li abbiegenden, ebenfalls mit blauem Punkt markierten W nach Oberndorf nehmen). In Rudersberg nach 21 km Strecke von Murrhardt und 11 km von Waldenweiler, Einkehr-, Übernachtungs- und Rückfahrgelegenheit mit der Wieslauftalbahn bzw. RBS-Bus 228.
Von Rudersberg wandert man auf dem auf die Höhe führenden, mit rotem Strich markierten HW 10 (Wanderweg Stromberg-Schwäbischer Wald). Ca. 150 m nach Überqueren der L 1080 biegen wir li ab auf den mit blauem Strich markierten Weg, der uns zum Königsstein geleitet.

Der ***Königsstein*** *wurde gesetzt zur Erinnerung an das 25jährige Regierungsjubiläum des im Volke durchaus beliebten Königs Wilhelm I. von Württemberg am 30. Oktober 1841*

Rund ½ km nach diesem biegt der Blau-Strich-Weg nach li ab, der Rems-Murr-Wanderweg geht aber ge nach Rettersburg, weiter aus dem Zipfelbachtal hinauf zum Wald. Nach dem Wald stößt man wieder auf den GFW, dem man ge ca. 1 km folgt.
Kurz nach dem WP Gießübel verlassen wir den GFW, wenden uns nach li auf den mit rotem Kreuz und Zeichen Rems-Murr-Wanderweg markierten W, der durch Höfen führt. Beim Friedhof wird der Buchenbach überquert, in dessen Talaue man zum Winnender Friedhof gelangt; hier entlang des Friedhofs, dann li Seegartenstraße, re auf Marktstraße durch die Innenstadt, Unterführung B 14 und auf Kornbeckstraße zum Bahnhof.

SW 14 Wandern und Pilgern auf dem Jakobsweg im Naturpark: (Rothenburg o.d.T.) – Schwäbisch Hall – Murrhardt – Winnenden – (Rottenburg a.N.)

Strecke: 58 km; Gehzeit: 3–4 Tagesetappen
Wanderkarten: F 518 Schwäbisch Hall, F 520 Stuttgart
A, F, G, K, P, R, T, U, W
Ausgangspunkt: Bf Schwäbisch Hall Bahnlinien 783 (Hohenlohebahn Heilbronn-Schwäbisch Hall) und 784 (Murrbahn) Rückfahrmöglichkeiten von Murrhardt, Oppenweiler und Winnenden mit Bahnlinie 784, von Winnenden auch S-Bahn S3
Ausführlicher Führer: Der Jakobsweg von Rothenburg ob der Tauber bis Rottenburg am Neckar. Ausführliche Wegbeschreibung, praktische Hinweise und weitere Angaben zum neuen Pilgerweg.
Zu beziehen bei Hans-Jörg Bahmüller, Petristraße 15, 71364 Winnenden, E-Mail: jakobsweg@occa.de

Zum Heiligen Jakobusjahr 2004 wurde ein wichtiges Teilstück des Jakobswegs von Rothenburg ob der Tauber bis Rottenburg am Neckar auf eine Strecke von 200 km neu ausgewiesen und durchgehend mit dem Muschelsymbol markiert.
Da die Jakobswege alle nach Santiago de Compostela ausgerichtet sind, wurden sie auch alle in dieser Richtung markiert. Das bedeutet für den Wanderer im Naturpark, dass ihn die Muschelmarkierung nur in der Richtung Schwäbisch Hall-Winnenden sicher geleitet.

Da für den Jakobsweg der oben ausgeführte, ausführliche Wanderführer vorliegt, kann hier die Wegbeschreibung kurz gefasst werden.
Vom Bf Schwäbisch Hall auf dem mit rotem Kreuz und Muschel markierten Weg bis nach Tullau (Tullauer Schlösschen; Steinbühl, ein alter Umlaufberg des Kochers im NSG Kochertal zwischen Westheim und Steinbach). In Tullau verlässt man den Rot-Kreuz-Weg und steigt mit der K 2597 auf die Höhe. Bei deren Rechtskurve verlässt man die Straße und folgt dem Kocher-Jagst-Radweg. Kurz vor dem Dorf Uttenhofen (s. W 48) biegt der Radweg nach li ab, wir gehen in das Dorf hinein, weiter in Richtung Rieden (s. W 48) und von dort in südlicher Richtung zum WP Kelterbuckel (s. W 48; Rast-, Spiel und Grillplatz). Von hier wandern wir mit Zeichen Muschel und blauer Punkt auf die Höhe des Bülz. Nach ca. 2 km verlässt man den Blau-Punkt-Weg und biegt mit der Muschel li auf einen Waldweg ab zum Sträßchen Sittenhardt-Frankenberg, dem man li ca. 250 m folgt. Bei einer sanften Linkskurve zweigt man mit Muschel nach re auf einen Schotterweg ab und steigt durch ein Tal hinab zur Obermühle (Ortsteil von Oberrot). Hier wendet man sich nach re und nimmt den parallel zur Rottalstraße (K 2608) verlaufenden Radweg zur Ebersberger Sägmühle (s. W 39; Ortsteil von Oberrot). Hier nach einer Wegstrecke von 17 km nach Voranmeldung Übernachtungsmöglichkeit (Telefon 07977/363, Fax 07977/91 13 06, E-Mail: ebersbergersaegemühle@yahoo.de).
Auf der Burggasse steigt man durch den Wald hoch. Kurz nach dem Verlassen des Waldes wendet man sich nach re wieder zum Walde zu und nimmt den Flinsbergweg mit Muschel. Auf der Höhe stößt man auf den mit rotem Kreuz bezeichneten W Grab-Oberrot, dem man ca. ½ km folgt. Der Rot-Kreuz-Weg zweigt hier nach re ab, der Jakobsweg mit Muschel geht aber auf dem Forststräßchen ge und führt nach Wolfenbrück. Ab hier geleitet das Zeichen roter Punkt und die Jakobsmuschel über Siegelsberg nach Murrhardt (s. W 14). Hier nach 26 km Wanderstrecke von Schwäbisch Hall und 9 km von der Ebersbergersägmühle Einkehr-, Übernachtungs- und Rückfahrmöglichkeit mit Bahnlinie 784.
Von Murrhardt wandern wir weiter mit dem Zeichen roter Punkt und Jakobsmuschel, zunächst auf der K 1808 in Richtung Siebenknie, dann verlässt man beim Hasenhof (Haarnadelkurve) ge die Straße und bleibt auf einem geschotterten Forststräßchen bis zum Eschelhof (Wanderheim des Schwäbischen Albvereins; s. W 8). Vom Eschelhof nimmt man das nach Aichelbach hinabführende Teersträßchen mit der Muschel (Achtung: nicht die re nach Ittenberg und Sulzbach gehende K 1815 oder den schon vorher abgehenden Georg-Farbach-Weg nehmen). Bei der Linkskurve des Sträßchens geht der Jakobsweg re ab nach Oppenweiler (nach 12 km Wanderstrecke von Murrhardt Einkehr-, Übernachtungs- und Rückfahrmöglichkeit mit Bahnlinie 784).

Oppenweiler *(s. W 8). Die Jakobuskirche wurde 1354 erstmals erwähnt. Die heutige spätgotische Pfarrkirche wurde 1411 begonnen, 1511 erneuert und 1878 umgebaut. Kunsthistorisch bedeutsam sind der um 1480 entstandene, geschnitzte Flügelaltar eines unbekannten Meisters der Ulmer Schule und die Grabdenkmäler der Herren von Sturmfeder.*

Weiter führt der Jakobsweg mit dem Muschelzeichen nach Aichelbach, Zell, am Plattenwald vorbei, nach Steinbach (Einkehr- und Übernachtungsmöglichkeit), Unterweissach (Einkehr- und Übernachtungsmöglichkeit) und Allmersbach im Tal (Einkehr- und Übernachtungsmöglichkeit). Von hier aus steigt der W wieder an; nach Eintritt in den Wald trifft man auf den mit rotem Strick markierten HW 10 (Stromberg-Schwäbischer-Wald-Weg), dem man bis zum Waldende beim Stöckenhof folgt. Hier kommt von li der Georg-Fahrbach-Weg mit Zeichen roter Strich, auf dem man re abbiegend über den Stöckenhof nach Bürg (418 m NN, Teilort von Winnenden, Burg Alt-Winnenden) und hinab zum Wald Gießübel gelangt. Hier biegt der Georg-Fahrbach-Weg nach li ab, der Jakobsweg aber mit den Zeichen Muschel und rotes Kreuz ge und weiter zum Bf Winnenden wie bei SW 13 (20 km Wegstrecke von Oppenweiler).

Winnenden *(292 m NN, Stadt, reizvolle Altstadt). Die 1275 erstmals erwähnte Kirche St. Jakobus d.Ä., heute Schlosskirche, die auf Vorgängerkirchen zurückgeht, birgt in ihrem Chor einen der schönsten Schnitz- und Flügelaltäre Süddeutschlands, der 1520 aufgerichtet wurde und Jörg Töber zugeschrieben wird. Mittelpunkt des Hochaltars ist der sitzende, den Pilgersegen spendende hl. Jakobus. Dies beweist, dass die Kirche eine bedeutende Pilgerstation auf dem Weg nach Santiago de Compostela war.*
Die ***Schlosskirche*** *ist im Sommerhalbjahr sonntags von 14 bis 16 Uhr zur Besichtigung geöffnet. Sonst kann gegen Hinterlegung eines Ausweises ein Schlüssel an der Pforte des Krankenhauses entliehen werden. Weitere Auskünfte bei: Ev. Kirchenpflege, Schorndorfer Straße 3, 71364 Winnenden, Telefon 07195/174040, Fax 07195/174044, E-Mail: kirchenpflege@ev-kirche-winnenden.de.*

Aussichtstürme, Wanderheime, Jugendherbergen, Freibäder, Museen

Aussichtstürme (einschließlich allgemein zugänglicher Wassertürme)

Gschwend	Hagbergturm. Frühjahr bis Herbst So und F geöffnet; werktags Schlüssel bei Frau Inge Wahl, Weisser Weg 37, 74417 Gschwend, Telefon 07972/5480.
Jux	Juxkopfturm. So und F von Ende April bis Ende Oktober 8–18 Uhr geöffnet; Getränkeverkauf; werktags Schlüsel beim Gasthof Löwen in Jux, Telefon 07194/295. Betreuer Hans Höfer, Ulrichstr. 55, 74354 Besigheim.
Löwenstein	Aussichtsturm in der Burgruine, geöffnet vom 1. 3. – 30. 11. an Wochenenden.
Murrhardt	Aussichtsturm südlich der Stadt bei der Steckbuche. Offenes, jederzeit zugängliches Holzgerüst
Neuhütten	Steinknickleturm. April bis Oktober So und F geöffnet; sonst Schlüssel bei Gandolf Zeller, 71543 Wüstenrot-Neuhütten, Telefon 07945/1076.
Welzheim	Wasserturm. Schlüssel bei Frau Arndt, 73642 Welzheim, Telefon 07182/8129

Wanderheime

Wanderheim Eschelhof des Schwäbischen Albvereins, Anfragen bei Telefon 07193/8485. Übernachtungsmöglichkeiten ganzjährig. Bewirtschaftung nur Sa, So, F. Weihnachten geschlossen.

Naturfreundehaus Lemberg, Postfach 506, 74505 Schwäbisch Hall. Telefon 0791/6740

Naturfreundehaus Steinknickle, 71543 Wüstenrot-Neuhütten, Telefon 07945/341

Naturfreundehaus St. Anna-See-Haus, 74248 Beilstein-Gagernberg, Telefon 07134/10385

Naturfreundehaus Sechselberg, 71566 Alfhütte-Sechselberg, Telefon 07192/6117

Hütte auf dem Juxkopf, Hans Höfer, Ulrichstr. 55, 74354 Besigheim,

Telefon 07143/33999 Übernachtung nur Sa, So, F, von Ende April bis Ende Oktober, sehr einfache Unterkunft

Jugendherbergen

(Es werden auch die am Rande des Wandergebiets gelegenen Jugendherbergen aufgeführt)
Jugendherberge Heilbronn, Schirrmannstr. 9, 74074 Heilbronn, Telefon 07131/172961
Jugendherberge Murrhardt, Karnsberger Str. 1, 71540 Murrhardt, Telefon 07192/7501
Jugendherberge Schwäbisch Hall, Langenfelderweg 5, 74523 Schwäbisch Hall, Telefon 0791/41050

Freibäder

(Die Badeseen sind nicht aufgeführt)
Backnang, Gaildorf, Grab, Kirchenkirnberg, Löwenstein-Teusserbad, Mainhardt, Murrhardt, Oberstenfeld, Oppenweiler, Rudersberg, Schwäbisch Gmünd, Steinenberg, Untersteinbach, Urbach
Außerdem Erholungsgebiet und Campingplatz Breitenauer See nördlich von Löwenstein bei Obersulm. Anschrift: Campingplatz Heilbronn, 74245 Löwenstein, Telefon 07130/8558

Museen und Ausstellungen

Abkürzungen: ÖZ Öffnungszeiten
nV nach Vereinbarung

73553 Alfdorf
Heimatmuseum, Obere Schloßstr. 43, 07172/3566. ÖZ: Mi–So 13–18 Uhr und nV.

71566 Althütte
Heimatmuseum, Rathausplatz 3, Telefon 07183/95959-0, Fax 07183/95959-22. ÖZ: nV.

71522 Backnang
Galerie im Helfershaus, Stiftshof 8, Telefon 07191/61747. ÖZ: während der Ausstellungen Di–Do 17–19 Uhr, Fr und Sa 17–20 Uhr, So und F 14–19 Uhr.

Museum Scheuerle, Remsstr. 18, (Waldrems) Telefon 07191/69470. ÖZ: letzter So im Monat 10–18 Uhr und nV.
Rundfunk-Museum „Manfred von Ardenne“, Sulzbacher Straße 164, Telefon 07191 / 6 30 83. ÖZ: nV.
Techniksammlung, Mühlstr. 13 und Stuttgarter Str. 4, Telefon 07191 / 34 07 00. ÖZ: nV.
Ungarndeutsches Heimatmuseum, Talstr. 1, Telefon 07191/894256. ÖZ: Mai–Oktober So 14–16 Uhr und nV.

74626 Bretzfeld
Budaöser Heimatmuseum, Altes Schulhaus Ecke Adolzfurter Straße/ Poststr., Telefon 9 79 46 / 9 59 26. ÖZ: 1. So im Monat und nV.

74417 Gschwend-Horlachen
Heimatmuseum „Historische Haferstampfmühle“, Telefon 07972/681-0. ÖZ: 1. So der Monate März–November 14–17 Uhr und nV.

73547 Lorch
Heimatmuseum, Kloster Lorch, Telefon 07172 / 1801-19 Fax 07172 / 18 01-59. ÖZ: Sommerzeit Mo–Fr 8–17 Uhr, Sa und So 9.30–17 Uhr; Winterzeit Mo–Fr 8 bis 16 Uhr, Sa und So 9.30–16 Uhr.
Klostermuseum, Kloster Lorch, Telefon 07172 / 92 84 97, Fax 07172 / 18 82 48, Öz: April–Oktober Di–So 10–18 Uhr, November–März Di–So 10–17 Uhr.

74245 Löwenstein
Stadt- und Manfred-Kyber-Museum, Freihaus, Telefon 07130 / 22-0, Fax 07130 / 22 50. ÖZ: Do 10–12 und So 14–17 Uhr.

74535 Mainhardt
Römermuseum, Gemeindeverwaltung, Hauptstr. 1, 74535 Mainhardt, Telefon 07903 / 91 50-0, Fax 07903 / 91 50-50. ÖZ: nV oder Schlüssel bei Torsten Pasler, gegenüber dem Museum, Hauptstr. 3, Telefon 07903 / 94 02 56.
Museum Mainhardt: Uhren–Technik–Sammlerschätze an der B 14, Telefon 07903 / 76 00, Fax 0791 / 38 89. ÖZ: 1.2.–10.8. und 23.8.–18.12. Mi 11–17 Uhr, So und F 13–17 Uhr und nV.

74535 Mainhardt-Gailsbach
Pahl-Museum, Mainhardter Straße, Telefon 07903 / 91 50-0 oder 07903/ 2546. ÖZ: 1. Mai–1. Oktober Sa, So und F 10–12 und 14–18 Uhr sowie nV.

71540 Murrhardt
Carl-Schweizer-Museum, Seegasse 36, Telefon 07192/5402, Fax 07192/936188. ÖZ: Karfreitag–Allerheiligen (1. November) Mo–Fr 11–12 und 16–17 Uhr, Sa 11–12 und 15–17 Uhr, So und F 10–12 und 14–17 Uhr sowie nV.
Städtische Kunstsammlung, Oetinger Straße 1, Telefon 07192/3356. ÖZ: 1. Sa im Monat 10–13, So und F 14–16.30 Uhr.
Naturparkzentrum Schwäbisch-Fränkischer Wald, Marktplatz 8, Telefon 07192/213-888, Fax 07192/213-880. ÖZ: Mo, Di, Do 10–12.30 Uhr und 14–17 Uhr; Fr, Sa, So und F 10–16 Uhr.

74420 Oberrot-Badhaus
Marhördter Sägmühlmuseum, Wiesengrundstr. 8, Telefon 07977/74-0, Fax 07977/74-44. ÖZ: April–Oktober nV.

74182 Obersulm-Affaltrach
Museum zur Geschichte der Juden in Kreis und Stadt Heilbronn, Untere Gasse 6, Telefon 07130/6478. ÖZ: Februar–November Mi und So 15–17 Uhr und nV.

74182 Obersulm-Weiler
Schulmuseum, Heilbronner Straße 46, Telefon 07130/28-215. ÖZ: Ostersonntag–3. Advent So 14–17 Uhr sowie nV.

74613 Öhringen
Motor-Museum, Stettiner Straße 22, Telefon 07941/8027, Fax 07941/608539. ÖZ: 1. April–31. Oktober Di–Do 13–16 Uhr, So und F 13–17 Uhr.
Museum „Werkstatt Pflaumer“ (Messerschmiede und -schleiferei, Reparaturen), Schulgasse 14, Telefon 07941/68-118, ÖZ: nV.
Turmmuseum, Marktplatz, Telefon 07941/8652. ÖZ: nV.
Weygand-Museum, Karlsvorstadt 38, Telefon 07941/35394, Fax 07941/960910. ÖZ: 1. April–30. September Do–So 11–17 Uhr, 1. Oktober–31. März Fr–So 11–17 Uhr sowie nV.

74613 Öhringen-Cappel
Meeresmuseum Sammlung K.Kreipl, Höhenweg 6, Telefon 07941/62826. ÖZ: 1. Mai–31. August So 14–18 Uhr, 1. September bis 30. April So 14–17 Uhr und nV.

73635 Rudersberg-Michelau
Ölmühle Michelau, Weilerswiesen 1, Telefon 07183/8235. ÖZ: 1. April–30. Oktober letzter So im Monat 14–17 Uhr und nV.
74523 Schwäbisch Hall

Haller Feuerwehrmuseum, Ripperg 3, Telefon 0791/3420612 oder 0791/41798, ÖZ: Mo 18.30–21 Uhr und jeden 1. So im Monat 11–15 Uhr.
Hällisch-Fränkisches Museum, Im Keckenhof, Telefon 0791/751-360 oder 0791/289. ÖZ: tägl. ausser Mo 10–17 Uhr, Mi bis 20 Uhr.
Ostdeutsche Heimatstube, Untere Herrengasse 6, Telefon 0791/7406. ÖZ: Di und Do 8–11 Uhr und nV.
Kunsterverein Schwäbisch Hall, Galerie am Markt, Am Markt 7/8, Telefon 0791/9780186, Fax 0791/9413730. ÖZ: Mi–Fr 14–17 Uhr, Sa und So 11–17 Uhr.
Kunsthalle Würth, Lange Str. 35, Telefon 0791/9467214. ÖZ: tgl. 10–18 Uhr.

74523 Schwäbisch Hall-Steinbach
Kloster Großcomburg, Großcomburg 5, Telefon 0791/938185, Fax 0791/938186. ÖZ: Führungen 1. April–31. Oktober Di–Fr 11, 14, 15 und 16 Uhr, Sa, So 14, 15 und 16 Uhr; 1. November–31. März nV.

74523 Schwäbisch Hall-Sulzdorf
Haus der Ortsgeschichte, Hauptstr. 35, Telefon 07907/7471. ÖZ: nV.

74523 Schwäbisch Hall-Wackershofen
Hohenloher Freilandmuseum, Telefon 0791/971010. ÖZ: 1. Mai–30. September Di–So 9–18 Uhr; zusätzlich Juni–August Mo 9–18 Uhr, 13. März–30.April und 1. Oktober–7. November Di–So 10–17 Uhr.

73565 Spraitbach
Bullyworldmuseum, Bully-Straße 5, Telefon 07176/303-75, Fax 07176/303-85. ÖZ: täglich geöffnet 9–18 Uhr

73660 Urbach
Museum am Widumhof, Mühlstr. 11, Telefon 07181/8807-31. ÖZ: jeden 2. So im Monat 14–17 Uhr und nV.

74638 Waldenburg
Hohenloher Urweltmuseum, Hauptstr. 13, Telefon 07942/1080, Fax 07942/10888. ÖZ: Mo 8.15–12.30 Uhr und 14–16 Uhr, Di–Fr 8.15–12.30 Uhr, Mi 14–15.30 Uhr und Do 14–18 Uhr.
Siegelmuseum, Schloß, Telefon 07942/104-0. ÖZ: werktags für Gruppen nV.

73642 Welzheim
Archäologischer Park Ostkastell, Pfarrstr. 8, Telefon 07182/8008-0. ÖZ: frei zugänglich.

Städtisches Museum, Pfarrstr. 8, Telefon 07182/8008-0. ÖZ: So 14–17 Uhr und nV.

71543 Wüstenrot
Bauspar-Museum im Georg-Kropp-Haus, Haller Straße 3, Telefon 07945/919921, Fax 07945/919960. ÖZ: 1. Mai–30. September, So und F 14–17 Uhr und nV.

Literaturhinweise

An Rems und Murr. Heft 13. Einhorn Verlag, Schwäbisch Gmünd, Juni 1980

G.H. Bachmann und H. Brunner: Nordwürttemberg-Stuttgart, Heilbronn und weitere Umgebung. Sammlung geologischer Führer, Band 90. Gebr. Borntraeger, Stuttgart 1998.

W. Beck: Hauptwanderwege des Schwäbischen Albvereins. HW 8 Franken und HW 10 Stromberg – Schwäbischer Wald. Konrad Theiss Verlag, Stuttgart 1984 (mit Kartenausschnitten im Maßstab 1:50 000)

W. Beck und D. Planck: Der Limes in Südwestdeutschland. Limeswanderweg Main-Rems-Wörnitz. Konrad Theiss Verlag, Stuttgart 1980 (mit mehrfarbiger Wanderkarte im Maßstab 1: 50 000)

W. Carlé: Der Salinenversuch zur Murrhardt. Zeitschrift württembergische Landesgeschichte, Band 19, Stuttgart 1960.

H. Brunner und Th. Simon: Naturpark Schwäbisch-Fränkischer-Wald – Geologische Karte 1:50 000 mit Erläuterungen auf der Rückseite. Herausgegeben vom Landesamt für Geologie, Rohstoffe und Bergbau Baden-Württemberg. Druck und Vertrieb: Landesvermessungsamt Baden-Württemberg, Stuttgart 2001.

Das Land Baden-Württemberg. Amtliche Beschreibung nach Kreisen und Gemeinden. Band 3 Regierungsbezirk Stuttgart, Regionalverband Mittlerer Neckar (1978). Band 4 Regierungsbezirk Stuttgart, Regionalverbände Franken und Ostwürttemberg (1980). Stuttgart

Dehio, G.: Handbuch der Deutschen Kunstdenkmäler, Baden-Württemberg I. Regierungsbezirke Stuttgart und Karlsruhe. Deutscher Kunstverlag, München 1993

Der archäologische Park im Ostkastell von Welzheim. Herausgegeben von der Gesellschaft für Vor- und Frühgeschichte in Württemberg und Hohenzollern, Stuttgart 1993. Erhältlich beim Bürgermeisteramt der Stadt Welzheim und bei der Geschäftsstelle des Naturparks Schwäbisch-Fränkischer Wald in Murrhardt.

Der Kreis Schwäbisch Hall. 2. Auflage. Konrad Theiss Verlag, Stuttgart 1987

Der Ostalbkreis. 2. Auflage. Konrad Theiss Verlag, Stuttgart 1992
Der Rems-Murr-Kreis. Konrad Theiss Verlag, Stuttgart 1980
Die Farn- und Blütenpflanzen Baden-Württembergs Band 1–8. Verlag Eugen Ulmer, Stuttgart 1990/1998
Die Kunstdenkmäler des Rems-Murr-Kreises Band I und II. Deutscher Kunstverlag, München 1983
Die Vegetation der Region Ostwürttemberg. Raumordnungsbericht des Regionalverbands Ostwürttemberg Band 2 (Naturraum) mit farbiger Karte. Schwäbisch Gmünd 1976/77
Ph. Filtzinger, D. Planck und B. Cämmerer: Die Römer in Baden-Württemberg. 3. Auflage. Konrad Theiss Verlag, Stuttgart 1986
Th. Fischer: Die Römer in Deutschland. Konrad Theiss Verlag, Stuttgart 1999
R. Florl: Mit Kindern unterwegs: Familienparadies Schwäbisch-Fränkischer Wald. Fleischhauer&Spohn, Bietigheim-Bissingen 2003
Freizeit erleben. Auf Tour in Baden-Württemberg. Landesvermessungsamt Baden-Württemberg, Stuttgart 1999
Geologische Karten von Baden-Württemberg. Herausgegeben vom Landesamt für Geologie, Rohstoffe und Bergbau Baden-Württemberg. Druck und Vertrieb Landesvermessungsamt Baden-Württemberg, Stuttgart. 1:25000; 6821 Heilbronn, 6824 Schwäbisch Hall, 6921 Großbottwar, 6924 Gaildorf, 7023 Murrhardt, 7024 Gschwend, 7122 Winnenden und 7123 Schorndorf. 1:200000: Blatt 1 Nordwest und Blatt 2 Nordost
Geologischer Pfad Welzheim. Herausgegeben von der Stadt Welzheim.
Geologische Schulkarte von Baden-Württemberg 1:1 000 000 mit Erläuterungen. 12., überarbeitete und erweiterte Auflage. Herausgegeben vom Landesamt für Geologie, Rohstoffe und Bergbau Baden-Württemberg. Druck und Vertrieb Landesvermessungsamt Baden-Württemberg, Stuttgart 1998.
Geologische Übersichtskarte der Bundesrepublik Deutschland 1:200 000. Hrsg. von der Bundesanstalt für Geowissenschaften und Rohstoffe, Hannover. Blatt CC 7118 Stuttgart-Nord.
Geologische Übersichtskarte von Baden-Württemberg. 2., ergänzte Auflage. Vertrieb Landesvermessungsamt Baden-Württemberg, Stuttgart 1998
O. F. Geyer und M. P. Gwinner: Geologie von Baden-Württemberg. 4. Auflage. Schweizerbartsche Verlagsbuchhandlung, Stuttgart 1991
C.Gollor-Knüdeler und B. Drixler: Der Schwäbisch-Fränkische Wald. Dreisprachiger Bildband (Deutsch, Englisch, Französisch). Silberburg-Verlag, Tübingen 2002
H. Hagdorn und Th. Simon: Geologie des Hohenloher Landes. Forschungen aus Württembergisch Franken, Band 28, 2. Auflage. Jan Thorbecke Verlag, Sigmaringen 1988

R. Hauff: Pollenanalytische Beiträge zur nachwärmezeitlichen Waldgeschichte des Schwäbisch-Fränkischen Waldes. Mitteilungen des Vereins für forstliche Standortskartierung Nr. 5, Seite 3-9. Stuttgart 1956

Handbuch der historischen Stätten Deutschlands. Band 6 Baden-Württemberg. 2. Auflage. Alfred Kröner Verlag, Stuttgart 1980

H. Jänichen: Die Holzarten des Schwäbisch-Fränkischen Waldes zwischen 1650 und 1800. Mitteilungen des Vereins für forstliche Standortskartierung Nr. 5, Seite 10–31. Stuttgart 1956

M. Kemkes u. a.: Am Rande des Imperiums. Der Limes. Grenze Roms zu den Barbaren. Jan Thorbecke Verlag, Stuttgart 2002

H. Lässing, H. Mattern, S. Müller, H. Scheerer und P. Schneider: Naturdenkmale im Rems-Murr-Kreis. Führer durch Natur- und Landschaftsschutzgebiete Baden-Württembergs Nr. 5, Karlsruhe 1983

Limes-Lehrpfad im Mainhardter Wald. UNESCO Weltkulturerbe. Herausgegeben von der Gemeinde Mainhardt, Hauptstr. 1, 74535 Mainhardt 2005

S. Müller, K. Glatzel, R. Jahn und Mitarbeiter: Südwestdeutsche Waldböden im Farbbild. Schriftenreihe der Landesforstverwaltung Baden-Württemberg Band 23. 71 Seiten mit 120 Tafeln. Stuttgart 1967

Th. Müller, E. Oberdorfer und Mitarbeiter: Die potentielle natürliche Vegetation von Baden-Württemberg. Beihefte zu den Veröffentlichungen der Landesstelle für Naturschutz und Landschaftspflege Baden-Württemberg Nr. 6 Ludwigsburg 1974

Museen in Baden-Württemberg, 4., neu bearbeitete Auflage. Konrad Theiss Verlag, Stuttgart 1999

E. Oberdorfer: Pflanzensoziologische Exkursionsflora. 8. Auflage. Verlag Eugen Ulmer, Stuttgart 2000

D. Planck (Hrsg.): Die Römer in Baden-Württemberg. Römerstätten und Museen von Aalen bis Zwiefalten. Konrad Theiss Verlag, Stuttgart 2005.

D. Rodi: Die Vegetations- und Standortgliederung im Einzugsgebiet der Lein. Veröffentlichungen der Landesstelle für Naturschutz und Landschaftspflege Baden-Württemberg Heft 27/28, Stuttgart 1959/60

G. Schlenker, S. Müller und Mitarbeiter: Erläuterungen zur Karte der Regionalen Gliederung von Baden-Württemberg. Mitteilungen des Vereins für forstliche Standortskunde und Forstpflanzenzüchtung Nr. 23. Stuttgart 1973

O. Sebald: Erläuterungen zur vegetationskundlichen Karte 1:25000 Blatt 6923 Sulzbach/Murr (Mainhardter Wald). 100 Seiten mit farbiger Karte und Tabellen. Stuttgart 1974

Th. Simon: Zur Entstehung der Schichtstufenlandschaft im nördlichen Baden-Württemberg. Jahreshefte des Geologischen Landesamts Baden-Württemberg 29, S. 145–167, Freiburg i. Br. 1987.

– Salz und Salzgewinnung im Nördlichen Baden-Württemberg. Geologie-Technik-Geschichte. Forschungen aus Württembergisch Franken, Band 42, Jan Thorbecke Verlag, Stuttgart 1995.

Spiegelberg: Tourenführer Sonnenhänge und Räuberwege. Herausgegeben von der Gemeinde Spiegelberg, Sulzbacher Str. 1, 71579 Spiegelberg 2005.

Stadt- und Landkreis Heilbronn. Konrad Theiss Verlag, Stuttgart 1974.

Timmermann, G. und Th. Müller: Wildrosen und Weißdorne Mitteleuropas. 2. Auflage. Verlag des Schwäbischen Albvereins e. V., Stuttgart 1998.

A. Thiel: Wege am Limes. 55 Ausflüge in die Römerzeit. Konrad Theiss Verlag, Stuttgart 2005.

Wald-Erlebnis-Lehr-Pfad Bärenbach der Gemeinde Urbach. Herausgegeben von der Gemeinde Urbach

R. Wolf (Hrsg.): Die Naturschutzgebiete im Regierungsbezirk Stuttgart. Jan Thorbecke Verlag, Stuttgart 2002.

Verzeichnis der Mitarbeiter/in

Bernhard Drixler, Oberforstrat, Geschäftsführer des Vereins Naturpark Schwäbisch-Fränkischer Wald e. V.

Dr. Gerhard Fritz, Professor

Johannes Fuchs, Landrat des Rems-Murr-Kreises

Dr. Rudolf Gerke, Forstdirektor

Wolfgang Grabe, Wanderwart der Ortsgruppe Welzheim im Schwäbischen Albverein

Wolfgang Häberle, Forstdirektor a. D.

Siegfried Häfele, Forstdirektor a. D.

Eberhardt Hasenmaier, Forstdirektor a. D.

Marianne Hasenmayer, Museumsbetreuerin

Dr. Theo Müller, Professor a. D.

Dr. Rolf Schweizer, Carl-Schweizer-Museum in Murrhardt

Dr. Theo Simon, Professor, Landesamt für Geologie, Rohstoffe und Bergbau, Dienststelle Stuttgart

Paul Strähle †, früherer Gauwanderwart im Rems-Murr-Gau des Schwäbischen Albvereins

Dipl.-Geograph Reinhard Wolf, Landeskonservator

Register

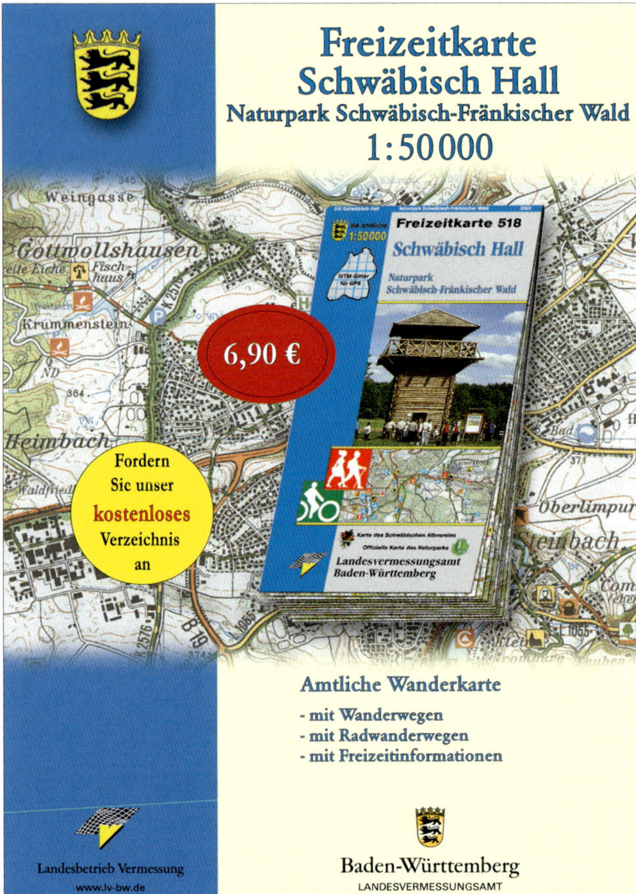
Freizeitkarte
Schwäbisch Hall
Naturpark Schwäbisch-Fränkischer Wald
1:50000
Freizeitkarte 518
1:50000
Schwäbisch Hall
Naturpark
Schwäbisch-Fränkischer Wald
Landesvermessungsamt
Baden-Württemberg
6,90 €
Fordern
Sie unser
kostenloses
Verzeichnis
an
Amtliche Wanderkarte
- mit Wanderwegen
- mit Radwanderwegen
- mit Freizeitinformationen
Landesbetrieb Vermessung
www.lv-bw.de
Baden-Württemberg
LANDESVERMESSUNGSAMT

Der kompetente Partner fürs Wandern

In der Hauptgeschäftsstelle in Stuttgart finden Sie die richtigen „Ansprechpartner" für Wanderberatung und die Vorbereitung von Wandertouren.

Alles Interessante für Wanderer und Heimatfreunde kann dort eingekauft werden:

- ***Wanderkarten, -literatur,***
- ***Wanderzubehör***
- ***Bücher/CDs zur Heimat- und Landeskunde, Mundart und Volksmusik***
- ***Bildbände***
- ***Geschenkartikel***

Ca. 840 Artikel stehen zu Ihrer Auswahl

Setzen Sie sich doch mit uns in Verbindung:

Schwäbischen Albverein e.V.

Hospitalstraße 21 B, 70041 Stuttgart

Postfach 104652, 70041 Stuttgart

Tel. 0711/22585-22, Fax 0711/22585-93

Verkauf:

Mo-Fr 8^{30}-12^{30} u. 13^{30}-16^{30} Uhr

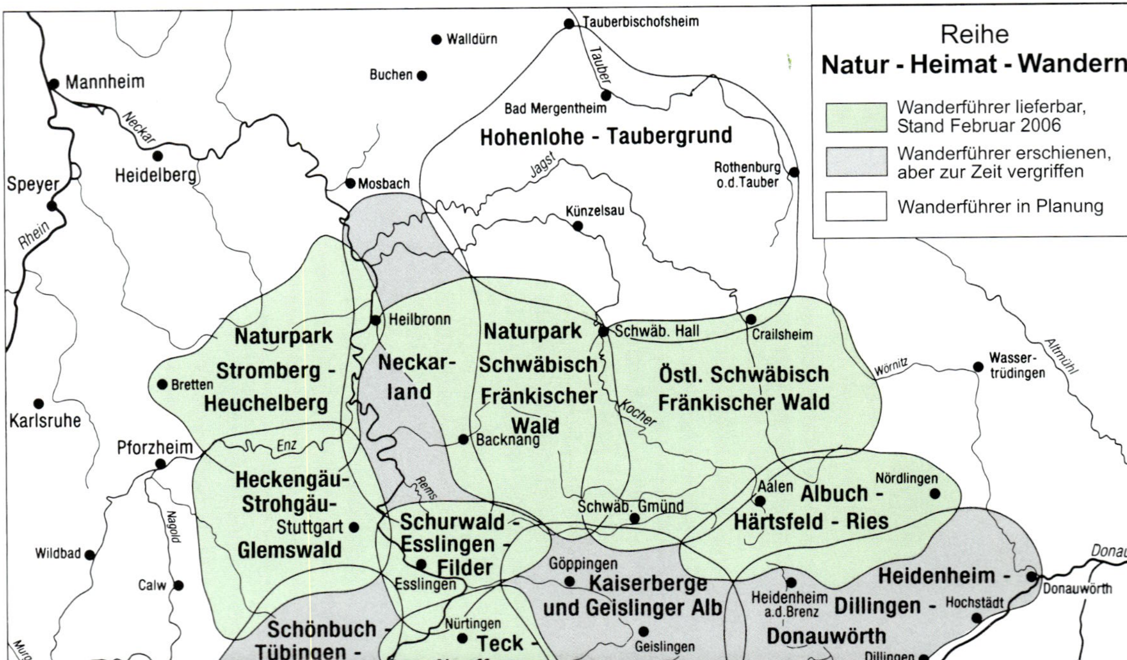
Reihe
Natur - Heimat - Wandern
Wanderführer lieferbar, Stand Februar 2006
Wanderführer erschienen, aber zur Zeit vergriffen
Wanderführer in Planung
Mannheim
Heidelberg
Speyer
Neckar
Rhein
Karlsruhe
Walldürn
Buchen
Mosbach
Tauberbischofsheim
Tauber
Bad Mergentheim
Hohenlohe - Taubergrund
Jagst
Rothenburg o.d.Tauber
Künzelsau
Heilbronn
Naturpark Stromberg - Heuchelberg
Bretten
Neckar-land
Naturpark Schwäbisch Fränkischer Wald
Schwäb. Hall
Crailsheim
Östl. Schwäbisch Fränkischer Wald
Kocher
Wörnitz
Wasser-trüdingen
Altmühl
Backnang
Pforzheim
Enz
Heckengäu-Strohgäu-Glemswald
Stuttgart
Rems
Nagold
Wildbad
Calw
Schurwald - Esslingen - Filder
Esslingen
Schwäb. Gmünd
Aalen
Albuch - Härtsfeld - Ries
Nördlingen
Göppingen
Kaiserberge und Geislinger Alb
Geislingen
Heidenheim a.d.Brenz
Heidenheim - Dillingen - Donauwörth
Hochstädt
Donauwörth
Donau
Dillingen
Nürtingen
Teck -
Schönbuch - Tübingen -
Murg

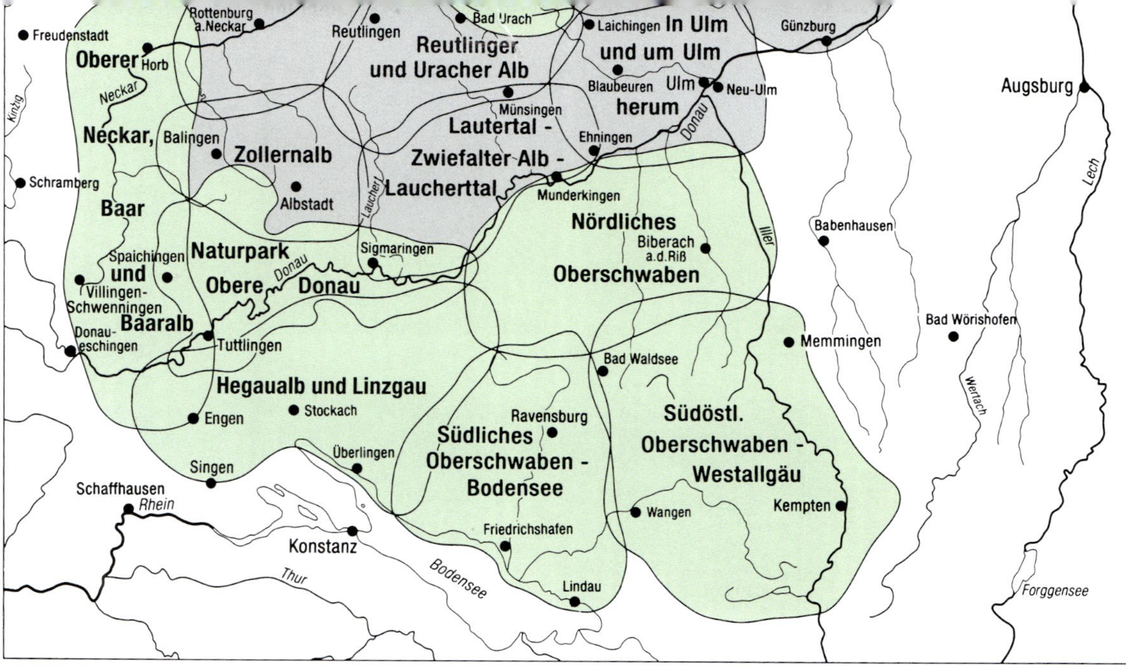

Freudenstadt
Rottenburg a.Neckar
Reutlingen
Bad Urach
Laichingen
In Ulm und um Ulm herum
Günzburg
Augsburg
Oberer Neckar, Baar
Horb
Neckar
Kinzig
Reutlinger und Uracher Alb
Blaubeuren
Ulm
Neu-Ulm
Münsingen
Lautertal - Zwiefalter Alb - Laucherttal
Ehningen
Donau
Balingen
Zollernalb
Schramberg
Albstadt
Lauchert
Munderkingen
Lech
Nördliches Oberschwaben
Biberach a.d.Riß
Iller
Babenhausen
Naturpark Obere Donau
Sigmaringen
Spaichingen und Baaralb
Villingen-Schwenningen
Donaueschingen
Tuttlingen
Bad Wörishofen
Memmingen
Bad Waldsee
Hegaualb und Linzgau
Engen
Stockach
Ravensburg
Südöstl. Oberschwaben - Westallgäu
Wertach
Südliches Oberschwaben - Bodensee
Überlingen
Singen
Schaffhausen
Rhein
Konstanz
Wangen
Kempten
Friedrichshafen
Thur
Bodensee
Lindau
Forggensee